SEAG

La asombrosa y verdadera historia de los Hermanos al Rescate

Lily Prellezo en colaboración con José Basulto

Traducción de Vicente Echerri

ISBN: 1523411562
ISBN-13: 978-1523411566

Portada con permiso de Roberto Cernuda; pintura titulada "Hermanos al Rescate"

A mi padre, José Luis «Pepe» Fernández, quien amó a Cuba.

Lily Prellezo

*A mi esposa, Rita, por su paciencia y su apoyo en todo momento,
y a mis hijos y nietos*

José Basulto

Es más fácil llevar a los hombres al combate, agitando sus pasiones, que contenerlos y orientarlos hacia las pacientes labores de la paz.

Andre Gide, autor y premio Nobel

CONTENIDO

Agradecimientos

Hubo un momento singular en Miami durante la década del noventa cuando toda la comunidad se unió, cuando individuos de diecinueve nacionalidades se juntaron como una hermandad para ayudar a otra comunidad de personas que sufrían a 90 millas [166,6 kilómetros] de distancia. Lo hicimos porque sí somos guardas de nuestros hermanos. Miles de personas se ofrecieron voluntariamente a abordar un avión, a pilotear una lancha, a filmar un evento, a extender un cheque, a salvar una vida. Todos nosotros fuimos Hermanos al Rescate. Podrían llenarse muchos volúmenes en el intento de mencionar a todos por su nombre, como bien lo merecen, pero todos y cada uno de nuestros espíritus han dejado una huella en los pocos cientos de páginas de este libro, en esta historia, nuestra historia.

Gracias, mi hermano Billy, por hacer la llamada. Gracias a todos los demás por responder al llamado. Gracias a todos los pilotos que arriesgaron sus vidas cada semana para salvar la vida de alguien que sólo rara vez, si es que hubo alguna, sabrían quién era. Especiales gracias a esos pilotos que donaron sus propios aviones, costearon su combustible y oraron por nosotros a través de cada misión. Mi más profundo aprecio a todos los observadores: vuestros ojos salvaron vidas. Gracias al Servicio de Guardacostas de EE.UU. por ser el primero en darles la bienvenida a tantos a la libertad. Gracias a la prensa —radio, televisión, periódicos, revistas— de todos los países del mundo que dieron testimonio de lo que estaba sucediendo a sólo noventa millas de la nación más libre de la tierra. Hermanos al Rescate nunca habría podido despegar del suelo —literalmente— sin ustedes.

Gracias a todos los balseros que nos mostraron lo que es el coraje. Gracias a los disidentes que, con gran valentía, se quedaron detrás para reclamar su legado. Mi mayor aprecio a los amantes de la no violencia, a los que creyeron en la consigna de «el cambio soy yo». A los que depusieron sus armas para librar la buena batalla. Gracias a las organizaciones del exilio que apoyaron a Hermanos durante tantos años, a los funcionarios electos que elevaron nuestras voces hasta las más altas instancias del país; a los abogados y los jueces que estuvieron al lado de la verdad y la justicia. Mi gratitud se extiende a la policía y a los funcionarios del gobierno local que protegieron y guardaron nuestra hermandad y velaron por ella.

Gracias, Lily, por contar la historia de cada uno, por entretejer ese momento de ilusión en el tiempo.

Gracias a las familias Alejandre, Costa y de la Peña, y a Eva Barbas, por vuestra inquebrantable fortaleza y por el formidable testimonio que han dado al mundo después de la pérdida de Armando, Carlos, Mario y Pablo. Gracias por proseguir en busca de la verdad y la justicia.

Gracias a mis hijos, José, Felipe y Alberto; a mis hijas, Ana y Mónica; a mi hermano Alberto; y a todos los miembros de sus familias, por aguantarme a veces y prescindir de mí la mayor parte del tiempo. Gracias, Rita, por tu apoyo, paciencia, constancia y amor incondicional.

Le doy gracias a Dios por haberme dado a cada uno de ustedes. Fuimos —y somos aún— Hermanos al Rescate.

José Basulto

Gracias, Marta y René Guerra, por haber visto en mí lo que yo no vi en mí misma. Gracias, José Basulto, por el mayor de los regalos, tu confianza. Gracias, Rita Basulto, por enseñarme a ser paciente. A mi animador, mi marido y mi amor: gracias, Steve, por creer en mí. Gracias, Mami, por sentirte orgullosa de mí; y a mis hijas Lily B. y Lauri. A mi grupo de escritores: Deborah, Ellen y Orlando —este libro no habría sido posible sin vuestra orientación semanal. A María, de quien espero poder ser el tipo de amiga que ella ha sido para mí. Gracias a todos los pilotos, los balseros, los activistas y los voluntarios de Hermanos al Rescate por compartir sus historias conmigo. Gracias a ustedes, Kristin, Gaby y Tere por transcribir mis grabaciones. Gracias a Gastón Arellano por brindarme toda la ayuda técnica en la preparación del libro. Gracias a Roberto Koltun y a Lorenzo de Toro por vuestras fabulosas fotografías. Gracias, Les Standiford, por enseñarme y alentarme. Gracias al programa Writers in Paradise. A los autores Victor A. Triay y Eduardo Zayas Bazán: estoy muy agradecida por vuestras estupendas críticas y apoyo. Gracias a Janell Walden Agyeman por recomendarme a una editorial universitaria y a Amy Gorelick y a la University Press of Florida, por creer en este proyecto. Mi profundo aprecio a las familias Alejandre, Costa y de la Peña, y a Eva Barbas, por compartir conmigo las vidas de sus martirizados seres queridos. Y a Vicente Echerri, muchísimas gracias por una traducción excelente y conmovedora, ofreciéndole al mundo de habla hispana esta historia tan importante.

Lily Prellezo

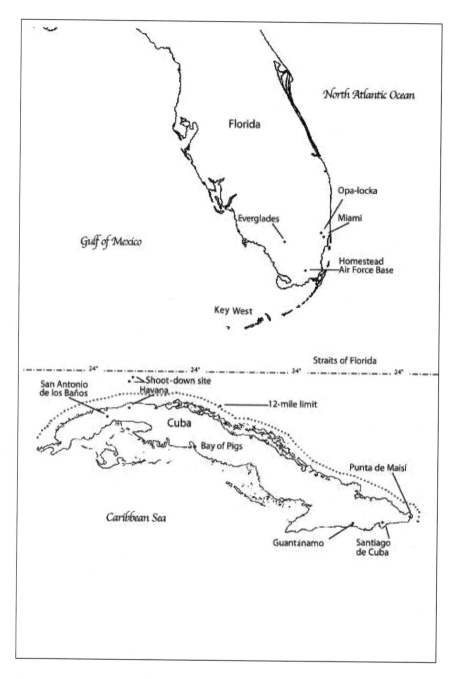

Mapa por Oscar Vidal, Ealge Lithographers, Inc.

El principio

La gaviota y el balsero

La Historia es un vasto sistema de advertencias previas.
Norman Cousins

La gaviota fue la primera en verlo.

Febrero en el estrecho de la Florida hacía correr una fresca brisa marina, pero no lo bastante para refrescar su cuerpo enfebrecido. El sol parecía quemar deliberadamente y él no era capaz de protegerse los ojos entreabiertos ni su cuerpo desnudo que yacía en posición fetal, con la espalda ovillada contra el costado de la balsa. La gaviota planeaba por encima, tendiendo sus alas hasta alcanzar casi el metro de su total envergadura y, protectoramente, volaba sobre él en círculos, proporcionándole un momentáneo alivio del sol cuando volaba a baja altura: un soplo de alivio, luego el sol otra vez; un soplo de alivio y luego el sol de nuevo.

Cinco días antes, Ernesto Hernández, Gregorio Pérez Ricardo y Omar Pérez, un primo de Gregorio, habían salido de Cuba llenos de esperanzas. Su viaje comenzó a la medianoche del 15 de febrero de 1990 en una balsa de 1,82 m. hecha de poliestireno y repleta de sueños de llegar a Estados Unidos: empezarían su propio negocio; les podrían enviar dinero a los padres de Gregorio, que no sabían nada de esta fuga; no tardarían en traer al resto de la familia a Estados Unidos.

Al tercer día, el pan, las galletas y el agua se acabaron y el primo de Gregorio comenzó a sufrir alucinaciones. Creyendo que había llegado a tierra, el joven de diecisiete años saltó de la embarcación y pereció, dejando a Ernesto y a Gregorio afligidos y aferrándose a la vida.

Beberse la sangre de un pescado o el líquido de sus ojos resultaba un buen sustituto del agua, pero al segundo día perdieron su único cordel de pescar. Ernesto estaba demasiado débil para pescar con las manos y veía que Gregorio se estaba consumiendo. La noche antes había visto que orinaba de un color muy oscuro, casi como si fuera sangre. Señal que sus riñones no funcionaban bien.

La gaviota era una buena señal, para los marinos es el ave de la esperanza que anuncia una costa cercana. Viéndola sobre ellos, los balseros sabían que el final de su viaje estaba próximo. Ofrecían oraciones y se persignaban en acción de gracias.

Gregorio necesitaba respuesta para esas peticiones. En dos días no había dicho nada que tuviera sentido. Tenía los labios hinchados y entreabiertos, sin suficiente saliva en la boca para humedecerlos, mucho menos para decir una palabra. Por la boca se le asomaba la lengua, gruesa y seca, como si jadeara por encontrar alguna humedad en el aire. En su aturdimiento, podría haber confundido las alas de la gaviota con un ángel — ¿o acaso con la Virgen? La Virgen de la Caridad, Patrona de Cuba, se les había aparecido a tres pescadores hacia cuatrocientos años y los había salvado de una tormenta. Ella era la protectora de los marinos, ¿verdad?

A poco más de un kilómetro y medio de la balsa y a 12 kilómetros de la costa de Islamorada en los cayos de la Florida, un barco del servicio de Guardacostas estaba haciendo sus rondas regulares ese día de febrero, patrullando una mínima parte de los 4,6 millones de kilómetros cuadrados del Sector 7. Era el área de mayor cobertura del servicio de Guardacostas en Estados Unidos y, dentro de esos kilómetros cuadrados, el sector de Cayo Hueso era el más transitado por los balseros que se iban de Cuba, Haití y la República Dominicana. También era el más transitado por los traficantes de drogas. La tarea era como vigilar una piscina de aproximadamente el tamaño de la Florida.

Tal vez fue el comportamiento peculiar de la gaviota, o el movimiento del extraño casco que oscilaba en el agua lo que atrajo la atención del guardacostas. Dos de los agentes bajaron una de sus lanchas motorizadas Zodiac al océano, saltaron a ella y se dirigieron a toda velocidad hacia la extraña embarcación. Al acercarse se dieron cuenta de lo que se trataba: una balsa hecha de una pieza ahuecada de poliestireno envuelta en tiras de lona.

En ese momento, a Ernesto probablemente no le importaba quién se les acercaba, ni siquiera si eran agentes cubanos. Él sólo quería que alguien salvara a su cuñado. Se sentó al borde de la balsa, sosteniéndose con la mano izquierda al tiempo que agitaba el brazo derecho, esforzándose por llamar la atención.

El ruido de la lancha y el movimiento del agua probablemente indujo a la gaviota a volver a la costa. Mientras los agentes se acercaban a la balsa, advirtieron que un hombre les hacía señales mientras otro yacía tumbado. Las olas que provocaban la lancha que se acercaba sacudieron la improvisada arca lo bastante para desestabilizar el agotado cuerpo de Ernesto, que cayó junto al de su cuñado haciendo que el cuerpo desnudo de Gregorio se encogiera.

Uno de los agentes a bordo extrajo una cámara de vídeo. Durante muchos años los servicios de guardacostas habían estado filmando de manera aleatoria interceptaciones y rescates en el mar. No se imaginaban que esta filmación de rutina se transmitiría esa noche a toda la nación.

Un agente balanceó sus piernas desde la lancha y saltó a la balsa. Se esforzaban por entender a Ernesto mientras éste les hablaba en español y, haciendo gestos desesperados, les señalaba a su cuñado Gregorio. [El agente] le palmeó el hombro a Ernesto, un gesto universal de confianza, y le entregó un chaleco salvavidas.

Ver a Gregorio que yacía desnudo en posición fetal resultaba de seguro inquietante. Este otro hombre no era un hombre aún, sino sólo un muchacho, tal vez de quince años de edad. Los ojos de Gregorio, ni entreabiertos ni entrecerrados, tenían una mirada casi extática. Con los labios cuarteados y secos, la piel deshidratada se pegaba a sus huesos y se le tensaba en los pómulos. El agente envolvió el cuerpo de Gregorio en una manta blanca. No le puso un salvavidas, sino que intentó darle un poquito de agua, apenas unas gotas, para ver si era capaz de reaccionar, pero el muchacho no podía tragar.

El vídeo mostraría al agente de la Guardia Costera hablándole a Gregorio, susurrándole, rogándole. Vas a estar bien, chico, lo lograste. Están en la tierra de la libertad. Aguanta, ahora vamos para el hospital.

El agente acunó el cuerpo esquelético y febril de Gregorio contra el suyo. Mientras lo levantaba de la balsa, el adolescente murió en sus brazos.

Gregorio Pérez Ricardo fue trasladado por vía aérea al Hospital Jackson Memorial de Miami donde hicieron oficial su defunción a las 4:18 P.M. en Estados Unidos de América.

1

La llamada de Billy

Los confines más oscuros del infierno están reservados para aquellos que eligen mantenerse neutrales en tiempos de crisis moral.
Dante Alighieri

José Basulto se hundió en el mullido sofá del espacioso salón de estar de su casa en South Miami y puso los pies en la mesita. Mientras miraba al techo de altísimo puntal hecho de pino de la Florida, dejó escapar un largo suspiro. Tan sólo era martes, pero él ya había tenido una semana agotadora. Dedicaba su tiempo a la construcción de casas lujosas en Cocoplum, el costoso barrio de Coral Gables, Florida, en la empresa de satisfacer las necesidades de parejas que cada vez tenían menos hijos y necesitaban casas cada vez más grandes y lujosas.

Basulto, de cincuenta años entonces, estaba casado con Rita María de Cárdenas, viuda de 45 años y madre de dos hijas que se había unido a él y a sus tres hijos varones en 1977. El primer matrimonio de Basulto había acabado en amargo divorcio y en una batalla aún más desagradable por la custodia de sus hijos, que él terminó por obtener. Los trece años de matrimonio de los Basulto y la nueva familia que habían compuesto se había mantenido amoroso y estable, incluso en la época en que los cinco hijos eran adolescentes. Ahora todos ellos menos uno habían terminado la universidad y se habían establecido por su cuenta. En su tiempo libre, Basulto estaba muy integrado a las agrupaciones de exiliados cubanos de la localidad; Rita era agente de bienes raíces a tiempo parcial.

Basulto miró su reloj para ver si ya era la hora del noticiero de la tarde y se sonrió a la vista del gran Rolex de oro, demasiado llamativo para sus gustos sencillos y que usaba rara vez: lo había comprado impulsivamente por responder a un reto mientras estaba de vacaciones. Él y Rita vacacionaban con unos amigos en las Islas Vírgenes cando Basulto y un amigo entraron en la tienda Little Switzerland de St. Thomas. El vendedor, detrás del mostrador de las joyas, le sonrió a los dos hombres en misión de compras y los animó a probarse los relojes. Si te compras uno, me compro uno, le dijo a Basulto su amigo. Ambos sacaron sus tarjetas de American Express y cinco minutos más tarde salían de la tienda luciendo sus Rolex de oro, riéndose como dos muchachos que acabaran de comprarse un vino barato con una identidad falsa.

Él se olvidó del reloj por un momento y extrajo de la mesita lateral un bloc amarillo de notas y una pluma y comenzó a hacer otra lista. Tenía estos blocs regados por toda la casa, esparcidos por su oficina rodante en el sitio de trabajo y debajo del asiento de su Mazda RX-7. A todas sus listas las encabezaban siempre los mismos tres asuntos:

1. Empezar un programa de ejercicios.
2. Bajar de peso.
3. Leer más.

Luego la lista proseguiría con los otros asuntos que se agolpaban en su «lavadora». Esa era la imagen que le daba a los demás cuando tenía montones de cosas que hacer a la vez. La visualización era de las antiguas máquinas de una lavandería donde uno podía ver piezas de ropa por todas partes: un calcetín por allí, la camisa de una pijama por acá, allá la toalla de baño, ahora el otro calcetín. Sus ideas, constantemente tiradas de un lado para otro en un revoltijo, adquirían coherencia momentáneamente cuando él lograba verlas en su imaginación, luego se distraía por un rato para volver en cuestión de segundos.

Sus pensamientos lo llevaban de vuelta a los planes para el fin de semana, que parecía remoto el martes por la noche. Él y sus amigos se suponía que participara con su avioneta, un Cessna 172 monomotor, en lo que sus socios de vuelo llamaban "el vuelo de la hamburguesa de cien pesos". Les costaría cien dólares en combustible volar hasta la cercana ciudad de Naples, o de Sarasota, en la costa occidental de la Florida, tan sólo para comerse una hamburguesa. Todo por el amor a volar, un amor que comenzó cuándo Basulto tenía ocho años.

El teléfono vino a interrumpir sus pensamientos y su lista que, por el momento, se quedaba detenida en el número tres.

—Gugú, Billy está al teléfono —dijo Rita, entrando en la sala de estar—. Quiere que pongas las noticias. —Gugú era su apodo y ni siquiera los miembros de su familia podían recordar cuando empezaron a llamarlo así. Se contaba que esas habían sido sus primeras palabras: gu-gu.

William Schuss («Billy»), uno de los mejores amigos de Basulto, acababa de ver en el noticiero de las seis las imágenes de Gregorio Pérez Ricardo —un balsero de la misma edad que uno de los hijos de Billy—, que moría en brazos de uno de los agentes guardacostas. Al igual que Basulto, Billy tenía tres hijos varones, y a ellos y a su esposa Maggie les había dedicado la vida —algo muy distinto de su propia niñez. Hijo de un norteamericano y una cubana, Billy nunca tuvo ningún trato con su padre, desde que este se divorciara de su madre siendo él bebé. Cuando vio a Gregorio morir en brazos del agente guardacostas, a Billy lo embargó un sentimiento de abandono. No podía entender cómo el padre de Gregorio lo había dejado irse. La muerte de Gregorio había infundido en Billy una sensación de urgencia, como si atendiera a un llamado de mayor alteza. Fue por eso que le telefoneó a su amigo Basulto de inmediato.

—Tenemos que hacer algo, Gugú.

—Tienes razón, Billy. —Basulto podía imaginar a Billy frunciendo el ceño al otro extremo de la línea. A los 53 años, algo mayor que Basulto, Billy conservaba un espeso pelo castaño que empezaba a encanecérsele. Su rasgo distintivo consistía en una marcada hendidura entre las cejas, en medio de sus penetrantes ojos azules. Se decía que Billy no sonreía muy a menudo, sino que, a veces, desfruncía el ceño.

Billy y Basulto habían sido amigos desde los campos de entrenamiento en Guatemala donde se prepararon para la invasión de Bahía de Cochinos de abril de 1961. Más tarde, ambos trabajaron para la CIA y sirvieron en las Fuerzas Armadas de Estados Unidos.

Ahora la muerte de un muchacho de quince años en la televisión había despertado en su amigo un llamado a la acción y quería la ayuda de Basulto. Los balseros seguían saliendo de Cuba y seguían arriesgando sus vidas en las traicioneras aguas del estrecho de la Florida.

—Te llamo más tarde —le dijo.

Basulto miró al óleo inmenso del patriota cubano Manolín Guillot que colgaba en la sala de estar en el punto más alto de su casa de dos plantas. Amigo de Basulto y miembro del Movimiento de Recuperación Revolucionario (MRR, una agrupación clandestina anticastrista), Guillot se había escondido en la casa de la familia de Basulto en Cuba después de la fallida invasión de Bahía de Cochinos. Lo fusilaron en 1962. A la artista Adelfa Cantelli le encargaron que pintara su retrato para la apertura de un banco. Años más tarde, cuando el banco cerró, Basulto compró el cuadro en una subasta. Guillot aparecía en él envuelto en una bandera cubana y, sangrando desde la cabeza, con el rostro distorsionado por la agonía.

Rita no había estado de acuerdo con su marido en darle a aquel lienzo esa preeminencia en la sala de estar. Día y noche, el angustiado rostro de Guillot se cernía sobre la familia de Basulto. Sus hijas, Ana y Mónica, lo llamaban «el cubano sangrante». ¿Por qué tenemos que tener a ese cubano sangrante en nuestra casa?, protestaban. Después de la llamada de Billy, Manolín Guillot lo miraba fijamente desde el cuadro.

No parecía que el vuelo de la hamburguesa iba a tener lugar ese fin de semana. Habían lanzado otro proyecto en la lavadora de Basulto. La lista del bloc amarillo tendría que esperar.

2

Gugú

José Jesús Basulto León nació el 8 de agosto de 1940 en Santiago de Cuba, en el extremo sudoriental de la isla; hijo único de una familia de clase media: su padre era contador público y su madre, maestra. Desde que podía recordar, su familia y amigos le llamaban Gugú.

El niño José pasaba la mayor parte del tiempo con su madre, Lydia. Cuando ella no estaba enseñando a los pobres en la hacienda azucarera de San Germán, provincia de Oriente, se dedicaba a obras de caridad, lo cual dejaría una huella indeleble en su pequeño hijo.

Los Basulto se mudaron a La Habana antes de que José cumpliera los cuatro años, cuando a su padre lo promovieron a las oficinas centrales de la Punta Alegre Sugar Sales Corporation, una compañía norteamericana con la cual estuvo trabajando durante cuarenta y cinco años. Basulto padre llevaba una vida disciplinada, de rigurosos hábitos — algo que su hijo nunca sería capaz de emular.

Lydia y José compraban con cierta regularidad alimentos y otros artículos de primera necesidad para varias familias pobres de Regla, un municipio al este de la bahía de La Habana donde vivían muchas familias de bajos ingresos. En Regla, la madre y el hijo disfrutaban de largas caminatas por la orilla de la costa y José se entretenía en alimentar a las gaviotas. Se sentía encantado con esas amables criaturas que comían directamente de sus manitas.

Lydia murió de una enfermedad renal a la edad de 34, cuando José tenía sólo cuatro años, aunque su padre no se lo dijo hasta que tuvo siete. Siempre que preguntaba por Lydia recibía la misma respuesta: ella seguía en el hospital. Él no les creía, y desde esa tierna edad aprendió a desconfiar de los adultos. Por el resto de su vida consideraría el engaño como la mayor flaqueza de carácter de los seres humanos.

Luego que transcurriera un tiempo prudencial, el padre de José empezó a salir con Aurora Rivero. No le tomó de sorpresa cuando su padre le dijo que se iba a casar de nuevo. Fue sólo entonces que los mayores finalmente le dijeron al niño José, de siete años, que Lydia, su madre, había muerto. Ellos pueden haberse sorprendido de que él no llorara. ¿Cómo podían entender que él había guardado luto durante tres años?

Cuatro años después de que su padre se casara de nuevo, nació su medio hermano Alberto. A José no le hizo mucha gracia compartir la atención de los suyos, pero la diferencia de once años de edad y de personalidades sirvió para que se criaran como dos hijos únicos.

José asistió al Colegio Baldor desde el primer grado hasta finalizar la secundaria, pero ignoró las exhortaciones de sus padres para que se integrara a equipos deportivos, aunque participó en competencias de bolos por un tiempo. Prefería jugar de puertas adentro con juguetes mecánicos y modelos [de aviones, de autos] divirtiéndose en desarmar los juguetes y en armarlos de nuevo.

Cuando creció, su fascinación se orientó hacia las armas. Su arsenal comenzó con un revólver .38 que heredó de su abuelo. Luego se agregaron pistolas, después dos fusiles calibre .22. Mucho más tarde adquiriría una ametralladora. Paradójicamente, en toda su vida, José Basulto se ha distinguido por no hacer uso de las armas, salvo en una expedición patriótica donde no se registró ninguna víctima.

El atrevimiento le surgió a José en la adolescencia, y se aficionó a las motocicletas, las lanchas y los autos de carrera. Con su MGA azul 1956 de dos asientos, participó en varias carreras de automóviles, al principio sin permiso de su padre. «Peca primero, pide perdón después», era su lema. Le resultó fácil pedir perdón después de haber ganado la codiciada copa por el segundo lugar en una carrera en el aeródromo de Columbia. Basulto padre regañó a José sin mucho entusiasmo. Su padre lo adoraba y hacía todo lo posible por complacer a su hijo. Acaso sentía que no podría reprenderle por ocultar la verdad, algo que él mismo había hecho tantos años antes.

José medía 1,77 m. y era delgado. Tenía una tez mediterránea, abundante pelo negro, cautivadores ojos pardos y una sonrisa radiante. Mientras cursaba la escuela secundaria, entró a formar parte de la consentida juventud de la sociedad habanera que disfrutó de la Cuba de fines de los años cincuenta.

Mientras disfrutaba de su juventud, la política entró a formar parte de su vida gracias a la influencia de su madrastra Aurora, a la que él cariñosamente llamaba su «segunda madre». Ella era una activista en la Universidad de La Habana, donde trabajaba en la administración. Los muy católicos padres de Aurora habían sido republicanos españoles, opuestos al general [Francisco] Franco, aunque no comunistas. A fines de los años 50, durante la lucha de Fidel Castro por llegar al poder, los padres de José no eran fidelistas, pero sí estaban en contra del presidente Fulgencio Batista.

Al terminar la secundaria, José se mudó a Boston, uniéndose así a miles de otros estudiantes universitarios cubanos cuya tradición incluía estudios universitarios en Estados Unidos. Se llevó consigo su MGA que tenía en la placa la palabra «Particular» debajo del número de inscripción. En español era lo usual para significar que se trataba de un vehículo de propiedad privada. Pero ello provocó al menos que una mujer en Boston le preguntara: «Joven, que lo hace a usted tan particular?». Su auto deportivo, su carisma latino y su audaz manera de ser hicieron su estancia en Estados Unidos muy entretenida y no tardó en descubrir la diferencia entre el sistema coeducativo de la universidad norteamericana en el umbral de la revolución sexual y las muchachas de Cuba a quienes todavía chaperoneaban sus abuelas.

En 1959, en los meses que siguieron al triunfo de Castro, José estaba tomando sus primeros cursos de física en Boston College, luego de haber cursado un semestre en Chauncey Hall School (también en Boston).

Pero Cuba era el lugar en el que había que estar. El presidente Batista había abandonado el país en las primeras horas del día de Año Nuevo y todo el mundo estaba cautivado por Fidel Castro, el joven revolucionario de barbas que juraba que no era comunista y que prometía la pronta celebración de elecciones generales. Por todas partes surgían agrupaciones revolucionarias y pro democráticas.

José quería estar en medio de eso, necesitaba ser parte activa de lo que ocurría. La situación política de Cuba lo hizo sentir nostálgico y fue así que dejó Boston College, voló a La Habana y se matriculó en la Universidad de La Habana, donde se hizo amigo de muchos de los miembros de la Agrupación Católica Universitaria (ACU), un movimiento estudiantil dirigido por el jesuita Amando Llorente.

La mayoría de los miembros de la ACU habían asistido al Colegio de Belén, una escuela de los jesuitas para la élite. Fidel Castro era un ex alumno de Belén, y algunos de los miembros de la ACU habían sido compañeros de Fidel y compartían algunas de sus opiniones políticas. Cuba necesitaba cambios como reforma agraria y atención médica para los pobres, y algunos creían que Fidel era la respuesta. José no lo creyó.

Numerosas agrupaciones pro democráticas que se oponían a Castro surgieron tanto en Cuba como en Miami. Al mismo tiempo, a principios de 1960, la Agencia Central de Inteligencia [CIA] se ocupaba de coordinar una operación cubana encubierta y captó a José Basulto como parte de la ACU. Durante décadas estos jóvenes serían considerados auténticos luchadores por la libertad de Cuba.

La CIA se puso en contacto con varios miembros de la mayoría de las agrupaciones revolucionarias antibatistianas en Miami y en La Habana, así como con algunos ex miembros del Ejército de Batista, para enviarlos luego a la isla Useppa, en la costa occidental de Florida —en la actualidad una elegante isla-club privada— para ser adiestrados con vistas a una operación de insurgencia en Cuba para deponer a Castro. Un grupo de aproximadamente sesenta hombres —algunos de ellos adolescentes— tenían vehementes deseos de que los entrenaran en el manejo de armas y espionaje. Había unos veinte norteamericanos de la CIA, albergados en cabañas idénticas a las de los cubanos, pero separadas. Juntos pero no revueltos. Hasta ese momento, todo lo que los muchachos conocían acerca de la CIA era lo que leían en novelas policíacas o veían en películas. Era una fantasía que estaban impacientes en hacer realidad.

Lo que lograron fue un montón de pruebas psicológicas y picadas de mosquitos. Había pruebas de manchas de Rorschach, pruebas de cocientes de inteligencia (I.Q.) y pruebas de razonamiento asociativo. Los bombardearon a preguntas de a quiénes conocían en Cuba y de los nombres de cualesquier comunistas con los cuales alguna vez se hubieran relacionado. El objetivo de la CIA era verificar o suponer si cederían bajo presión. Querían ver cuán lejos llegarían estos tipos.

Fue en Useppa donde Billy Schuss y Basulto se hicieron amigos. Billy había pertenecido al Ejército Rebelde de Fidel Castro, pero no tardó en descubrir el comunismo a través de la retórica revolucionara y se unió a la contrarrevolución.

En 1961, los hombres de Useppa fueron trasladados a campos de entrenamiento en Guatemala y Panamá, uniéndose a otros grupos contrarrevolucionarios provenientes de Miami y Nueva York. La CIA le dio a cada hombre un número, a partir del 2500. Esa cifra inicial ayudaba a hacer creer que la fuerza invasora era más grande. Cuanto más cerca uno estaba del 2500, mayor rango tenía. El número de Billy era el 2516 y el de Basulto, el 2522. Cuando el número 2506, Carlos Rodríguez Santana, murió en un ejercicio de entrenamiento militar en los campamentos de Guatemala, uno de los hombres sugirió que su grupo se llamara Brigada 2506. Se diseñó una insignia con el número 2506 arriba y una cruz con una bandera desplegada delante. La Brigada 2506 sería el símbolo permanente de la lucha por la libertad de Cuba.

A Basulto lo adiestraron para los equipos de infiltración en operaciones de comunicaciones y radio, telegrafía, criptografía, inteligencia y explosivos. Aprendió a codificar, a transmitir y decodificar mensajes en criptografía y clave Morse. Captó las prácticas de la CIA como un fanático. Sus instructores le advertirían prudentemente: «úselas para el bien, José, úselas para el bien».

Entre entrenamientos, ejercicios militares y pruebas, los jóvenes se aburrían. Para entretener a aquel grupo variopinto, la CIA mostraba películas de la segunda guerra mundial. A Basulto le hacían avergonzarse, porque el operador de radio siempre era capturado y torturado, y siempre era el primero en morir.

Los hombres de la Brigada 2506 estaban convencidos de una victoria segura en la liberación de Cuba. Después de todo, el país más poderoso del mundo era su garante. Estados Unidos nunca había perdido una guerra y Estados Unidos estaba de su parte.

En las primeras horas del 17 de abril de 1961, 1.500 cubanos exiliados adiestrados por la CIA desembarcaron en bahía de Cochinos, al sur de Cuba, para iniciar una insurrección contra las fuerzas castristas. Las cuarenta y ocho misiones de bombardeo aéreo prometidas por Estados Unidos se redujeron a ocho. Ciento quince miembros de la Brigada murieron y casi 1.200 fueron capturados después de quedarse sin municiones. Algunos fueron enviados directamente a los pelotones de fusilamiento.

Basulto no estaba cerca de Bahía de Cochinos cuando estalló el combate. Se encontraba con sus amigos Juan Marcelo Fiol, Manolito Baró y Javier Casas en la playa Siboney cerca del extremo sudoriental de la isla, en Santiago de Cuba, próximos a la bahía de Guantánamo. Como parte de los equipos de infiltración, él había solicitado diez toneladas de armas que los norteamericanos debían entregar el 19 de abril. La CIA, plenamente consciente de que la invasión ya había fracasado, le envió un mensaje cifrado: Un fuerza numerosa y bien armada ha desembarcado por el sur de Las Villas. Este es el momento de que todos los patriotas se levanten y luchen por una Cuba libre.

Basulto ya estaba impuesto de la debacle de la Brigada 2506, así que respondió: «¡Levantamiento imposible, la mayoría de los patriotas están encarcelados gracias a su maldita invasión!». Sin otra cosa que hacer mientras sus compañeros estaban muriendo en el otro extremo de la isla, Basulto y su equipo de operaciones se fueron a nadar a la playa Siboney, en las cercanías de Santiago de Cuba —para aparentar un comportamiento normal, escapar a la captura y seguir vivos.

A partir de ese momento, la invasión estaría por siempre asociada a la palabra «fracasada» como parte de su nombre. La fracasada invasión de Bahía de Cochinos es constantemente reexaminada por historiadores y apologistas, y todos discrepan de las razones de su fracaso: el cambio de última hora del sitio de desembarco, el haber optado por la invasión militar en lugar de la insurgencia, ajustes en el último momento del Día D, la falta de comunicación entre la CIA y el liderazgo cubano y, en última instancia, la promesa incumplida del gobierno del Presidente Kennedy de proporcionar cobertura aérea —estos son tan sólo algunos de los argumentos.

Para la Brigada 2506 resultaba increíble que el país más poderoso de la tierra incumpliera su promesa de apoyo aéreo a los hombres que él mismo había adiestrado para liberar a Cuba. Para Basulto era una traición absoluta.

Un mes más tarde, después de esconderse en diferentes casas, y en un caso teniendo que amenazar a los miembros de la familia que lo escondieron, Basulto saltó la cerca de la Base Naval de Guantánamo. De allí viajó de regreso a Estados Unidos para rendir informes.

Los combatientes no perdieron la esperanza. A fines de 1961, el presidente Kennedy inició una serie de operaciones encubiertas contra Castro bajo el nombre de Operación Mangosta. Luego del fracaso de una segunda infiltración en Cuba en noviembre de 1961, un desalentado Basulto rompió sus nexos con la CIA.

Muchos cubanos exiliados siguieron confiando en que Castro no duraría, entre ellos la familia de Basulto. La Punta Alegre Sugar Company, que había empleado al padre de Basulto, continuó pagándole el salario. Pasaron el verano de 1962 en el Hotel Fontana (que no existe actualmente) en

Miami Beach. Basulto se mantuvo apegado a su familia ese verano, nadando en la piscina del hotel y jugando en la playa con Alberto, su hermano de nueve años.

Pero Fidel Castro y su Revolución prosperaron, y cuando la presencia rusa se hizo notoria, el mundo entero empezó a sospechar lo que la mayoría de los cubanos ya sabían: el proyecto de Castro incluía una Cuba comunista. Basulto creía que Estados Unidos aún no reconocía el alcance de la presencia rusa a sólo noventa millas [166,6 kilómetros] de distancia. Él se encargaría de que se dieran por enterados.

En agosto de 1962, él y algunos amigos del Directorio Estudiantil Revolucionario montaron un cañón Lathi de Finlandia en la popa de una lancha rápida Bertram de 9,4 metros de eslora. En el camino, uno de los tanques adicionales de gasolina empezó a gotear y temieron que unas de las chispas del cañón pudieran incendiar la embarcación, pero siguieron adelante mientras el capitán se encargaba de arreglar el salidero. A menos de cien metros del litoral, en la costa norte de La Habana, abrieron fuego contra el comedor del hotel Rosita de Hornedo, donde Basulto sabía que estaban viviendo los rusos. Él disparó quince proyectiles con el cañón de 20 mm. El resto de la tripulación tiró con todo lo demás que llevaban a bordo.

—Les habríamos tirado piedras de haberlas tenido —dijo Basulto. Los daños fueron mínimos y no hubo pérdidas de vidas humanas. *The Miami Herald* se referiría más tarde a Basulto como «el hombre detrás del cañón».

Cinco días después de este ataque, su amigo Manolín Guillot, cuya efigie sangrante cuelga de la sala de estar de Basulto, fue enviado ante el pelotón de fusilamiento.

Dos meses más tarde, la crisis de los misiles de octubre de 1962 paralizó temporalmente al mundo. Las fotografías de reconocimiento de Estados Unidos tomadas por un avión espía U-2 revelaban que los cubanos estaban construyendo bases de misiles nucleares. El presidente Kennedy le anunció al mundo que cualquier misil lanzado desde Cuba contra cualquier nación del Hemisferio Occidental equivalía a un ataque a Estados Unidos, y que exigiría una respuesta en represalia contra la Unión Soviética. El mundo estaba al borde de la tercera guerra mundial. En ese momento, el número de bombas y de misiles con ojivas nucleares de Estados Unidos era más de ocho veces mayor que las bombas y misiles de los soviéticos. Para muchos cubanos parecía una magnífica oportunidad para deshacerse finalmente de Castro.

Luego se produjo el Pacto Kennedy/Jrushchov, el cual estipulaba que si se llevaban los misiles, Estados Unidos nunca jamás atacaría a Cuba. Habría de pasar un tiempo antes de que este acuerdo llegara a hacerse público.

El 29 de diciembre de 1962, el presidente John F. Kennedy celebró una ceremonia en el estadio Orange Bowl de Miami con algunos de los sobrevivientes de la Brigada 2506. Fidel Castro aceptó cambiar 1.113 brigadistas prisioneros por $53 millones en alimentos y medicinas, recaudados en su totalidad mediante donaciones privadas. Algunos miembros de la Brigada le entregaron al Presidente su estandarte y éste les prometió devolvérselos en una Cuba libre. Basulto no asistió a la ceremonia. A esa hora estaba en la iglesia católica de Gésu, en el downtown de Miami, casándose con Angélica, su primera esposa. Ambas promesas hechas ese día terminaron por no cumplirse.

En 1976, los veteranos de la Brigada tuvieron que contratar a un abogado para que el gobierno de EE.UU. les devolviera el estandarte que se mantenía guardado en el sótano de un museo de Washington.

El 21 de marzo de 1963, el presidente Kennedy hizo a Basulto y a varios otros cubanos suboficiales del Ejército de Estados Unidos para lo que él y sus amigos creían que era otro plan —un plan mejor y más organizado— para invadir Cuba.

Su condición para aceptar estos cargos fue que estuvieran en libertad de abandonar el Ejército en cualquier momento. Cuando se difundieron las noticias del Pacto Kennedy/Jrushchov, para Basulto fue igual que una sentencia de muerte para Cuba, y además otra traición. «Estados Unidos hipotecó la libertad del pueblo cubano por su propia seguridad».

Después del asesinato de Kennedy, resultó obvio para Basulto y muchos de sus amigos alistados que Estados Unidos no invadiría Cuba. Eso provocó una renuncia en masa. A Basulto lo licenciaron honrosamente y pasó al sistema de la reserva inactiva. Nunca más lo llamaron al servicio activo.

Sin embargo, los sesenta fueron años de activismo para los exiliados cubanos, y Basulto participó de muchos de los empeños para liberar a su patria. Las ideas de una invasión a Cuba fueron menguando durante los próximos años mientras Angélica, la esposa de Basulto, daba a luz a los tres hijos de la pareja, José, Felipe y Alberto, y él proseguía sus estudios y, en 1969, se graduaba de ingeniero arquitectónico de la Universidad de Miami para más tarde obtener su licencia de contratista de obras.

Durante esos mismos años, el problemático matrimonio de Basulto con Angélica se deterioró. Él cerraba la década con el espíritu quebrantado y el matrimonio roto. Le llevaría casi siete años y una interminable batalla legal conseguir la custodia de sus tres hijos.

Después de su divorcio, a principio de los años setenta, Basulto creó la compañía constructora Apollo Decking and Level X Contractors en el que toda su familia trabajaba junta desde la casa de Aurora y José Basulto padre en Coral Gables. Su padre se ocuparía de la contabilidad y Alberto, su hermano menor, vendría de Nueva York para unirse a la empresa familiar como ingeniero civil. Esos años en particular afirmaron los vínculos entre el padre, los hijos y Aurora, que trabajaba a la par y les hacía el almuerzo cada día.

Los años setenta también traerían a la vida personal de Basulto un nuevo comienzo cuando conoció a una joven viuda en una fiesta. Una amiga llamada Vivian había embullado a Rita María de Cárdenas a asistir a una fiesta y todo lo que Rita quería hacer era bailar. «¡Quiero bailar toda la noche!», le dijo Rita. Y así lo hizo.

Rita era alta y bien formada. Tenía intensos ojos castaños almendrados debajo de unas cejas perfectamente dibujadas, y labios rojos y pulposos. Basulto tuvo que esperar un buen rato para poder bailar con la popular Rita. Se entretuvo en admirar sus curvas y en observar sus movimientos con sus distintas parejas en el salón de baile. Cuando él finalmente irrumpió, le dijo:

—Yo no bailo muy bien, pero si a ti no te da pena, a mí tampoco.

A ella le resultó gracioso.

Cuando él le pidió como primera cita que hiciera «un vuelo de hamburguesa», ella se entusiasmó, incluso después de las objeciones de su amiga Vivian.

—Rita, no salgas con él que está loco; anda desbocado ¡está así desde que vivía en Cuba!

Pero a ella le sentó mal decirle que no después de haberle dicho que sí y, bueno, ella creía que era gracioso. Se casaron un año después para crear una nueva familia que integraban dos hijas menores de Rita, Ana y Mónica, y los tres hijos de él.

Mientras disfrutaba de la vida de su nueva familia, a principio de los años ochenta, la situación de Nicaragua y el pujante movimiento de los contras captó su atención. Los contras era una organización contrarrevolucionaria que se oponía a los sandinistas, militantes de izquierda que recibían armas y orientación de Fidel Castro y habían estado en el poder desde 1979. Al principio, la CIA le dio a los contras ayuda económica y militar, y contaron con el apoyo del presidente Ronald Reagan.

Nicaragua había sido muy generosa con los cubanos antes de Bahía de Cochinos. Los barcos para la invasión habían salido de sus puertos, y fue de su aeropuerto que partieron los pocos B-26 usados al comienzo de la invasión. Basulto quería ayudar a liberar a los nicaragüenses de la influencia de Cuba.

Esta vez él no ayudó con ningún plan de invasión militar, sino que, más bien, le brindó a los contras ayuda humanitaria. Todos los días, a las cinco en punto de la tarde, Basulto se posicionaba junto a su equipo de radio aficionado para establecer comunicaciones entre las familias de Miami con los hombres que estaban en el frente de combate. Viajaba a Honduras, donde la Fuerza Democrática Nicaragüense tenia su sede, para ayudar a construir un hospital. Allí fue testigo de amputaciones sin la debida anestesia, de operaciones sin guantes, de muchachos a quienes les habían disparado a la cara. Allí se hizo amigo de Enrique Bermúdez, ex coronel de la Guardia Nacional, que comandaba el Frente Democrático Nicaragüense (FDN), el cual estaba a la cabeza del movimiento que buscaba el derrocamiento del régimen sandinista.

Durante esos años de los contras, Basulto reflexionó sobre la lucha violenta a que los cubanos del exilio aún aspiraban. Con frecuencia se culpaba a sí mismo, y a otros cubanos del exilio, por haber servido de combustible al castrismo, por una sencilla razón: se habían ido del país. El cambio en la isla tenía que venir desde dentro, no desde Miami. Eso significaba una divergencia radical del extremismo anticastrista y pro violento de la mayoría de los exiliados cubanos.

Reflexionaba sobre los años en que intentaban invadir Cuba, los fallidos complots de tantos para asesinar [a los dirigentes del régimen], los montones de armas escondidos en la comunidad a la espera del momento propicio de combatir de nuevo y los incesantes clamores de los exiliados que pedían la muerte de Fidel: todo había resultado infructuoso. La violencia, que había sido parte de la naturaleza misma de Basulto, no había logrado ningún cambio en nada ni en nadie.

Basulto se sumergió en las crónicas de Mahatma Gandhi y en los escritos del Dr. Martin Luther King Jr. Más adelante, Gene Sharp, del Instituto Albert Einstein, instruyó a Basulto en el concepto de la no violencia activa, que se convertiría en el principio guiador por el resto de su vida.

Entre tanto, en Cuba empezaba a surgir un movimiento disidente. Según cuenta el escritor Victor Triay, la liberación de ciertos presos políticos como Armando Valladares y de disidentes como Ricardo Bofill le dieron al movimiento el estímulo que tanto necesitaba.

Según los disidentes extendían su alcance dentro de Cuba en los años ochenta, la situación de los contras nicaragüenses consumía la vida de Basulto y afectaba a su familia. Cuando la guerra de los contras terminó en Nicaragua con la elección democrática de Violeta Chamorro, la situación política pareció estabilizarse. Pero incluso después de las elecciones, los sandinistas no devolvieron las propiedades privadas que habían confiscado. Cuando el coronel Bermúdez, que había estado exiliado en Miami, regresó de visita a Nicaragua, lo asesinaron en el estacionamiento del Hotel Intercontinental de Managua. Su asesinato aún no se ha esclarecido.

El que los contras no hubieran triunfado resultó devastador para Basulto. Sentía que los norteamericanos habían traicionado a los nicaragüenses de la misma manera que habían traicionado a los cubanos en Bahía de Cochinos. Estados Unidos había abandonado a Nicaragua momentos antes de una inminente victoria, lo mismo que en Cuba.

Basulto se hundió en una profunda depresión de la cual sus más íntimos pensaban que nunca se recobraría. La depresión además lo alejaba de su familia. Había semanas en que simplemente no podía salir de la cama. Su lucha interna era análoga a la dicotomía de su prestigio externo. Su participación en Bahía de Cochinos ennoblecía su papel como veterano cubano y héroe de guerra, un combatiente. Era también un veterano estadounidense y, aunque sentía como patria su país de adopción, era abiertamente crítico de algunas acciones del gobierno de Estados Unidos, específicamente en lo tocante a Cuba. Parecía que hubiera una polaridad en sus aficiones: le encantaban los fusiles, pero abominaba la caza. A Basulto lo tildaban de derechista por ayudar a los contras en Nicaragua y era clasificado de liberal por creer devotamente en los movimientos de Gandhi y el Dr. Martin Luther King Jr., centrados en la no violencia. Era un católico bautizado que sin embargo ponía en duda la religión organizada y a los que insistían en un estricto código moral. Era un machote y, no obstante, sus abogados eran mujeres y el médico en quien más confiaba, el Dr. Rafael Sánchez, era obstetra y ginecólogo. A Basulto lo llamaban humanitario los que le conocían y terrorista los gobiernos que no lo conocían. Dicho esto de un hombre cuyo segundo nombre era Jesús y a quien sus amigos adultos llamaban Gugú.

En 1990, en los albores de una nueva década, Basulto salió de la depresión con una nueva certeza, un mandato, su propia epifanía personal: el cambio soy yo.

Esa sería la década de su vida.

3

La Idea

*En la ciencia el crédito le toca al hombre que convence al
mundo, no al hombre a quien primero se le ocurrió la idea.*
Sir Francis Darwin

El fenómeno de personas que se lanzan a navegar en el
estrecho de la Florida se origina en la fuerza favorable de la
corriente del Golfo, que nace de los vientos que, siguiendo la
dirección de las manecillas del reloj, soplan en torno al
Atlántico norte. Es mucho más fuerte en su parte más
angosta, que pasa frente a La Habana y toma rumbo norte
hacia la costa oriental de la Florida con lo que el novelista
Philip Caputo llama «la fuerza de mil Misisipís».

Gregorio Pérez Ricardo no fue el primer balsero en llegar a
las costas de la Florida. El primer rescate de refugiados
cubanos que hizo el servicio de Guardacostas tuvo lugar el 22
de julio de 1959, siete meses después del ascenso de Fidel
Castro al poder, cuando un grupo de nueve personas fue
rescatado en un botecito a la altura de Dry Tortugas cerca de
Cayo Hueso. Durante los primeros seis años de la revolución
de Castro, los guardacostas rescataron a casi 7.000 personas
que intentaban hacer la travesía en embarcaciones
improvisadas.

Entre 1959 y 1990 tuvieron lugar varias migraciones de
cubanos. Entre ellas la Operación Pedro Pan para niños, entre
1960 y 1962; los Vuelos de la Libertad, de 1965 a 1971; y las
migraciones manipuladas (por Fidel Castro), como los
puentes marítimos de Camarioca en 1965 y de Mariel en 1980.
Durante los años que mediaron entre uno y otro, los cubanos

no fueron libres de abandonar la isla y, de manera intermitente, eran avistados balseros en el Estrecho. El incremento de 27 balseros en 1986 a 392 en 1989 coincidió con el empeoramiento de la situación económica en Cuba. Resultó ser un adelanto de lo que se avecinaba.

Pero la llegada de Gregorio fue diferente. Su juventud, la cobertura de la televisión y su muerte impactaron a la comunidad de Miami. Él era el hijo de todos y llovieron las donaciones para los gastos de sus funerales. Más de 500 personas, todas de pie, asistieron a una misa en la ermita de la Caridad, una pequeña iglesia católica junto a la bahía de Biscayne que construyeran hace cuarenta años en honor de la Virgen de la Caridad del Cobre. Monseñor Agustín Román, un pastor de inmigrantes, predicó una conmovedora homilía sobre cómo este balsero desconocido había llegado aquí sin tener ninguna familia que lo recibiera y, sin embargo, todos los presentes eran como su familia. Los líderes de la comunidad cubanoamericana rivalizaron por [el privilegio] de estar entre los que cargaron su féretro.

Ahora que el problema de los balseros había alcanzado notoriedad, Basulto y Billy pusieron manos a la obra. Basulto sugirió que la Asociación de Veteranos de Misiones Especiales (AVME), de la invasión de bahía de Cochinos, podría ofrecer su ayuda. Las misiones de la AVME habían incluido equipos de infiltración y otros grupos patrocinados por la CIA. En ese momento la organización auspiciaba una Flotilla de Hermandad y Solidaridad para el 20 de mayo de 1990, el 88º. aniversario del surgimiento de Cuba como nación independiente.

Estos despliegues de solidaridad consistían fundamentalmente de exiliados cubanos que navegaban juntos en barcos particulares o alquilados hasta el límite de las doce millas náuticas[1], el llamado "Muro de Agua" que separaba a los cubanos de allá de los cubanos de aquí. Las flotillas no eran un bullicioso despliegue de oposición externa al problema interno de Cuba, sino eventos muy organizados, con reglas estrictas respecto a no llevar a bordo de las embarcaciones bebidas alcohólicas ni armas de fuego. Basulto era el jefe del Comité de Información y Prensa, de manera que él le presentó el caso de los balseros a la AVME.

Un centenar de embarcaciones ya se habían inscrito para navegar desde Cayo Hueso hasta un lugar en el mar llamado Punto Martí en honor de José Martí, el héroe nacional de Cuba. Punto Martí está situado en el límite territorial de las aguas jurisdiccionales de Cuba.

Las olas eran de más de tres metros de altura el 20 de mayo de 1990 y Basulto vomitó hasta las tripas durante las dieciséis horas que duró el viaje de 254 kilómetros, ida y vuelta, de la Flotilla. El mal tiempo retuvo muchos yates en el muelle y sólo sesenta de las cien embarcaciones que iban a participar en un principio iniciaron el trayecto desde Cayo Hueso. A veinte kilómetros de su destino, avistaron una cañonera cubana. Estaban en aguas internacionales y a cuarenta kilómetros de las costas de Cuba, pero los organizadores anunciaron que habían llegado lo bastante lejos, que era demasiado peligroso y que la marejada empeoraba. Además, había mujeres y niños a bordo. Las embarcaciones regresaron a Cayo Hueso.

Después de la flotilla, y de que se les quitara el mareo, la situación de los balseros siguió presente en la mente de todos. La idea de organizar embarcaciones para patrullar el estrecho

---

[1] Equivalente a 22,2 km. Esta distancia siempre se mencionará en millas en el transcurso de esta obra (N. del T.).

de la Florida y encontrar balseros antes de que perecieran, exigía dinero, lanchas y compromiso, y el último requisito era el más difícil. Basulto habló con pescadores, con dueños de barcos y con varias agrupaciones de exiliados cubanos. Todo el mundo quería ayudar, y todo el mundo tenía un «pero». La AVME llegó incluso a comprar una embarcación para ayudar a localizar a los balseros, dando lugar a un conflicto con el Servicio de Guardacostas de Estados Unidos: a los civiles no les está permitido que busquen y rescaten refugiados en el mar, ya que podría confundirse con actividades de contrabando o trata de personas.

Basulto no era partidario del uso de embarcaciones para encontrar balseros porque el campo de visión —el horizonte— es muy limitado. Él y Billy Schuss se reunieron un día, en casa de Basulto, con su común amigo José Benito Clark, para discutir el problema de las lanchas. Estaban mirando el cuadro de Manolín Guillot, el cubano ensangrentado, y Basulto lo recuerda como un momento decisivo, como si todos ellos simultáneamente hubieran convocado a un Poder Superior para hacer algo respecto a los balseros.

Decidieron que usar avionetas sería la mejor forma de buscar a los balseros. El campo de visión era más grande, y la zona que podían abarcar en un avión mucho más extensa. Basulto tenía una avioneta.

Un mes después, un grupo pequeño se reunió para discutir cómo podría ponerse en práctica la idea de usar aviones. En este grupo estaba la piloto Mayte Greco, una despampanante rubia de ojos verdes de treinta y tantos años y madre de cuatro niñas pequeñas. Basulto había sido el instructor de aviación de Julio, el hermano de Mayte, y sus dos familias habían disfrutado juntas sus «carreras de hamburguesas». Ella era amiga de la familia y la única mujer presente además de Rita, la esposa de Basulto.

Las reuniones anteriores habían comenzado con el problema de los balseros como el punto principal de la agenda, pero los asistentes con frecuencia se desviaban del tema una vez que traían los entremeses: pastelitos, bocaditos, croquetas de jamón acabadas de freír, quesos y lonjas finas de jamón español. Salían a relucir los problemas tangenciales de Cuba y no tardaba en discutirse de todo lo demás, dejando a un lado a los balseros. En esta reunión en particular todo el mundo estaba concentrado en el tema.

Antes de hacer un vuelo de prueba, antes incluso de que reclutaran a los pilotos y antes de determinar que aviones se usarían y quién pagaría el combustible, el grupo empezó a proponer nombres para su organización aún por nacer, nombres en español y en inglés, referidos al aire, el mar, los barcos, las aves, sus hermanos cubanos. Alguien mencionó la palabra «compañero», pero fue rechazada al instante. Aunque el significado de compañero es más profundo que el de amigo, ya que implica un vínculo —algo que ciertamente existía entre cubanos— compañero también formaba parte del léxico de Fidel Castro, quien eliminó el uso de señor, señora y señorita, arguyendo que eran términos burgueses, y optó, o más bien exigió, que los nombres fuesen precedidos por el apelativo de «compañero», en el sentido de camarada. No, no sería compañero.

«Debería ser una hermandad», intervino Basulto, «como Flotilla de Hermandad y Solidaridad». Luego dijo con rotundidad: «Hermanos al Rescate, porque somos hermanos, somos hijos de la misma tierra».

—¿Hermanos? —exclamó Mayte—. ¿*Hermanos*? —repitió un poco más alto, como si no la hubiesen oído la primera vez—. ¡Eyyy, yo estoy aquí! —dijo, apuntándose a sí misma.

—Es como una hermandad, Mayte —le contestó Basulto— como si el colectivo de la terminación fuese una inclusión obvia de todas las cosas femeninas. Los otros hombres ni siquiera advirtieron su protesta. Basulto rápidamente redactó una declaración de propósitos y convocó a una conferencia de prensa.

Una vez que la comunidad de Miami se enteró de la existencia de la nueva organización, los líderes del exilio empezaron a disputarse a quién se le había ocurrido la idea de Hermanos al Rescate. Muchos sintieron que le habían robado su idea de salvar a los balseros. Uno de los que no tardarían en convertirse en ex amigos de Basulto, le escribió una carta de cuatro páginas, más parecida a una disertación, en que le reafirmaba que la idea no era de Basulto. Citaba al Enrique IV de Shakespeare, diciendo que su idea había sido la «progenitora» de los Hermanos al Rescate.

Las ideas no tienen dueño, solía decir Basulto, reconociendo que muchas personas ciertamente habían pensado igual que él. Cuando a uno le lanzan un problema, igual que una pelota, Basulto creía que había tres tipos de personas y tres tipos de reacciones: los que dejaban caer la pelota, los que la cogían y la aguantaban y los que corrían con ella.

Los detractores dejaban caer la pelota. A Basulto nunca lo sorprendía —aunque siempre lo decepcionaba— el poder que ejercía un solo no sobre un grupo de individuos. Podía llegarse a un consenso, todo el mundo sentirse entusiasmado con un nuevo proyecto, y bastaba que una persona —un comemierda— dijera que no para que el resto flaqueara.

Otros preferían someter las ideas a comités y discusiones y organización, con el objeto de controlar la idea. Disfrutaban leyendo las citas de sus ponderadas opiniones en los periódicos y se hinchaban con el sonido de su propia voz por las ondas radiales de La Pequeña Habana.

En la comunidad cubana de Miami, los únicos que corren con la bola usualmente lo hacen para estar en el foco de la atención, para ser estrellas en la escena local. Los exiliados lo llaman protagonismo, el [querer] ser protagonistas, una característica que todos niegan tener. El protagonismo le recordaba a Basulto uno de los sermones del Dr. Martin Luther King Jr. que más le gustaba, titulado *El instinto de tambor mayor*, en el cual él predica sobre «el deseo de sobresalir, de encabezar el desfile, el deseo de ser el primero». En el Miami del exilio cubano, la ambición de obtener crédito por una idea tenía un profundo arraigo.

Mientras otros exiliados reclamaban la propiedad intelectual de la idea, Billy y Basulto corrían con ella. Billy acrecentó sus lecciones de vuelo con la instructora Beverly Brooks, quien luego se uniría a Hermanos al Rescate. Basulto trabajó con diseñadores gráficos en la compañía de relaciones públicas de Aida Levitán para diseñar el logo: una figura silueteada en negro con una mano alzada en un gesto de súplica, el balsero solitario que tripula una balsa blanca sobre el océano azul contra el fondo de una bandera cubana en forma circular sobre la que se cierne, protectoramente, una gaviota con las alas abiertas.

Al cabo de un año ese símbolo sería reconocido no sólo a través de Estados Unidos, sino, algo más importante, a través del estrecho de la Florida.

4

La hermandad

*Si quieres que algo realmente importante se lleve a cabo, no debes
meramente satisfacer la razón; debes también tocar el corazón.*
Mahatma Gandhi

Poco más de un año después de la llamada de Billy, el 13 de
mayo de 1991 —casualmente la fiesta de Nuestra Señora de
Fátima— los Hermanos al Rescate se convirtieron en una
organización humanitaria sin fines de lucro. La conferencia de
prensa que tuvo lugar el 15 de mayo se transmitió por la
televisión y se reseñó en los periódicos. Basulto y su nueva
junta directiva no tuvieron que esperar mucho por las
reacciones de apoyo —y por las críticas. Los comemierdas con
él no aparecieron por todas partes. Afortunadamente, no
tardaron en ser sustituidos por una oleada de voluntarismo de
la más diversa comunidad de Miami.

Tres días después del registro como corporación, la
pequeña junta directiva de Hermanos al Rescate se reunió con
el almirante Robert E. Kramer, del Servicio de Guardacostas
de Estados Unidos, para concertar el debido protocolo de
búsqueda y rescate en el estrecho de la Florida. Los estudios
de viabilidad que Basulto y Mayte Greco habían realizado
arrojaban que volar a 500 pies [152 metros], la altitud más baja
aprobada por la Administración Federal de Aviación (FAA,
por su sigla en inglés), le daba a los pilotos las mejores
oportunidades de avistar a alguien en el agua. Sabían que
tendrían que volar a más baja altitud algunas veces —y, de
hecho, quebrantar las normas—, pero Basulto razonó que
ellos obedecían a una autoridad muy superior a la FAA.

El Servicio de Guardacostas y los Hermanos convinieron en que cuando fuera avistada una balsa, se marcarían las coordenadas y se arrojaría al agua un marcador de tinta para ayudar al guardacostas en su búsqueda. La aeronave remontaría entonces por encima de los 2.000 pies [609 metros] para enviar un mensaje por radio a la base de Hermanos al Rescate; luego la base llamaría al Servicio de Guardacostas, el cual, a su vez, despacharía una embarcación para rescatar a los balseros. Después de un proceso de varias horas, llevarían a los rescatados a Cayo Hueso para su procesamiento.

Eso podía haber marcado el cumplimiento de la misión y haber permitido que los Hermanos continuaran vuelo en busca de otros balseros. Pero Basulto insistía en que la avioneta se quedara con los balseros y volara en círculos hasta que llegara el guardacostas, que a veces se tardaba hasta cinco horas. Esas largas, monótonas y agobiantes horas de estar velando a los balseros serían las más difíciles; pero las más importantes para Basulto. Él no podía imaginar que el júbilo de haber sido encontrados se viera suplantado por la apariencia del abandono. Para esas almas desesperadas sobre una balsa improvisada oscilando en el agua, o zarandeados en el mar, sería un consuelo tener esa protección sobre ellos.

The Miami Herald y su homólogo en español, *El Nuevo Herald*, saturaron a la comunidad con artículos sobre los Hermanos al Rescate. Basulto estaba agradecido de la prensa por lograr que, metafóricamente, los Hermanos al Rescate despegaran.

Uno de los partidarios más influyentes fue David Lawrence Jr., editor de *The Miami Herald*. Él y Amanda, su hija de quince años, volaron con Basulto en una de esas primeras misiones. Lawrence recordaba haber volado cerca de los límites territoriales de Cuba y haber visto el perfil de La

Habana. En una ciudad culturalmente polarizada como Miami, Lawrence alentó a la comunidad a apoyar a los Hermanos al Rescate. «En una comunidad de causas, ésta me parece una causa sobre la cual todos pueden estar de acuerdo».

Susana Eckell-Lares, madre de tres pilotos, vio la conferencia de prensa televisada y luego leyó acerca de los Hermanos al Rescate en *El Nuevo Herald*. Ella compartiría la información con sus tres hijos: Guillermo, conocido como «Guille»; Adalberto, a quien apodaban «Beto» y Jorge, al que llamaban «Koki».

El padre de ellos era piloto de Eastern Airlines, y antes de eso había trabajado para Aerolíneas Argentinas en su país de origen. Como volar siempre había sido parte de la familia Lares, los tres hermanos se hicieron pilotos.

Los chicos crecieron haciendo todo juntos. Hasta las decisiones personales como la religión las tomaban como un colectivo. A todos los habían criado como católicos, pero, a los trece años, Koki rompió [con esa tradición] y se unió a una congregación bautista. Él le aseguró a su madre que se trataba de una Iglesia cristiana, y Susana aceptó la decisión de su hijo. Posteriormente, ya viviendo en Miami, sus hermanos siguieron el ejemplo y se incorporaron a una Iglesia cristiana interdenominacional de credo bíblico.

Guille medía 1,93 m. y era de ojos azules y pelo negro intenso y, a los 25 años, asumía a las claras el papel protector —y autoritario— del hermano mayor. Beto, de 23, era un poco más pequeño que Guille, de constitución física fuerte y atlética. Jorge o «Koki» tenía sólo diecinueve años y aún no contaba con su licencia definitiva de piloto. Sus hermanos le pusieron Koki cuando niño porque decían que tenía la cabeza grande, como un coco. Compartía la apostura de sus hermanos mayores con su pelo castaño, ojos azules y una figura que parecía seguir un disciplinado programa de ejercicios. Lo que distinguía a Koki de sus hermanos era su semblante apacible, la bondad interna que irradiaba en su sonrisa y en el brillo de sus ojos. Él era el David bíblico, la niña de los ojos de Dios, el hijo que todos quisiéramos tener.

Rita Basulto estaba respondiendo las llamadas telefónicas de los Hermanos una mañana cuando Guille Lares llamó.

—Es una llamada de un joven piloto que dice que él y sus dos hermanos quieren ser voluntarios, pero no creo que sean cubanos, creo que son de Argentina —le dijo ella a Basulto pasándole el teléfono.

—¿Argentinos? ¿Tres hermanos? —preguntó Basulto y convinieron en reunirse.

En el primer encuentro en el aeropuerto de Tamiami, Basulto saludo a los tres hermanos con un apretón de manos y un abrazo.

—Queremos ayudar a salvar los balseros —dijo Guille, presentándose con su batallón de tres.

—No tenemos dinero y no tenemos aviones —añadió Beto—, pero tenemos nuestras licencias y queremos ayudarlos.

Basulto se quedó impresionado con los tres voluntarios hermanos y pilotos, con su unidad y cómo habían seguido el camino de su padre. En ese momento, los tres hijos de Basulto aún no habían manifestado ningún interés en volar.

—Si a uno de nosotros le hubiera gustado volar, mi padre se habría vuelto loco —le dijo una vez a un reportero Felipe, el segundo de los hijos de Basulto—, pero en cambio Dios le dio tres hijos argentinos.

Los hermanos Lares comenzaron a volar inmediatamente. Para Basulto, el nombre Hermanos al Rescate sería por siempre intercambiable con el de estos hombres que habían venido a su rescate.

—Le pedí a Dios que me enviara algunos ángeles —le dijo un día Basulto a un sacerdote parroquial en la iglesia católica de San Luis al sudoeste de Miami—, y me envió a los tres hermanos Lares de Argentina.

—¿Por qué no le envió algunos ángeles cubanos? —preguntó el sacerdote.

—Dios me dijo que no tenía ángeles cubanos.

Guille, Beto y Koki se sintieron escogidos por Dios para unirse a Hermanos al Rescate. Luego de unas cuantas misiones, Guille creyó que era hora de honrar a Dios.

—José, ¿estaría bien si oramos como grupo antes de cada misión? —preguntó Guille.

—Seguro, Guille, ¿cómo te gustaría hacer eso? —le respondió Basulto.

Basulto era un católico bautizado, como la mayoría de las personas que participaban en Hermanos. Pero su apertura a otras religiones, creencias, razas y orígenes socioeconómicos y educacionales atrajo a Hermanos al Rescate a un diverso grupo de personas.

—Bueno, creo que es importante dedicarle cada misión a Dios —dijo Guille—. Él es el que nos ayudará a encontrar a los balseros. Uniremos las manos en un círculo y oraremos, y tal vez terminemos con el Padrenuestro, que todo el mundo se lo sabe.

Los hombres latinos no se toman de la mano, tal vez en un tumulto. Algo extraño en una cultura en que los hijos adultos besan a sus padres y los amigos se saludan con un apretón de manos seguido de un abrazo. ¿Pero tomarse de las manos?

A partir de ese momento, los Hermanos se tomaban de la mano antes de cada misión. Su círculo de oración sería filmado, fotografiado y difundido por todo el mundo.

Un mes después, a Guille Lares lo nombraron Jefe de Pilotos, responsable de entrevistar y de contratar a pilotos voluntarios, así como de programar misiones.

—Búscalos igualitos a ti, Guille —le dijo Basulto.

Al parecer Virginie Buchete Puperoux no se parecía a Guille. Virginie era amiga de Mayte Greco, y ciertamente llegaba bien recomendada.

—Lo siento, pero no podemos tomarla ahora —le dijo Guille después de la entrevista. Virginie, una bella francesa de melena rubia y ojos claros, era alta y delgada con una apariencia de modelo. Nacida en Normandía, Virginie se había mudado a Estados Unidos, había estudiado en la UCLA (Universidad de California en Los Ángeles) y había recibido su licencia de piloto en California. Tenía experiencia, preparación y estaba dispuesta a volar.

—No le caigo bien, me atrevo a afirmarlo —le dijo Virginie a Mayte. En opinión de Virginie, a Guille no le gustaban las mujeres pilotos y, al igual que la mayoría de los hombres latinos, era machista, un misógino.

Mayte le preguntó luego a Guille por qué no le había dado el trabajo a Virginie —después de todo se trataba de un puesto voluntario.

—Tengo que determinar las intenciones de cada uno, tengo que cerciorarme de que su historial es el mejor, y esa es la decisión que tomé —replicó, sin dar ninguna otra explicación. Pero Mayte insistió, abogó y suplicó por su amiga.

Tres meses más tarde y contrario a la etiqueta de machista que Virginie le había puesto, Guille cambió de opinión. Los otros pilotos la apodaron La Francesa. Virginie se quedó por más de tres años con los Hermanos al Rescate, pero La Francesa nunca voló con Guille Lares.

El primer norteamericano en incorporarse a Hermanos al Rescate fue Conrad Webber. Conrad había asistido a la conferencia de prensa varias semanas antes, cuando los Hermanos anunciaron que buscaban pilotos voluntarios. Aunque mayor que casi todos los otros pilotos, Conrad llevaba poco tiempo volando y aspiraba a lo mismo que los pilotos más jóvenes: llenar su bitácora sin tener que pagar los altos costos del combustible ni las lecciones de vuelo. Salvar una vida era un beneficio adicional.

En ese momento su vida le permitía disponer de algún tiempo libre, por eso cuando Basulto le pidió que se uniera a Hermanos, respondió que sí sin dudar. Conrad Webber no solía hacer las cosas impulsivamente, de ahí que su decisión sorprendiera a su familia y amigos. Estos últimos no podían entender por qué ayudaba a esta nueva agrupación. ¿Por qué carajo quería él encontrar a más cubanos? Lo confrontaron. ¿Ya no había bastantes en Miami?

Conrad y sus amigos habían nacido y se habían criado en Miami A.C. —antes de los cubanos. El padre de Conrad fue piloto de la Real Fuerza Aérea Canadiense antes de la segunda guerra mundial y se había cambiado su apellido alemán Weber a Webber, que sonaba más americano. Después de Pearl Harbor, el gobierno de Estados Unidos recluyó a los japoneses en campos de internamiento y el padre de Conrad temía que fueran a hacer lo mismo con los alemanes.

La primera oleada de cubanos llegó a Miami en 1960 cuando Conrad estaba en la escuela intermedia. Su maestro le anunció a la clase que recibirían a algunos estudiantes nuevos, explicándoles que eran cubanos que escapaban de un gobernante comunista llamado Fidel Castro. Los únicos hispanohablantes que esos niños reconocían eran mexicanos o al cubano Ricky Ricardo de los episodios de *I Love Lucy*. Conrad y sus condiscípulos imaginaban que los nuevos niños entrarían al aula con ponchos y grandes sombreros.

Conrad asistió a la escuela pública antes de que prohibieran las biblias, de manera que rogaban por los nuevos estudiantes en sus oraciones matutinas. Cuando los primeros niños exiliados entraron en el aula en enero de 1961, vieron a niños de piel no más oscura que la de los niños judíos o italianos, pero Conrad no se hizo amigo de ellos, como nunca habría de trabar amistad con los hispanos a pesar de haber vivido en Miami durante treinta años. Formar parte de Hermanos al Rescate iba a cambiar esa actitud.

Después de vivir en Miami durante treinta años, los Hermanos al Rescate le garantizarían las amistades hispanas [que antes no tuvo]. Volar con ellos le haría ganar horas de vuelo, y salvar vidas no estaba nada mal tampoco.

Los pilotos más jóvenes, como el peruano Carlos Gartner, se incorporaron a los Hermanos por las horas de vuelo. La falta de dinero en la tambaleante economía del Perú retrasó los sueños de Gartner de hacerse piloto. A instancias de su madre, llamó a su hermana en Estados Unidos, que estaba casada con un piloto norteamericano, y ella le envió $2.000. Con ese dinero, completó 200 horas de instrucción de vuelo, adquirió su licencia y luego se mudó a Miami, donde trabajaba en dos empleos e iba a la escuela para aprender inglés.

Gartner había trabajado como piloto de selva en las junglas del Perú. A «Cholo», como le apodarían, le gustaban los vuelos rasantes y las maniobras complicadas. El atractivo de los Hermanos para acrecentar sus horas de vuelo no tardó en verse reemplazado por un auténtico afán de salvar vidas.

En tierra, la Hermandad también necesitaba voluntarios para responder teléfonos, preparar las cargas de suministros [que dejaban caer a los balseros] y para la estructura de la organización.

El principal organizador era Leopoldo Núñez («Polo»), un amigo de Basulto que, como hijo único de una familia pudiente y políticamente activa de La Habana, había asistido a un colegio cubano-americano en La Habana llamado la *Ruston Academy*. Su herencia incluía a un general de la guerra de Independencia que también fue vicepresidente de Cuba. Las normas familiares también dictaban salir en defensa de tus creencias. Los padres de Polo habían participado en la contrarrevolución en Cuba y le exigieron, cuando él cumplió los 18 años, que dejara de estar en la cerca e hiciera algo. Su primera misión fue llenar varios barrios de La Habana con unos carteles que decían «El comunismo es igual a destrucción». Él medía 1,70 m., era de tez muy blanca y pesaba unos 56 kilos. Parecía que tuviera trece años, de suerte que nadie se metió con él.

Pero ahora, la vida de Polo se encontraba en un momento crucial. A los 49 años, estaba a punto de ser padre por primera vez. Su esposa, de 38 años y embarazada, no quería que fuera a arriesgar su vida enganchándose con los Hermanos al Rescate. Además, era subdirector auxiliar de la Escuela Preparatoria Jesuita de Belén donde también impartía Historia. Polo era un ávido escritor y poeta. Los Núñez estaban sencillamente demasiado ocupados en este momento y su esposa a la espera de un hijo se oponía a su participación, de manera que cuando Basulto le pidió ayuda, Polo le explicó su dilema, pero agregó: «por supuesto que te ayudaré, Gugú». Además de volar como observador, Polo se convirtió en el historiador de Hermanos al Rescate y en el padre de un varoncito.

Los observadores fueron otro componente fundamental de Hermanos al Rescate. Serían sus ojos los que con más frecuencia avistaran las almas desesperadas allá abajo [en el mar], ya que los pilotos se ocupaban de las maniobras y de volar según sus coordenadas. «Un par de ojos es un par de ojos», solía decir con frecuencia Basulto, sin juzgar nunca las capacidad del observador que subía al asiento trasero.

Un trabajador de mantenimiento del Departamento de Policía de Miami-Dade, hombre de 35 años, alto, desgarbado y corto de vista, se apareció un día para ser ese par de ojos.

—Puedo ayudarles —dijo Osvaldo Plá, al tiempo que se apartaba de los ojos un mechón de sus cabellos negros como el azabache. Tenía un corte de pelo estilo mullet, largo hacia atrás y corto por el frente y los lados, muy popular entre cantantes de música country y del Oeste, así como entre algunos roqueros y unos cuantos surfistas. Osvaldo no era nada de eso. Definitivamente no era un YUCA, la versión cubanizada del Yuppie de los años noventa: un joven cubanoamericano en carrera ascendente. Osvaldo era como un chico cubano de su casa. Sus ropas tenían el aspecto de que fueran prestadas y sin embargo parecían hechas a la medida de su delgada estructura. Detrás de sus gruesos lentes daba la impresión de que tenía los ojos irritados o afectados por un cansancio crónico. Al cabo de pocos años lo diagnosticarían como ciego funcional debido a una degeneración de la mácula. Tenía un gran lunar sobre el labio superior que de alguna manera armonizaba con la sonrisa sesgada que se asomaba debajo de una nariz prominente. Su manera de sonreír, su pelo, la entonación de su voz, atraían a la gente. Osvaldo Plá era una metáfora del no hacer juicios a partir de la apariencia. No era un hombre particularmente guapo, pero daba gusto mirarlo.

En Cuba, Osvaldo había asistido a la Escuela Nacional de Bellas Artes de San Alejandro, en La Habana, donde desarrolló su talento por el retrato. Al rehusar aprender ruso y no permitirle que aprendiera inglés, optó por dominar el francés. La música y las artes visuales eran sus hobbies. Para ganarse algún dinero extra se dedicaría a fabricar amplificadores y altoparlantes para los animadores [disc jockeys] de fiestas locales.

Por no querer dejar atrás a su larga familia, los padres de Osvaldo no se exiliaron en Estados Unidos después de la revolución. Vivían en un mundo en el que cada vecino podía ser un espía y donde había pocos en quienes se pudiera confiar, de manera que sus padres se mantenían callados; Osvaldo no.

Un día en que iba rumbo a la fiesta de quince de una amiga donde iba a trabajar como disc jockey, se produjo otro apagón. Y él empezó a gritar: «¡la revolución es una mierda! ¡Abajo Fidel!», yendo y viniendo por la calle donde vivía, furioso de perder el pequeño ingreso que le daba el trabajo. Sus padres temieron por su vida; sus vociferaciones podían fácilmente llevarlo a la cárcel. Era hora de que el joven de veintidós años se fuera del país. Le convino ser asmático y no poder ir al servicio militar, porque esa enfermedad fue su boleto de salida de Cuba en 1978.

Cuando llegó a Miami, se matriculó en el Miami-Dade Community College para hacer una carrera en artes plásticas y proseguir su vocación de retratista. Ahora, Osvaldo trabajaba para el Condado, estaba casado y criaba a una hijastra, y quería ayudar a Hermanos al Rescate.

Él no era piloto, pero tenía ideas para la hermandad. Entre ellas estaba la de dejarles caer radios a los balseros, una evolución lógica de gritarles a través de un megáfono. Otras eran más complicadas, como la de instalar a bordo equipos de radar que detectaran a los balseros en el mar. Esas ideas parecían extravagantes al principio, pero el encanto y la pasión de Osvaldo les prestaban sentido.

Basulto examinó a este country boy de Cuba, con un peinado mullet, que además era retratista, autotitulado inventor y que hablaba francés.

—Nos encantaría que te unas a nosotros, Osvaldo —le dijo Basulto, ampliando de este modo el ámbito de su organización.

La Hermandad continuó creciendo, en la que cada voluntario expresaba su particular y sincera razón [para pertenecer] o respondía a la inquietante sensación de un problema irresuelto. Arnaldo Iglesias formaba parte de este último grupo.

Arnaldo Iglesias se encontraba en su casa de Miami leyendo un artículo sobre Hermanos al Rescate cuando cerró el periódico y parpadeó, y volvió a parpadear. Arnaldo padecía de una afección ocular que le dificultaba controlar los músculos de los párpados y, dependiendo de la situación, parpadeaba con más o menos frecuencia: su estilo de comunicación, una versión facial de la clave Morse. Miró al titular que traía otra historia sobre los Hermanos y oyó otra vez la voz: *Cuba, Cuba, Cuba, ¿cuándo vas a hacer algo por Cuba?* Las voces habían repetido ese mantra durante más de 30 años: Arnaldo, ¿cuándo vas a hacer algo por Cuba? Arnaldo nunca se apuntó para la invasión de Bahía de Cochinos y, treinta años después, aún se sentía culpable. El padre de su mejor amigo, que había sido teniente coronel en las fuerzas armadas de Cuba en tiempos del presidente Batista, había persuadido a Arnaldo de que no fuera. Fue entonces que había comenzado a oír las voces.

Cuando sus compatriotas estaban luchando contra el ejército de Castro, Arnaldo Iglesias estaba viviendo en Puerto Rico con cuarenta y cinco dólares a la semana. El primero de su familia en salir de Cuba después que Fidel tomó el poder, Arnaldo, de veintidós años, llegó a San Juan de Puerto Rico solo, con once dólares en la cartera. Su nuevo empleo tenía que ver con la industria de las computadoras. Las computadoras eran algo nuevo y el tamaño promedio [de estas máquinas] ocupaba el espacio de una oficina entera. Sería el comienzo de una carrera profesional en esa industria.

Pero la culpa que sentía por su falta de participación en la fracasada invasión de Bahía de Cochinos lo siguió a Puerto Rico. José Miró Cardona, que había sido primer ministro en el primer gabinete de Castro en 1959 y que más tarde encabezara una agrupación democrática no batistiana en Miami, vino a Puerto Rico, a fines de 1961, para alentar a los cubanos que vivían allí a que se alistaran en el Ejército de Estados Unidos para intentar de nuevo la liberación de Cuba. Los americanos estaban desarrollando un nuevo plan y esta vez sí habría de funcionar. Ahora, finalmente, iba a ocurrir algo. De Puerto Rico sólo dos hombres dijeron que sí; uno de ellos fue Arnaldo.

Arnaldo ingresó en el Ejército de Estados Unidos en 1962 y concluyó su adiestramiento básico como paracaidista en Carolina del Sur. Se quedó perplejo cuando le ofrecieron un puesto de oficial entrenador en Alemania.

—Quiero ser soldado, no oficial —dijo, esperando que lo transfirieran a Cuba cuando comenzara la lucha. Luego intentaron seducirlo ofreciéndole la ciudadanía norteamericana. Él ni siquiera era residente legal en ese momento.

—Todo lo que quiero hacer —y todo para lo que me alisté— es pelear por mi país. Ustedes me ofrecen una madrastra rica porque mi propia madre es pobre y débil. Ya yo tengo madre.

A Arnaldo le dieron un licenciamiento honorable por razones adversas, puesto que él ayudaba al sostenimiento de sus padres. Muchos años después se convirtió en ciudadano de Estados Unidos.

Ahora, los artículos diarios sobre Hermanos al Rescate le tironeaban la conciencia. Mirta Iglesias, su esposa, trabajaba con Maggie Schuss, la esposa de Billy, en la Fundación Nacional Cubano Americana. Mirta llevaba a casa historias de testimonios presenciales de los pilotos y los voluntarios que le contaba Maggie.

Arnaldo echó a un lado los malos recuerdos, dejó el periódico y llamó al número que aparecía en el artículo.

—Buenos días, Hermanos al Rescate —le respondió la voz de un hombre joven al otro lado de la línea. Arnaldo reconoció su acento argentino.

—¿Por favor, puedo hablar con José Basulto?

Las voces en su cabeza se callaron al fin.

Unas cuantas semanas después, Maggie Schuss sacó a Arnaldo de un apacible día de playa en Key Biscayne para su primera misión como observador. Él no tardó en empezar su entrenamiento de piloto. Arnaldo le dedicó la mayoría de las horas de sus fines de semana a Hermanos al Rescate. Más adelante computarizaría todas las misiones y, lo más importante para los jóvenes pilotos, llevaría cuenta de los rescates.

Él también llevaba las finanzas de la organización. En esos primeros tiempos, la tarjeta de American Express de Basulto mantuvo las avionetas en el aire. Arnaldo advirtió que la mayoría de las donaciones de la comunidad procedían de cubanos mayores de la Pequeña Habana y Hialeah, los barrios de exiliados de clase obrera, que donaban un dólar, o cinco o diez dólares, al mes, muchos de los cuales añadían una nota de disculpa porque habrían querido dar más. Arnaldo inició una campaña por correo con sobres mensuales de retorno, en la cual apeló a toda la comunidad. Los cientos de donaciones de cinco y diez dólares que llovían [a vuelta de correo] se convirtieron en el presupuesto operativo de los Hermanos.

No bastaba con eso. La organización necesitaba recaudar capital para la adquisición de más aviones. Estaban usando el monomotor de Basulto tres veces por semana. Los otros eran prestados o alquilados, y los costos de alquiler eran exorbitantes. Las revisiones de mantenimiento de las aeronaves eran de $400 cada una. Los costos de combustible eran de veinte dólares la hora para un monomotor, y de cincuenta dólares la hora para un bimotor. Algunos pilotos hasta pagaban por su propio combustible en misiones.

Económicamente, Basulto se encontraba en un buen momento de su vida. Mientras esperaba que entraran las donaciones y luego de usar al máximo sus tarjetas de crédito, ponía dinero de sus propios ahorros.

Hicieron campaña entre las agrupaciones locales de exiliados cubanos en busca de sumas mayores, pero no tuvieron éxito. Basulto conocía a muchas personas influyentes con dinero, pero no le interesaba recurrir a ese mercado ni al gobierno de Estados Unidos. Aunque Hermanos al Rescate era una organización humanitaria sin fines de lucro no había solicitado del gobierno de Estados Unidos ni un centavo. Basulto quería mantenerlo así. La lucha es nuestra.

5

El primer rescate

Cuando hago el bien, me siento bien; cuando hago mal, me siento mal.
Esa es mi religión.
Abraham Lincoln

La primera misión oficial de Hermanos al Rescate partió del aeropuerto de Tamiami el 25 de mayo de 1991. Tamiami prestaba servicios a vuelos privados y fletados desde la zona del suroeste de Kendall en Miami. Tres avionetas, que respondían a los nombres de Seagull One, Seagull Two y Seagull Three salieron de allí para sobrevolar el estrecho de la Florida.

Seagull One era la señal de radio de Basulto, a quien acompañaba, como observadora, Lucy Pereda, presentadora de la televisión local. De copiloto iba René González, hombre de unos 30 años que había desertado hacía poco de Cuba. René había nacido en Estados Unidos de padres cubanos, pero su familia regresó a Cuba cuando Castro llegó al poder. Él se hizo piloto y luego abandonó la isla comunista en una avioneta de fumigación, un Antonov ruso, y solicitó asilo en Boca Chica, en los cayos de la Florida. Su esposa y su hija se quedaron detrás.

La señal de radio de Billy Schuss era Seagull Two, y Seagull Three era la de Guille Lares, con Beto, su hermano, de copiloto.

No encontraron ningún balsero ese día histórico, ni tampoco en las seis misiones siguientes. Avistaron balsas, pero todas estaban vacías. Según los primeros cálculos estimativos, sólo uno de cada cuatro intentos de cruzar el estrecho tenía éxito. Los pilotos se sentían culpables: ¿Si hubiéramos venido ayer? ¿Cuántos habían perecido? ¿Quién aguardaba aquí por esas pobres almas? ¿Cómo habían muerto? Tenían que encontrar a los balseros en las primeras etapas de su viaje; tenían que acercarse más a Cuba.

Hay una línea imaginaria que corre de este a oeste entre el punto medio del extremo de los cayos de la Florida y la costa de Cuba y que aparece en los mapas como el paralelo 24. Si bien las áreas al norte y al sur de esa línea se consideran espacio aéreo y marítimo internacional, Estados Unidos controla el tránsito aéreo al norte y Cuba al sur. Los límites territoriales de Cuba se extienden hasta 12 millas de la costa.

Hermanos al Rescate tenía que volar por debajo del paralelo 24.

Basulto y su tripulación serían los primeros en cruzar el paralelo 24 en su misión del 2 de junio de 1991, volando de este a oeste sobre su imaginaria cuadrícula rectangular. Koki Lares, el más joven de los tres hermanos argentinos, se sentía emocionado de ser, por primera vez, el copiloto de su hermano Guille en Seagull Three. Guille y Koki volarían, de oeste a este, por encima del paralelo 24.

Luego de transcurridas cuatro horas en la séptima misión, nadie había encontrado nada, salvo balsas vacías. Rememorando, Guille se acordaba de la balsa que él y Beto habían divisado en una misión en particular. El destello de un objeto blanco en la balsa los animó a hacer su primer vuelo a baja altura. Cuando descendieron en círculos la segunda vez, confirmaron que había algo en la balsa, algo pequeño, blanco y de encaje —como el vestido de una niña. Pero no había ninguna niña.

Guille deseaba trasponer el paralelo 24; hoy tenía un buen presentimiento.

—Probablemente ellos tienen la mejor área, Koki. Basulto siempre se la da a los pilotos cubanos, ¿no lo has notado? —le dijo Guille a su hermano, entre bromas y veras. Estaba convencido de que volar por debajo del paralelo 24 daría mejores resultados, aunque nadie había obtenido ningún resultado todavía. A mitad de la misión y en contra de las instrucciones de Basulto, Guille giró hacia el suroeste.

Existía un procedimiento específico que se usaba en la búsqueda de estos puntos humanos en el agua, el cual Basulto, Billy y Mayte habían practicado en sus recorridos por encima de los Everglades. Exigía mirar hacia abajo y hacia toda la extensión del mar. En un auto, el conductor mantiene la mirada fija en la carretera, echándole un vistazo ocasionalmente al espejo retrovisor. Al volar, uno suele mantener la mirada al frente, verificando repetidamente la pizarra de instrumentos. Los Hermanos al Rescate no volaban de esa manera: el piloto miraba a su izquierda, el copiloto a la derecha, y los observadores, cuando no se sentían mareados o con nauseas en los estrechos y opresivos asientos traseros, miraban por las ventanas hacia la interminable vastedad del agua que tenían debajo. En un vuelo de búsqueda y rescate, nadie miraba al frente, a menos que les hubieran avisado que otra aeronave volaba en coordenadas semejantes. Usualmente ningún otro avión, salvo los de Hermanos al Rescate, volaba a 152 metros o por debajo de esa altura.

Las avionetas, usualmente tres en cada misión, partían del aeropuerto de Tamiami rumbo al suroeste, hacia Cayo Hueso. En ese punto se dirigían al sur. Cada una tenía un mapa específico que monitorear, de oeste a este, y luego nuevamente al volver, volando en sus rectángulos aéreos individuales. En un mapa plano, parecería como si una avioneta volara encima de la otra, trazando líneas como si fueran los dientes de un peine.

Los hermanos Lares rehicieron el trayecto de su rectángulo y se dirigían a la zona de Basulto —supuestamente la zona buena— al sur de la de ellos. Debajo, todo parecía idéntico a las últimas tres semanas y no había ningún indicio de que ese día habría de ser distinto.

El balsero Rubén González ya llevaba más de ocho horas en el mar al tiempo en que las avionetas despegaron del aeropuerto de Tamiami esa mañana, pero él y sus compañeros se mantenían tranquilos. Los cuatro hermanos de Rubén habían llegado a cayo Maratón diecisiete días antes, luego de pasar cuatro días y cuatro noches en el mar. Él oyó sus nombres en Radio Martí, el nexo radial con La Habana auspiciado por Estados Unidos, que había comenzado sus transmisiones en 1985. Los hermanos de Rubén aparecieron el día antes del vuelo inaugural de Hermanos al Rescate. Cuatro de ellos habían salido de Cuba, pero a Miami llegaron seis. Los hermanos González se encontraron a dos balseros que nadaban luego de que su balsa se hundiera. Otros dos de ese grupo se habían ahogado. Sabiendo que sus hermanos habían hecho un viaje exitoso, Rubén se decidió a irse también.

Antes de la revolución, la familia González había sido adinerada. Su padre era un cirujano que había estudiado en Estados Unidos y su madre tenía un doctorado en filoSofia. Su padre no tardó en hacerse fervoroso marxista y ateo. Aunque su padre hizo añicos el resto de los artefactos religiosos de su casa, su madre católica bautizó en secreto a sus once hijos.

Luego de participar en la lucha con Fidel Castro, el padre de Rubén entregó todas sus posesiones a los campesinos y le hizo saber a sus hijos que la única herencia que les dejaría sería su código de valores.

Después del triunfo de la revolución, Raúl Castro le dio a la familia de Rubén una mansión de siete dormitorios y cinco baños en el barrio de Nuevo Vedado en La Habana, la cual probablemente era el despojo de la herencia de alguna otra persona. Rubén y sus hermanos asistieron a la escuela con los hijos de Raúl Castro, así como con los hijos de otros militares de alta graduación. Era una escuela pública, como son todas las escuelas en Cuba, y los hijos de González tuvieron que someterse al racionamiento, las marchas forzadas que les imponían a los jóvenes y al servicio militar. A los veintiséis años, Rubén había vivido una vida bastante protegida y se le tenía por uno de los privilegiados. Los hermanos González tenían suficiente comida y ropa adecuada que ponerse, pero no tenían libertad de expresión.

Eso no bastaba.

Rubén y sus amigos fabricaron una embarcación rústica con bordes de madera y tubos adosados al casco para darle cohesión. Insertaron las cámaras de la rueda de un camión y de un tractor dentro de la estructura y las inflaron, ciñéndolas a los costados. El fondo lo envolvieron con lona para alejar a los tiburones, y un motor Yamaha de 10 caballos de fuerza en la popa terminó por hacer su bote navegable.

A bordo del Cessna de Basulto, su amigo Juan González [sin ningún parentesco con Rubén] estaba quedándose dormido. Se había tomado el día libre para servir de observador y a su esposa no le gustaba mucho la idea. Juan era vendedor ambulante de baterías de cocina de alta calidad, y los fines de semana y las noches eran sus principales horas de trabajo.

—¿Quién va a rescatarnos a nosotros? —le diría su esposa en tono de protesta, sabiendo que cada día que él volara era un día en el que no obtendría ingresos.

Juan era miembro también de un club de vuelo llamado Fuerzas Armadas de Cuba en el Exilio (FACE), un grupo de pilotos cubanos exiliados que se habían sumado a la causa de los Hermanos al Rescate. Juan a veces realizaba misiones en un avión de la FACE. Había sido piloto desde su juventud en

Cuba, pero la crisis del petróleo de los años setenta determinó que su carrera pasara de la aviación a la venta de ollas que cocinaban sin agua.

Sentado detrás del asiento de Basulto, Juan se sentía aburrido, cansado y con calor, y el reflejo del agua al sol del mediodía tenía un efecto hipnotizador. No había suficientes audífonos a bordo para que él pudiera llevar uno, de manera que no podía comunicarse con Basulto y con Billy, que era el copiloto. El ruido de los motores lo iba embelesando y al recostar la cabeza contra la ventanilla decidió que echaría tan sólo un pestañazo. Basulto se concentraba en el tramo de agua que le quedaba a su izquierda, mientras Billy escrutaba, con el seño fruncido, hacia el estrecho de la Florida que le quedaba a su derecha. Estaban por debajo del paralelo 24, siguiendo su plan de vuelo de ir de un lado a otro, de oeste a este, para luego retroceder.

Entre tanto, Guille se dirigía al sur de su carta de navegación rectangular, para luego emprender rumbo este, en el intento de encontrar un balsero en la zona buena. Se dijo que una vez en el hangar le explicaría todo a Basulto; le daría explicaciones después de encontrar a los primeros balseros. A Basulto no le importaría un cambio de ruta si él salvaba algunas vidas. Ambas misiones de Seagull estaban tan concentradas en sus patrones de búsqueda que no se dieron cuenta de que estaban a punto de colisionar.

Fue el rugido del motor y el choque del viento en la ventanilla provocado por el muro de aire del avión de los Lares el que sacudió a Juan González y lo despertó.

—¡Pero coño! ¿Qué están haciendo aquí? —gritó Basulto.

Basulto, Billy y Juan se quedaron inmóviles en sus puestos, mirando en torno para cerciorarse de que tanto a ellos como a la avioneta no les había pasado nada. Los tres hombres estaban completamente alertas, pero aún temblaban cuando ya las sacudidas de la avioneta habían cesado. En Seagull

Three, los Lares sabían que iban a vérselas con Basulto cuando estuvieran de vuelta en el hangar. Casi habían sido causantes de una colisión en pleno vuelo.

Luego todo cambió cuando Juan avistó lo que él recuerda que parecía como una araña sobre la superficie del agua. Seagull One estaba a 112 km. al sur de Maratón cuando, a las 12:45 P.M., Juan González se dio cuenta de que esa araña era una balsa con cuatro personas a bordo.

—¡BALSAAAAAA! —gritó, extendiendo la palabra como el grito de "gooooooooooooolllll!" en los partidos de fútbol sudamericanos. Enseguida anotaron las coordenadas: 23,49 norte y 81,56 sur e hicieron un lento descenso para que los balseros abajo supieran que habían sido avistados. Juan sacó su cámara y tomó algunas fotos.

Luego de concluir las verificaciones de rigor, hubo una pausa en la cabina y un momento de silencio, casi como si el motor se hubiera apagado. Basulto, Billy y Juan se miraron y comenzaron a saltar en sus asientos, hablándose a gritos, llorando. Basulto y Billy se intercambiaban palmadas en el hombro; desde atrás, Juan, feliz también, palmeaba alegremente a sus amigos.

Rubén miró hacia arriba desde el agua y se preguntó quién estaba en la avioneta. Era casi la una y el sol lo cegaba.

—Son los de Hermanos al Rescate, he oído hablar de ellos en Radio Martí —le dijo a sus amigos.

Seagull One podía ver a los balseros que agitaban una camisa o algún trapo. Más tarde jurarían que la primera vez que se les acercaron estaban sonriendo. En el segundo descenso, les dejaron caer un mensaje en que les decían que llamarían a los guardacostas con sus coordenadas y que tuvieran la bondad de apagar el motor. [Ese mensaje] se los dejaron caer en una botella de gaseosa vacía. Basulto le envió un mensaje por radio a los del Servicio de Guardacostas, que confirmaron que estaban en camino.

En ese tiempo, las avionetas de los Hermanos no estaban equipadas con el relativamente nuevo GPS (Global Positioning System). Usaban el LORAN (Long Range Navigation) o el VOR (VHF Omni Directional Range). Debían volar a 609 metros de altura para confirmar su posición y enviar un mensaje de radio a la base, desde donde alertarían a los guardacostas. A su regreso de llamar a la base, Seagull One voló protectoramente en círculos por encima de Rubén y sus compañeros. Pero el guardacostas se demoraba más de lo esperado, y Basulto tenía que reabastecerse de gasolina en Cayo Maratón. El avión de los Lares no podía relevarles ese día, de manera que las dos avionetas de Hermanos al Rescate tuvieron que dejar a sus primeros balseros detrás, exactamente lo mismo que Basulto nunca quería hacer.

Mientras la avioneta se iba empequeñeciendo en la distancia, Rubén y los suyos se sintieron descorazonados. ¿Por qué los abandonaban allí? La monotonía de la espera y la confusión que los hubieran dejado solos hicieron presa de Rubén. Hasta ese momento el viaje había sido bastante tranquilo. Era casi decepcionante. Se rió y le dijo a sus amigos que le gustaría ver algunos tiburones. A éstos les irritó el comentario, le dijeron que si estaba loco y le recordaron los relatos de tantos otros que nunca habían podido llegar a la meta.

Casi al punto, interrumpiendo el chachareo, una aleta negra, más larga que los tres metros de la balsa, ascendió de las profundidades como un Leviatán. La danza en cámara lenta de la mantarraya continúo cuando se volteó y les mostró su vientre blanco a los cuatro balseros. Sus movimientos sobre la superficie del mar les mecía la balsa.

¿Ya estás contento? Le dijeron a gritos sus amigos.

Dos horas después, el guardacostas recogió a los cuatro balseros. Rubén y los suyos pasaron la noche en la nave, porque el guardacostas estaba en busca de otros balseros que habían sido avistados ese día. Pero a esos nunca los encontraron.

De regreso al hangar luego de esa exitosa misión, Guille le dijo a su hermano:

—Ves, Koki, los cubanos se llevaron la primera.

6

La dama piloto

Las mujeres no tienen que sacrificar su personalidad si son madres.
No tienen que sacrificar la maternidad para ser personas. La liberación se
propuso expandir las oportunidades de las mujeres, no limitarlas.
Elaine Heffner

Mayte Greco se acostumbró al nombre de «Hermanos» rápidamente. En este momento habría estado de acuerdo con cualquier nombre para la organización —siempre y cuando ella pudiera volar.

De soltera en Cuba se llamaba Mayte Rodríguez y había venido a Miami como exiliada con sus padres cuando tenía un año de edad. Su padre Julio tenía cinco pesos cubanos en el bolsillo al aterrizar en Miami y los usó para comprar el sueño americano. Trabajó en dos empleos, terminó sus estudios y llegó a ser muy exitoso.

Cuando Julio Rodríguez padre compró el primer auto de la familia, los días de los fines de semana eran para la playa, y las noches para el aeropuerto. Los Rodríguez se unieron a muchas familias jóvenes que se agrupaban en la yerbosa zona de estacionamiento a lo largo de la carretera que recorre el perímetro del Aeropuerto Internacional de Miami. Muchos recuerdan que lo apodaban «la carrera submarina» donde las jóvenes parejas estacionaban para hacer de las suyas después de sus citas formales o en lugar de las mismas.

Este era el tiempo que Mayte pasaba en familia, y ella se enamoró del aeropuerto, de los aviones y de las lucecitas azules. Era su pasatiempo preferido de niña.

Al igual que muchos cubanos refugiados, Mayte asimiló el Miami de habla inglesa en la escuela, adaptándose a las costumbres y el modo de vida americanos. Hablaba en inglés, pensaba en inglés; se sentía norteamericana, no cubana. En su casa, mantenían las tradiciones cubanas, como comer arroz y frijoles, celebrar la tradicional cena de Nochebuena y comer las doce uvas de la Noche Vieja.

Su fascinación con los aviones nunca desapareció. Cuando la mayoría de sus amigas adolescentes en la Academia de Nuestra Señora de Lourdes, una escuela secundaria católica de niñas, andaban a escondidas de sus padres para reunirse con sus noviecitos, Mayte también andaba a escondidas para ir a tomar lecciones de vuelo. Era una buena chica, obtenía buenas notas y, hasta donde sus padres sabían, era obediente. Las buenas chicas cubanas eran amables, respetaban a sus mayores y usaban aretes de perlitas y delgadas pulseras de oro. Tradicionalmente, iban a las fiestas con chaperonas, asistían a universidades cercanas a sus hogares y no dejaban el nido hasta el día de la boda —como vírgenes, desde luego. Había muchas tradiciones en la familia de Mayte, y Mayte había roto la mayoría de ellas. Ella no quería ser una dama; ella quería ser piloto.

Durante su primer año en la Universidad de Miami, mientras vacacionaba en Buenos Aires con su familia, Mayte conoció a un argentino llamado Ernie Greco, guapo, aventurero, cuatro años mayor que ella y rico. Ernie vino a visitarla un mes después y se casaron secretamente en una corte civil de Miami. Cuando sus padres se enteraron, por poco se mueren. Una muchacha cubana decente como ella. La situación se remedió tres meses después con una gran boda por la iglesia. Recuerda que, al dar a luz a su primera hija, las amigas de su madre sacaban frenéticamente la cuenta con los dedos para cerciorarse de que había transcurrido el debido número de meses. Las próximas tres niñas llegaron poco después, pero entre pañales y juegos de niños, Mayte volaba.

Fue una animadora [de equipos deportivos], llamada Mónica Sosa, hijastra de Basulto, quien le presentó Mayte a Basulto. Él se convirtió en su mentor de aviación y cuando ella supo de su interés en la búsqueda de balseros, inmediatamente quiso que contaran con ella.

Fue a Mayte a quien Basulto llamó para indagar sobre los estudios de viabilidad y los vuelos de prueba de las aeronaves. ¿Cuál sería la altitud óptima para avistar [las balsas]? ¿Cómo se comunicarían con la costa? ¿Qué harían una vez que avistaran una balsa? ¿Cómo marcarían la situación exacta [de la balsa] después que la encontraran?

Los vuelos de prueba se llevaron a cabo en los Everglades, el «Río de Hierbas» que forma la gran parte del suroeste de la Florida. El dúo escogería un arbusto al azar, y lo llamaban una balsa, y veían si podían realmente volar encima de él y mantenerlo a la vista durante cuatro o cinco horas seguidas. Las avionetas era pequeñas y estrechas, la temperatura subía por encima de los 37º. C. dentro de la cabina, y los vuelos eran tediosos.

Y Mayte disfrutaba cada minuto de estos vuelos.

Cuando Mayte y Basulto se dirigieron al estrecho de la Florida, Mayte avistaría lo que ellos creyeron que era un yate de recreo, sólo para descender y darse cuenta de que era un crucero de 2.000 pasajeros. Si un crucero se veía tan pequeño a la distancia, ¿qué parecería una balsa? Un puntito. Ellos buscaban puntitos en el agua. Llegaron a la conclusión de que mirar en ángulo resultaba más productivo que mirar directamente hacia abajo, y que 152 metros era la mejor altitud.

Practicaron en el pequeño Cessna 172 monomotor de Basulto. Su lista de suministros aumentaba después de cada vuelo de prueba: teléfonos celulares, que en esta época eran del tamaño de un ladrillo, chalecos salvavidas para ellos y para un balsero y, luego, radios portátiles, botellas de agua y pequeños paquetes de alimentos.

Las noticias del primer rescate repercutieron a través de la comunidad. Roberto Rodríguez Tejera, amigo de Basulto del Canal 41 de la televisión por cable, llevó a cabo un telemaratón para recaudar fondos. Rodríguez Tejera y Basulto habían sido amigos durante años y compartían puntos de vista semejantes sobre la no violencia activa, un movimiento emergente en Cuba. Los amigos convinieron en que ahora más que nunca existía la posibilidad de que se produjera un cambio desde dentro.

En la mañana del telemaratón Mayte Greco tenía previsto volar, pero tenía que llevar a la escuela a los niños de varias familias. Le pidió a otra madre que ocupara su lugar esa tarde, porque probablemente no llegaría a tiempo para la recogida. Se puso de un salto sus preferidos jeans ceñidos y un pulóver blanco, se cepilló hacia atrás su ondeada cabellera, e hizo los recorridos repartiendo los niños en su minivan. En la escuela, le dio un beso de despedida a sus cuatro hijas y a sus amigas, y se apresuró a ir hacia el aeropuerto de Tamiami. Estacionó sobre la hierba frente al hangar y saludó a Basulto con un beso en la mejilla.

—Hoy vuelas con Conrad —le dijo él.

Conrad Webber, el primer norteamericano en unirse al grupo, la estaba esperando en el hangar, sonriendo, mirando en torno a su nuevo grupo de amigos que parloteaban acerca de quién volaría con quién —en español, por supuesto. Su amplia sonrisa era una manera de decir: «me estoy divirtiendo».

—Coño, señores, hablen en inglés que aquí está Conrad —les reconvino Basulto. Así es como Conrad lo recordaría siempre. Los pilotos de habla hispana estaban a mitad de una reunión o en una cena conversando en su lengua nativa, cuando alguien advertía la divertida sonrisa de Conrad y recordaba que el Americano estaba presente. Todo el mundo cambiaba al inglés durante un rato, pero luego alguien acaso decía una sola oración en español y era como una bandada de aves en vuelo que cambiaban de dirección al unísono para seguir a su líder.

Los amigos norteamericanos de Conrad pensaban que él estaba loco por trabajar con estos cubanos (agrupando de este modo a todos los que hablaban español en ese exclusivo origen étnico), pero no se atrevían a decírselo de frente. Conrad Webber era un tipo de apariencia ruda. Tenía cuarenta y cortos años, era alto y robusto como un defensa del fútbol americano, de pelo color arena que empezaba a encanecérsele en las cienes, así como en los tupidos bigotes que lo caracterizaban. Al reírse entornaba los ojos azules. Le divertía su nuevo grupo de amigos, esta organización de Hermanos al Rescate, en verdad más bien una familia.

Conrad Webber esperaba, sin entender ni la más mínima cosa de lo que los cubanos decían. Por supuesto, no todos ellos eran cubanos, porque allí estaban los tres hermanos argentinos; Virginie, la chica francesa —él era incapaz de entender su inglés—; el peruano Carlos Gartner y los demás. Los Hermanos no tardarían en flamear las diecinueve banderas nacionales que representaban los pilotos. Conrad era el único norteamericano.

Mayte Greco era la favorita de Conrad, y él estaba feliz de volar con ella hoy. Le gustaban los cautivadores ojos verdes de Mayte y la pluma gris que ella llevaba tatuada en la espalda. Eso puede que no fuera propio de una dama, pero era la cosa más sexy que él había visto en su vida. No estaba seguro de lo que su esposa opinaba sobre ese tatuaje.

Conrad y Mayte habían estado volando juntos durante más de dos horas cuando oyeron la buena nueva de un rescate: los hermanos Lares habían avistado a cuatro hombres en una balsa. Conrad y Mayte se desviaron de su patrón de búsqueda para echar un vistazo, sabiendo que pasaría un tiempo antes de que llegara el guardacostas. Un camarógrafo de una de las estaciones locales de televisión iba a bordo y también se mostraba entusiasmado de filmar su primer balsero.

Rumbo hacia ese lugar, Mayte miró por su ventanilla y le llamó la atención un punto en el mar. ¿O era un pedazo de madera que flotaba? Varios pases a baja altura confirmaron lo que sospechaban. El primer pase a baja altura debe haber asustado a los balseros porque se taparon las cabezas En el segundo miraron hacia arriba. En el tercero, los hombres agitaron las manos en señal de saludo.

—¡Otra, otra, oh, Dios mío, hemos encontrado otra! —gritó Mayte. Era su balsa, su encuentro, su rescate.

Conrad más tarde le diría a sus amigos que Mayte se volvió una «cubana loca». Mientras gritaba, Conrad la vio llevarse los mandos del aeroplano de manera tan violenta contra el diafragma que estaba seguro que ella tendría un hematoma al día siguiente. Subieron de unos cuatro metros a seiscientos en cuestión de segundos. Subían con la fuerza de un cohete, pura adrenalina, haciendo un ascenso vertical. Conrad temía que tendría que activar un «Código Víctor» para el camarógrafo que estaba detrás. Quería decir que éste fuera a vomitar.

Mayte estaba tan excitada que no pudo esperar a llamar a la base para reportar el hallazgo. Después de subir hasta 600 metros, tomó el teléfono celular y llamó a su mamá.

—¡¡Maa-miii!! ¡¡Encontramos a un balsero!! —y luego le siguió describiendo en español los detalles del rescate. Después, llamó a la base y al Servicio de Guardacostas, que probablemente ya estaba enterado.

El hangar estaba de fiesta esa tarde. Alguien había telefoneado durante el telemaratón al tiempo del rescate de Conrad y Mayte, de manera que los televidentes tuvieron la noticia de primera mano. Ser parte del telemaratón les hacía sentir como si estuvieran en el vuelo con Mayte y Conrad. En el hangar, Mayte contaba la historia una y otra vez, hablando efusivamente con las manos, gesticulando, apartándose la melena ondulada de los ojos verdes de los que seguía derramando lágrimas. Los hermanos Lares abrazaban a todos, dándole gracias a Dios por ese día glorioso. Sorprendentemente, Billy Schuss sonreía. Polo, el historiador del grupo, escribió un poema. Basulto estaba radiante. Habían salvado a dos grupos de balseros y todo el mundo era un héroe. El Canal 41 recaudó $40.000. Los Hermanos encargaron una pizza.

Conrad Webber una vez más estaba sentado en el hangar, sonriendo y sin entender ni un ápice de lo que los demás decían, pero no le importaba. Él y Mayte habían salvado cuatro vidas hoy. Eso no precisaba ninguna traducción.

Más tarde esa noche, Mayte y Conrad hicieron un viaje de tres horas en auto hasta Cayo Hueso y se reunieron con los balseros que habían salvado. El padre y sus tres hijos se encontraban en medio de los trámites [de Inmigración] cuando ellos llegaron. Tenían quemaduras de sol y estaban cansados, pero se sentían muy contentos. Cuando vieron a Mayte y a Conrad, se echaron a llorar, dándoles las gracias una y otra vez.

—¿Por qué se taparon la cabeza al principio? —les preguntó Mayte, curiosa.

—No sabíamos quienes eran ustedes, volando en círculos. Nunca habíamos oído hablar de Hermanos al Rescate. No sabíamos si nos iban a disparar —le dijo uno de ellos.

—Pero luego agitaron las manos —les dijo Mayte.

—Sí —respondió el padre quemado por el sol—. Cuando vimos que era una dama, supimos que no nos harían ningún daño.

7

Pilotos, protocolo y aviones

La vida consiste en lo que un hombre piensa todo el día.
Ralph Waldo Emerson

Según aumentaba el número de balseros rescatados, así también la vena competitiva de los pilotos. Los Hermanos empezaron una competencia entre los pilotos y voluntarios para ver quién podía avistar más balseros. Al regreso de una misión, cubrirían los aviones con calcomanías de Hermanos al Rescate y registrarían siempre que avistaban a un balsero, junto con la fecha y el número de personas rescatadas. Los pilotos más viejos, como Conrad y Basulto, envidiaban a los hermanos Lares y a otros pilotos jóvenes como Carlos Gartner, el piloto peruano, por su excelente visión.

—A veces a los pilotos de las fuerzas armadas se les conoce por el número de aviones derribados o por los enemigos que matan —explicaría Guille a los recién llegados—. Nosotros queremos que se nos conozca por las personas que salvamos.

Los pilotos también se distinguían por sus nuevos uniformes: camisas de polo de cuello alto con el logo de Hermanos al Rescate en el bolsillo. En picnics y celebraciones, los pilotos celebraban breves ceremonias de iniciación para presentarles a los nuevos pilotos broches distintivos con alas. Calcomanías alusivas adornaban las defensas de sus autos y, en poco tiempo, los autos de otras personas de la comunidad de Miami. Posteriormente se mandaron a hacer camisetas y gorras para entregárselas a los que recaudaban fondos y para lanzárselas a los balseros.

Los Hermanos al Rescate veían más que meros balseros en las aguas del estrecho de la Florida. En el agua había embarcaciones de pesca, cruceros y pequeños botes. Rara vez presenciaban otro tránsito aéreo, puesto que las aerolíneas comerciales volaban a 7.600 metros de altura. Pero un día se encontraron con aeronaves bastante extrañas: aviones MiGs cubanos.

A ciento doce kilómetros al norte del aeropuerto de Tamiami en West Palm Beach, Alfredo Sánchez, un amigo de la infancia de Basulto, se incorporó a los Hermanos al Rescate luego de leer acerca de las primeras misiones. De adolescentes, Alfredo y Basulto habían pasado los veranos dando carreras en sus motocicletas.

Alfredo había estado piloteando su propio avión desde que tenía diecisiete años. Su familia estaba en la industria azucarera en Cuba y, puesto que su padre también era piloto, ellos eran de las pocas familias de La Habana que volaban hasta su hacienda en lugar de hacer el viaje por carretera que tomaba muchas horas. Ahora Alfredo volaba su propio Twin Cessna Flyer 310 desde el aeropuerto de Lantana cerca de West Palm Beach para unirse a los otros pilotos en Tamiami en las operaciones de rescate.

El 21 de julio de 1991, el derrotero que le habían asignado a Alfredo incluía volar cerca del banco de Cayo Sal, que era parte de las Islas Bahamas. Guille Lares era su copiloto y había dos balseros rescatados hacia poco que viajaban en los asientos traseros como observadores —una rara excepción. Basulto no solía permitir balseros a bordo para evitar conflictos de intereses: algunos estarían buscando a miembros de una familia en particular que habían salido en una lancha y otros incluso ofrecían pagar para encontrar a parientes en el Estrecho. Hermanos al Rescate nunca aceptó ninguna oferta de dinero para esos fines.

Poco después de despegar, Alfredo y Guille habían advertido la presencia de un globo aerostático y habían registrado su posición. Los globos aerostáticos son básicamente grandes envolturas de tela llenas de helio y pueden ascender hasta 4.500 metros. El globo aerostático de cayo Cudjoe, llamado a veces Fat Albert [Alberto el Gordo] es un sistema de radar aeroportado que se parece a un dirigible de Goodyear, excepto que está sujeto por un solo cable. Fat Albert es el que vigila a los narcotraficantes del estrecho de la Florida.

Después de muchas horas de búsqueda justo al sur del paralelo 24, el observador que viajaba en el asiento trasero de la avioneta de Alfredo avistó una balsa con siete hombres a bordo que parecía estar en una situación muy frágil. Alfredo ascendió a 600 metros y llamó a Basulto en la base y luego al Servicios de Guardacostas de Estados Unidos, que respondieron que estaban a no menos de cuatro horas de distancia. Alfredo y Guille les notificaron que los esperarían. Si era necesario volarían hasta Cayo Hueso para reaprovisionarse de combustible.

Mientras Basulto estaba todavía en el teléfono con Alfredo, una llamada del Servicio de Guardacostas interrumpió la conversación. Un objetivo militar cubano se estaba acercando rápidamente al avión de Hermanos y ellos debían abandonar la zona inmediatamente. Eran MiGs cubanos (llamados así por Artem Mikoyan y Mijaíl Gurevich de la oficina de diseño soviética), bimotores cazas de propulsión a chorro capaces de volar a más de 18.000 metros de altura y a una velocidad de 2.400 kilómetros por hora.

Basulto le comentó a Alfredo sobre los MiGs, quien a su vez lo consultó con Guille y la tripulación. Por carecer de un sistema de GPS, si ellos dejaban a los balseros en ese momento, nunca podrían volver a encontrarlos. Decidieron, pues, quedarse con la balsa.

En cuestión de minutos Alfredo recibió una llamada por radio dirigida específicamente a su aeronave de un Wove 1 y Wove 2, dos interceptores despachados de la base de la Fuerza Aérea de Homestead, enviados para protegerlos, que volaban a 9.000 metros por encima de la avioneta de Alfredo. Los interceptores de Homestead le informaron a Alfredo que los MiGs cubanos habían regresado al espacio aéreo de Cuba. Wove 1 y Wove 2 continuaron volando por encima de los Hermanos durante el resto de su misión, mientras los Hermanos seguían volando protectoramente por encima de los balseros.

Después del incidente de los MiGs, entró en vigor inmediatamente un nuevo protocolo con la base de la Fuerza Aérea de Homestead. Si una aeronave hostil se encontraba en aguas internacionales al mismo tiempo que los Hermanos al Rescate estuvieran volando, despachaban interceptores inmediatamente. Lo que normalmente sucedía era que tan pronto el control de tránsito aéreo cubano detectaba los interceptores, hacían regresar a los MiGs.

Hermanos al Rescate también cambió sus normas de funcionamiento. Siempre que una misión de búsqueda y rescate cruzaba el paralelo 24 debían ponerse en contacto con el Centro de Control del Tránsito Aéreo de La Habana para informarles de que estaban por debajo del paralelo 24, aunque fuera de las 12 millas de los límites territoriales de Cuba. Esas conversaciones eran cordiales de parte de los Hermanos, y continuamente insultantes desde el Centro de La Habana, que a veces usaban un lenguaje soez y ponían en duda la dignidad de los progenitores de los pilotos. Aunque rechinando los dientes, los pilotos de Hermanos respondían a los insultos con mesura. Buenos días, Habana, es un hermoso día.

La fiebre del rescate se acrecentó y así también los grupos que empezaron a hacerlo por su cuenta. A sólo unos pocos kilómetros al norte de Miami, Dennis Murphy, un individuo de 36 años, empezó Hermanos al Rescate del Condado de Broward. A Basulto no le hizo gracia. No porque lo percibiera como una competencia, pero, ¿por qué tenían que usar el mismo nombre? A Dennis Murphy le incomodó que Basulto evitara su grupo.

El problema con un grupo separado, le dijo Basulto al *Ft. Lauderdale Sun-Sentinel*, es la falta de coordinación y patrones de vuelo. «Nosotros volamos en busca de los balseros, no a la espera [de ellos]». Además, era raro que pudiera encontrarse un balsero tan al norte como en el condado de Broward.

Hermanos al Rescate del Condado de Broward fue de corta vida, pero poco después surgió otro grupo de rescate en los cayos de la Florida.

Un voluntario de Hermanos al Rescate vio a René González, el desertor cubano que había estado con Hermanos desde el comienzo, trabajando con otro grupo en Cayo Maratón, Florida. Basulto entró en sospechas cuando su amigo presenció que la Agencia para el Control de Estupefacientes (DEA) estaba deteniendo e interrogando a los pilotos de ese grupo en publico con brazos y piernas abiertos sobre el suelo. Basulto temió que el grupo no estuviera dedicado a ninguna misión humanitaria.

La mera sugerencia de contrabando de drogas era el mayor temor de Basulto respecto a la organización, o que uno de los pilotos estuviera involucrado en una red de narcotráfico. Al fin de cuentas, Hermanos al Rescate y los narcotraficantes volaban en la misma barriada. En lugar de dejar caer agua o receptores de radio, los contrabandistas de drogas dejaban caer otras cosas a las lanchas que esperaban abajo. Sería demasiado tentador para cualquiera con esa inclinación inscribirse para una misión y luego lanzar o recoger un cargamento en cualquiera de las vecinas islas de las Bahamas.

—Córtale las alas —le dijo Basulto a Guille Lares de regreso al hangar—. No sé nada de ese grupo y pueden estar involucrados en drogas. Cuando Guille quitó a René González de la lista, éste no protestó. A René González le tenían simpatía en el grupo de Hermanos, era buena gente, y siguió colaborando de voluntario en el hangar en otras tareas y participando en algunas de las actividades de los Hermanos.

La continua cobertura de la prensa atrajo una avalancha de jóvenes pilotos a la organización, y el número de las misiones aumentó. En agosto de 1991, contaban casi con veinte pilotos y volaban tres veces por semana a plena capacidad, pero nunca eran suficientes para responder al número de los que flotaban abajo. Basulto necesitaba más aviones.

Él se enteró de que algunos aviones Cessna FAC60-2 que se habían usado en Vietnam estaban desactivados en David Mountain, Arizona, como propiedad del gobierno de Estados Unidos. Basulto se había comprometido a no pedirle dinero al gobierno, pero pensó que pedirle aviones en desuso era algo muy distinto. Necesitaba a alguien dentro del gobierno que hiciera la petición en nombre de los Hermanos, una conexión, un promotor. Lo que consiguió fue una madrina.

Los padrinos son parte importante de la vida de un niño en la cultura latina. Los padrinos no sólo son testigos de tu bautismo y prometen educarte en la fe. Son la pareja especial que desempeña papeles prominentes en cumpleaños, graduaciones y bodas; que conservan un asiento de honor a lo largo de la vida de una persona. En español, la palabra padrino también se usa para referirse a alguien con palanca, una persona que puede ponerte en contacto con las altas esferas. Hermanos al Rescate estaba a punto de conseguir su propia madrina: la congresista Ileana Ros-Lehtinen.

Ileana, como la conocen sus votantes, fue electa a la Cámara de Representantes en 1989, convirtiéndose así en la primera hispana y la primera cubanoamericana en ser electa al Congreso de Estados Unidos. Su marido era el veterano de la guerra de Vietnam Dexter Lehtinen, quien llegó a ser fiscal del Distrito Sur de la Florida. Basulto había conocido a Ileana y su familia durante años.

En enero de 1992, a solicitud de Basulto, Ileana le escribió a la Oficina del Secretario de la Fuerza Aérea, pidiéndole que donaran los cuatro Cessnas desactivados a Hermanos. Ella detalló la naturaleza humanitaria de la organización y cómo en sólo ocho meses habían realizado 202 misiones y salvado a 143 personas.

Cuando el presidente George H.W. Bush no le dio a Basulto la respuesta que él esperaba, recurrió a Jeb Bush, el hijo del Presidente, quien más tarde llegaría a ser gobernador de la Florida. Mayte Greco y Guille Lares acompañaron a Basulto a la oficina de Bush en Coral Gables donde él trabajaba con el Grupo Codina de Promotores de Bienes Raíces. La reunión fue positiva, pero infructuosa. Basulto le pediría a Ileana que probara de nuevo.

Ileana estaba de visita un día en el hangar cuando le dijo a Basulto que la habían invitado a volar con el presidente Bush en el Air Force One, el avión presidencial. Basulto de inmediato le escribió una carta al Presidente, en la cual le solicitaba, una vez más, esos aviones desactivados. Ileana trabajó incansablemente por conseguirlos.

—Gracias —le dijo Basulto conmovido por sus esfuerzos—. A propósito, te estoy nombrando oficialmente Madrina de Hermanos al Rescate. Ileana se hizo indispensable para la organización, asistiendo a casi todas las conferencias de prensa y abogando por ellos en todo momento. Recurrió a todo el mundo, del Presidente para abajo, para ayudar a esta organización humanitaria. Hizo todo lo que estaba a su alcance a favor de Hermanos —excepto volar.

—No soy una buena viajera aérea, Basulto.

Las cartas respecto a los aviones siguieron yendo y viniendo. Les dijeron que se dirigieran a la GSA (Administración General de Servicios) y al FSPDP (Programa Federal de Donaciones de Propiedades Excedentes). Respondieron con folletos, por ejemplo, Cómo adquirir propiedades excedentes [How to Buy Surplus Property] que venían con números de teléfonos y personas a las que dirigirse. Basulto telefoneó y se puso en contacto con las personas. La retórica y las evasivas continuaron: El DOP (Departamento de Defensa) puede ayudar; si no diríjase a ventas y administración del DRMS (Servicio de Reutilización y Mercadeo de la Defensa). Todas las siglas gubernamentales participaban de este peloteo. Tomaría un año y la entrada de un nuevo gobierno antes de que llegara el no final.

Sin embargo, siempre hubo alguien que no abandonó a Basulto, y esta vez un amigo cercano donó otro avión, al cual le pusieron «Ofelia».

—Todo es obra de Él —diría Basulto apuntando con el dedo hacia el cielo.

Según aumentaba el número de misiones, así también las experiencias de aprendizaje de los pilotos. Practicaban maniobras y giros en redondo quedándose encima de los balseros durante horas, combatiendo la somnolencia y el aburrimiento. El ángulo visual perfecto para mirar desde las angostas ventanillas se fue perfeccionando hasta convertirse en una ciencia, una habilidad de detectar los puntos en el agua. Combatían el resplandor, el calor y la urgencia de orinar (aunque los hombres a veces utilizaban botellas de agua vacías para sus apremiantes necesidades, las mujeres pilotos carecían de opción). Como lanzadores de equipos universitarios, afinaban su puntería al tirar botellas de agua y otros suministros desde sus avionetas a las balsas que se hallaban abajo. Los lanzamientos se hacían a tres o seis metros por encima del nivel del mar, lo cual significaba que si te distraías por un segundo, tu avión podía chocar con el agua.

Pronto se dieron cuenta de que el lanzamiento de botellas de agua congelada de 907 gramos podía fácilmente golpear a un balsero que ya estaba débil —o peor aun, hundir la balsa. Los hermanos empezaron a empacar el agua y otros artículos en envoltura de burbujas a los que apodaron pavitos, porque el producto final se asemejaba a un pavo Butterball. Botellas de agua, camisetas, alimento y, posteriormente, radios se embalaban en pequeños fardos con envoltura de burbujas que luego se sellaban arriba con una pegatina de Hermanos al Rescate. Los voluntarios en el hangar trabajaban embalando el perfecto pavito en lo que parecía una línea de ensamblaje.

La casa de Billy Schuss se convirtió en un mini almacén de Hermanos al Rescate. Alguien se había conectado con su esposa Maggie para donar bolsas de solución salina que habían desechado en algunos hospitales. Estas resultaron ser aún mejores que las botellas de cola de 907 gramos. Maggie instaló un congelador en su comedor y lo llenaba de bolsas de agua que luego se envolverían con plástico de burbujas.

Los Hermanos tenía pilotos, protocolo y pavitos. Aun necesitaban más aviones y más dinero. Poco a poco, Basulto fue dedicando cada vez más tiempo a la nueva organización, y menos tiempo a su trabajo real. Mientras veía disminuir sus ahorros, Rita Basulto se preocupaba de la situación económica de la familia, se preocupaba del empleo de su marido y se preocupaba de que él se distanciara de sus hijos.

A Basulto le preocupaban las balsas vacías.

8

El primer accidente

Prepárense, lo cual significa que siempre han de estar
listos en mente y cuerpo para cumplir con su deber.
Robert Baden-Powell, promesa de los Boy Scouts

Si algunos de los residentes de la exclusiva comunidad de Cocoplum en Coral Gables hubiera querido usar la piscina de la casa club esa mañana, se habrían sorprendido de ver a un grupo de jóvenes completamente vestidos y con chalecos salvavidas siguiendo instrucciones de un tipo fornido y entrado en años que llevaba lentes de aviador. Por suerte, la piscina del club se usaba rara vez en esta comunidad cerrada, donde la casa más barata costaba un millón de dólares. Como constructor de esas lujosas mansiones de más de 550 metros cuadrados, Basulto tenía libre acceso a la casa club de Cocoplum y a la piscina. La piscina era un lugar perfecto para simular un accidente en el agua, porque de seguro algún día tendrían una colisión.

Además de los exámenes para obtener las licencias de piloto, las horas de vuelo, los seminarios de GPS y los cursos de primeros auxilios, Basulto tenía sus propias sesiones de entrenamiento para los voluntarios.

Los jóvenes pilotos podrían haber preferido estar con sus novias en la playa ese día, pero Basulto les había pedido que se presentaran para el entrenamiento, de suerte que allí estaban con sus chalecos salvavidas, los cuales les daban una apariencia un poco absurda. Basulto advirtió su desconcierto mientras alineaba algunas sillas plásticas, en grupos de a dos y de a cuatro, al borde de la piscina. Él les condujo a las sillas donde, obedientemente, se sentaron. Luego colocó un bote inflable junto a cada grupo y extrajo su cronómetro. Les asignó papeles: uno de ellos haría el papel del que se estaba ahogando, el otro de la persona que lo rescataría, los dos restantes serían observadores. Vio a sus pilotos intercambiar miradas y gestos de sorpresa al tiempo de sentarse en las sillas. Luego, uno por uno, con tanta fuerza como podía, Basulto los empujó a la piscina, tratando de simular confusión y pánico como si hubieran sufrido una colisión en el mar. Luego intentó reprimir la risa. Supervivencia elemental de primer nivel.

Pocos meses después, Mabel Dieppa, una joven periodista puertorriqueña de la revista ÉXITO!, y el fotógrafo Andrew Itkoff llevaban puestos holgadamente sus chalecos salvavidas antes de abordar el avión de Basulto. Los Hermanos habían estado volando durante casi un año ese 2 de mayo de 1992, y no tener periodistas a bordo en un vuelo era la excepción. La misión de hoy era la número 300 y los Hermanos ya habían rescatado a igual número de balseros.

Más adelante su tasa de éxitos era tan alta que los periodistas que participaban en las misiones se quedaban sumamente decepcionados si no encontraban a ningún balsero, quejándose en ocasiones de que todo, la jornada invertida, el equipo de la cámara, la película y el tiempo, había sido por gusto.

A Guille Lares tampoco le gustaba volar por gusto. Él y sus hermanos eran los más exitosos observadores de la organización. Otros pilotos creían que tener a algunos de los hermanos Lares a bordo era casi una garantía de encontrar un balsero, como si estos tres pilotos fuesen talismanes humanos en el cielo. Los hermanos Lares insistían que Dios era el Piloto: Él obraba milagros cada día. Ellos dedicaban cada misión, cada rescate, a Dios.

Los pilotos también entendían que volar con miembros de la prensa era más difícil que volar con observadores entrenados. Los periodistas requerían treinta minutos adicionales de precauciones de seguridad antes del vuelo, así como explicaciones sobre cómo adiestrar la vista en busca de puntos en el agua. Debido a las horas que pasaban a bordo, con frecuencia se quedaban dormidos en los asientos traseros, algo que irritaba a Basulto constantemente. Roberto Koltún, uno de sus fotógrafos preferidos y amigo suyo, que trabajaba para *The Miami Herald* era culpable de cabecear en el asiento trasero.

—¡Roberto, despierta! —solía gritarle Basulto. Koltún se despertaba, tomaba una instantánea digna de premio del balsero que estaba abajo, y volvía a caer en una profunda somnolencia.

—Por eso Basulto nunca me dio las alas de los Hermanos al Rescate —lamentaría él tiempo después.

Ahora la Misión 300 estaba a punto de despegar, de manera que Rita y Basulto se reunieron con los pilotos y las tripulaciones en el hangar para despedirlos. De pie junto a su monomotor, Basulto advirtió que Mabel Dieppa, algo nerviosa, se ajustaba y se reajustaba el chaleco salvavidas.

—No te preocupes, Mabel. Si tienen un accidente, Guille sabrá qué hacer. Él es el mejor —dijo bromeando con la joven reportera que dudaba en abordar el avión. Él oyó a Mabel forzar una risita.

Code Victors era la norma para los representantes de los medios de prensa, que usualmente se mareaban en la parte trasera del avión mientras tomaban nota de todo lo que veían. Ajustar las bolsas del equipo de la cámara al tiempo que intentar enfocar a través de las ventanillas exigía un estómago de hierro. La mayoría no lo tenía. El hecho simplemente de moverse en el espacio estrecho, hablando a través de los audífonos para poder oír algo —alguna cosa— por encima del ruido del motor, y sudando con los chalecos salvavidas puestos en una cabina que se asemejaba a un sauna, hacía que todo el evento resultara una prueba física y mental.

Basulto sabía que los periodistas eran a veces un fastidio para los pilotos, pero él disfrutaba llevándolos de observadores, agradecía contar con estos portavoces en el mundo. Reporteros de docenas de países ya habían volado con los Hermanos, entre ellos un representante de la Tokyo Broadcasting System, lo cual hizo posible que treinta millones de japoneses vieran un rescate. El mundo cobraba conciencia no sólo de la crisis de los balseros, sino de la existencia de una crisis mucho más vieja en la isla de Cuba.

A Guille le encantaba tratar con ellos en tierra. Se mostraba con naturalidad frente a las cámaras y Basulto le encomendó que fuese el vocero de la organización. Su aspecto de modelo de GQ y su acento argentino lo convirtieron en el preferido de los reporteros, especialmente de las reporteras.

Esa mañana, Guille llamó a todos para su acostumbrado círculo de oración. Carlos Tabernilla —otro piloto que venía de West Palm Beach— y su tripulación se unieron al círculo; ellos iban a volar otro avión ese día. Guille recuerda oírle decir al fotógrafo Andrew que no iba a participar de la oración, lo cual puede haberle dado a Guille, por un momento, que pensar.

Como parte del plan previo al vuelo, Guille repasó todas las precauciones de seguridad con Mabel y con Andrew, explicándoles lo que había que hacer en caso de una emergencia. El usaba repetidamente la palabra monomotor y Mabel y Andrew asentían con la cabeza como si entendieran completamente lo que él quería decirles. Despegaron a las diez en punto.

Cerca de la una de la tarde, tanto Mabel como Andrew parecían bastante agotados y un poco aburridos. No habían visto ni una balsa y el resplandor del mar debajo los tenía medio hipnotizados. Cuando Seagull Charlie, Carlos Tabernilla, llamó para reportar el avistamiento de una balsa, el espíritu de todos se animó. Los siete balseros estaban a 80 kilómetros al sur de Cayo Hueso. Mabel instó a Guille a ir hasta donde se encontraba Tabernilla para que ellos pudieran fotografiar el rescate.

De pronto se olvidaron de las náuseas, el calor y el aburrimiento. Andrew tomó rollos y rollos de película de las almas desesperadas que tenía debajo. Captó las maniobras de Guille haciendo pases a poca altura y el proceso de dejar caer envases de agua. Puesto que la misión exigía esperar por el guardacostas, Andrew tuvo sobrado tiempo de hacer tomas durante las muchas órbitas que Guille llevó a cabo de manera impecable. El rescate de los siete balseros por el Servicio de Guardacostas de Estados Unidos mostraba el heroico comportamiento de los agentes según iban sacando, uno por uno, a los tripulantes de aquel artefacto que no tenía condiciones para la navegación.

Cuando daban la vuelta para irse, Carlos Tabernilla le dijo a Guille por radio que notaba una mancha roja del aceite del motor en un costado de su avioneta. Guille confirmó que estaba perdiendo —rápidamente— la presión del aceite y llamó a Basulto por su teléfono celular.

Basulto y Rita estaban en la ermita de la Caridad en Coconut Grove. A Rita le gustaba visitar esa iglesia para orar por los pilotos, pero también quería tener algún tiempo a solas con su marido. Necesitaba una zona neutral, un lugar seguro donde pudiera advertirle de la disminución de sus ahorros y del estrés que los Hermanos le estaban imponiendo a su familia. Pero aun en una zona neutral, hasta en la iglesia, los Hermanos al Rescate interrumpían a Rita.

Después de explicarle la situación a Basulto, Guille le pasó el teléfono a Mabel para poder concentrarse en los mandos. Le dijo a su tripulación que se preparara para un amarizaje.

—¿Cómo estás, Mabel? —le preguntó Basulto con voz calmada—. Sabes que estás volando con el mejor.

—Ay, José —dijo. Por encima del ruido del motor, Basulto advirtió el temblor en su voz—. Olvidé decírtelo, pero no sé nadar. —Mabel era de Puerto Rico, resultaba irónico que tantísimos isleños, que viven todo la vida rodeados de agua, no supieran nadar.

Basulto le hizo un mohín a Rita que había oído la confesión de Mabel.

—No te preocupes, no tendrás que hacerlo. Guille es un nadador olímpico —la alentó. Mabel le dio a Basulto sus coordenadas y él llamó al Servicio de Guardacostas.

Guille con gran tranquilidad le recordó a sus pasajeros de la rápida proximidad del amarizaje. De inmediato se ajustaron sus chalecos salvavidas.

—Oh, Dios mío, Dios mío, Dios mío, Dios mío —Guille se volvió al sonido de las peticiones de Andrés.

Ah, ahora quiere orar, pensó Guille.

El mayor peligro de un amarizaje es el cabeceo del avión. Basulto le dijo a Mabel y a Andrew que tiraran todo lo que pudiera convertirse en un proyectil cuando tocaran el agua. Eso significó que Andrew tuvo que tirar miles de dólares en equipo de cámara y todas las fotos que había acabado de tomar. A Mabel le dieron instrucciones de que le diera a Basulto continuamente las coordenadas para que el pudiera radiárselas al Servicios de Guardacostas. Eso también la distraería del descenso.

—Abre ahora la puerta un poquito, y pon un zapato o algo allí para que se mantenga abierta una vez que toquemos el agua —le dijo. Esto evitaría que la puerta se quedara trancada. Mabel calzó uno de sus Reeboks en la puerta.

Finalmente, el motor se apagó y empezaron a descender en vuelo libre. Basulto le preguntó a Mabel que le describiera el cambiante color del agua y cualquier otra cosa que ella viera por la ventanilla. Esto le daría una idea de cuán cerca de la costa se encontraban y, una vez más, era un modo de distraerla del violento amarizaje.

—¿Qué color tiene ahora? —le preguntó.

—Azul oscuro —respondió vacilante.

—¿Ves algo más allá? —prosiguió con las preguntas al parecer insignificantes, pero sabiendo que al concentrar su atención en él desviaba sus temores de la inminente colisión. De eso y de no saber nadar.

—Un barco —susurró.

—¿Cómo se ve ahora el color del agua?

Los colores se estaban volviendo cada vez más claros y ella podía ver la arena en el fondo del agua. Rita saco el rosario.

—Dime cómo la pasa Andrew —continuó.

—Bien, él está bien, y luego, tú sabes, tuvo que tirar...

Silencio.

Habían chocado con el agua.

Con el impacto, Mabel recuerda algo que le golpeo un lado de la cabeza y le tumbó el teléfono celular. En cuestión de segundos, la cabina se llenó de agua.

Lares hizo un amarizaje de manual a 9 kilómetros al sur de Cayo Hueso y sus pasajeros estuvieron a salvo. Su preparación mental y su adiestramiento valieron la pena.

El N5416K, el monomotor privado de Basulto, era visible en las cristalinas aguas del mar, descansando sobre la blanca arena a tres metros de profundidad. Desde la avioneta de Tabernilla parecía un avión de juguete que hubieran abandonado en el fondo de una piscina inflable.

Guille y su tripulación salieron por la portezuela que se había mantenido abierta con el zapato tenis de Mabel. Luego Mabel se acordó que había dejado su cartera y sus notas. Ella se sentó por un momento en un ala del avión, como alguien que estuviera a la espera de un autobús, mientras Guille volvía a entrar en el aparato a buscárselas.

Había una embarcación en la zona que pertenecía a los propietarios del Hard Rock Café. La tripulación de Guille estuvo menos de cinco minutos en el agua antes de que los pescadores los rescataran.

Los pescadores los llevaron a Cayo Hueso donde no tardaron en reunírseles Rita y Basulto. Los Basulto se brindaron para llevar a Mabel y Andrew de regreso a Miami en su avión, pero Mabel ya había alquilado un auto. Juró que no volvería a volar.

La investigación reveló que el tubo que regulaba la presión del petróleo se había roto. A ellos les resultaba extraño porque al avión acababan de hacerle la inspección anual.

La cobertura de prensa del accidente de Guille arrojó luz sobre los riesgos que estos jóvenes pilotos estaban corriendo todos los días y atrajo más atención a la crisis de los balseros. De repente, todos los fotógrafos que habían volado con los Hermanos enviaron sus fotos a los periódicos, inundando los medios informativos con la desesperación imperante en el estrecho de la Florida.

La abogada Sofia Powell-Cosío necesitaba una de esas fotos. Ella trabajaba con el bufete legal de Paul, Landy, Beily, & Harper en Miami.

Nacidos en Estados Unidos de padres cubanos, Sofia y Alberto, su marido, ambos en la veintena, formaban parte de una agrupación de jóvenes cubanoamericanos llamada Alianza de Jóvenes Cubanos. La Alianza se convirtió en un espacio político para cubanoamericanos de veinte y treinta y tantos años que no estaban en sintonía con las agrupaciones establecidas de cubanoamericanos de mayor edad.

Alianza participaba de una campaña publicitaria en Canadá, donde los viajes turísticos a Cuba estaban en su apogeo. Su objetivo era llamar la atención sobre las realidades de la vida en Cuba. Pero su presupuesto no les permitía costear los derechos de reproducción de fotos ni los servicios de un fotógrafo profesional. Alianza le sugirió a Sofia que se pusiera al habla con Basulto.

—Seguro, tengo fotos, ¿por qué no vienen a casa ahora mismo? —le respondió Basulto a una sorprendida Sofia.

Basulto le dio a la joven pareja una cálida bienvenida en su casa. Sofia era una muchacha delgadita de melena castaña, ojos pardos y mirada inteligente. Usaba poquísimo maquillaje y sólo acentuaba su aspecto natural con una gafas grandes. Parecía que tuviera trece años.

Basulto le dio una caja llena de fotografías de los balseros. Ella eligió una en que había dos hombres en una cámara [de la rueda de un camión] y la usó para una valla publicitaria con un letrero que decía: «Mientras tú pagas por ir, ellos mueren por irse» Otra foto mostraba a toda una familia de balseros que Sofia ponía junto a la de una familia canadiense vacacionando en Cuba, con este pie de foto: «Tu paraíso, su infierno». Las vallas causaron un gran alboroto en Canadá.

Al día siguiente de su visita a Basulto, a Sofia le sorprendió recibir una llamada suya.

—¿Sabes algo de aviones? —le preguntó.

—He volado en ellos —le dijo Sofia.

—¿Puedes hacerme los trámites de la compra de un avión? —le preguntó—. Lo necesito para mañana a mediodía. Un amigo se había ofrecido a comprarle a Hermanos una nueva avioneta para reemplazar la que Guille había estrellado.

—Cierto —Todo el mundo en la firma de Paul, Landy, Beily and Harper, trabajó sin parar para facilitar que Basulto comprara el avión al día siguiente. Los Hermanos compraron un bimotor Cessna 337 Skymaster, que sería el nuevo avión preferido de la organización. Llamados «push-pulls», llevan un motor montado en la nariz y otro en la parte trasera del fuselaje que asemeja una vaina. El número que se inscribió en la cola del nuevo avión fue N2506, en honor de la Brigada Invasora de Bahía de Cochinos. Estaba pintado de azul, con la nariz y el N2506 en amarillo brillante. Era el nuevo bebé de Basulto y el avión insignia de Hermanos al Rescate: Seagull One.

9

Balseros

Los que buscan refugio en Estados Unidos lo encontrarán.
Presidente Lyndon B. Johnson

Pasarían años antes de que alguien en Cuba llegara a ver un rescate televisado de los Hermanos, de manera que en la isla, donde filtran, alteran o borran hasta la más mínima información del exterior, el método de la transmisión oral, de boca en boca, resultaba el más efectivo para propagar las noticias acerca de estos salvadores en el cielo. Los Hermanos al Rescate seguían advirtiendo a través de Radio Martí: no intenten cruzar, porque tienen grandes probabilidades de morir. Pero todo lo que se captaba era la historia de éxito, el final feliz de regresar sano y salvo a la familia o al primo de un vecino de una hermana de un amigo— y había esperanza. Si ellos lo lograron, uno también podía lograrlo.

—No venimos necesariamente para vivir el sueño americano —decía un balsero—. Sino, más bien para escapar de la pesadilla cubana.

Y la pesadilla cubana aumentaba. Las líneas del hangar se congestionaban con peticiones de miembros de la familia: *Por favor, busquen a mi tío, salió hace tres días; estén atentos a mi hermano, su esposa y un niño, se fueron anoche; mi viejo está allí en alguna parte.*

Con frecuencia, los no cubanos que leían noticias de balseros no podían entender el nivel de desesperación que llevaba a alguien a lanzarse al Estrecho. ¿Cuán malas realmente podían estar las cosas en Cuba?

Los propios cubanos habían sido inducidos a creer que su nación era el país más desarrollado de América Latina, con los mejores avances tecnológicos, mayores niveles de educación y superior atención médica. Resultaba difícil imaginar a gente en peores condiciones que las suyas, pero los cubanos mismos se lo creían. Resultaba fácil cuando ni los dos periódicos de propiedad estatal ni los dos canales de televisión del gobierno daban ninguna información contraria.

Un balsero que se hartó de las mentiras de la pesadilla cubana fue Nelson Alemán, hombre de treinta y seis años. Nelson había sido maestro durante mucho tiempo hasta que la Revolución lo sacó de su profesión docente y lo obligó a realizar labores manuales en los proyectos de renovación de los hoteles de la playa de Varadero. Después del desplome de la Unión Soviética, Cuba había acogido a inversores extranjeros, particularmente del Canadá y España, en sus prístinas playas.

Nelson estaba al tanto de las noticias de fuera de la isla a través de su cuñado, que viajaba con la Marina Mercante Cubana. El cuñado de Nelson le dijo que todo era mentira, que Cuba era de lo peor, que la isla había retrocedido desde [el triunfo de] la Revolución, que Cuba se había convertido en un país del tercer mundo.

Más mentiras parecieron aflorar en 1989 durante el juicio del general Arnaldo T. Ochoa, militar de muy alta graduación del castrismo y héroe de la Revolución. Un funcionario del Departamento de Estado le dijo a The New York Times que al parecer había problemas personales entre el general Ochoa y Raúl Castro. En el transcurso de un mes, lo arrestaron, [lo juzgaron] y lo ejecutaron por contrabando de drogas que la mayoría creía que era una acusación fabricada. Escándalos anteriores sobre otros altos funcionarios del gobierno tenían a los cubanos —y al mundo— preguntándose sobre la aparente limpieza que los hermanos Castro estaban llevando a cabo. A Nelson le parecía una cosa irreal. Ciertamente, lo era.

El cuñado de Nelson le recordó que el bloqueo del que Castro despotricaba era sólo de Estados Unidos, pero no del resto del mundo. ¿Por qué no obtienen de otros países lo que necesitan?

Finalmente, el cuñado de Nelson y su novia saltaron un día a una lancha de motor y se fueron para Miami. Su viaje, en marzo de 1990, ocurrió durante un intenso frente frío en alta mar. Su cuñado perdió la yema de un dedo que se le congeló, y pasó semanas recuperándose en el Centro de Detención de Krome, en el suroeste de Miami, luego de su rescate. Tan pronto le dieron de alta le escribió a su familia contándole de su vida fuera de Cuba. Nelson Alemán y su esposa Mercedes, de 34 años, anhelaban la oportunidad de vivir esa vida.

La oportunidad vendría a través de miembros de la familia de Mercedes, que eran pescadores de Cárdenas, en el norte de la isla, donde se encuentra la famosa playa de Varadero. Su familia era parte de un grupo de cien personas que fundaron la ciudad. Aunque se había jubilado, el padre de Mercedes aún tenía un bote de pesca y, algo más importante aún, una licencia para pescar. Sin ese codiciado pedazo de papel, a nadie se le permitía abordar, mucho menos poseer, un bote de pesca. Si alguien quería llevar a su familia un domingo por la tarde para que vieran lo que podía pescar, se arriesgaba a un arresto. Niños a bordo de cualquier embarcación constituían una señal de aviso para la patrulla fronteriza de que una familia tenía intenciones de escapar.

El padre de Mercedes había simpatizado con el proyecto de Fidel para los pobres en los primeros tiempos de la Revolución. La educación para sus hijos era lo que más le atraía. Sus hijos y los hijos de sus hijos habían ido a la escuela y se habían destacado en sus estudios. Acaso esa misma educación fue la que les abrió los ojos.

Mercedes era bibliotecaria y su regocijo era brindarle a su única hija, Kalismary, la maravilla de la literatura, aunque los libros hubieran sido escogidos por el Estado. Pero lo que Kalismary realmente quería era una cajita de jugo, del tipo que beben a diario prácticamente todos los preescolares en Estados Unidos. Todos los días, la madre de su amiga le compraba, en su trabajo, uno de esos jugos a su hija; Kalismary quería que Mercedes hiciera lo mismo. Su amiga también merendaba sándwiches de jamón y queso, algo que la familia de Kalismary no había probado en años.

—Yo trabajo en una biblioteca —le decía Mercedes—, de ahí que te traiga libros. La madre de tu amiga trabaja en la tienda de turistas del hotel. Es por eso que ella puede darle a su hija cajitas de jugo.

A los cubanos no les permitían comprar en las tiendas para turistas de los hoteles, establecimientos que tenían las mismas mercancías y regalos de la mayoría de los hoteles en el mundo. A los cubanos tampoco se les permitía hospedarse en los hoteles, no importaba cuanto dinero pudieran tener. Ni siquiera los dejaban nadar en las playas de los hoteles. Esa barrera impedía que los turistas oyeran testimonios de primera mano de la escasez o carestía que había en la isla.

Ahora que tenía acceso a un bote, la familia Alemán planeó su fuga — a causa de las mentiras, a causa del general Ochoa, a causa del cartón de jugo.

Comenzaron a trabajar en la Misladys, un bote de 6,4 metros de eslora con motor fuera de borda y un toldo de lona. Podían trabajar a pleno día sin levantar sospechas, puesto que la familia de Mercedes era de pescadores. Ni siquiera llamaron la atención de la policía del barrio, del CDR (Comité de Defensa de la Revolución), que estaba atento a los asuntos familiares más privados.

Nelson escuchó atentamente las instrucciones de su suegro sobre el manejo del bote, la navegación en alta mar y la manera de reconocer los signos de mal tiempo. Lo planearon durante años, porque la oportunidad tenía que ser perfecta.

Cuba fue la sede de los Juegos Panamericanos y del Caribe del 2 al 18 de agosto de 1991, de manera que Nelson vigilaba estrechamente a los guardacostas cubanos para encontrar la ocasión ideal. Cuando los juegos terminaron, Nelson y su primo decidieron pasar a la acción, contando con que el [servicio de] guardacostas estaría ocupado con los turistas y atletas que salían del país.

Se escabulleron el 20 de agosto de 1991, aproximadamente a las nueve de la noche, desde el punto más meridional de la bahía de Cárdenas. Habían de encontrarse con el resto de sus amigos, que tenían otro bote, en Cayo Mono, que quedaba en el extremo norte, fuera de la bahía, para de allí proseguir hacia la libertad. A bordo estaban Mercedes y Kalismary, así como la hermana de Mercedes y su hija, un primo y una familia de cuatro personas que eran amigos de los Alemán. Los padres de Mercedes se quedaron.

Cuando llegaron a Cayo Mono se quedaron esperando en silencio por el primo de Nelson —tan silenciosamente como podían hacerlo con el motor prendido. Kalismary ya empezaba a sentir náuseas debido a los gases del motor. Aunque era nieta de un pescador, ésta era la primera vez, a los trece años, que se encontraba en un bote. El grupo no podía encender una linterna y no contaba con comunicación por radio. No había manera de hacerle ninguna señal al otro bote.

—Tal vez debería de apagar el motor y podríamos ser capaces de oírles —sugirió Nelson.

—¡No! —recuerda él que todos dijeron a la vez—. ¿Qué pasa si no arranca de nuevo? Después de una espera agonizante, decidieron proseguir solos, convenciéndose de que el otro bote iba delante de ellos.

Habían cargado suficiente agua y alimentos no susceptibles de descomponerse, así como Gravinol, que se usaba para el mareo. Kalismary fue la primera en necesitarlo. Los pocos bienes del grupo consistían en alguna ropa de repuesto y un mapa de Cuba de 1921 que el abuelo de Nelson le había dado. Estaba hecho de tela y era su posesión más preciada, que había mantenido oculto durante años.

La noche estaba cálida y calma, y una vez que pasaron Cayo Mono, Nelson pudo ver las luces de la ciudad de La Habana y el resplandor de Matanzas a sus espaldas. Tuvieron una noche apacible, el motor ronroneaba sin problemas. Los que pudieron encontrar un lugar lo bastante cómodo en el bote, se durmieron.

Al amanecer los despertaron unas olas gigantescas, el bote ascendía en la cresta de las olas para descender luego, y así una y otra vez. Mercedes se valió del Gravinol y de una infusión de té como desayuno para aquietar los estómagos de todos.

Habían llegado a la mitad del estrecho de la Florida cuando vieron a Seagull One.

Era un horno dentro de la cabina y los muslos de Basulto se le pegaban al asiento. Habían salido al amanecer ese miércoles y ya habían estado buscando durante cuatro horas. Resultaba frustrante pensar que regresarían a la base con las manos vacías, pero sabían que les quedaba combustible para menos de dos horas. Basulto se sentía esperanzado; él estaba con Guille Lares, y los hermanos Lares siempre encontraban a alguien.

Guille vio algún movimiento debajo. Al principio, Basulto no pudo precisar cuántas personas había en el bote, porque parecía que hubiera una pelea a bordo y un intento de esconderse debajo de la lona. Más tarde se enteraron de que la Familia Alemán y sus diez pasajeros creían que el avión de Hermanos al Rescate era parte de la Fuerza Aérea cubana.

Basulto le impuso al Servicio de Guardacostas de las coordenadas y se preparó para dejar caer un globo. Atado a él iba una botella de agua vacía dentro de la cual había un mensaje de bienvenida a Estados Unidos. Al hacer un vuelo rasante, Guille dejó caer el mensaje de bienvenida.

Nelson se acercó con la embarcación y vio que parecía un globo de cumpleaños atado a una botella plástica. Dentro había doblado una hoja de papel amarillo de tamaño legal con el siguiente mensaje manuscrito:

Bienvenidos a la tierra de la libertad. El guardacostas está en camino. Hermanos al Rescate.

Entonces los Alemán oyeron una voz del cielo que les decía:
—¿Están bien? ¿No hay nadie herido? ¿Alguien necesita atención médica de urgencia? ¿Hay niños pequeños o personas mayores a bordo? Era Basulto, hablando a través de un megáfono. Eso sucedía antes de la época en que empezaron a dejar caer los walkie-talkies.
—No, no, no —contestaron ellos. Saludaron con la mano, se rieron, se palmearon unos a otros en la espalda y saltaron con alivio y entusiasmo.

Guille y Basulto sabían que no podrían quedarse a cuidar este bote durante dos horas más. Les indicaron a Alemán y su tripulación que debían seguir navegando con rumbo norte de manera que terminaran encontrándose con el guardacostas.

La llegada de guardacostas Sea Hawk de 33,5 metros de eslora empequeñeció el bote de 6,4 metros de los Alemán. Varios agentes subieron a bordo y empezaron a hacer preguntas enseguida. Nelson y su primo les dieron las gracias con el poco inglés que sabían. Luego de determinar que nadie a bordo necesitaba inmediata atención médica, los agentes distribuyeron chalecos salvavidas. Cuando todos estaban a salvo en el guardacostas, el grupo Alemán miraba desde la barandilla al Misladys que se bamboleaba indolentemente en el agua. Esta embarcación, su arca, que los había llevado tan apaciblemente a través de la noche serena, tibia y perfecta, parecía ahora diminuta y abandonada.

—¿Quieren conservarlo? —preguntó uno de los agentes, quien les advirtió que tendrían que pagar por atraque y mantenimiento— Debemos remolcarlo o hundirlo.

Su cuidadosa planificación no había incluido qué hacer con el bote. Nelson volvió a bordo del Misladys una última vez, para recoger su antiguo mapa y la nota de Hermanos al Rescate. Cuando les mostró el mapa a los agentes guardacostas, se asombraron de veras por su edad y su belleza, y se lo fueron pasando de mano en mano. Nunca habían visto un mapa tan impecablemente conservado, trazado en tela y dibujado con tal precisión.

Los agentes subieron a bordo del Misladys y, antes de que Mercedes pudiera prepararse, la emprendieron a hachazos contra el mástil. Mercedes dejó escapar un grito ahogado, seguido por llanto y sollozos incontenibles.

—¿Se encuentra bien? —le preguntaron a Nelson.

—Sí, sí —dijo encogiéndose de hombros—, es el bote de su padre, ya saben.

Con cada golpe de sus hachuelas, Mercedes se sentía traspasada por la congoja, como si los agentes guardacostas la apuñalaran en el corazón. Se dolía por sus padres a quienes había dejado atrás. Ella también habría querido que Misladys también los hubiera traído a ellos a la libertad. Pero no había manera de que el bote regresara. Para los Alemán era como presenciar la muerte de alguien. Todos ellos se mantuvieron en silencio, viendo como a su fiel amigo se lo tragaba el mar, un destino del que ellos se habían librado.

Nelson le informó al guardacostas del otro bote y, cuando avisaron por radio, les dijeron que a los otros los habían encontrado esa mañana. Había sido una perfecta travesía para todos ellos.

En cuestión de días, los hombres encontraron trabajo lavando autos, conduciendo camiones y como empleados en fábricas. Al cabo de una semana, las dos familias alquilaron una casa de cuatro dormitorios en Hialeah. Fue entonces que Nelson Alemán se acordó del mapa de su abuelo que se le había quedado en la lancha guardacostas. Estaba tan nervioso cuando llegó para el procesamiento que había olvidado pedir que se lo devolvieran. Nunca lo volvió a ver.

La familia Alemán había hecho una travesía de manual, una rareza en la crisis de los balseros. Las llamadas al hangar, a la estación de radio y a la casa de Basulto eran constantes. Resultaba abrumador oír los informes de las personas que habían salido de la isla y que no habían aparecido. Los pilotos sabían que ellos no estaban encontrando a todas las personas que estaban en el mar. O peor aún, las estaban encontrando demasiado tarde, cuando se tropezaban con las balsas vacías.

A veces el nombre de «balsa» resultaba una palabra demasiado importante para las «embarcaciones» que se encontraban. Ellos habían visto sencillamente todo lo que era capaz de flotar en el océano, incluso una motocicleta dentro de una furgoneta. A la furgoneta le habían invertido el techo y flotaba en el agua. Instalada dentro, el árbol de transmisión de la motocicleta alimentaba la hélice. Habían botes viejos, tablas amarradas, balsas con un papalote como vela y una vez, un refrigerador. Le habían quitado la puerta y, gracias al aislamiento interno, flotaba perfectamente. Pero, al parecer, no lo bastante bien para mantener a sus pasajeros con vida. Cuando Basulto hizo algunos vuelos rasantes sobre el refrigerador, advirtió que había alguna ropa y otros artículos, pero ninguna persona. A los pilotos se les ocurrió un nombre para las embarcaciones vacías: lápidas flotantes.

No era una coincidencia que al mismo tiempo que Hermanos al Rescate comenzara a volar, aparecieran más balseros. La organización no animaba a la gente a irse; por el contrario, en todos los programas radiales en que Basulto participaba, él instaba a las personas a no venir, a no correr riesgos, a no arriesgar sus vidas. Los instaba a cambiar las cosas en la isla desde dentro.

Cuba ya había comenzado su Período Especial, término acuñado por Fiel Castro en los años que siguieron inmediatamente al desplome de la Unión Soviética. La única cosa especial que hubo en esos años fue que a los cubanos les pidieron que se apretaran más el cinturón. Sin subsidios de los soviéticos, Cuba añadió alrededor de doscientos bienes de consumo a la lista del racionamiento. Artículos como jabón, pasta dental y materiales de limpieza eran casi imposibles de encontrar. Los alimentos de todo tipo se hicieron cada vez más escasos. Hubo escasez de gasolina y de petróleo, y los tractores y los equipos de las fábricas fueron reemplazados por animales de granjas. Los cubanos de la década del 90 tuvieron que aprender a sobrevivir, y le apodaron a esta nueva cultura «bisnear», que usualmente significaba robarle al empleador y luego intercambiar artículos con otras personas. El único lugar donde podían comprarse artículos de primera necesidad eran los hoteles de turismo, donde a los cubanos no les permitían entrar.

Alexis García era camarero del nuevo Sol Meliá, un hotel español de Varadero. Por cada dos dólares de propina que él recibía para el fondo colectivo, Alexis se guardaba un dólar en su bolsillo. Él justificaba su conducta porque las propinas nunca se repartían entre los camareros, sino que los propietarios del hotel las colectaban y se las daban a funcionarios del gobierno.

En la Cuba de 1992, un dólar representaba casi cuarenta pesos cubanos y puesto que el salario promedio era de unos 211 pesos al mes (aproximadamente seis dólares estadounidenses), sería un gran avance para Alexis García — en verdad más de lo que había ganado en su empleo de los últimos ocho años como instructor de buceo.

Un día la propina de dos dólares se la dio un español que era celador de un cementerio en España. Alexis se quedó asombrado de que un celador de cementerio pudiera permitirse dos semanas de vacaciones en el nuevo Sol Meliá de Varadero. Incluso si Alexis hubiera podido costearse la estadia en el hotel, como cubano le estaba prohibido el hacerlo. Pero Alexis tenía planes más ambiciosos que hospedarse en un hotel en la playa de Varadero.

Después de un año en su lucrativo empleo, lo despidieron por el robo de noventa dólares de la caja registradora. Aunque el robo se produjo cuando él tenía su día libre, a Alexis lo cesantearon. En ese momento decidió que nunca volvería a trabajar para el gobierno cubano, lo cual significaba que nunca más trabajaría si se quedaba en Cuba.

Él no se quedaría en Cuba.

El primer intento de Alexis de escapar fue con otra familia en una balsa Zodiac que un salvavidas se había robado de un hotel de la playa. El día antes de la partida, la familia le dijo a Alexis que no había sitio para él y lo dejaron atrás.

La segunda vez, intentó salir con un amigo que tenía un botecito. Planearon la escapada durante meses, repartiéndose los deberes y programando el lugar y la hora de la salida. A última hora, su amigo cambió de opinión —pero conservó el bote.

La tercera vez decidió irse solo, en una balsa que fabricó él mismo durante cinco largas noches trabajando en su dormitorio a oscuras. Simplemente, el ser sorprendido con «material sospechoso» —como cámaras de llantas, tablones o lona— podía significar una sentencia de cuatro años de prisión, sin juicio. Durante la construcción de esta balsa de un solo hombre, un amigo le habló de un alemán que vendía una embarcación que era mucho más navegable. Se podía desarmar en tres partes que podían ensamblarse luego fácilmente. Cabían en ella cuatro personas. Era un kayak.

—Es perfecta —le dijo Alexis— Yo la quiero.

Le dio $500 en el momento —quinientos dólares estadounidenses, el equivalente de 20.000 pesos cubanos, los cuales representaban muchos meses de amasar propinas. Por cuarenta pesos cubanos y una botella de ron compró la cámara de la rueda de un camión que él planeaba tirar de la parte trasera del kayak. La balsa estilo Zodiac que había construido en su cuarto la llevaría en la proa del kayak como repuesto.

Alexis estudió la conducta del tiempo y las mareas. Escuchaba en secreto Radio Mambí y la Voz de América. Un día oyó la voz de un hombre llamado José Basulto que imploraba: «Soy el presidente de Hermanos al Rescate y les pido a todos en Cuba: por favor, no intenten cruzar el estrecho de la Florida».

Alexis necesitaba un compañero para su viaje. El amigo que lo había conectado con el vendedor del kayak le presentó a un guajiro que quería irse. Se llamaba Ernesto Valladares, pero todo el mundo le decía Ñañy. A Alexis le pareció una buena persona, le dijo a Alexis que él sabía nadar y que estaba listo para salir esa misma noche si fuese necesario. Estuvo de acuerdo con el prerrequisito más importante de Alexis: que éste habría de tomar todas las decisiones sobre el viaje.

El martes 16 de junio de 1992, Alexis hizo las rondas para despedirse de su familia. El alemán con el kayak debía encontrarse con él en Punta Icacos en la playa de Varadero, donde Ñañy y varios amigos de Alexis lo ayudarían a fabricar el kayak. El alemán llegó en su motocicleta y poco detrás de él, un policía.

El grupo fingió estar de picnic y los alivió ver que el agente los ignoraba. Al parecer, el policía estaba en la playa para conseguir alguna langosta ilegal con un pescador. Para la hora en que el policía se fue, era demasiado tarde para armar el kayak.

El miércoles 17 de junio, Alexis volvió a despedirse de su familia. El grupo de amigos se reunió por segunda vez y comenzaron a armar el kayak en un pinar cercano a la playa. Cuando lo tenían a medio hacer, advirtieron que la patrulla fronteriza estaba recorriendo la playa a caballo. Instintivamente, los hombres se fueron hacia la arena, fingiendo que tenían una fiesta y pasándose entre ellos una botella de ron. Su objetivo era acercarse lo más posible al agua, para distraer la atención hacia el pinar.

El grupo se quedó de pie de espaldas al agua y de frente a la arena y a los pinos, donde el kayak, a medio ensamblar, estaba a la vista. Si la policía se hubiera dado vuelta hacia los árboles y hubiera visto el kayak, su único viaje habría sido a la cárcel. La patrulla fronteriza montada se detuvo delante de los hombres, con sus caballos frente a ellos y de espaldas a los árboles.

—¿Qué hacen ustedes? —les preguntaron.

—Pues, disfrutando el día, tomando un poco de ron, —dijeron sonriendo, como si estuvieran ligeramente ebrios—. Acompáñennos.

—No, no podemos.

—Vamos, —insistieron—. Un traguito. Tenían que estar seguros de que los guardias ni sus caballos se dirigieran a los pinos.

—No, está bien —y siguieron rumbo a la playa de Varadero. Nerviosos de que pudieran regresaran, el grupo desarmó el kayak una vez más y guardó las bolsas en la maleza.

El jueves 18 de junio, Alexis volvió a despedirse de nuevo de los suyos. Cuando los amigos llegaron al pinar, vieron que el kayak estaba cubierto con lo que parecía una manta negra. Cuando sacaron las bolsas, la manta se movió. Era una capa de mosquitos.

Maldiciendo y matando mosquitos rearmaron el kayak por tercera vez. Pusieron en la proa la Zodiac desinflada, junto con dos latas de carne y tres botellas de agua. La pareja salió finalmente a las diez en punto, remando paralelamente a la playa a pocos kilómetros de la costa. Había barcos langosteros en la zona, de manera que no podían irse muy lejos. Era inusual que las personas que se iban del país lo hicieran a pleno día, pero acaso Alexis creía que el kayak los hacía pasar por turistas que se ejercitaban cerca de la costa.

Estuvieron remando tranquilamente hasta después que oscureció, cuando Ñañy le confesó que no sabía nadar. Eso frustró a Alexis. El había repasado meticulosamente todos los detalles con Ñañy: las condiciones del mar, la planificación y la inversión monetaria, le había llevado un año de su vida. Alexis había estudiado las mareas y los patrones meteorológicos y estaba en las mejores condiciones físicas.

Si el kayak se volcaba, Alexis dudaba de que su propia habilidad para nadar pudiera realmente salvarlo. Aun más importante era que Ñañy aceptara su completo control sobre el viaje. El guajiro estuvo de acuerdo. Poco antes de medianoche, este punto en particular también se vería puesto a prueba.

Avistaron un barco mercante que se dirigía hacia La Habana, y que venia directamente hacia ellos. Alexis le dijo a Ñañy que dejara de remar para evitar una colisión. Ñañy se puso tan nervioso que no podía parar.

Según el barco se acercaba, Alexis no tuvo más remedio que remar hacia atrás mientras Ñañy seguía remando hacia delante, nervioso y confundido. Las olas producidas por el barco de ciento cincuenta metros comenzaban a mecerlos, y Ñañy todavía no se detenía. Sus vidas estaban en peligro y, en un momento de desesperación, Alexis se inclinó y se zafó el cuchillo que llevaba sujeto a la pierna.

Afortunadamente, el barco mercante pasó de largo, pero les dejó enfrentándose a olas de 6 metros. Alexis puso a un lado el cuchillo, pero se juró a sí mismo que si alguna vez llegaban a Miami él no tendría nada más que ver con este Ñañy.

A las tres de la mañana, las últimas luces de la costa de Cuba se hundieron detrás del horizonte. Poco antes del amanecer del viernes, vieron otro barco mercante que se encontraba quieto en medio del agua con todas las luces apagadas. Era como si estuviera esperando por ellos y los dos hombres se llenaron de entusiasmo.

Alexis sacó su linterna y empezó a hacer señales y abrió algunos de los tubos luminosos que había comprado en la calle en Cárdenas. El barco finalmente les enfocó con los reflectores que los dejaron momentáneamente ciegos, pero jubilosos. Alexis sacó su espejo para crear un reflejo de luz aún más brillante. Luego el barco mercante apagó las luces, encendió el motor y los dejó atrás. Nunca llegaron a ver la matrícula del barco.

—¡Pero si estábamos ahí mismo debajo de ellos! —gritó Ñañy—. ¡Tuvieron que habernos visto! —Esa fue la mayor decepcion de la travesía hasta ese momento.

El primer mal tiempo azotó el viernes por la mañana, alrededor de las once, cuando fueron vapuleados por olas de

2,7 a 3 metros de alto. Alexis tenía una brújula en la muñeca y otra colgada del cuello. Tuvieron que abandonar el rumbo para hacerle frente a las olas que el kayak cortaba perpendicularmente.

Durante la calma, Alexis abrió una de las latas de carne y comieron. Para entonces ya se habían bebido una botella de agua y las otras dos se habían ido rodando hasta la proa del kayak, fuera del alcance de Alexis. Por tener los movimientos muy limitados, tenían que orinarse en sus asientos. Cuando el olor resultaba insoportable, achicaban el kayak por un rato. Ñañy juraría luego que él no orinó en todo el viaje y que todo la orina del kayak era de Alexis.

En la tarde del viernes los azotó el segundo temporal, obligándolos a cambiar nuevamente de rumbo. Habían estado remando sin parar durante treinta y nueve horas. Durante un respiro después de la segunda tormenta, el cansancio los venció y dormitaron en sus asientos, con los remos inmóviles frente a ellos, como dos estatuas negras que flotaran en el agua. Durante ese adormecimiento breve pero concentrado, no notaron que el kayak había cambiado de rumbo y se dirigía de vuelta a Cuba.

El distante rugido de un avión los despertó esa noche, pero estaba demasiado alto para darle voces. El agua de la tormenta había llenado el kayak hasta la altura de la cintura, con latas abiertas de carne y botellas de agua vacías flotando en la mezcla de agua y orina. En este punto, se les habían empezado a despellejar los glúteos, puestos en carne viva de estar sentados en el agua y de la constante fricción provocada por la acción de remar. Si hubieran intentado ponerse de pie luego de estar sentados por tres días, no habrían podido estirar las piernas con los músculos ya atrofiados.

Poco antes de la medianoche del viernes, avistaron el barco. Estaba tan cerca que oyeron la música que tocaban y el rumor de la conversación, pero incluso bajo la luna llena, los festejantes no vieron el kayak. Alexis intentó en vano alcanzar la linterna, sumergida en alguna parte cerca de sus pies en el agua oscura y pestilente. El barco de la fiesta se fue.

Cuando despertaron antes del amanecer del sábado, corrigieron el rumbo justo a tiempo para enfrentarse con la tercera ronda de mal tiempo. Exhaustos y asqueados por el agua apestosa en que estaban metidos, comenzaron a lanzar por la borda ropas sobrantes, zapatos tenis y una lata vacía de carne. Alexis comenzó la labor de achique y enseguida se dio cuenta de su error, porque cualquier cosa que arrojaran al agua podría atraer peces. Los peces acudirían atraídos por el olor, los pedacitos de carne que aún quedaban en las latas y otros que flotaban a la deriva. Y los peces más pequeños atraerían a otros más grandes. Cuando los peces grandes llegaron, el guajiro comenzó a espantarlos a golpes.

—¡Para! —una ronca reprimenda le brotó a Alexis desde el fondo de la garganta—. ¡No mires al agua, quédate quieto! — Inmóviles, mientras los peces golpeaban el fondo del kayak, Alexis y Ñañy se encogieron en sus asientos, con el agua densa y pestilente a un palmo de sus narices.

A las diez de la mañana del sábado avistaron otro barco y remaron hacia él. Para entonces, las ampollas de las manos se les habían extendido por los dedos, tan llenas de pus que no se atenuaban en los pliegues. Siempre que dejaban de remar, los blandos callos externos empezaban a secarse, de manera que cuando extendían los dedos para volver a remar una grieta ligera hacia que el líquido les penetrara.

Al acercarse más, se dieron cuenta de que no se trataba de un barco, sino de una isla.

—Oye, no sé si eso es Cuba, las Bahamas o qué —le dijo Alexis a Ñañy—, pero tenemos que salvarnos.

Impulsados por la idea de la tierra seca, izaron las velas y se encaminaron hacia la isla. Estaban a menos de un kilómetro la isla y de lo que creían era su salvación, cuando Ñañy oyó el avión de Basulto.

Basulto no estaba mirando el kayak, sino a su reloj. Eran casi las dos y el estómago le estaba protestando. Basulto ya no era el joven delgado que se había entrenado para la invasión de Bahía de Cochinos, ni el héroe galante que navegó hasta Cuba una noche y bombardeó un hotel. Conservaba su tez morena fresca y la sonrisa radiante, pero la mediana edad había llegado con mayor apetito y amplitud de cintura. A Basulto le encantaba comer.

—Guille, me estoy yendo —dijo Basulto por la radio. Todos las otras avionetas habían regresado a recargar combustible en Cayo Maratón y los pilotos estaban atiborrándose de comida en Pizza Hut—. Aquí no hay nadie hoy. —Él estaba de copiloto con Carlos Tabernilla, un cubanoamericano de poco más de treinta años que vivía en West Palm Beach y guardaba la avioneta en su traspatio.

—Quédate un poco más, José, hasta que llegues a Cayo Sal — insistió Guille.

—No, Guille, no hay nada —repitió.

—Sólo gira un poco hacia Cayo Sal —insistió Guille.

El banco de Cayo Sal de las Bahamas está apenas a cincuenta y tres kilómetros al norte de Cuba y cuarenta y ocho kilómetros al oeste del Banco de Gran Bahamas. Abarca unos 3.884 kilómetros cuadrados, el 99% de las cuales está bajo el agua. Debido a su proximidad a Cuba, los balseros con frecuencia desembarcan en sus islas rocosas, particularmente en Cayo Sal, Cayo Elbow y Dog Rocks.

Basulto estaba hambriento, pero se avino al pedido de Guille y se dirigió hacia los bancos de Cayo Sal.

Al cabo de unos momentos, vio el kayak.

—¡Mira, mira! —le gritó Tabernilla.

—No veo nada.

—¡Sí, sí, allí! —aunque Basulto había estado realizando estas misiones de vuelo durante más de un año, nunca le habían acreditado un hallazgo. Esta fue su primera vez. Advirtió que el kayak se dirigía a Cayo Sal. Si desembarcaban allí, serían detenidos por las autoridades bahameñas y deportados a Cuba.

Ya no estaban usando el megáfono desde la avioneta. Osvaldo Plá, el disidente cubano que hablaba francés, inventor y retratista que se había incorporado a Hermanos, había introducido el uso de los walkie-talkies.

Como radio aficionado, Osvaldo estaba en contacto constante con personas en Cuba. Su señal de identificación era KB4TFF, de manera que sus amigos en la isla tomaron las tres últimas letras de su señal y lo apodaron «Tito Fufú».

Tito Fufú convenció a Basulto que dejara caer walkie-talkies, lo cual le permitiría a los pilotos comunicarse con los balseros y también dar los nombres de los rescatados a las estaciones de radio, de manera que los miembros de la familia pudieran enterarse de inmediato. Basulto compró cientos de equipos de walkie-talkies baratos en Radio Shack, y Guille les imprimió instrucciones para que los balseros las leyeran y las siguieran con facilidad.

Pero al dejar caer el walkie-talkie al kayak, el equipo se rompió. Cuando la bolsa de Nylon con la radio y el agua alcanzó el kayak, el marcador de tinta roja estalló y manchó no sólo el agua a su alrededor, sino a Alexis y a Ñañy también. Afortunadamente, Basulto había incluido una nota en la bolsa, escrita aprisa, en la que los alertaba de que no desembarcaran en la isla.

—¡Estamos salvados! —dijo Alexis, alcanzando desesperadamente la bolsa en busca de algo que beber. La botella se había roto y el agua se había mezclado con el agua salada. De momento ignoraron la sed, y en su entusiasmo se mantenían remando hacia Cayo Sal. Pero, sobreponiéndose a la deshidratación, Alexis registró la bolsa para ver si había otra botella de agua. Fue entonces que encontró la nota:

> *No desembarquen en Cayo Sal. Si lo hacen, serán deportados. El guardacostas está en camino. Bienvenidos a la tierra de la libertad.*

Ellos estaban a pocas yardas de Cayo Sal. Sin tiempo para asustarse, Alexis recuerda sentir como si a cada uno de ellos les hubieran dado un par de hombros nuevos. De pura adrenalina, se alejaron aprisa de Cayo Sal.

Contento por su primer hallazgo, Basulto hizo una transmisión por radio y regresó a Maratón para reabastecer su avioneta, y su estómago.

Cuando el guardacostas llegó a las cinco de esa tarde, la última de las avionetas de Hermanos al Rescate regresó a su base, y el viaje de cincuenta y cinco horas de Alexis y Ñañy llegó a su fin. Alexis recuerda a un agente de guardacostas afroamericano de dos metros que los ayudó a él y a Ñañy a salir del kayak. Los hombres apenas podían mover las piernas. Alexis lo vio que miraba el kayak lleno de agua, orina y lo que parecía sangre. Luego el agente tomó a ambos hombres con sus manazas y les dio la vuelta, levantándole los brazos y revisándoles las piernas. Alexis se desprendió de las manos del agente, confuso por lo que estaba haciendo. Se sorprendió de su propia actitud defensiva en presencia de este hombrón que descollaba por encima de él, su agresividad probablemente se debía a la deshidratación. Alexis no se dio cuenta de que el agente intentaba comprobar si tenían heridas.

—¡No me toques! —le dijo— . Water —pidió luego en inglés, apuntándose a la boca. Habían pasado dieciocho horas desde que bebiera la última gota. El agente les dio a beber agua y les entregó overoles blancos de papel para que se los pusieran.

Cuando llegaron a Cayo Hueso, a las nueve de la noche, los entrevistaron y les proporcionaron alimento y descanso.

Horas más tarde, Alexis y Ñañy todavía olían a una mezcla de orina, sudor y salitre. Encontraron una manguera y se las arreglaron para rociarse un poco. Después de cambiarse en unos monos naranja, los llevaron al aeropuerto y los pusieron a bordo de un vuelo que iba a Miami. Un agente de inmigración los recibiría en la puerta cuando llegaran a Miami y luego se los entregaría a sus familias. Cuando entraron en el avión, los pasajeros los miraron y se metieron rápidamente en sus asientos para dejarlos pasar. Nadie quería sentarse cerca de ellos.

Después de un corto vuelo, nadie los recibió en el Aeropuerto Internacional de Miami. Estuvieron andando de arriba para abajo por la terminal del aeropuerto durante tres horas, provocando miradas perplejas así como gestos de asco de los turistas de verano. Hedían a orina, sudor y salitre.

Dos mujeres del personal del aeropuerto finalmente acudieron en su ayuda.

—¿Podemos ayudarles? ¿Acaban de llegar de Krome?

Krome era el centro de detención que se utilizaba para albergar a inmigrantes haitianos. Anteriormente se había usado como estación de procesamiento para balseros, pero hacia poco se había incendiado durante un motín y estaba cerrado temporalmente. Los monos naranja eran los uniformes de los presos del Centro de Detención de Krome.

—No, no hemos escapado de ninguna parte —les dijo Alexis, cansado y frustrado, y les explicó su situación. Después que las cosas se aclararon un poco, sus familias llegaron y Alexis García y Ernesto Valladares fueron finalmente entrevistados por Inmigración.

Una semana después, Alexis recuerda que Basulto se puso en contacto con él para comprarle su kayak a fin de añadirlo a la colección de balsas del hangar. Se reunieron en la Estación del Servicio de Guardacostas para recogerlo. Mientras estaban allí, Alexis se encontró con el agente afroamericano de dos metros a quien él le había reprochado que lo tocara. El agente tenía algo que decirle a Alexis y le pidió a Basulto que tradujera.

—Dígale que esta vez lo dejé que me empujara —dijo, mirando fijamente a Alexis— porque yo acababa de rescatarlo y ellos estaban en malas condiciones.

—Por favor, dile que no tenía nada que ver con él —Alexis comenzó a interrumpirlo, arrepentido por su exabrupto hacia este hombre que le había salvado la vida. El agente no lo dejó seguir.

—Pero si él me ve en la calle algún día —dijo el agente guardacostas mirando a Alexis directamente a los ojos—, es mejor que me respete.

El respeto es el primero de muchos reconocimientos que merecen los hombres y mujeres del Servicio de Guardacostas de EE.UU., que trabajaron incansablemente con Hermanos al Rescate y que les dieron a los balseros su primera prueba de libertad al llegar a Estados Unidos. Aunque eran los pilotos de Hermanos quienes descubrían a los desesperados balseros, eran los agentes guardacostas quienes los ayudarían a salir de sus improvisadas balsas y botes; es decir, cuando había personas a bordo. Ellos eran testigos de las lápidas flotantes cuando las recogían en busca de pistas, a veces encontrando alguna de ellas en forma de un cadáver. Eran los guardacostas los que revisaban las ropas, las botellas de agua vacías, los artículos infantiles o los rotos cordeles de pescar. Respondían a llamadas sin tomar en cuenta las condiciones meteorológicas ni la hora. Arriesgaron sus propias vidas tripulando helicópteros, levantando personas en cestos momentos antes de que murieran en el agua.

Suya era la alegría cuando encontraban a las personas vivas. Los guardacostas les proporcionaban los necesarios primeros auxilios. Estos hombres y mujeres de las grandes lanchas patrulleras, las pequeñas Zodiac y los merodeantes helicópteros acunaban tiernamente a los bebés que habían estado a bordo; sus fuertes brazos sostenían a los ancianos y mujeres cuyas piernas acalambradas les impedían andar. Se comunicaban en el lenguaje universal de la compasión con personas que estaban mareadas, deshidratadas y agonizantes. El personal del Servicio de Guardacostas era el único que se enfrentaba con aquellos cuyos riñones empezaban a dejar de funcionar por cuenta de beber orina. Llamaban a las ambulancias y a los servicios de emergencia, se esforzaban en hacer volver a la realidad a los que sufrían alucinaciones e intentaban consolar a los sobrevivientes que habían perdido a seres queridos durante la travesía.

Los periodistas que buscaban la historia del último rescate, rara vez tomaban nota de sus nombres y rara vez sus rostros aparecían ante las cámaras. No buscaban notoriedad. Sólo buscaban salvar vidas. Ese era su trabajo.

10

Desastres naturales

Dios y la naturaleza no hacen nada en vano.
Auctoritates Aristotelis
(Proposiciones medievales tomadas de diversas fuentes, clásicas y otras)

La temporada de huracanes comienza cada año el 1 de junio. En Miami, la mayoría de los residentes se había hecho insensible y confiada en los treinta años transcurridos desde que la última tormenta de categoría 4, el huracán Donna, azotara directamente la zona. La población de Miami había aumentado en más del doble durante ese período. Había habido muchas alarmas en las últimas tres décadas, pero todas habían resultado en unos pocos inconvenientes, como la pérdida de un día de trabajo o de clases.

A las tres de la tarde del domingo 23 de agosto de 1992, había pocas personas en las playas de Miami, aunque era un típico día veraniego despejado, con más de 30º. C. y a sólo dos fines de semanas por medio del Día del Trabajo, el fin oficial del verano. El Centro Nacional de Huracanes anunciaba que el huracán Andrew, el primero de la temporada, se dirigía hacia Miami y era un monstruo. En lugar de disputarse un espacio en la arena de Miami Beach esa tarde, se libraban guerras en los estacionamientos de los supermercados y las tiendas de materiales domésticos. Las existencias se agotaban pronto.

Doce horas después, el huracán Andrew dejaba una franja de destrucción con vientos de 265 kilómetros por hora en el inmediato sur de Miami, abriendo una senda directa a través de los Everglades hasta el golfo de México antes de girar con rumbo norte. Se catalogó como un huracán seco, con escasa o ninguna inundación. Los condominios y hoteles de las playas y las comunidades costeras salieron indemnes. Sin embargo, la ciudad de Homestead, que está tierra adentro, quedó demolida. En ese momento era el huracán más costoso en la historia de Estados Unidos, que ocasionaba daños valuados en $26.500 millones.

El aeropuerto de Tamiami quedó destruido, pero ni un solo avión de Hermanos al Rescate se perdió o se estropeó y comenzaron las gestiones para alquilar un nuevo hangar en el aeropuerto de Opa-locka en North Miami.

El huracán Andrew era el sueño de un meteorólogo. Brian Norcross, de la NBC, alcanzaría una fama súper estelar gracias a la calma y precisión que mostró en esas horribles horas de la medianoche durante la peor tormenta que azotara el sur de la Florida desde el Día del Trabajo de 1935, época en que los huracanes no tenían nombres.

Fue también una oportunidad única para John Tooey Morales, único hijo de un irlandoamericano y una puertorriqueña, quien se acababa de mudar para Miami para hacer el pronóstico del tiempo en Univisión, un canal de habla hispana. John Tooey Morales nació en Schenectady, Nueva York y luego se mudó a Puerto Rico con su madre cuando sus padres se divorciaron. Desde su infancia, le fascinó el espacio, la meteorología y la astronomía. Se graduó de Cornell con un diploma de Ciencias Atmosféricas, y después fue a trabajar con el Servicio Nacional de Meteorología.

Nunca antes había habido un meteorólogo diplomado en la información del tiempo de la televisión en español — usualmente lo hacía un presentador ordinario o una muchacha bonita. Univisión le pidió a John que prescindiera de su primer apellido —Tooey— que resultaba demasiado anglosajón para ellos y que se convirtiera en John Morales. Él habría de ganarse un Emmy en 1993 por un segmento especial sobre la preparación para el huracán. Todo gracias a Andrew.

Otro trasplante de la televisión a la Florida fue Hank Tester, reportero de la WTVJ procedente de Las Vegas. Seis semanas después de su llegada a Miami, el recién divorciado Tester se convirtió en el reportero principal de los trabajos de recuperación que se llevaban a cabo diariamente en Homestead. Sabía un poco de español de la época en que creció cerca de la frontera mexicana, y podía entrevistar a los cubanos que no hablaban inglés con fluidez. El joven, alto y apuesto Hank Tester se convirtió en el primer rostro que aparecía en las noticias matutinas: su cabello prematuramente encanecido que movía la brisa del sur de la Florida, reportando en directo desde Homestead, la zona más afectada por el huracán.

Para mantener a sus presentadores al tanto del acontecer político a sólo 144 kilómetros de distancia, la WTVJ invitó a ponentes para que instruyeran a sus reporteros. El autor Andrés Openheimer promovió su libro La última hora de Castro; la Fundación Nacional Cubano Americana y su presidente, Jorge Más Canosa, presumieron de su influencia política en Washington; y otras agrupaciones de exiliados pretendieron protagonismo en la ayuda de sus hermanos del otro lado del Estrecho. Cuando José Basulto fue uno de los oradores invitados, Hank Tester prestó atención.

«Finalmente, alguien estaba realmente haciendo algo al respecto», dijo él. Luego reportó sobre muchas misiones de Hermanos al Rescate y les ayudó a crear un sistema en el que podían pasar el audio de los pilotos de los audífonos a su grabadora, ya que la aeronave era muy ruidosa. Basulto y Hank se hicieron grandes amigos y compartirían muchas misiones especiales.

Los acontecimientos del 24 de agosto de 1992 pautaron el tiempo para los miamenses. Las vidas se compartimentaron en lo que había sucedido «antes de Andrew» o «después de Andrew».

El primer día después de Andrew, el joven Carlos Costa, de 25 años, comenzó en su nuevo empleo de venta de piezas de repuesto de aviones. Se había graduado con distinción honorífica de la academia de aviación Embry Riddle, en Daytona Beach el mes anterior. Al igual que Mayte Greco, Carlos obtuvo su licencia de piloto sin que sus padres lo supieran, aunque con el continuo apoyo económico de Mirta y Osvaldo Costa. Su madre le tenía horror a volar y le preguntaba constantemente a Carlos por qué necesitaba tantas acreditaciones de piloto.

—Estoy estudiando ciencia aeronáutica, —le explicaba, como si el énfasis en la ciencia fuese una garantía de que él nunca iba a dejar el suelo. Mirta se quedó asombrada el día de la graduación de Carlos cuando al fin se dio cuenta de que la ciencia aeronáutica que estudiaba su hijo significaba que él había estado volando. Él no iba a ser un científico en tierra; era piloto.

En Cuba, la familia Costa tenía una hija joven y querían que tuviera una vida mejor, lo cual incluía educación en un colegio privado. Una vez que expulsaron del país a los sacerdotes e intervinieron las escuelas privadas y parroquiales, los Costa se exiliaron en Miami el 8 de julio de 1962. Osvaldo Costa tuvo que empezar a trabajar de lavaplatos en Miami, junto con abogados y médicos que estaban en proceso de revalidar sus títulos. Mirta trabajaba desde su casa, cosiendo para otros, luego cocinando para otros y finalmente en una fábrica. En 1965, Mirta Costa quedó embarazada de Carlos y trabajó hasta el día antes del parto, el 23 de junio de 1966. Fieles a su ética cubana del trabajo, Mirta y Osvaldo trabajaron arduamente para mantener a sus hijos en escuelas y universidades privadas. Esa ética se arraigó en su hijo Carlos.

A los diez años, Carlos arrancaba la hierba del patio para plantar lechugas y vendérselas a sus vecinos. Los fines de semana, trabajaba con una familia de la que se había hecho amigo y que tenía un puesto en el mercado de pulgas local, hasta que finalmente se quedó al frente del puesto. Durante sus años universitarios, trabajó en Sears, la tienda por departamentos, hasta que se mudó a Daytona para estudiar en la Universidad Aeronáutica Embry-Riddle. Carlos se estaba ajustando a vivir otra vez en su casa luego de sus años en Daytona Beach.

Los Costa no habían sido políticos en Cuba, ni fueron políticamente activos en Miami. Pero en 1980, cuando el puente marítimo de Mariel trajo a 125.000 cubanos refugiados a la ciudad, los Costa recibieron a una familia que tenía una niña de once años. Ese verano ella y Carlos se hicieron muy amigos; él estaba fascinado con sus relatos de Cuba. En eso, y tal vez en unos cuantos desfiles del Día de Reyes en la Pequeña Habana, radicaba toda la cubanía de Carlos. Aunque sus padres chapurreaban el inglés, trabajaban en fábricas y la familia se relacionaba fundamentalmente con cubanos, Carlos era un chico americano de pies a cabeza.

En 1988, mucho antes de que Hermanos al Rescate fuera ni siquiera una idea, un balsero le haría recordar a Carlos su pasado cubano. Sus padres estaban disfrutando de sus primeras vacaciones, un fin de semana en un crucero que les había obsequiado la hermana de Carlos y su marido para celebrar el Día de las Madres. Puesto que Mirta y Osvaldo nunca se habían separado de Carlos, se las arreglaron para comprarle un boleto adicional y el joven de veintiún años compartió el camarote de sus padres.

Se encontraban en la cena del capitán cuando los altavoces del barco alertaron a los pasajeros que estaban deteniéndose para rescatar a unos balseros. Todos los jóvenes, muchos de los cuales eran cubanoamericanos, salieron apresuradamente hacia cubierta para ser testigos del rescate. De alguna parte profunda de su ADN cubano, estos adolescentes y jóvenes adultos, todos nacidos en Estados Unidos, se sintieron poseídos de pasión, compasión y patriotismo por Cuba.

Cuatro años después, en noviembre de 1992, él realizaba su primera misión con Hermanos al Rescate.

—Ni lo digas, Mami —le replicó cuando su madre protestó ese primer día—. Nunca he hecho nada mejor.

Hubo muchísimo trabajo que hacer después del huracán Andrew, y el interés en las misiones de Hermanos al Rescate se desplazó de los extraviados en el estrecho de la Florida a los millares de miamenses que estaban viviendo en hoteles, con parientes o en otras ciudades. Cuarenta y ocho kilómetros al norte de Miami, en el lujoso Boca Ratón vivía Thomas Van Hare, otro trasplante reciente al Sur de la Florida desde Washington D.C.

En la capital de la nación, Van Hare había trabajado durante el gobierno de Reagan en la administración de más de 250 organizaciones con un presupuesto de $3.100 millones como el portero de la financiación de subvenciones para agrupaciones benéficas. Luego de tres días a la espera de que la Agencia de Administración de Emergencia Federal (FEMA, por su sigla en inglés) se hiciera cargo de la recuperación en el Sur de la Florida luego de los estragos dejados por el huracán y no ver que pasara nada, Van Hare llamó a sus amigos en la Casa Blanca. Él mismo se instaló en el aeropuerto de Opa-locka y creó allí un centro de distribución de socorros, por el que pasaban unas veinte toneladas de artículos al día, sobre todo hielo, agua y pañales. Un representante de la Fundación Nacional Cubanoamericana (CANF, por su sigla en inglés) envió a su asistente ejecutivo, Joe García, para prestar ayuda.

García sugirió que había algunos grupos de cubanos que podían beneficiarse del estilo de administración de Van Hare y recomendó a Van Hare, que era piloto, a José Basulto.

Basulto no estaba en busca de una estructura organizativa, pero él tampoco había buscado a ninguno de los voluntarios que se acercaron a Hermanos.

—Podemos hacer esto mejor —le dijo Van Hare a Basulto un día en Opa-locka, luego de haber participado en una misión como observador. Van Hare recuerda que los hermanos Lares se encontraban presentes; ellos siempre estaban allí.

Basulto le devolvió la mirada a Van Hare, este americano de Washington de 1,88 m. y 110 kilos y supuso que él simplemente quería volar como los demás pilotos, de manera que le dio su respuesta habitual:

—Seguro, ¿qué tienes en mente?

Van Hare extrajo sus organigramas.

—Creo que todos debemos tener títulos —comenzó.

—Todos somos pilotos —le dijo Basulto.

—Sí, pero no todos hacemos lo mismo cuando estamos en una misión —insistió Van Hare, sacando las tareas para el Piloto al Mando (el piloto), Piloto de Misión (el copiloto) y el Especialista de Misión (el observador). Había diagramas de flujo y requisitos de trabajo, frases especiales para usarlas en ciertas situaciones y nombres por los cuales llamar a los pilotos al mando. Van Hare tenía nuevas coordenadas para los pilotos, volando a intervalos más cortos que antes. Junto con las coordenadas habían formularios para que los rellenara todo el mundo a bordo, una lista revisada de seguridad y un sistema de códigos.

Él le dio a todo el mundo nuevos apelativos: Basulto siguió siendo Seagull One, Van Hare era Seagull Tango, Carlos Tabernilla, y todos los otros pilotos llamados Carlos, eran Seagull Charlie. Van Hare no le adjudicó nombres de gaviota (Seagull) a los Lares.

Basulto intercedió con los otros pilotos
—Por favor, denle una oportunidad.
Y así lo hicieron. Dejaron que Van Hare fuese un observador durante los próximos tres meses.

Durante los meses que pasó de observador, Thomas Van Hare no sería disuadido. Mientras esperaba convertirse en Piloto al Mando, un cargo al que él mismo le había puesto nombre, se dedicó a encontrar aviones de alquiler.

Kemper Aviation exigía que un instructor de vuelo estuviera a bordo en cualquiera de los aviones que alquilaba. Fue así que Beverly Brooks se incorporó a Hermanos al Rescate, primero como instructora, luego como piloto voluntaria.

Beverly Brooks había nacido en San Diego y se había criado en Seattle, Washington. Se mudó diagonalmente a través de la nación para establecer su hogar en Fort Lauderdale, Florida, a fin de tomar lecciones de vuelo. Tenía poco más de treinta años, era esbelta, bien formada y muy bajita, con pelo ondeado rubio y ojos castaño claro. Beverly había sido la instructora de vuelo de Billy Schuss.

Tom Van Hare le dijo a Beverly que quería que conociera a alguien en Hermanos, un argentino llamado Iván Domanievicz. Los Domanievicz habían venido de Buenos Aires a Miami en 1989. Después de terminar en la universidad en Connecticut, Iván decidió mudarse a Miami para seguir su carrera de aviación. El padre de Iván tenía un Skymaster que se había utilizado en una de las primeras misiones de Hermanos al Rescate, pero habían tenido que someterlo a reparaciones. Iván y su padre no habían volado con ellos en más de un año.

Van Hare arregló una cita a ciegas entre Beverly e Iván para una misión de vuelo. Iván ya había despegado del hangar de Tamiami ese día, de manera que no se conocieron en el vuelo, pero hablaron desde el aire.

—¿Te gustaría ir a navegar a vela? —le preguntó Iván a Beverly. En ese tiempo a él le encantaba navegar, pero no tenía su propio velero.

—Claro —le respondió ella, curiosa de conocer a este nuevo piloto argentino.

Beverly e Iván finalmente se conocieron en persona en una reunión de jóvenes pilotos de Hermanos al Rescate en South Beach. Para ambos fue amor a primera vista. Ellos finalmente se fueron a navegar, compraron un velero, vivieron en él por más de un año y cruzaron el Atlántico.

En tanto Tom Van Hare desempeñaba el papel de Cupido, hacía de observador y elaboraba organigramas, ayudó también al cubanoamericano Arturo Cobo a establecer el Centro de Tránsito para Cubanos Refugiados en Cayo Hueso, llamado también La Casa del Balsero.

La familia de Arturo Cobo había sido parte de Cayo Hueso desde 1887, cuando la mitad de ellos salió de España para Cuba y la otra mitad para Cayo Hueso. Mientras crecía en Cuba, Arturo siempre se había sentido personalmente ofendido por las consignas de «¡Abajo el imperialismo yanqui!»; después de todo, la mitad de su familia era yanqui.

A los diecinueve años y en contra de los deseos de su padre, Arturo Cobo salió de Cayo Hueso y se incorporó a las fuerzas invasoras [que se entrenaban] en Guatemala y Nicaragua para la acción de Bahía de Cochinos. Él y muchos otros fueron capturados y sentenciados a muerte por fusilamiento. Pasó veinte meses en la prisión de El Príncipe, en La Habana, antes de que finalmente lo liberaran en el acuerdo de intercambio de prisioneros por medicinas entre el presidente Kennedy y Fidel Castro.

Durante los próximos treinta años, Cobo alternaba entre sus casas y negocios de Miami y Cayo Hueso, aunque siempre se mantenía al tanto del ritmo de los asuntos cubanos.

La necesidad de un centro de tránsito se había definido más de un año antes, pero el gobierno municipal de Cayo Hueso no había dado aún su aprobación. Cobo, que había ayudado a procesar más de 100.000 refugiados cubanos en 1980, durante la salida masiva en barco por [el puerto cubano de] Mariel, advirtió que los balseros de esta nueva arribazón solían ser llevados a Cayo Hueso por los guardacostas. Los refugiados pasaban desde unas pocas horas hasta varios días durmiendo en un refugio externo.

En víspera del huracán Andrew, el Servicio de Guardacostas llamó a Cobo y le pidió que se ocupara de los treinta y dos balseros que ellos tenían en ese momento. Cobo, a su vez, llamó a Pablo Medina, un pastor bautista amigo suyo, quien les dio albergue en su iglesia. Cuando la iglesia se llenó al máximo de su capacidad, le necesidad de una estructura permanente resultó obvia.

Las conexiones de Van Hare con la organización [luterana] Socorro Mundial y la Misión de Hombres Bautistas del Sur ayudaron a Cobo a inaugurar el centro que procesaría millares de balseros. Cobo puso los primeros $6.000 de su propio dinero para rentar el inmueble en Stock Island. Era un pequeño edificio de madera, con una cocina, un área de comedor, dos dormitorios con dos hileras de literas y una oficina. Un aparato dispensador de latas de Coca-Cola de color rojo vivo se encontraba junto a la entrada principal. En la oficina de Cobo, dos paredes no tardaron en verse cubiertas con más de cuatrocientas notas de personas en Estados Unidos que buscaban a parientes que creían habían salido de Cuba. Él los llamaba el «Muro de los Lamentos».

Posteriormente, Cobo solicitó ayuda en una radio maratón con Tomás García Fusté, Marta Flores y otros y recaudó $200.000. Cuando ese dinero se agotó, Telemundo, la cadena de televisión en español, les dio tres horas un sábado por la tarde para recaudar dinero. Esta vez Cobo recaudó un millón de dólares.

La Casa del Balsero fue como un Ellis Island para los balseros. Esta primera escala en suelo de EE.UU. se encargaba de darles la bienvenida a los balseros y proporcionarles atención médica, ropa, alimento, camas, duchas, un aporte de dinero en efectivo y, para muchos, la primera Coca-Cola de su vida.

Antes de que volviera el fluido eléctrico en Miami después del huracán Andrew y mientras seguía impuesto el toque de queda en toda la ciudad, los Hermanos al Rescate reanudaron sus vuelos, en la mayoría de los cuales siguieron brindándoles acceso a los medios de prensa, y cuando no había ningún periodista a bordo, el copiloto o el observador filmaban. Los heroicos rescates del servicio de Guardacostas de EE.UU. estaban cada semana en las noticias. Noche tras noches los televidentes del Sur de la Florida y de todo el país quedaban cautivados por los hombres y mujeres, disciplinados y profesionales, del Servicio de Guardacostas que trabajaban en coordinación con la mezcolanza de nacionalidades de Hermanos al Rescate.

Un día, sin embargo, el guardacostas se demoró mucho. Beto Lares y el piloto de diecinueve años Mike Murciano habían avistado una balsa con catorce personas que huían de Cuba. Mike Murciano se había graduado hacía poco de la escuela secundaria Christopher Columbus, un centro docente católico de varones en West Dade. Trabajaba para una compañía de despachos desde la siete de la tarde hasta las siete de la mañana. Después de trabajar, iba a Hermanos al Rescate y agregaba seis o siete horas en misiones de vuelo.

Los padres de Mike habían venido de Cuba a principio de los años sesenta y Mike era un piloto de cuarta generación. Comenzó a volar cuando tenía quince años, en sus ratos libres después de la escuela y en los fines de semana. El padre de Mike ya no volaba, pero le dio a su hijo el número de Basulto. Él pasó de observador a fotógrafo y luego a piloto. No tardaría en convertirse en piloto al mando.

Mientras esperaban por el guardacostas, otra embarcación se dirigía a la balsa: una lancha patrullera cubana con una ametralladora en la proa.

—¡Hijos de puta! —exclamó Beto, mientras Mike filmaba la escena. Volaron por encima de la lancha y presenciaron impotentes como los agentes cubanos esposaban a los balseros y los obligaban a subir a la lancha. Todo esto ocurrió en aguas internacionales y la videograbación de Mike se mostró a todo el país en las noticias vespertinas. No sería la última vez.

Hubo otras tragedias además de las intercepciones de las lanchas artilladas cubanas y de las lápidas flotantes. El 12 de diciembre de 1992, Guille Lares y Carlos Costa encontraron a cuatro hombres en una balsa. Cuando les lanzaron una botella de agua, uno de los hombres saltó desesperado de la balsa para cogerla. El balsero luchaba para regresar, pero las olas lo alejaban. Mientras él batallaba para volver, sus amigos remaban con los brazos, exhaustos, pero tratando de alcanzar a su amigo. No lo lograron, y él se fue quedando a la deriva, cada vez más lejos. Desde arriba, Guille y Carlos vieron al hombre hundirse en el océano.

Se acercaba la Navidad y Basulto estaba imbuido del espíritu navideño. Cuatro avionetas saldrían de Tamiami el 19 de diciembre de 1992, y la misión de Basulto concluiría en la Casa de Tránsito de Cayo Hueso. Su amigo Guillermo Miranda, de Gator Industries, había donado cientos de pares de zapatos para los balseros que estaban llegando y Basulto le estaba haciendo una entrega especial a Arturo Cobo. Miranda había donado anteriormente 3.700 pares de zapatos para los haitianos de Guantánamo luego de la sublevación de Aristide.

Los otros aviones seguirían las coordenadas de búsqueda y rescate. Poco antes de las nueve de la mañana, el piloto al mando Beto Lares estableció comunicación con un vuelo de Cubana en la frecuencia de relé 133.7 Havana Center. Beto le informó al personal de tránsito aéreo que cruzarían el paralelo 24 para una misión de búsqueda y rescate en esa zona. Lares, el copiloto Carlos Costa y los observadores Louis Cruz y Raúl Martínez se sorprendieron de cuan cordiales eran los controladores del tránsito aéreo cubano esa mañana. Tal vez ellos estaban también con espíritu navideño, aunque la Navidad en Cuba estaba prohibida desde 1969.

Un frente frío acababa de pasar por la zona y ellos volaban en condiciones menos que ideales, cuando oyeron una llamada de emergencia en la frecuencia que estaban monitoreando:

—Vuelo Seagull, diríjase inmediatamente al Aeropuerto Internacional de Cayo Hueso y aterrice aquí. ¡Estas son órdenes de la compañía!

Beto preguntó de quién era la compañía, quién daba las órdenes y quien lo autenticaba.

—Son órdenes del Sr. Basulto y deben obedecerlas enseguida.

Inmediatamente los tres aviones tomaron rumbo norte para aterrizar en Cayo Hueso. Al parecer, había MiGs cubanos en la zona y los interceptores de Estados Unidos habían salido a enfrentarlos. Los MiGs cubanos regresaron a Cuba. Se había cumplido el protocolo que se estableció después del encuentro con el MiG de Alfredo Sánchez.

Pero otro protocolo se había quebrantado seriamente. Un desertor cubano llamado Orestes Lorenzo, que residía en la Florida, había volado a Cuba, recogido a su familia y regresado a Estados Unidos.

Lorenzo, ex militar cubano, había huido de Cuba a bordo de un MiG-23 el 12 de marzo de 1991, y había pedido asilo en la estación aeronaval de Boca Chica en los cayos de la Florida. Antes de irse de Cuba, él le prometió a su esposa, Victoria, que regresaría por ella y sus dos hijos. El 19 de diciembre de 1992, mientras los Hermanos estaban llevando a cabo sus misiones y Basulto hacía su entrega de zapatos, Orestes Lorenzo cumplía su promesa al aterrizar con un Cessna bimotor 310 de 1961 en una carretera cerca del balneario de Varadero, recoger a su esposa y sus hijos y volar de regreso a Estados Unidos.

—¡Hay un avión lleno de amor que se dirige a tu encuentro! —le dijo Orestes por radio a un amigo en Cayo Maratón.

Nunca se confirmó oficialmente si los cubanos o los americanos estaban enterados del plan de Orestes, pero había MiGs cubanos en la zona, los aviones de guerra americanos respondieron y los aviones de Hermanos al Rescate se mantuvieron fuera de peligro el día de la deserción a la inversa de Orestes Lorenzo. Y el protocolo se respetó.

11

Acciones humanas

Que algún bien pueda derivarse de todos los sucesos es una mejor
proposición que la de que todo sucede para bien,
lo cual definitivamente no es verdad.
James Kern Feibleman

Las donaciones disminuyeron un poquito después del huracán Andrew, pero los Hermanos siguieron volando los martes, jueves y sábados. Cuando la Nochebuena de 1992 cayó un sábado, Basulto sabía que los pilotos no tendrían ningún problema en volar un día festivo. Las misiones de vuelo para los Hermanos eran lo mismo que trabajar para la policía o el departamento de bomberos, o prestar servicios en un hospital. Los pilotos estaban comprometidos con sus misiones y listos para cumplirlas en cualquier momento. Pero la Nochebuena —el lechón asado, la familia— era una difícil.

Los hermanos Lares se ofrecieron de voluntarios. Beto Lares abordaría un Cessna 310 en el aeropuerto de Opa-locka y volaría a Tamiami a recoger a su hermano Guille. Al avión acababan de someterlo a algunas reparaciones menores y a un chequeo de mantenimiento.

Había un cielo apacible poco antes del amanecer en el aeropuerto de Opa-locka en el norte de Miami esa Nochebuena. Basulto le tenía echado el ojo a un hangar allí, puesto que, con frecuencia, pedían prestadas o alquilaban avionetas en este aeropuerto.

Beto Lares había llenado un plan de vuelo la noche antes y le habían dado un código de transpondedor. A última hora, lo llamaron a trabajar del Hotel Hyatt, donde trabajaba de camarero y de ayudante de mesa, para cubrir la vacante de un compañero de trabajo enfermo. Él podía ciertamente usar el dinero, así que le pidió a Koki que volara el Cessna alquilado en el aeropuerto de Tamiami para la misión de Nochebuena. Koki estaba feliz de sustituir a su hermano.

¿Qué mejor manera de celebrar la Nochebuena, el nacimiento de su Señor, que buscando algunas almas perdidas en el mar? ¿No estaban María y José al borde de la extenuación esa noche hace dos mil años, desesperados por encontrar un lugar donde recostar la cabeza? Koki imaginaba a los pobres balseros, solos en el Estrecho en un día como ese. El agua debía estar muy fría.

Koki Lares despegó de Opa-locka a las 5:50 A.M., antes de que abriera la torre de control. Mientras el Cessna 310 alquilado alzaba vuelo, los madrugadores estaban encendiendo las luces de sus casas allá abajo, preparándose para la Nochebuena, la cena tradicional de la víspera de Navidad que celebran los hispanos en todo el mundo. Los preparativos para el lechón asado usualmente comienzan al amanecer, cocinado al estilo cubano de la caja china. Esta caja china se asemeja a una carretilla cuadrada y puede sostener cerdos de treinta a cincuenta kilos entre dos parrillas de metal, lo cual facilita darles la vuelta. En la parte de arriba de la caja hay una tapa de metal con dos asas y luego una malla de asar sobre la cual se ponen los carbones: el principio asiático de cocinar poniendo el carbón encima, más bien que debajo, de la comida.

El lechón es quehacer de todo el día, en el cual la familia llega a intervalos distintos y se le añade carbón a cada hora. Se empieza a beber temprano en la mañana y el día usualmente termina con una cena seguida por la llamada Misa del Gallo (o de medianoche) y el tradicional brindis: ¡El próximo año en Cuba!. Para 1992, el brindis se repetía la mayoría de las veces en tono irónico.

Minutos después de despegar, el primer motor de Koki se apagó. Su piloto automático interno se activó y él repasó mentalmente una serie de opciones. A los diecinueve años, Koki había acabado de recibir su licencia de piloto, así que tenía fresco en su mente lo aprendido en el entrenamiento. Eso era algo positivo.

Cuando el segundo motor se apagó, él activó los selectores de combustible de los tanques auxiliares. Los motores revivieron y se dirigió al aeropuerto más cercano, y el punto de su reunión con Guille, el Aeropuerto de Tamiami. Menos de tres minutos después, ambos motores se apagaron de nuevo. Esta vez no pudo revivirlos. ¿Podría el avión estar sin combustible?

Había sólo oscuridad en los Everglades debajo de él, el Río de Hierbas. Aun con las luces de aterrizaje encendidas, Koki no veía nada, sino un vacío oscuro. Repasó mentalmente la lista de posibles salidas, al tiempo que una voz audible sólo para él le decía en su interior: abre el tren de aterrizaje, abre el tren de aterrizaje.

Abrir el tren de aterrizaje usualmente hace que un avión se precipite hacia delante en un amarizaje violento sobre el agua. Uno nunca abre el tren de aterrizaje para amarar. Él ignoró la voz interior.

Abre el tren de aterrizaje, Koki, repitió la voz. A la espera de que algo sólido se materializara en la oscuridad que tenía debajo y, en obediencia a esa voz, Koki abrió el tren de aterrizaje.

Descendió rápidamente hacia los inhabitados Everglades. Hacer una llamada de emergencia estaba descartado puesto que todavía no había nadie en la torre. Pasarían unos quince segundos desde el momento en que el Cessna 130 alquilado tocó las turbias aguas. Quince segundos para procesar las razones por el doble fallo de los motores. Pero Koki recuerda todo como si hubiera sucedido en cámara lenta.

El Cessna golpeó el agua cenagosa a más de ciento veinte kilómetros por hora. La aeronave se torció y el motor izquierdo se desprendió del montaje. La parte superior del ala derecha presentaba un tajo y la cola se había roto. El fuselaje detrás de la cabina se había abollado. El N6737T se había hundido en el lodo.

Koki se hizo parte de la oscuridad que lo circundaba.

Cuando abrió los ojos, Koki no podía entender porqué se sentía tan cansado. Y el agua estaba muy fría, tan fría que él no podía sentirse los pies. ¿Cuánto tiempo había estado durmiendo? El sol había salido y él se acordaba de que había hecho las cosas bien durante el amarizaje. Sabía que se había dado un golpe en la cabeza, porque estaba sangrando y porque el agua que le llegaba a la cintura estaba enrojecida.

Tengo que llamar a Guille, se dijo y trató de alcanzar el teléfono celular que estaba en el compartimiento del equipaje. Cuando intentó extender el cuerpo entre el corredor, el pequeño espacio entre los asientos del piloto y del copiloto, se quedó trabado. Intentó impulsarse con las piernas, pero el agua estaba tan fría, tan fría que no pudo moverse. Tomaré otro descansito, pensó, y se volvió a quedar dormido.

Se despertó otra vez y notó que el agua había seguido subiendo. Deben aparecer pronto, se dijo con las ideas algo confusas. ¿Qué hora es?

Guille Lares miró su reloj por décima vez. Al principio pensó que Koki probablemente se había quedado dormido. Lo llamó repetidas veces a su número, pero siempre le respondía la máquina. Iván Domanievicz estaba con Guille y, después de estar esperando una hora, le sugirió a Guille que llamara a la torre de Opa-locka.

Llamó a la torre después de las siete, cuando abrían, pero sólo le confirmaron que su hermano había llenado su hoja de ruta y le habían dado un código transpondedor, y que el avión no estaba allí.

—Che, ¿dónde está Koki? —Guille llamó a Beto a su trabajo. Ché es una suerte de interjección que usan frecuentemente los argentinos.

—¿No ha llegado aún? —Beto comenzó a preocuparse cuando él le dijo que la avioneta no estaba en el hangar.

Guille despegó inmediatamente de Tamiami a bordo del avión de Domanievicz.

Voló sobre los ajetreados traspatios de Miami el día de Nochebuena. Los compradores de última hora estaban estacionados en centros comerciales a la espera de que abrieran las tiendas, que suelen hacerlo temprano ese último día antes de Navidad. Los cerdos se estaban asando debajo de su primera capa de carbón.

Koki despertó otra vez cuando oyó el ruido del motor sobre su cabeza. Se sonrió. ¿Por qué te demoraste tanto, Guille? ¿Qué hora es? ¿Por qué estoy tan cansado? Él sabía que necesitaba moverse, tenía el agua al pecho y estaba temblando.

Guille avistó la avioneta, pero no quería que estuviera donde la estaba viendo, en el agua. No, Koki no, él no. Por favor, que esté bien. Por favor, Dios mío, que esté vivo. Vio el avión sumergido en las aguas fangosas, la cabina apenas visible por encima del herboso lago. Tal vez salió, tal vez está caminando por alguna parte a la orilla de la carretera. ¿Dónde? ¿Dónde está la carretera más cercana? Se mantuvo dando vueltas encima de la avioneta queriendo ver algo, alguna cosa.

Fue cuando hizo un pase muy lento que vio la mano que le hacía señas por la ventanilla. Koki había sacado el brazo y lo movía de un lado a otro para que cualquiera que estuviera arriba supiera que él estaba adentro. Guille musitó una oración de acción de gracias. Está vivo. Telefoneó a Basulto, que estaba esperando en Tamiami.

—Está allá abajo y necesita mi ayuda, me está haciendo señas, y no hay nada que pueda hacer por él —le dijo a Basulto y la voz se le quebró por el teléfono.

—Si te hizo señas, está bien, Guille —le animó Basulto, que no estaba seguro cómo podía estar Koki—. Llamo al rescate ahora mismo.

Luis Carmona de la Administración Federal de Aviación (FAA) voló a la escena del accidente en el helicóptero de la policía del aeropuerto de Tamiami. Él no podía decir desde arriba en qué condiciones había sobrevivido el piloto, pero la escena del choque se veía muy clara y tomó varias fotos. Al menos este piloto estaba vivo.

Carmona había sido parte del equipo de setenta investigadores del mayor accidente aéreo de la historia, el 27 de marzo de 1977, cuando dos Boeing 747 chocaron en Tenerife, Islas Canarias, provocando la muerte de 583 personas.

Carmona estaba acostumbrado a echar a un lado sus emociones a la hora de determinar la causa de una colisión en la escena de un accidente. Muy pocos inspectores eran tan buenos. Las detalladas notas que se toman en los sitios de los accidentes definen el perfeccionamiento y los nuevos diseños de seguridad para futuras aeronaves. El choque en Tenerife produjo un cambio en las comunicaciones para el control del tránsito aéreo, convirtiendo el inglés en el idioma oficial y con una jerga específica. Expresiones como O.K. no se permitieron más.

En el momento en que llegó el equipo de rescate, a Koki le llegaba el agua a la barbilla. Lo sacaron de la avioneta mientras perdía y recobraba la conciencia.

—Tengo tanto frío que ni siquiera me siento los pies —repetía. Lo arroparon con mantas. Los paramédicos diagnosticaron rápidamente que el piloto Jorge Lares tenía una clavícula rota y alguna lesión en una pierna.

—Gracias a Dios que abrió el tren de aterrizaje —dijo uno de los rescatistas—. De lo contrario, se habría ahogado.

Otros exámenes en el Centro de Traumas Ryder del Hospital Jackson Memorial mostraban una parálisis de la cintura para abajo.

Koki estaba inmovilizado en una cama circoeléctrica. Cuando Beto llegó al hospital de su trabajo en el Hyatt y vio a Koki inmovilizado de pies a cabeza, se desmayó.

Koki abrió los ojos por un momento y vio a su hermano Guille a su lado y le sonrió:

—Ché, ¿por qué tardaste tanto? —Guille se echó a llorar.

La familia se reunió fuera del cuarto de Koki. El Dr. Barth Green, jefe de neurocirugía en el Hospital Jackson Memorial y uno de los mejores neurocirujanos de los Estados Unidos, les informó que las lesiones de Koki eran semejantes a las que había tenido la cantante y compositora cubanoamericana Gloria Estefan dos años antes. Ella había sufrido una fractura en la espalda cuando su autobús chocó durante una gira, y Green tuvo que insertarle dos varillas de titanio en la espalda.

—Salvo que Koki haya sufrido también una lesión nerviosa grave, —dijo el Dr. Green—. Puede que él no pueda caminar otra vez. Sin embargo, hay una pequeña posibilidad de que la cirugía y la terapia física intensiva puedan ayudarlo.

La familia Lares conversó con Koki.

—Que hagan la operación —dijo con entusiasmo. Ellos no tenían ningún seguro médico.

Fuera del cuarto del hospital de Koki, Guille y Beto lloraban junto a su madre y su hermana. Un flujo incesante de pilotos de Hermanos vinieron a ofrecerles su apoyo. Los medios de prensa llegaron también, a tiempo de conseguir algunas tomas de Koki para el noticiero de las 6:00 P.M.

Hubo más lágrimas cuando llegó su novia. Nadie se atrevió a compartir con ella sus pensamientos. Él nunca podría casarse, nunca tendría hijos. Beto se sentía culpable: debía haberme ocurrido a mí. Guille sentía la responsabilidad de un hermano mayor: nunca debí dejarlo volar solo. Los otros pilotos se preguntaban por qué los aviones no eran tan seguros como creían. ¿Por qué tuvo que ser Koki, el más joven? Él ni siquiera es cubano.

Las familias Basulto y Lares pasaron la Nochebuena y el Día de Navidad en el hospital, conversando con un Koki inmovilizado, pero sonriente en su cama circoeléctrica. Llegaron centenares de mensajes de buenos deseos de la comunidad, entre ellos del alcalde Xavier Suárez, de Gloria Estefan y de un balsero que decía que Koki lo había salvado. Él y otro balsero que dio la casualidad que estaba en el hospital al mismo tiempo que él, fueron los únicos dos, de los centenares que los Hermanos habían salvado, que vinieron a visitarlo.

Cuando se difundió la noticia, la comunidad mostró su solidaridad con Hermanos al Rescate, pero también criticaron a la organización: ¿Por qué al piloto más joven de todos se le pide que vuele el Día de Nochebuena y solo? Y ante todo, ¿por qué volaron el Día de Nochebuena? Lo principales noticieros de todas las cadenas de televisión se aparecieron para filmar al joven piloto argentino que había quedado paralizado mientras volaba en misión para salvar balseros. Su juventud, su sonrisa, su optimismo conmovieron al público. La composición internacional de Hermanos al Rescate quedaba al descubierto: no se trata de algo cubano; es algo humanitario, fíjense en ese adolescente argentino que nunca volverá a caminar.

Cuando el alcalde supo que los Lares no tenían seguro médico, abrió una cuenta fiduciaria en el Ocean Bank de Miami para ayudar a pagar los gastos de hospital de Koki. Para el 29 de diciembre, sólo cinco días después del accidente, habían recaudado más de $30.000. Sin embargo, el Dr. Green dio a conocer que las facturas de la terapia y la extendida hospitalización de Koki sobrepasarían el millón de dólares.

En su fiesta anual de Año Nuevo, el cantante Willy Chirino se comprometió a solicitar donaciones para ayudar a Koki Lares con su factura de rehabilitación de un millón de dólares.

Antes que descendiera la bola en Times Square en la Noche Vieja de 1992, el agente Jorge Prellezo de la Junta Federal de Transporte y Seguridad confirmaba que la falta de combustible no era la causa del accidente. El mecánico había instalado al revés las válvulas de la gasolina, dando lugar a una pérdida total de fuerza en los motores carentes de alimentación. Había más de treinta galones en los tanques.

En un juicio posterior, en empeño de recuperar algún dinero de la compañía de seguros para las cuentas del hospital, se reveló que el mecánico no tenía seguros ni bienes. Su único castigo fue que le suspendieran la licencia por treinta días.

Para fines de 1992, Hermanos al Rescate habían salvado 374 vidas en el estrecho de la Florida. Pero para Guille Lares, la única vida que importaba ahora era la de su hermano Koki.

—Tenemos que cuidar a Koki —le dijo a Basulto.

Llenos de culpa, ira, frustración y desesperación, Guille y Beto le explicaron a Basulto que no volarían con los

Hermanos por el momento —tal vez nunca más— sencillamente no sabían.

Basulto se quedó devastado. Los hermanos Lares, los hermanos, los hombres que habían rescatado su organización, que rescataron a otros, los tres pilotos cuyos nombres eran sinónimos de la organización, lo abandonaban. Se iban los hermanos que habían traído a Dios a su organización, los jóvenes que habían sido ejemplos para los jóvenes pilotos, el aliento de frescura y pureza y bondad que habían inculcado en Hermanos al Rescate. ¿Cómo podría él seguir sin los Lares?

El 2 de enero de 1993, la junta editorial de *The Miami Herald* le pidió donaciones a la comunidad, y sobreabundaron. Los broches de Hermanos al Rescate se mostraron en todo el mundo junto con el rostro sonriente de Koki. Periodistas de toda Europa, de China y de Australia se disputaron por conseguir un asiento en la próxima misión.

Koki Lares tuvo un regalo de los Reyes Magos en la Fiesta de la Epifanía, cuando los católicos conmemoran la visita de los tres magos al niño Jesús. El Desfile de los Reyes Magos 1993 proclamó a Jorge «Koki» Lares Gran Mariscal. A Koki le permitieron salir del hospital y pasear en el desfile en un camión, sentado en una silla de ruedas llevando un molde de plástico a la medida, y las piernas aseguradas con hebillas de hierro. El monomotor que Guille había estrellado en los cayos lo pasearon por la Calle 8 y provocó los vítores de la multitud. Los Hermanos habían hecho camisetas con una leyenda que decía: «Miami al rescate de Jorge Lares». Todos los pilotos y los voluntarios anduvieron cuadra tras cuadra del desfile portando alcancías para recoger donaciones, y la gente contribuyó con generosidad. Después del desfile, Koki regresó al Hospital Jackson Memorial para someterse a tres meses de fisioterapia intensiva.

El Dr. Green y el cirujano ortopédico, Dr. Nathan Lebwhol estaban asombrados de la fuerza de voluntad y la resistencia física de Koki. Le pidieron que hiciera tres horas diarias de terapia y Koki hacía seis. Incluso mientras descansaba en su cama del hospital, Koki mantenía un estado de constante fisioterapia, ejercitando el tronco y obligando a sus piernas a moverse. Entre tanto oraba y la daba gracias a Dios por cada mínimo progreso.

—Fue la voluntad de Dios que fuera yo —contestaba siempre que le preguntaban si sentía enojado por lo ocurrido—. Fui escogido para esto. Tal vez porque era yo, el más joven, y ni siquiera cubano, el que tenía más futuro por delante; tal vez eso fue lo que llevó a la comunidad a reaccionar como lo hizo.

12

Hermanos al Rescate

Es algo bueno que todos no seamos cubanos:
nunca habríamos logrado hacer nada.
Steve Walton, piloto de HAR

Basulto se preguntaba cómo empezarían el Año Nuevo sin los hermanos Lares y seguir teniendo éxitos. Lo que ante él había delegado en esos tres hombres ahora exigía de su plena energía para lograr que la organización funcionara. Necesitaba gente dedicada con tiempo para salvar vidas.

Hermanos al Rescate era más que los simples pilotos; eran también los voluntarios en tierra. Era Maggie Schuss que convertía su comedor formal en una línea de ensamblaje para envolver botellas de agua. Era Mirta Costa, la madre de Carlos, que esperaba el regreso de las tripulaciones con cazuelas humeantes de arroz con pollo. Hermanos al Rescate estaba compuesto de voluntarios que andaban por las calles de la Pequeña Habana colectando monedas en recipientes plásticos y de ricos y anónimos exiliados cubanos que donaban aviones. Hermanos al Rescate era la nonagenaria de la Pequeña Habana que enviaba por correo cinco dólares al mes con una nota de disculpa por no enviar más. Había personalidades de la radio que donaban su tiempo en el aire para solicitar donativos. Hermanos al Rescate eran artistas como Willy Chirino y Gloria Estefan, que brindaban respaldo con su talento y recaudando fondos. Hermanos al Rescate eran las novias que renunciaban a la noche del viernes porque había una misión al día siguiente. Eran los maridos que iban en sus autos a llevar niños a la escuela y a cuidar a los más pequeños y a recoger a los que tenían lecciones de ballet, porque la madre estaba en el aire para salvar a otra madre en una balsa.

Hermanos al Rescate eran personas como el alcalde de Miami que ofrecía un almuerzo y mostraba retazos fílmicos de los rescates. Era una madrina como la congresista Ileana Ros-Lehtinen. Había donantes anónimos, en particular una señora desconocida de Miami Beach, la Dama de Miami Beach, que en dos ocasiones diferentes donó más de $50.000. Hermanos al Rescate eran las funerarias como Caballero-Woodlawn en Miami que absorbieron los costos de entierro de tantos balseros que perdieron la vida. Era American Airlines al donar 5.000 chalecos salvavidas para ayudar a mantener a familias a flote en el estrecho de la Florida..

Hermanos al Rescate era una familia. Había encantadores niños judíos, buenas chicas católicas, hijos de mamá y donjuanes. Septuagenarios y adolescentes y de todas las edades intermedias compartiendo una pizza después de salvar una vida. Personas que un día eran pilotos al mando y al día siguiente estaban lavando los aviones. Hermanos al Rescate eran los medios de difusión y los escritores y los somnolientos fotógrafos que, en medio de una misión, tenían que abandonar el lápiz o apartarse del lente para reconocer a simple vista lo que estaban filmando para el mundo. Un par de ojos es un par de ojos.

A veces los observadores apenas podían ver, como Osvaldo Plá, Tito Fufú.

Tito había instalado la repetidora de radio de Hermanos al Rescate en lo alto de un edificio de Cayo Maratón. Las señales de radio que no podían hacerse a la distancia sobre el estrecho de la Florida irían directamente a la estación de repetición que luego las transmitiría a la base en Opa-locka.

Tito siguió con la construcción de una antena a bordo para encontrar balseros en el agua. Él las fabricaba con viejos destupidores de baño, pasando alambres a través del mango de madera, con la mayoría de los alambres intersectándose en ángulos de noventa grados. Agitaba este artefacto en el estrecho espacio de los Cessnas, en busca de una señal en el aire, un clarividente a la busca de un médium. El destupidor —con el que había que trabajar en tándem— era un aparato medidor de señales con una aguja que captaba la intensidad de una señal de radio que, con suerte, podía ser de un balsero en el agua. Para completar el equipo, Tito trajo una lupa que le permitía ver la aguja en su aparato manual.

Al volar sobre el Estrecho en una misión con Tito, un movimiento debajo estimularía la aguja. Tito reubicaría la antena, marcando con frecuencia al piloto o al copiloto en la base del cráneo. «Sigue al norte, coge por la izquierda, muévete por aquí», diría él mientras sostenía la lupa sobre el marcador de la aguja hasta que la señal se hacía más fuerte, moviendo la antena en pequeños arcos en la estrecha cabina. Cuando no le sacaba un ojo a alguien, funcionaba. Así nació «Operación perchero». El escenario de una misión habitual era el de un hombre medio ciego que movía en todas direcciones un destupidor de baño erizado de alambres dentro del reducido espacio de un avión de cuatro plazas, el mismo hombre que intentaba detectar señales de radio en una pantalla que él podía leer tan sólo con ayuda de una lupa.

Pero tuvieron éxito. Eso fue Hermanos al Rescate. Hermanos al Rescate fue todo el mundo en la comunidad; un testimonio que en efecto se necesita una aldea, una aldea de diecinueve nacionalidades que dedicaba tiempo a salvar vidas.

Steve Walton disponía de muchísimo tiempo —y de algún dinero— y los reportajes de la prensa acerca de Hermanos al Rescate lo sacaron de su cómodo estilo de vida.

Steve se había mudado de Illinois a Florida cuando era adolescente para asistir a la Universidad Aeronáutica Embry Riddle. Al cabo de dos años lo echaron por lo que él más tarde admitiría que fue «no prestarle tanta atención a mis estudios como debía».

Ahora era capitán de American Airlines, pero él realmente quería volar con los Hermanos. Le escribió a Basulto una carta que no obtuvo respuesta. Parte de los principios no escritos de Hermanos era desechar la primera oferta de ayuda de parte de un piloto. Basulto creía que si la persona era lo bastante seria, él o ella escribiría otra vez. Steve era tan serio que no sólo escribió otra carta —también se compró una avioneta: un Piper Apache 2235 rojo y blanco. Era una belleza de cuatro plazas y dos motores.

—Oigan bien —dijo Steve cuando llamó a Hermanos— ustedes no me respondieron la carta, pero yo seguí adelante y compré un avión. ¿Puedo ahora volar con ustedes?

Steve llamó a su socio Matt Blalock y le pidió que se encontrará con él en el aeropuerto de North Perry para la inspección que le iba a hacer Van Hare a su avión. Steve era un piloto disciplinado y cumplidor de las normas y Matt era un cazador de tesoros, un fanático de la música de Jimmy Buffet y un escritor en busca de aventuras.

Van Hare ya estaba inspeccionando el Apache cuando Steve y Matt llegaron.

—¿Quién es el nerd con la tablilla? —preguntó Matt.

Al llegar, Van Hare le dio a Steve una lista de cosas que no daban la talla en su Apache. Conociendo la atención que le prestaba Steve a los detalles y el cuidado meticuloso que tenía de su avión, Matt sintió que Van Hare estaba insultando personalmente a su amigo, como si le hubiera hecho una crítica a su esposa o a una hija, ninguna de las cuales Steve tenía en ese momento. Matt hinchó su corpachón de 1,95 m. y 120 kg. Era unas cuantas pulgadas más alto que Van Hare y lo sobrepasaba en más de 45 kg. Van Hare no perdió la ecuanimidad e invitó a Matt a que le acompañara en el vuelo de prueba.

—Seguro —respondió—, aunque yo soy más afín con los barcos.

Los tres subieron en el avión y Van Hare y Steve Walton se ajustaron sus auriculares. No había ninguno para Matt que se apretujó en los asientos traseros para observar el inaudible diálogo entre piloto y copiloto.

Por encima de los Everglades, Van Hare le pidió a Steve que realizara una maniobra de pérdida y éste la hizo. Eso tomó a Matt desprevenido cuando el avión cabeceó y todo lo que él veía eran cocodrilos y yerbas cenagosas. Matt estaba seguro de que Van Hare intentaba matarlos.

Al regreso de la prueba de vuelo y luego que Van Hare se fue con su tablilla, Steve le contó a Matt de sus nuevos planes:

—Vamos a ir a volar con algunos cubanos.

Steve Walton hizo muchísimas cosas por Hermanos que lograron que él y su reluciente avioneta roja se destacaran, como su típico y gastado chaleco de herramientas sobre sus camisas hawaianas de marca. «El naranja es el único color que vas a ver allí», decía. «Y si no lo tengo encima cuando subo al avión, no lo tendré encima cuando me caiga al agua», añadía, refiriéndose a su chaleco de herramientas repleto de bolsillos de diferentes tamaños y capacidades, junto con presillas y ganchos.

Steve le mostró a los pilotos cómo atar la cinta del topógrafo a las botellas de agua para facilitar su lanzamiento. No tendrían que concentrarse tanto en cerciorarse de que el agua iba a caer junto a la balsa. Evitaría también el golpear por descuido a los ya físicamente exhaustos balseros con una botella de agua lanzada desde 15 metros de altura. Los balseros no se apresurarían a lanzarse desesperadamente de la balsa por alcanzar el agua que tanto necesitaban —una escena que los hermanos Lares habían presenciado cuando uno de sus balseros se ahogó. Ahora una botella de agua no necesitaba envoltura plástica de burbujas o ser lanzada con precisión. Al atarle una cinta fluorescente de cien metros la acercaba lo suficiente.

A Steve le gustaba frecuentar una tienda de suministros marítimos llamada Sailorman en Ft. Lauderdale. Un día compró unas latas de humo flotante, sólo para ver que podía hacer con ellas. En una misión con un piloto peruano llamado Carlos Gartner que lanzó un contenedor de humo en una botella de Gatorade con una nota que decía: La próxima vez que vean un avión lancen una señal de humo.

Habían encontrado a estos balseros en las primeras horas del día y ya habían llamado al Guardacostas, que se demoraba. Eso significaba que su posición cambiaría por el tiempo en que el guardacostas llegara. Los balseros se encontraban bien, por lo que los pilotos decidieron no quedarse a esperar. Una nube los ocultó momentáneamente al tiempo de llamar por radio a los otros pilotos. Al salir de la nube vieron humo debajo.

Los balseros habían seguido las instrucciones, que les indicaban lanzar una señal de humo cuando vieran un avión. En las instrucciones futuras se leería: suelten el humo la próxima vez que vean un avión diferente.

Los humos se convirtieron en algo estándar para la organización. Hasta entonces habían lanzados marcadores de tinta al agua para señalar donde estaba la balsa y que tuviera una visión clara desde el aire. Pero eso no ayudaba a los guardacostas cuando venían a buscar a los balseros, porque el color estaba en la superficie del agua y no se veía a distancia.

Junto con el agua y los radios, Steve Walton propuso lanzar un espejo y una brújula con rumbos. Los Hermanos no siempre podían quedarse a cuidar a los balseros como Basulto quería. Si una balsa era avistada al comienzo de la misión, quedarse con ella (en tanto los ocupantes de mantuvieran en buenas condiciones) podría significar dejar la mitad de la fuerza fuera del aire por el resto del día. Rara vez se dejaba a un balsero, pero debía de haber una forma para que los balseros se valieran por sí mismos hasta que llegara el guardacostas.

Los pilotos estaban muy conscientes de los peligros de volar para la organización, y ese hecho se hizo patente para Steve un día estando en Cayo Hueso en el Centro de Tránsito dirigido por Arturo Cobo. Estaba allí el ex piloto de un MiG que había desertado de Cuba y se había mudado para Cayo Hueso para perfeccionar su inglés.

—Nunca aprenderé inglés en Hialeah —bromeó, refiriéndose a la ciudad predominantemente hispana del norte de Miami.

—¿Qué sabes de avionetas? —le preguntó Steve, curioso sobre su experiencia de vuelo.

—No mucho —replicó el piloto—. No hay muchos aviones pequeños en Cuba.

—Si te hubieran ordenado derribar uno de estas avionetas, ¿lo habrías hecho? —Steve no anduvo con rodeos, refiriéndose a una de las avionetas de Hermanos.

—Sí, —dijo orgullosamente—. Órdenes son órdenes, y tienes que cumplir tus órdenes. —La Fuerza Aérea Cubana se veía como un cuerpo elite de las Fuerzas Armadas de Cuba, explicó él—. Somos iguales al estándar del mundo.

Steve no quiso pincharle el globo, por saber muy bien cuál era el estándar del mundo —y que Cuba no lo tenía.

—¿Derribaría alguna vez un avión de la Cruz Roja?

El piloto retrocedió con horror.

—¡Nunca!

Cuando Steve insistió, él repitió su respuesta:

—¡Nunca!

Fue así que Steve Walton pegó una gigantesca pegatina de la Cruz Roja en la cola y en el ala derecha de su avioneta y una bandera norteamericana de más de un metro en el lado izquierdo.

Su próximo objetivo era fijar otro tipo de pegatina: una calcomanía de Hermanos al Rescate por cada balsa descubierta. Aunque sus misiones eran muy exitosas, a él personalmente aún no le habían acreditado ningún avistamiento.

A Basulto le gustaba volar con todos los nuevos pilotos, así que invitó a Steve y a un representante del *St. Petersburg Times* en el N2506, *Seagull One*. Steve no se sorprendió cuando miró hacia atrás durante el vuelo y vio al fotógrafo dormido. Basulto cabeceaba también.

—Por favor, Steve, necesito descansar los ojos por diez minutos —le dijo Basulto dándole los controles de un avión que él nunca había volado antes. El resuello de Basulto dio lugar al hallazgo de Walton. Siendo el único par de ojos abiertos a bordo en ese momento, avistó una balsa con once hombres a bordo. Los balseros halaban un ancla flotante con una cuerda más de 6 metros y habían estado en el agua durante cinco días.

Seagull One tuvo que hacer varios círculos y en tres ocasiones perdió de vista a los balseros. Pero era una manchita sobre el agua azul-gris la que ayudó a Steve a encontrarlos una y otra vez. La manchita resultó ser un chaleco salvavidas, que llevaba puesto una niñita. Era color naranja.

Steve Walton obtuvo su calcomanía y pudo inscribir sus iniciales en ella.

Después que Guille Lares renunció, Billy Schuss se convirtió en Director Operativo, y Carlos Costa, que había estado con ellos por casi seis meses, fue nombrado Jefe de Pilotos.

Carlos era casi un militante respecto a la organización, dirigiéndose a Basulto como «Mi General» y saludándole siempre que se encontraba con él. Se entregaba infatigablemente a su trabajo y se esforzaba para estar en el hangar horas antes de todas sus misiones. Su madre seguía advirtiéndole de los peligros.

—¿No estás orgullosa de mí? —le preguntaría Carlos, queriendo obtener su aprobación.

—No —le respondería ella.

—¿Por qué?

—Porque soy tu madre y conozco los riesgos.

Los Hermanos no podían seguir siendo una agrupación compuesta enteramente de voluntarios. Necesitaban a una persona fija en la oficina, situada ahora en un pequeño espacio en el centro de Coral Gables.

El Año Nuevo de 1993 trajo a Sylvia Pascual, una señora cubana de casi sesenta años que, proveniente de Nueva Jersey, acababa de mudarse a Miami. Era amiga íntima de Maggie Schuss, la esposa de Billy, de manera que vino muy recomendada. A Sylvia la pusieron a cargo del trabajo de la oficina —y básicamente de todo lo demás.

Era la voz de Sylvia la que respondía las frenéticas llamadas de las familias rogándoles a los Hermanos que salieran y encontraran a sus seres queridos que recientemente habían salido en una balsa. Era Sylvia quien manejaba los teléfonos y hacía las llamadas al Servicio de Guardacostas. Sylvia respondería las cartas cariñosas, esas notas de agradecimiento y de estímulo que se recibían a diario en [la oficina de] Hermanos. También archivaba la correspondencia odiosa en una carpeta con el rótulo de Hate Mail que, afortunadamente, era pequeña. Sylvia planificaba las reuniones informales de la oficina; encargaba pizzas a tiempo para la llegada de los hambrientos pilotos que habían estado hasta seis hora sin comer. Hacía la nómina, los depósitos bancarios y sabía dónde estaba todo. La apodaban S.S.S., una clara alusión a SOS, el código universal para pedir ayuda; pero en este caso quería decir Sólo Sylvia Sabe.

Mientras la organización luchaba sin la presencia de los hermanos Lares, la comunidad local y los demás seguían enviando donaciones para cubrir las facturas de la rehabilitación de Koki.

El cantante Willy Chirino se comprometió a donar todas las ganancias de su nueva canción, «Havana D.C.» (La Habana después de Castro) para comprar un avión para Hermanos. La comunidad cubana de Puerto Rico donó otro Cessna Super Skymaster 337, cola N108LS. En ese viaje, Basulto llevó consigo a Alexis García, el balsero que había venido en el kayak. Al nuevo avión lo bautizaron El Coquí, por la rana arbórea nativa de Puerto Rico que suena como si hiciera: coquí, coquí. Basulto también viajó a Los Ángeles para una recaudación de fondos de la rama de la costa occidental de la Brigada 2506.

The Miami Herald y los medios informativos de todo el mundo siguieron publicando reportajes y fotos de las misiones de Hermanos al Rescate. Basulto estaría eternamente agradecido a los medios por su cobertura y promoción, y por su coraje y sus resistentes estómagos en los vuelos. Uno tras otros, los diarios habían tenido fotos de portada de la desesperación de los balseros. «Nunca podríamos haber sobrevivido sin los medios», afirmó él.

Parecía como si todo el mundo en la comunidad quisiera formar parte de Hermanos al Rescate. Hasta un club de nudistas en Miami publicó su We Support BTTR [«Apoyamos a los HAR»] sobre el trasero desnudo de su bailarina de poste.

Llegaron buenas noticias de parte de los Lares el 26 de febrero de 1993. Con la ayuda de un andador y unas abrazaderas para las piernas, Koki caminó por primera vez en dos meses. Lleno de alegría y de gratitud a Dios, no se sentó en tres horas.

En marzo, Beto y Guille regresaron a volar con Hermanos.

Dos meses después, en un evento filmado que recibió mucha publicidad, Koki Lares, todavía en silla de ruedas, se unió a sus hermanos en el círculo de oración antes de abordar uno de los aviones para una misión con Hermanos al Rescate.

Ese día salvaron a cinco balseros.

Aun quedaban interrogantes por resolver en torno al accidente. Incluso después que la Administración Federal de Aviación (FAA) y la Junta Nacional de Seguridad en el Transporte (NTSB) dictaminaron que el avión de Koki que se había estrellado en los Everglades tenía combustible y que [el accidente] era el resultado de un error del mecánico, aumentaron las críticas en torno a los procedimientos de seguridad de los Hermanos. En abril de 1993, Basulto y la junta directiva enviaron cartas a todas las agencias federales y estatales dándoles a conocer la política de puertas abiertas de Hermanos, e instándoles a realizar inspecciones de rutina o especiales en cualquier momento. Las agencias aceptaron la invitación y Hermanos se vio plagado de visitas de la FAA.

Uno de esos agentes de la FAA era Luis Carmona, que había estado en el helicóptero de la policía, el día del accidente de Koki, tomando fotos desde el aire. Carmona era testigo de la apertura de Hermanos al Rescate. La FAA siempre se mostró muy reservada.

Carmona y Basulto se hicieron buenos amigos.

Carmona no formaba parte de la sociedad del exilio cubano en Miami, ya que había dejado la isla doce años antes de la Revolución y por razones no políticas. Había perdido a su padre cuando era niño, y él y su madre emigraron solos a Estados Unidos en 1947 por razones económicas. Aunque él «se saltó» la Revolución, la vida de Carmona había estado sobrada de aventuras desde que se fue de Cuba siendo un niño de nueve años.

Carmona se unió al Ejército de Estados Unidos como telegrafista, destacado en Frankfurt, Alemania, donde le confiaron secretos, códigos y contraseñas militares. Él no era ciudadano de EE.UU. y [sus jefes] creían que era puertorriqueño. Cuando descubrieron que él y otros cuarenta no eran ciudadanos, Estados Unidos aprobó una ley en que convertía virtualmente a Frankfurt, Alemania, en un distrito sur de Nueva York, expediente mediante el cual los cuarenta del grupo de Carmona se naturalizaron. Cuando la ceremonia de naturalización terminó, ellos esperaban que los oficiales los felicitaran. En lugar de eso les soltaron: ahora podemos fusilarlos.

A lo largo de su vida, Carmona se casaría cuatro veces, se enfrentaría tres veces con el cáncer, se le estrellaría su avión, le extirparían un riñón, sobreviviría a la depresión, se incorporaría al Ejército y trabajaría para la Junta Nacional de Seguridad en el Transporte, así como para la FAA.

—Ni bebo, ni canto ni como fruta —decía refiriéndose a su vida pintoresca, —pero me gustan las dos cosas más difíciles y caras de la existencia: las mujeres y los aviones.

Al tiempo de su segundo aniversario, en mayo de 1993, los Hermanos al Rescate habían salvado alrededor de 400 vidas. Para conmemorar ese cumpleaños, ocho aviones salieron en misiones ese día. Y también presenciaron otra intercepción en el mar.

El piloto Alfredo Sánchez fotografió a una cañonera cubana persiguiendo a una lancha motorizada a 64 kilómetros de la isla, en aguas internacionales. El vio a los desesperados balseros siendo obligados a regresar a su país, sin que él pudiera hacer nada para impedirlo.

Basulto había dejado de trabajar como constructor y ahora dedicaba toda su semana de trabajo, así como los fines de semana, a Hermanos al Rescate. Recurría a sus inversiones y ahorros personales para pagar las facturas. Los ingresos de la familia Basulto estaban subsidiados por la venta periódica —a una fracción de su valor— de diez acres de terrenos de desarrollo industrial.

Los hijos de Basulto se casaron uno por uno y comenzaron sus propias vidas, pero seguían echándole de menos siempre que él se distanciaba de los asuntos de la familia. Parecía que Hermanos se había convertido en su familia y que los Hermanos consumían todo su tiempo, atención y dinero. Durante la ausencia de los hermanos Lares, él pasó aún más tiempo en el hangar, como si él sólo pudiera suplir a los tres hombres que significaban tanto para él, como sus propios hijos; pero eran los chicos Lares, no los hijos de Basulto, los que acaparaban toda la atención. Cuando él no estaba en Hermanos, estaba visitando a Koki en el hospital o haciendo una recaudación de fondos para pagar sus cuentas del hospital. Él estaba en las noticias, en la radio, compareciendo en programas de la T.V. como Good Morning America y Prime Time News. Para hacer eso, se había olvidado de cumpleaños y cenas de familia y eventos escolares.

No había lugar en Miami donde Rita y Basulto pudieran ir sin que a la pareja la detuvieran para preguntarle de la organización, de Koki, de los balseros. Los llamaban en la calle para decirle: Usted me salvó. ¡Gracias!.

Esparcidos a través de la comunidad había personas que ni volaban, ni respondían al teléfono ni les daban la bienvenida a los balseros, y que, sin embargo, eran parte integrante de la organización. Estas eran personas que daban apoyo moral, personas con tiempo que dedicarle a los que salvaban las vidas. Para Basulto, eran amigos como Giles Gianelloni, un norteamericano que había crecido en La Habana y la primera persona con quien Basulto voló en Cuba cuando tenía ocho años. Amigos como Guillermo Miranda, que escuchaba las decepciones y lamentos de Basulto, y eran también nuevos conocidos que ayudarían a Basulto en los próximos años, como Janet Ray Weininger, una señora norteamericana que tenía nexos con Bahía de Cochinos.

Una tarde sorprendentemente tranquila en la Pequeña Habana, Basulto se encontraba de pie ante el monumento de la Brigada 2506 que se encuentra en la Calle Ocho cerca de la 12ª Avenida, cuando una mujer de fuerte acento sureño vino a interrumpir sus cavilaciones.

—Mi papá murió en la invasión —dijo ella— y él lo hizo por su país, porque se lo pidieron. —Basulto miró a la mujer de treinta y tantos años, de ojos azules y pelo rubio rojizo, de pie en medio de la Pequeña Habana. De algún modo ella era parte del lugar, esta gringa en la Calle Ocho.

—¿Cómo dijo?.

—Me llamo Janet Ray Weininger —le contestó al tiempo de tenderle la mano—. Mi papá fue Pete Ray, el piloto de la Guardia Nacional Aérea de Alabama que fue capturado en Bahía de Cochinos. Fidel lo mató.

Mientras Basulto procesaba esta información, recordando a los valientes norteamericanos que murieron durante la fallida invasión de Bahía de Cochinos, Janet dijo que estaba interesada en ayudar a Hermanos al Rescate.

—Gracias, Janet —le respondió Basulto—. Necesitamos todo el apoyo que podamos conseguir.

Janet Joy Ray nació en Birmingham, Alabama, hija de Margaret y Thomas Ray, «Pete», que habían sido novios desde la adolescencia. Habiéndose casado inmediatamente después de terminar la escuela secundaria, la joven pareja se mudó a Texas, donde Pete Ray realizaría su sueño de hacerse piloto. Pronto tuvieron un hijo y, un año después, nació Janet. Ella se sentía como la preferida de su padre, niña que lo adoraba y que estaba fascinada con todas las cosas militares.

Pete Ray era el ídolo de Janet, que le profesaba admiración y respeto, pero a los seis años ella no dudó en enfrentársele un día en que estaban por deshacerse de su mascota, un perro de raza indefinida llamado Chase.

—Espera a que llegue tu padre —fue la amenaza de su mamá.

Cuando Pete entró y se sentó en su cama, Janet se levantó y se enfrentó con él cara a cara. Su padre era alto, rubio, de ojos azules, de buena figura y llevaba puesto lo que más le gustaba a Janet: su uniforme.

—Si intentas quitarme a mi perro, me iré con él y nunca volveré —ella pronunció cada palabra con mucho cuidado—. No te vas a llevar a mi perro.

—Tú eres mi pequeña combatiente, ¿verdad? —dijo Pete conteniendo la sonrisa—. ¿Tú lucharías por mí?

—Sí —dijo ella, conteniendo las lágrimas.

Janet recordaría esas palabras toda su vida. Ella recordaría el sentimiento de no poder expresar a los seis años todo el honor que ella sentía, la responsabilidad de que la estaban haciendo merecedora, de algún día luchar por su padre. Ella habría muerto por él.

—Sí —repitió.

Fue en Texas donde la CIA abordó por primera vez a Ray para prepararlo para la invasión de Bahía de Cochinos. Salió para el entrenamiento en febrero de 1961, y Janet, su madre y su hermano regresaron a Alabama para vivir con la abuela de Janet.

La CIA había reclutado a cuatro oficiales de la Guarda Nacional de Alabama para que bombardearan ciertos sitios el 15 de abril de 1961, dos días antes del Día D. El avión de Pete Ray fue derribado. A él lo capturaron las tropas de Castro y posteriormente lo ejecutaron a tiros. En un tiempo cuando Estados Unidos negaba cualquier participación en Bahía de Cochinos, Castro mantenía el cadáver de Ray en el congelador de una morgue como prueba de que los americanos sí habían estado allí.

La familia vino a saber de su muerte el 5 de mayo de 1961, cuando unos hombres de traje llegaron a la casa de Janet en Alabama y el periódico local alertó a sus vecinos —algunos de los cuales ella estaba segura que ni siquiera sabían donde estaba Cuba— de que su padre era un mercenario, al igual que los otros tres pilotos. Que lo habían hecho por dinero; que habían jugado irresponsablemente con sus vidas. Ella se acordaba de haber llorado y llorado mientras estrujaba el periódico en sus manos, secándose las lágrimas con las manos manchadas de tinta y embarrándose la cara de negro.

En el funeral ella supo que era un simulacro, aunque no supiera el significado de esa palabra todavía. Ella había visto un funeral de veras en el cementerio negro del bosque. Los funerales de verdad tenían ataúdes, palas, himnos y un cadáver. Los funerales de verdad se hacían afuera con predicadores hablando y mujeres llorando. Los funerales exigían un cadáver, y allí no había ningún cadáver. Ella supo más tarde que el cuerpo asesinado de su padre estaba en una morgue cubana, un trofeo personal que pertenecía a Fidel Castro.

A los quince años, comenzó a escribirle cartas a Castro —más de 2.000 en total— rogándole que le devolviera el cadáver de Pete Ray. La pequeña combatiente se enfrentó sola al gobierno cubano para recobrar los restos de su padre. Le tomó dieciocho años que el cadáver de su padre regresara a Alabama. En 1979, su búsqueda de la verdad acerca de la participación de su padre en Bahía de Cochinos terminó finalmente cuando la CIA reconoció públicamente a Thomas «Pete» Ray por su «altruista devoción al deber y su dedicación a los intereses nacionales de Estados Unidos». La CIA añadió la 22ª. Estrella a su Libro de Honor y le otorgaron póstumamente la Cruz de la Inteligencia Distinguida y la Medalla del Servicio Excepcional.

Ella posteriormente inició una campaña para que la CIA ayudara a rescatar los restos de otros dos soldados de Bahía de Cochinos abatidos en Nicaragua.

Ahora Janet Ray Weininger estaba lista para ayudar a Hermanos al Rescate. Ella no sabía ese día en la Pequeña Habana, hablando con José Basulto, qué búsqueda mucho mayor de verdad y justicia tendría lugar sobre el estrecho de la Florida.

13

Librados por un pelo

La pregunta más urgente y persistente en la vida es:
¿qué estás haciendo por los demás?
Rdo. Dr. Martin Luther King Jr.

Había un cartel en el hangar que le advertía a todo el mundo de los peligros inherentes a sus misiones, incluso el de la muerte. Muchos accidentes seguirían al del amarizaje de Guille en 1992, así como muchos que estuvieron a un pelo del desastre, como cuando Carlos Gartner chocó con un velero. Gartner estaba haciendo un vuelo casi rasante sobre un bote que había adosado una vela de fabricación casera a su mástil y él accidentalmente cortó el tope del mástil. La avioneta parecía como si alguien le hubiera dado un mordisco en una de las alas, pero nadie resultó lesionado, en particular ninguno de los que se encontraban en la embarcación. Él de inmediato reportó el accidente a la FAA e incluso lo multaron.

No era un secreto para la FAA que los Hermanos volaban con frecuencia por debajo de los 150 metros, y a veces tan abajo como tres metros para dejar caer algún socorro; y, en ocasiones, hasta menos aún. Los pilotos practicaban estos vuelos rasantes con frecuencia, perfeccionando sus movimientos al tiempo que protegían las vidas de las personas a bordo antes de salvar las que se encontraban debajo. Sólo una vez un mástil se interpuso en el camino. Era el 17 de agosto de 1993 y la culpa fue del agua.

Cuatro avionetas volaron ese día, entre ellas la Apache roja de Steve Walton con la Cruz Roja en un ala y la bandera norteamericana en la otra. A bordo de la Ofelia estaba José Monroy, un piloto que ocasionalmente volaba con Hermanos y que quería anotarse algunas horas de vuelo. Billy Schuss lo autorizó a volar un Cessna bimotor que había sido donado por Pilo Azqueta, exiliado cubano que vivía en Venezuela. Juan González, que había encontrado los primeros balseros para Hermanos al Rescate hacía más de dos años, sería el observador. Carlos Costa volaba como copiloto.

Rumbo a Cayo Elbow, la Ofelia encontró algunos balseros. Desde su Apache, Steve Walton escuchó la noticia y siguió a Monroy. Tom Van Hare era el copiloto y Matt Blalock filmaba desde el asiento trasero.

El día estaba nublado y con escasa visibilidad. En esos días grises, los pilotos pierden toda perspectiva del horizonte cuando el cielo encapotado se funde con el océano color pizarra. Ese día el agua y el cielo eran como un único telón gris.

Monroy comenzó sus vuelos rasantes. Juan González estaba contento de las tomas de primer plano de los seis balseros debajo, pero se acordó de la advertencia de Carlos de no bajar tanto en la segunda vuelta.

Él recuerda que Ofelia estaba peligrosamente cerca del agua cuando una ráfaga de viento sacudió el bimotor, haciéndoles rodar. Pero Juan estaba acostumbrado a eso: había sucedido la primera vez que encontraron balseros cuando Guille casi se estrella contra la avioneta de Basulto. Él supo que algo andaba muy mal cuando se dio cuenta de que estaba mojado.

—¡Coño! ¡Sonofabitch, rompiste el avión! —gritó. Antes de que Juan pudiera terminar sus denuestos, Carlos instintivamente asumió el control de la aeronave.

Steve Walton, Tom Van Hare y Matt Blalock observaban incrédulos como el Cessna 337 Skymaster golpeaba el agua. El peligro de un descenso en picada era que el avión saliera despedido hacia delante, pero lo que ellos presenciaron fue que Ofelia se levantó del océano en un escalofriante movimiento en cámara lenta, como si se tratara de Poseidón, el dios del mar. En lugar de un tridente dorado, el Cessna tenía una propela mutilada que le colgaba de la nariz rota.

—Estabiliza ese bebé —le dijo Steve Walton a Carlos Costa, refiriéndose al motor frontal roto—. Seagull Charlie, estás dejando una estela de humo —agregó.

Pero la estela no era de humo; era agua propulsada fuera de la avioneta. Había otro agujero en el vientre del maltrecho avión, y brotaba agua de este último corte y de las ventanillas. De manera lenta, pero segura, salió el agua mientras entraba el aire por las ventanillas y los recientes agujeros. Monroy, Carlos y Juan no sólo estaban mojados, sino untados de aceite de motor.

Danzaban chispas dentro de la cabina mientras los aparatos electrónicos hacían corto circuito. Carlos recurrió a una llamada de auxilio [Mayday] tratando de hacerse oír a gritos por encima de las sirenas y las alarmas internas, mientras batallaba con la potencia del motor trasero y obligaba a la Ofelia a tomar altitud.

Desde la base, Guille Lares llamó:

—Tranquilo, tranquilo —le dijo—. Tómalo con calma, tómalo con calma.

—Yo sé, yo sé —le respondió Costa sin aliento. Más tarde le contaría a Steve Walton cómo su agilidad mental prevaleció sobre los chillidos, los SOS, los aullidos de las alarmas y los avisos de falta de sustentación.

Walton voló por encima y por debajo de la avioneta de Costa, mientras Blalock tomaba fotos y un vídeo de todos los ángulos de la aeronave averiada. Advirtiendo los daños en el vientre de la Ofelia, Walton le avisó a Costa que no bajara el tren de aterrizaje, y llamó al aeropuerto de Maratón para que prepararan un aterrizaje de emergencia. A insistencia de

Walton —exigencia realmente— cerraron el aeropuerto de Maratón y situaron las ambulancias y los equipos de rescate. También convocaron a la prensa.

Steve Walton pastoreó a Carlos hasta Maratón, mientras Matt Blalock filmaba cada movimiento. Aguantaron la respiración cuando llegó el momento del aterrizaje sin ruedas. La precisión de Carlos Costa fue tal que no hubo ningún bamboleo al tocar tierra ni ningún daño ulterior para el avión. Fue perfecto.

Fue un risueño Carlos Costa el que se dirigió a los equipos de televisión que lo esperaban.

—Hoy he vuelto a nacer —afirmó.

Una vez más, Hermanos al Rescate necesitaba un nuevo avión, y una vez más la comunidad saldría a su rescate. A veces ello conllevaba maratones de radio o televisión, otras veces los líderes de la comunidad auspiciaban recaudaciones de fondos. Con frecuencia bastaba sostener un cubo en un semáforo para hacer la tarea. Y si el que llevaba el cubo era Matt Blalock hablando en un español chapurreado, la comunidad exiliada cubana respondía aún mejor.

Blalock presumía del «rincón cubano» de su casa, donde guardaba recuerdos que le había dado Arturo Cobo del Centro de Tránsito en Cayo Hueso. A cambio, Blalock hablaría en su torpe español en la estación de radio WQBA. Luego de oír hablar al gringo (Gringo se convertiría en el apodo de Blalock) las donaciones lloverían.

Su rincón de Cuba contenía un remo de una balsa, un brújula, un mapa de Cuba y una foto de la primera familia que habían rescatado. Tenía una caja de ron Havana Club para abrirla en el momento en que Castro se muriera. Blalock conservaba horas de metraje fílmico y cientos de fotos de las misiones. También coleccionaba relatos del asiento trasero de sus vuelos con Van Hare y Steve Walton. Parecía que los americanos siempre estaban juntos en la reluciente avioneta roja de Walton.

Así como a Basulto le gustaba volar con cada uno de los nuevos pilotos, también le gustaba mezclar los grupos. Infundía camaradería y le daba a todo el mundo la oportunidad de volar con todos los demás. Llegó el día cuando al Gringo le tocó volar con una tripulación compuesta enteramente de cubanos capitaneada por Carlos Tabernilla. Tabernilla volaba en su propio avión, El Viejo Pancho, llamado así por el DC-3 que su abuelo tripulara en las Fuerzas Armadas de Cuba. El abuelo de Tabernilla había sido un general de cinco estrellas y jefe de las Fuerzas Armadas de Cuba durante el gobierno del presidente Fulgencio Batista. Su padre había sido general de brigada y jefe de la Fuerza Aérea. Tabernilla con frecuencia recontaba el relato de su salida de Cuba, de cuando su madre lo despertó a las dos de la mañana del 1 de enero de 1959, en el momento en que el presidente Batista, sus generales y las familias de estos huyeron de la isla. Tabernilla tenía ocho años y aquel fue uno de los acontecimientos más emocionantes de su vida. Además de ser la fecha histórica que marcaría el acceso al poder de Fidel Castro en Cuba, marcaría también el comienzo de su pasión por los aviones. Treinta y dos años después, Tabernilla estaba rescatando a otra generación de personas que huían del mismo hombre.

Tabernilla vivía en Wellington Aero Club, una subdivisión privada a ocho kilómetros al oeste de Palm Beach, Florida, y guardaba su avioneta en el traspatio.

No tardarían en diagnosticarle un tumor canceroso en el corazón. Aun mientras se sometía al tratamiento de quimioterapia, seguía participando en misiones y su característica gorra de camuflaje servía para ocultarle la pérdida del pelo. Nunca hablaba de su estado de salud y seguía volando.

Cuando la Virgen María comenzó a aparecerse en una granja de Conyers, Georgia, un grupo de Hermanos fueron a ver el milagro y llevaron consigo a Tabernilla. Poco después de esa visita el tumor desapareció.

Al conocer a Carlos Tabernilla, Blalock rápidamente lo evaluó: era casi de su estatura, con calvicie, sombrero de camuflaje, pantalones caqui, botas marrones y persona seria. Tabernilla estaba ocupado con los preparativos de vuelo y no le prestó mucha atención a Blalock.

—Usted es observador hoy —le dijo Tabernilla, reconociendo al fin la presencia de Blalock, que obedientemente se subió a la parte trasera. Aunque él era más grande y más fuerte que Tabernilla, Blalock se sintió desdeñado e ignorado. Él lo atribuyó a la «arrogancia cubana» de Tabernilla.

Listo para despegar, Tabernilla y Raúl Martínez, otro piloto que acababa de obtener su licencia y que sería el piloto al mando ese día, se pusieron sus auriculares. No había ninguno disponible para Blalock. Luego Tabernilla y Martínez comenzaron a hablar entre sí en español, ignorando al gigantón de 1,98 m. que intentaba acomodarse en el asiento trasero.

Horas más tarde, Blalock avistó una toalla blanca que, allá abajo, un balsero agitaba frenéticamente. Él tocó al piloto al mando Martínez en el hombro al tiempo de decirle:

—Objetivo.

Martínez lo ignoró.

—¡Objetivo. Objetivo. Objetivo! —repitió sin resultado, Martínez no podía oírlo por encima del ruido de los motores. De manera que Blalock agarró el auricular de Martínez y le gritó en el oído:

—¡OBJETIVO!

—¡Toma el avión! Le oyó decir Blalock a Martínez y lo vio soltar los controles como si hubieran cogido candela.

Simultáneamente, Tabernilla los tomó con ademán de experto. Luego Blalock vio que Tabernilla subió verticalmente por lo que parecía una eternidad al tiempo que sentía como si una fuerza magnética le halara la nuca hacia el motor trasero. Luego Tabernilla giró sobre el ala como si trazara un signo de interrogación en el cielo, pero de abajo hacia arriba.

—El gringo encontró algo —dijo por la radio—. Vamos a chequearlo. Entonces Tabernilla comenzó una espiral descendente sobre la punta del ala que dispararon las alarmas de pérdida de El Viejo Pancho. Para Blalock era como si el avión le estuviera diciendo al piloto: no quiero volar. Los alerones, las superficies movibles de las alas, se agitaban a la velocidad de un colibrí, en el intento de absorber el aire que necesitaban debajo. Las alarmas de pérdida emitían un aullido incesante y Blalock observaba asombrado como Tabernilla asumía el mando del avión, se hacía uno con él y en el último momento posible, hacía girar a El Viejo Pancho en un patrón de vuelo recto, perfectamente equilibrado. Matt Blalock bautizó este movimiento como el giro de Tabernilla.

—¡Buen trabajo! —le dijo Tabernilla a Blalock, cobrando conciencia de repente de su presencia en el asiento trasero, felicitándolo por este hallazgo de un balsero solitario sobre dos cámaras neumáticas. Él se volvió hacia Martínez y le dijo que le lanzara el marcador de tinta. Tal era la precisión de este último que Martínez alcanzó al balsero en la nariz. A Raúl Martínez también lo bautizaron con un nuevo nombre ese día: El Marcador.

Como era usual, aterrizaron en Maratón y se fueron a Pizza Hut. Después, puesto que tenía que volver al Aeropuerto de North Perry, Blalock regresó en la avioneta de Steve Walton. La mejor parte de ese vuelo fue ver el giro de Tabernilla desde otro avión.

Otro día, Carlos Costa voló con los americanos en el Big Red, el apodo del Apache 235, N13BR. Cuando volaban juntos, estos tres americanos —Van Hare, Blalock y Walton, todos ellos judíos— a veces se referían a sí mismos como «el clíper del Yom Kippur». Ese día, Van Hare era el piloto al mando, Carlos sería el copiloto y Matt y Steve serían observadores, con sus camisas hawaianas y cantando canciones de Jimmy Buffet desde el asiento trasero.

Su zona de misión ese día era sobre el banco de Cayo Sal en las Bahamas, el tercero y más occidental de los bancos de Bahamas, sólo a 48 kilómetros al norte de Cuba. Habían avistados balseros en Cayo Elbow, un promontorio rocoso largo y estrecho que se distinguía por su faro cónico de piedra, construido por los británicos en 1839 y que ya no se usaba.

Ya le habían avisado al guardacostas de los balseros varados; ahora tendrían que obtener el permiso necesario de las autoridades de Bahamas para recogerlos. Era importante que los Hermanos localizaran a los balseros antes que los agentes bahameños. Si ocurría esto último, los balseros solían ser trasladados a Nassau y encerrados en el Centro de Detención de Carmichael Road o, en ocasiones, encarcelados en Fox Hill. Sitios infames ambos por su trato inhumano de los reclusos.

Afortunadamente para los balseros varados en Cayo Elbow, con el rabillo del ojo Matt Blalock vio el destello de un espejo, un balsero que le hacía señas a Big Red. Había más de una docena de personas abandonadas en esas rocas secas y pasaría un tiempo antes de que el guardacostas pudiera rescatarlos. Necesitaban alimento y agua. Entre ellos había un bebé, corriendo por las rocas sin nada más que un pañal.

Van Hare voló sobre la isleta que parecía a unos centímetros de distancia de la punta del faro de quince metros de alto. Era el único modo de hacer un lanzamiento.

Las botellas de agua y los radios estaban atados con un acolchado adicional debido a lo rugoso del terreno de Cayo Sal.

Matt Blalock se aprestó para el lanzamiento. Van Hare sabía que el momento tenía que ser preciso, especialmente lo de lanzar un paquete en la proximidad de un niño en pañales. Una pelota de béisbol lanzada a ciento cincuenta y dos kilómetros por hora podría matar a una persona. Él sólo podía imaginar el daño que sería capaz de hacer un recipiente de agua de dos galones a ciento noventa y tres kilómetros por hora.

Mientras Van Hare pasaba zumbando sobre el faro, todos los ojos estaban fijos en los náufragos, listos para dejarles caer el paquete. Nadie estaba preparado para las aves.

Lo que parecía una bandada de quinientos pájaros levantó el vuelo al unísono desde dentro del faro, un sólido telón negro que les bloqueaba la vista. Van Hare tomó los controles e hizo crujir el avión en un vuelo a cuchillo con un giro de noventa grados. Instintivamente, los pájaros plegaron las alas de manera uniforme dándole a Van Hare una formación cuadricular con una línea muy tenue a través de la cual maniobrar.

—Eh, estoy aquí como el Hombre Araña! —gritó Blalock. Su cuerpo volaba paralelo a la isla que tenía debajo, los largos brazos presionando el techo de la cabina, deseando que la avioneta se enderezara, con las piernas en cruz tratando de enganchar una inexistente zapata de frenos que de alguna manera detuviera el avión.

Van Hare dio la vuelta de nuevo. Había niños allá abajo y los pilotos estaban en una misión. Ya ensayados, las aves lo volvieron a hacer, una negra cortina vertical bloqueaba el sol, luego se abría a la señal de Van Hare. Él volvió a desliarse, pero no pudieron soltar el paquete.

La única manera de hacer una entrega en Cayo Elbow era volar a lo largo de la isla, pero no podían arriesgarse a tener otro encuentro con las aves. Tuvieron que volar a lo ancho, menos de 30 metros.

A Blalock, en el tercer intento, los pájaros, el paquete que él estaba preparándose para lanzar y los giros del vuelo a cuchillo de Van Hare lo tenían casi histérico. Carlos Costa se volvió y le sostuvo el brazo.

—Mira, Gringo —le dijo Carlos—, Dios no va a dejar que muramos aquí. Estamos haciendo una cosa buena.

14

Un nuevo hogar

*Cualquier lugar viejo donde pueda colgar mi sombrero es hogar dulce hogar
para mí.*
William Jerome

La flota de los Hermanos al Rescate creció y los aviones necesitaban un hangar. Gracias a la participación de la comunidad, podían costear los $5.000 mensuales de alquiler en el aeropuerto de Opa-locka en el noroeste de Miami. El hangar tenía más de 900 metros cuadrados, espacio suficiente para diez aviones. Estaba frente al hangar de la Policía de Miami Dade y al doblar de la oficina de la Aduana de Estados Unidos.

Dos días antes de las ceremonias de inauguración, le pidieron a Hermanos que cumpliera una misión especial en Cancún, México. No era el rescate de una vida, sino más bien recoger el cadáver de una niña de año y medio llamada Claudia Laso Pérez que había muerto de deshidratación cuando su familia había escapado de Cuba en una balsa. Ivan Domanievicz, el piloto argentino, fue a recoger el pequeño ataúd blanco que contenía el cadáver de la niña.

En su cuaderno de bitácora, él escribió que había recogido el cadáver de una niñita cuya causa de muerte se definía como «Exposición a los elementos». Y falta de libertad, añadió él.

El 1 de diciembre de 1993, el congresista Lincoln Díaz-Balart (sobrino de la primera esposa de Fidel Castro), el cantante Willy Chirino y muchas otras personas inauguraron el nuevo hangar en el aeropuerto de Opa-locka. Hermanos al Rescate bautizó su nuevo hogar con el nombre de Gregorio Pérez Ricardo, en memoria del balsero de quince años que había sido el catalizador de su organización.

Aquí los pilotos no sólo colgarían sus sombreros, sino también las diecinueve banderas de las nacionalidades que estaban representadas por los pilotos voluntarios:

1. Alemania
2. Argentina
3. Brasil
4. Costa Rica
5. Cuba
6. España
7. Estados Unidos
8. Francia
9. Haití
10. Israel
11. Italia
12. Jamaica
13. Nicaragua
14. Perú
15. Puerto Rico
16. República Dominicana
17. Rusia
18. Suiza
19. Venezuela

Aquí, el grupo de hermanos y hermanas se reunirían después de las misiones para pegarles las calcomanías a los aviones que marcaban la fecha, sus nombres y, lo más importante, el número de personas salvadas. Madres como Mirta Costa traerían ollas humeantes a los hambrientos pilotos al regreso del cumplimiento de sus misiones. Disfrutarían del mejor café cubano del mundo, hecho por el argentino Koki. Su secreto: nunca lavaba el filtro del café.

El día de la inauguración del hangar, Abilio León, uno de los simpatizantes de Hermanos, tomó una foto de los más de treinta pilotos que ya volaban para la organización. Dedicó la foto «a los héroes más altruistas del mundo». En la foto, Koki está de pie con sus andadores, haciendo terapia todavía casi un año después del accidente. Basulto tiene cargado a su nieto Andre, que tenía menos de dos años, y rodeado por las cinco mujeres pilotos de Hermanos, a las que a veces llamaban «Los ángeles de Basulto».

En el nuevo hangar, el jefe de pilotos Carlos Costa trabajaría desde su nueva oficina, un área cercada por los cuatro costados, y también por arriba, con tela metálica. Las diecinueve banderas de Hermanos al Rescate estaban desplegadas arriba. Aquí, Carlos se ocuparía de los radios y las comunicaciones, así como del horario de todas las misiones.

Carlos tenía muchos apodos. Basulto lo llamaba Carlitos. Sus compañeros pilotos le decían El Intenso. Aunque él tenía un empleo de jornada completa, trabajaba sin parar esas horas para dedicarle todo momento libre a la organización. Los compañeros de Carlos tenían una gran opinión de él y del orgullo que ponía en su trabajo. A los otros pilotos le parecía que, para Carlos, Hermanos al Rescate era su vida.

Las mujeres pilotos y voluntarias le llamaban «Carlos el bonito», para distinguirlo de los otros pilotos llamados Carlos. A Carlos Gartner le decían «Cholo», un término de su Perú natal; y a Carlos Tabernilla, de mentalidad militar y en uniforme de camuflaje, lo llamaban Tabernilla a secas. Pero al juvenil Carlos Costa, que era juguetón, gracioso, buen mozo y accesible lo bautizaron como «Carlos el bonito».

Muchos recuerdan a Carlos Costa al entrar en su nueva oficina ese día. Con gran porte, en actitud marcial y un deliberado sentido del deber recorrió su nueva oficina. Antes de entrar, miró a Basulto y se llevó la mano a la visera de su gorra distintiva donde podía leerse la consigna «No Fear» [«sin ningún miedo»] y saludó, al tiempo de decir respetuosamente:

—Mi general.

15

Balsero al rescate

La gratitud callada no es muy útil a nadie.
Gladys Browyn Stern

La familia de Arturo Triana probó la libertad cuando llegaron a Miami durante el puente marítimo del Mariel en 1980. Un año después, la vida en Estados Unidos no le convino a la Sra. Triana y quiso regresar a Cuba. Cuando la familia volvió a La Habana, a Triana padre no le permitieron quedarse y lo deportaron de vuelta a Miami. Los hermanos Triana y su madre se quedaron en Cuba.

Allí siguieron los trece años más miserables de la vida de Arturo Triana. Abandonó la escuela, no pudo encontrar un empleo y todo lo que anhelaba era salir de Cuba. Recuerda que los vecinos decían que él y sus hermanos eran problemáticos —no por ninguna conducta pervertida, sino porque ellos se habían ido como gusanos. Y habían regresado sólo para querer irse otra vez.

Intentaron escapar en agosto de 1992. El oleaje era tan hostil en la costa que su balsa hecha de troncos de bambú se deshizo en pedazos. Luego supieron que la violencia del mar se debía al huracán Andrew.

Desalentado, Arturo Triana se quedó en Cuba y cumplió el servicio militar obligatorio. Al revisar su expediente, los oficiales descubrieron el exilio del Mariel y su reingreso al país, y que había intentado escapar en 1992. El grupo lo marginó, lo declaró no apto para cualquier entrenamiento especial y no le permitió portar armas. Después de todo, era un gusano. A diario, cuando los treinta y cuatro soldados de su grupo hacían preparación combativa, él era ridiculizado por el jefe de su pelotón:

—¡Ahí van treinta y tres soldados y un Triana! —solía decir, acentuando la humillación de Arturo.

Después de cumplido el servicio, Triana y sus tres hermanos se combinaron con otros dos hermanos vecinos de su casa en Camagüey que querían irse de Cuba. Reunieron entre todos 10.000 pesos cubanos y le pagaron a un hombre que construyera dos balsas hechas de cámaras de neumáticos envueltas en lona.

Carecían de conexiones en La Habana, de manera que tenían que calcular su llegada a la ciudad en el preciso momento en que fueran a salir en las balsas. Los viajes interurbanos no estaban permitidos a menos que uno tuviera una familia que residiera allí o un permiso del Estado.

En marzo de 1993, los dos grupos de hermanos decidieron escapar de Cuba. Empaquetaron agua y algunas galletas, creyendo que el viaje duraría sólo dos días. Era seguro que, para entonces, Hermanos al Rescate los habrían avistado. El momento oportuno era todo, insistía Triana. Los sobresaltos de última hora dejaron a uno de los cuatro hermanos Triana detrás. Él finalmente saldría en otra balsa y llegaría náufrago a Cayo Sal antes de que lo rescataran.

Salieron de la costa, un hombre remaba en la balsa pequeña y los otros cuatro en la más grande. Al enfrentarse a marejadas de más de un metro esa noche, se dieron cuenta de que las botellas de agua se habían caído por la borda en medio de la frenética partida y de que las galletas, su única comida, estaban empapadas de agua de mar. Mojados como estaban, los fríos vientos de marzo les traspasaban los suéteres como si fuesen alfilerazos. No podía descontarse la hipotermia, incluso en las tibias aguas del Estrecho y, al no haber espacio donde descansar, dormir no era una opción. Cuando el cansancio los venció, los cuatro que iban en la balsa más grande se sostuvieron unos a otros en un esfuerzo por dormir. Cuando eso no funcionó, no tuvieron más remedio que continuar remando.

Más tarde esa noche, la balsa casi se vuelca cuando avistaron un tiburón. Las próximas dos noches trajeron mares calmos, con el agua lo suficientemente clara para ver los ojos del gran pez que los miraba a través de la oscuridad. Las celajes vespertinos se tornaban en retorcidos espejismos de tierra en la distancia, y uno de los hombres empezó a tener alucinaciones. Exigía a gritos salir de la balsa. Su hermano, sollozando, intentaba consolarlo.

Alrededor del mediodía de su tercera jornada, empezó a caérseles la piel de los glúteos, el continuo roce de la piel que les imponía el remar se las estaba desprendiendo a tiras. La sal que les cubría ojos y boca se había ido endureciendo y las ampollas de las manos y dedos, que ya estaban en su tercera capa, les sangraban.

Lo que pasaba en sus mentes era peor: el cerebro constantemente les hacía tener presente la sed. Una persona normal en condiciones no adversas puede experimentar una reducción de su agilidad mental desde el momento en que cobra conciencia de la sed. Cuando el volumen celular del cerebro decrece debido a la deshidratación, aumenta la irritabilidad, las contracciones musculares y la posibilidad de convulsiones es común. Según el cerebro se reduce, así lo hace el pensamiento racional en la mente.

Arturo Triana miró hacia el cielo, deseando con todo su ser que algo, alguna cosa, aunque fuera el ángel de la muerte, viniera y lo librara de su cárcel de agua. Él sólo quería estar seco.

Fue entonces que vieron el ala de una avioneta azul que atravesaba las nubes grises: Seagull One. El avión no los veía. Triana sacó su espejo y lo movió intentando captar cualquier pizca de sol que atravesara el sombrío banco de nubes que tenían encima. La avioneta entraba y salía de las nubes y los cinco hombres debajo hacían señas desesperadamente con las últimas fuerzas que les quedaban, clamando al cielo con voces enronquecidas.

Tal vez fue debido a un destello de ese espejo, o a una coincidencia o a la Providencia, que Basulto los vio. En su primer pase a baja altura se acercó tanto que Arturo Triana juraría luego que él había hecho contacto visual con Basulto. Los cinco hombres lloraban a través de las cuencas, secas y hundidas, de sus ojos. Basulto descendió de nuevo y les lanzó una botella de refresco de naranja y una nota. Ellos remaron frenéticamente para alcanzarla y luego bebieron por turnos. La nota decía que no se desesperaran, que el guardacostas estaba en camino.

Se sentían confortados por la avioneta de Basulto que estuvo volando protectoramente en círculos hasta que desapareció. Por un momento se desalentaron, pero instantes después apareció otra avioneta, roja y blanca, la de Steve Walton. Steve estuvo con ellos hasta que llegó el guardacostas a las seis de la tarde.

Los agentes los ayudaron a salir de la balsa, porque tenían las piernas rígidas y los músculos ya bastante atrofiados, como recién nacidos incapaces de hablar o de sostenerse por sí mismos. A bordo de una lancha patrullera de treinta metros llamada Empire State les dieron batas de papel y mantas. Triana cayó en el más profundo y delicioso sueño de su vida.

Cuando llegaron a la Casa de Tránsito en Cayo Hueso, Arturo Cobo los recibió con un banquete. Pero ellos no pudieron comer, estaban demasiado exhaustos.

Los hermanos Triana habían regresado finalmente a Miami trece años después del puente marítimo del Mariel, el 12 de marzo de 1993. No sabían que era el primer día de la llamada «Tormenta del siglo», el más intenso noreste que jamás hubiera azotado la costa oriental de Estados Unidos y que mató a 250 personas y canceló un cuarto de todos los vuelos comerciales durante dos días. Provocó las más intensas y devastadoras borrascas registradas en Cuba durante una temporada invernal. Más de cincuenta familias llamarían a Hermanos procurando noticias de sus seres queridos. De ninguno de ellos oímos hablar jamás. Sus nombres se añadirían al Muro de los Lamentos.

Los hermanos Triana llegaron justo a tiempo.

El momento oportuno y la hora era importante no sólo para los balseros, sino también para los amigos y miembros de la familia que esperaban en Cuba oír noticias de sus seres queridos.

Maggie Schuss y Rita Basulto estaban regularmente disponibles en sus casas. Rara era la noche que no las despertaban a las dos o las tres de la mañana gritos de familiares en Cuba que pedían ayuda: Por favor, por favor, mi marido y mi hijo se acaban de ir en un botecito azul. Mis hijos están en una balsa blanca, por favor, encuéntrenlos. ¿No han encontrado todavía a mis primos? Cuando encontraban a estos seres queridos, las esposas [de Schuss y de Basulto] llamaban inmediatamente a los desesperados y agradecidos miembros de la familia.

Era raro el día en que, mientras andaban o conducían con sus esposos por Miami, alguien no les dijera: 'Eh, ustedes me salvaron! ¡Gracias! Los desconcertaba, sin embargo, que sólo un puñado de balseros se llegara al hangar o incluso llamara para expresar su gratitud, para decir gracias. Incluso cuando Koki estuvo en el hospital, sólo dos balseros vinieron a visitarlo.

Un día Maggie Schuss estaba en un supermercado de Winn-Dixie cuando se le acercó un muchacho que reponía las existencias en las estanterías y que hizo un alto en la ordenación de los alimentos enlatados para hablar con ella.

—Usted es de Hermanos al Rescate —le dijo.

—Sí, —le respondió ella.

—Ustedes me salvaron —y le contó de su odisea, de tres días en alta mar, y de ser rescatados por los hermanos Lares en medio de una tormenta, en agosto de 1992, junto con otras doce personas, dos niños pequeños entre ellos. El chico reponedor de provisiones había escrito poesía acerca de regresar a Cuba un día, repitiendo que lo que Cuba necesitaba era amor, la verdad y tiempo. Años después, su hermana diría que él estaba muy agradecido a su nuevo país por permitirle experimentar un derecho natural: el derecho a ser humano.

—Estoy tan agradecido a Hermanos al Rescate —le dijo el muchacho de la tienda a Maggie.

—Entonces, ¿por qué no vas y se los dices? le sugirió Maggie.

Él lo hizo. Su primer trabajo voluntario conllevó labores de limpieza en el hangar. Luego se convirtió en observador y finalmente comenzó a estudiar para obtener su licencia de piloto, orientado por los pilotos jóvenes. El chico que Maggie había captado era el balsero Pablo Morales. Él había dejado a su madre y hermana en Cuba y esperaba ansiosamente el día en que se reunirían.

Pablo Morales era residente de EE.UU. a la espera de su ciudadanía. Trabajaba de lunes a viernes entregando productos enlatados en tiendas de víveres locales, y todos los fines de semana colaboraba de voluntario con Hermanos. A bordo de la avioneta de Steve Walton practicaba su inglés y cantaban canciones de Jimmy Buffet junto con Matt Blalock en el asiento trasero. Su novia Hady también hacía trabajo voluntario en el hangar. Pablo se convirtió en parte integrante del grupo de jóvenes pilotos que no sólo volaban juntos, sino que departían juntos como amigos. Su experiencia de haber pasado tres días en el agua a la espera de ser rescatado le daba una perspectiva adicional como observador.

—El océano no es azul —le diría él a los pilotos—. Es negro.

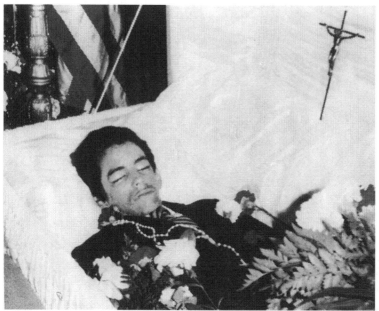

Gregorio Pérez Ricardo, balsero fallecido a los 15 años, en la funeraria Rivero en Miami. Foto donada a HAR por Pedro M. Móntez.

José Basulto en su casa frente a un retrato de Manuel Guillot Castellano, patriota cubano. Foto de Roberto Koltun, *The Miami Herald*.

Logo de Hermanos al Rescate en *Seagull One*, el N2506. Foto de la autora.

José Basulto y William Schuss («Billy»), fundadores de HAR. Foto por cortesía de los Archivos de HAR

La piloto Mayte Greco-Regan, piloto, en el vuelo del 12º. aniversario. Foto de la autora

Los hermanos Lares: Jorge («Koki»), Al («Beto») y Guillermo («Guille»), pilotos de HAR. Foto de Lorenzo de Toro, revista *Ideal*

David Lawrence Jr. y su hija después de una misión con pilotos de HAR. Fila superior, de izquierda a derecha: Billy Schuss, Carlos Tabernilla, Carlos Gartner, David Lawrence Jr. (detrás de la hélice con gafas de sol), Amanda Lawrence, Guille Lares. Segunda fila, de izquierda a derecha: Oslvado Plá («Tito Fufú»), Diego Pérez, Koki Lares, José Basulto (con gorra), Beto Lares, Yves Houssin. Foto por cortesía de los Archivos de HAR

Steve Walton, piloto de HAR. Foto por cortesía de los Archivos de HAR

N5416K amarizaje forzoso frente a Cayo Hueso in 1992; avioneta piloteada por Guille Lares. Foto por cortesía de los Archivos de HAR

Seagull One, N2506, aeronave insignia de HAR que escapó a los MiGs cubanos el 24 de febrero de 1996. Foto de Roberto Koltun, *The Miami Herald*

La congresista Ileana Ros-Lehtinen, madrina de HAR, con José Basulto. Foto por cortesía de los Archivos de HAR

Círculo de oración de HAR antes de cada misión (Mayte Greco aparece de espaldas). Foto por cortesía de los Archivos de HAR

Grupo de pilotos en la inauguración del hangar de Opa-locka el 11 de diciembre de 1993, dedicado «a los héroes más altruistas del mundo» En la fila del fondo (de izquierda a derecha): René González (espía castrista), Arnaldo Iglesias, Fabio A. Vázquez, Jorge Lares «Koki» (con un andador), Juan González, Alfredo Sánchez, Joe Husta, Guille Lares (con gorra), John Tooey Morales, Javier Sosa, Jorge Araujo, Luis Martínez, Eduardo Domanievicz, Conrad Webber, Billy Schuss (mirando a su derecha) y Carlos Rodríguez (con gorra). En la fila del frente (de izquierda a derecha): Juan Pablo Roque (espía castrista), Ray Martin, Gilberto Pekar, Esteban Bovo Caras (mirando a su izquierda), Iván Domanievicz (delante de Bovo), Luis Cruz, el niño hijo de Joe Husta, Carlos Costa, Beverly Brooks (sentada), Virginie Buchete Puperoux (mirando a su derecha), Beverly Brooks, José Basulto con su nieto Andre en el regazo, Jennifer Torrealba (con gafas de sol), Mayte Greco (con gorra), Carlos Tabernilla, Leopoldo Núñez , «Polo», (con gorra y chaleco) y Steve Walton. Foto de Abilio León

José Basulto con Juan Pablo Roque (de pie) y René González, pilotos de HAR que más tarde se descubrió que eran espías, frente a la avioneta N2506. Foto por cortesía de los Archivos de HAR

Balseros rescatados sostienen una carta de bienvenida que los pilotos de HAR les lanzaron en un recipiente plástico. Foto por cortesía de los Archivos de HAR

Rescate de balseros por un guardacostas. Foto por cortesía de los Archivos de HAR

La *Big Red* de Steve Walton, con la Cruz Roja pintada en la cola, en la tarea de localizar balseros. Foto por cortesía de los Archivos de HAR

Momento en que una cañonera cubana intercepta a un grupo de balseros antes de llevarlos de regreso a Cuba. Foto por cortesía de los Archivos de HAR

Lorenzo de Toro, director de la revista *Ideal* y simpatizante de HAR, en el hangar de Opa-locka frente a un cartel de ADVERTENCIA para pilotos y voluntarios. Foto de la revista *Ideal*

Balseros. Fotos por cortesía de los Archivos de HAR

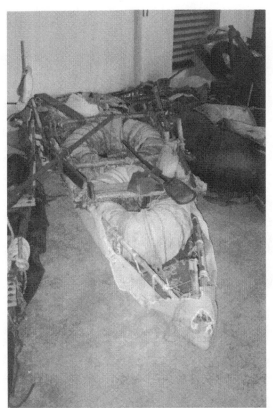

Balsas. Fotos por cortesía de los Archivos de HAR

José Basulto, presidente de HAR; Orlando Gutiérrez-Boronat, secretario nacional del Directorio Democrático Cubano; Ramón Saúl Sánchez, activista y líder del Movimiento Democracia. Foto de Lorenzo de Toro, revista *Ideal*

Omar López Montenegro, activista cubano; Coretta Scott King y José Basulto en un seminario sobre la no violencia que tuvo lugar en el Instituto Martin Luther King Jr. Foto por cortesía de los Archivos de HAR

Los hermanos Lares: Guille, Koki y Beto, con José Basulto (a la derecha arriba) y Arnaldo Iglesias. Foto de Lorenzo de Toro, revista *Ideal*

Hank Tester, reportero de WTVJ que sobrevoló La Habana con Basulto, en el momento de salir de *Seagull One*. Foto por cortesía de los Archivos de HAR

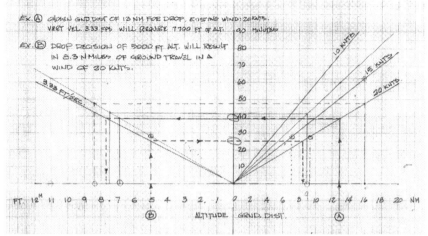

Estudios eólicos realizados por pilotos de HAR con vistas al lanzamiento de volantes u octavillas desde fuera de las aguas territoriales de Cuba en enero de 1996. Por cortesía de los Archivos de HAR

COMPAÑEROS ¡NO! HERMANOS

Uno de los volantes que dice «Compañeros, ¡No! ¡HERMANOS!» lanzados en enero de 1996 desde más allá del límite de las doce millas [22,2 km.] de las aguas territoriales de Cuba. En el dorso llevaban impresos los artículos de la Declaración Universal de Derechos Humanos. Por cortesía de los Archivos de HAR

Armando Alejandre Jr., de 45 años, activista cubano derribado por un MiG cubano el 24 de febrero de 1996. Foto facilitada por Lorenzo de Toro, revista *Ideal*

Carlos Costa, de 29 años, piloto de HAR derribado por un MiG cubano el 24 de febrero de 1996. Foto de Lorenzo de Toro, revista *Ideal*

Mario de la Peña, de 24 años, piloto de HAR derribado por un MiG cubano el 24 de febrero de 1996. Foto facilitada por Lorenzo de Toro, revista *Ideal*

Pablo Morales, de 29 años, balsero cubano salvado por HAR y quien se preparaba para ser piloto de HAR cuando fue derribado por un MiG cubano el 24 de febrero de 1996. Foto por cortesía de los Archivos de HAR

Sobrevivientes del derribo que estaban a bordo de *Seagull One*: José Basulto, presidente de HAR; Sylvia Iriondo, presidente de M.A.R. por Cuba; Andrés Iriondo y Arnaldo Iglesias, secretario de HAR. Foto tomada en el primer aniversario por Roberto Koltun, *The Miami Herald*

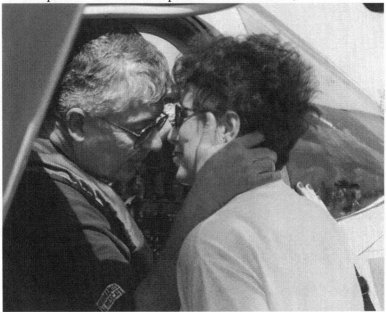

José y Rita Basulto comparten un momento de ternura antes de un vuelo de aniversario. Foto de Roberto Koltun, *The Miami Herald*

Eva Barbas, madre de Pablo Morales, el asesinado voluntario de HAR, Osvaldo Plá («Tito Fufú») y José Basulto, al abordar *Seagull One* para un vuelo de recordación en un aniversario del derribo. Foto de Lorenzo de Toro, revista *Ideal*

Familiares de los pilotos asesinados sostienen carteles de BÚSQUEDA Y CAPTURA del FBI en una ceremonia en la Universidad Internacional de la Florida. De izquierda a derecha: Mirta Costa Méndez, Osvaldo Costa, Mirta Costa, Nancy Morales, Marlene Alejandre, Maggie Khuly, Miriam de la Peña, Mario de la Peña. Foto de Roberto Koltun, *The Miami Herald*

Arnaldo Iglesias, que tiene en brazos a la hija del difunto voluntario de HAR Luis Martínez (también conocido por «Batman») y José Basulto, antes del vuelo conmemorativo en el 12º. aniversario del derribo. Foto de la autora

Parque en memoria de los asesinados pilotos de Hermanos al Rescate, con una palma por cada hombre, cerca del aeropuerto de Opa-locka. Foto de la autora

José Basulto con una gaviota. Foto de José Basulto Jr.

16

Escarceos

Una vez que un gobierno se compromete con el principio de silenciar la voz de la oposición, no tiene más que un camino a seguir, y ese es la senda de crecientes medidas represivas, hasta que se convierte en una fuente de terror para todos sus ciudadanos y crea un país donde todos viven con miedo.
Harry S. Truman

En su tercer aniversario, en febrero de 1994, Hermanos al Rescate se acercaba a la milésima misión. Basulto puso los nombres del 994 al 1000 en un sombrero y los pilotos dejaron a la suerte el codiciado número 1000, que lo ganó Eduardo Domanievicz, el padre de Iván. Las misiones 994 a la 1000 despegaron esa mañana y se produjeron dos rescates, avistados ambos por Carlos Costa.

Al mismo tiempo, había más de una docena de cubanos náufragos en Cayo Elbow, la isla rocosa del banco bahameño de Cayo Sal. Cayo Elbow era donde Tom Van Hare se había deslizado a través de la cortina de aves que emergieron del faro de piedra. El guardacostas no pudo recoger a ese grupo grande de balseros que necesitaba desesperadamente agua y comida, y todos los pilotos entendían la dificultad que conllevaba hacer lanzamientos en Cayo Elbow. Basulto llamó a la tripulación kamikaze: Beverly Brooks e Iván Domanievicz.

Siempre que había que intentar una nueva maniobra, o que se presentaba una misión particularmente (más) peligrosa, Basulto llamaba a la tripulación kamikaze. Esta vez Basulto intentaba volar sin la puerta de la avioneta, para facilitar el lanzamiento de los voluminosos bultos que necesitaban en Cayo Elbow, que eran cuatro veces más grandes que los artículos originales envueltos en plástico con aire encapsulado.

La puerta de la cabina del Cessna Skymaster se abría hacia arriba y resultaba un fastidio cada vez que tenían que lanzar un paquete grande. El prescindir en absoluto de la puerta haría que las entregas de Hermanos al Rescate resultaran más fáciles, en consecuencia le quitaron la puerta.

Mientras Iván sobrevolaba Cayo Elbow, Beverly le pasaba los bultos a Basulto. La única parte del corpachón de Basulto que quedaba dentro del marco de la puerta era el trasero, firmemente plantado en el piso de la avioneta, con las manos y los pies colgándole afuera. El arnés que le envolvía el vientre estaba sujeto al asiento de atrás, ya que también habían sacado el asiento del copiloto. Colgando del avión, él se habría doblado en dos de no haber sido por su amplia cintura que cada día se hacía mayor.

En cada una de las pasadas sobre la isla, Iván descendía más, y más, con el cuerpo de Basulto casi paralelo a las cristalinas aguas que rodean el cayo rocoso. En la última pasada, Basulto sintió tan cerca el agua y las rocas que encogió los pies, semejante a un niño que pasa en bicicleta por un charco y no quiere que se le vayan a mojar sus zapatos de salir.

—Cuando regresemos, vas a tener que sacudirle la arena a los zapatos —le dijo Iván, y los tres miembros de la tripulación kamikaze se echaron a reír.

Menos de una semana después, otro grupo de treinta y siete cubanos estaban varados en Cayo Sal. Una vez más, el guardacostas no había podido recogerlos y Hermanos al Rescate se enteró de que en el grupo había niños enfermos que necesitaban medicinas. En la tarde del sábado, 13 de marzo de 1994, Basulto y Arnaldo Iglesias aterrizaron en Cayo Sal y entregaron personalmente las medicinas y otros suministros. Departieron un rato con los náufragos y tomaron una foto de todo el grupo que había venido a despedirlos. Muchos llevaban sus camisetas nuevas de Hermanos al Rescate.

Era un poco tarde para el despegue, alrededor de las cinco y treinta de la tarde, pero Basulto y Arnaldo querían regresar a casa. Abordaron el Sound Machine, el avión que Gloria y Emilio Estefan habían comprado para Hermanos. Basulto iba en el asiento del piloto, su amigo Arnaldo era el copiloto, y le decían adiós con las manos al grupo de balseros que se habían reunido para verlos despegar. Su vista de los balseros era muy diáfana, ya que de nuevo volaban sin una de las puertas. Mientras recorrían la pista de aproximadamente doscientos setenta metros —una pista abandonada realmente— un golpe de viento alcanzó a la avioneta y la lanzó contra unos matorrales. Arnaldo salió despedido por el hueco de la puerta y la Sound Machine le cayó encima fracturándole una pierna y bañándolo de gasolina.

Los balseros que unos minutos antes habían estado diciendo adiós, vinieron corriendo en su ayuda. A uno de ellos le colgaba un cigarrillo de la boca. Arnaldo le gritó:

—¡Por favor, amigo, apaga el cigarro!

Los hombres pudieron levantar la avioneta y liberar a Arnaldo. El Servicio de Guardacostas de EE.UU. lo trasladó a él y a Basulto por aire hasta un hospital de los Cayos de la Florida. Además de la pierna rota de Arnaldo, a Basulto se le había fracturado un dedo de la mano.

Después que revelaron las fotos que habían tomado con los balseros poco antes del accidente, Basulto las etiquetó: la última nota de la Sound Machine, 13 de marzo de 1994.

Del otro lado del Estrecho había notas discordantes. Durante el verano de 1994, por primera vez en dos décadas, el pueblo cubano hacía manifestaciones anticastristas en las calles de La

Habana. Adelantándose a la caída de Fidel, los cubanos de Miami se preparaban con programas tales como Operación P.A.L. (Pan, Amor y Libertad). La idea era tener listas cajas de alimentos y agua para enviarlas al otro lado del Estrecho en el momento en que todo en Cuba cambiara.

Casi todos los grupos de exiliados proclamaban al que esperaban que fuese el nuevo presidente de Cuba: Jorge Mas Canosa, el más influyente exiliado cubano en Estados Unidos. No sólo era el presidente de la Fundación Nacional Cubano Americana (CANF, a la que los vecinos de Miami llamaban La Fundación), sino que casi sin ayuda había presentado la legislación para la creación de T.V. Martí.

T.V. Martí se promocionaba como la respuesta para llevar ideas del exterior de Cuba a todos los hogares de la isla. Al gobierno de Estados Unidos le costaba $18 millones al año, y no obstante la Sección de Intereses de Estados Unidos en La Habana informaba que nadie en Cuba la había visto.

—Aun si Castro logra bloquear la señal ciento por ciento, seguiremos manteniendo la presión —respondió Mas Canosa.

Varios años después y por muchísimo menos de $18 millones —en efecto por menos de seis mil dólares— Tito Fufú y Hermanos al Rescate transmitirían mensajes televisados de Basulto, en directos y en color, desde Seagull One, al pueblo de Cuba.

En el ínterin, Tito Fufú diseñó un sistema de transmisión de radio a bordo de la N2506 a fin de llegar a los radioaficionados en Cuba. El anuncio de Basulto desde aguas internacionales había abierto las compuertas de los operadores de radio en Cuba.

—¡Buenos días, Cuba! Esta es N2506 con José Basulto a bordo, KB4-HRV – Hermanos al Rescate, volveremos, y Tito Fufú en KB4-TTF.

Los que respondían de Cuba permanecían anónimos por temor a un arresto, pero la comunicación con los cubanos desde el aire a sus hermanos en la isla continuó.

Un radioaficionado no permaneció en el anonimato. En Cuba, Reinaldo López Álvarez se consideraba una extensión de Hermanos al Rescate. Él y Tito se hicieron muy amigos y Reinaldo habitualmente le informaba a miembros de las familias en Cuba cuando las ondas radiales divulgaban el rescate de sus seres queridos.

—El pueblo de Cuba le está tan agradecido a Hermanos —le dijo a Tito—. Ustedes nunca sabrán el bien que han hecho.

A Reinaldo lo arrestaron tiempo después y le hicieron una amonestación formal. Años más tarde, luego de transmitir cientos de mensajes de Tito a sus compatriotas, lo obligaron a firmar un documento que le prohibía volver a hablar con Tito Fufú. —Lo firmas o vas a prisión —le dijeron. Reinaldo tendría que esperar quince años para obtener asilo en Estados Unidos.

En el mes que siguió al anuncio radial de Tito, ocho aviones salieron del aeropuerto de Opa-locka conducidos por varios pilotos cubanos que habían desertado de las Fuerzas Armadas de Cuba, y que le enviaban un mensaje de amor y de unidad a sus antiguos compañeros. Orestes Lorenzo, el piloto que había volado a Cuba a recoger a su esposa y a sus hijos, estaba entre ellos, así como otro de los ex militares cubanos, el piloto de MiG Juan Pablo Roque, que había llegado a Hermanos a través de la abogada de la organización, Sofia Powell-Cosío, que formaba parte de la organización Puente de Jóvenes Cubanos.

Juan Pablo Roque nació en Cuba en 1955 en el seno de una familia de revolucionarios fervientes. En la escuela, a Roque lo miraban con desdén por leer revistas de fisiculturismo, consideradas de contrabando. Él soñaba con ser piloto, pero en Cuba su futuro estaba determinado por la manera en que él pudiera servir a la Revolución. Ese proceso incluía no sólo las calificaciones escolares, sino la participación de su familia en promover las metas de la Revolución. Mantenían estrecha vigilancia sobre los que asistían a las manifestaciones y los discursos de Fidel. Puesto que la madre de Roque no era activa, él no era apto para participar en los programas de entrenamiento especiales.

Un giro de la suerte lo situó finalmente en el entrenamiento de pilotos, donde se burlaban de él por no ser lo bastante cubano: no tomaba ron ni café, y no le gustaba el béisbol. Sus compañeros acusaban a Roque de tener un «complejo europeo».

Sin embargo, a él le encantaba volar y se convirtió en piloto de la Fuerza Aérea Cubana. Pero no tardó en desilusionarse del gobierno. Según su relato, había cruzado a nado la bahía de Guantánamo para pedir asilo en la Base Naval de EE.UU. Basulto había hecho algo semejante en 1961.

A Basulto le cayó bien Roque y lo acogió en el grupo. Le gustaba el hecho que él hubiera dejado las Fuerzas Armadas cubanas y que ahora quisiera volar para Hermanos. Roque sería simbólico para Hermanos al Rescate. Basulto lo ayudó a encontrar varios empleos, e incluso lo contrató como su propio entrenador personal y para muchos de sus amigos, como René Guerra, uno de los simpatizantes de Hermanos.

A los otros pilotos no les gustaba Roque. Acaso se sentían celosos de su apariencia de estrella de cine: era de estatura mediana y tenía un cuerpo cincelado a la perfección gracias a su dedicación al fisiculturismo; de cabellos y ojos negros, recta nariz romana y labios gruesos, sus rasgos se completaban con un hoyuelo en el mentón. Un reportero escribió que Roque se parecía más a Richard Gere que Richard Gere.

Roque siempre andaba bien afeitado y bien vestido, cuidadoso de lo que comía y no bebía ni fumaba. Los pilotos observaban como disfrutaba posar para la cámara y contarle a la prensa su historia una y otra vez.

Les irritaba cuando Roque y René González, el otro desertor que había estado con Hermanos desde el comienzo, hablaban en ruso entre sí y se marginaban del resto del grupo. Era diferente cuando ellos hablaban español en presencia de Conrad; Conrad era buena gente. Roque no era simpático, ni amable ni encantador —ni caía bien.

Los pilotos recelaban de su intimidad con Basulto. Les irritaba cuando Roque les preguntaba con frecuencia: ¿no creen que José necesita un guardaespaldas?

Así, por primera vez en sus tres años de existencia, se producía un descontento interno entre los pilotos, y la política cubana era un tópico candente.

Los pilotos más viejos como Billy Schuss habían hecho un cambio de 180 grados desde sus posiciones políticas originales en 1960. Billy había sido fidelista durante cierto tiempo. Los pilotos de mediana edad, los que estaban en la treintena, como Carlos Tabernilla, habían seguido la inclinación política de sus padres. La familia Tabernilla había sido de batistianos recalcitrantes. Basulto se encontraba a medio camino: había estado en contra de Fidel Castro y del presidente Batista.

Los pilotos cubanoamericanos que habían nacido en Estados Unidos, como Carlos Costa y Mario de la Peña, eran vehementemente anticastristas, aunque sus familias no habían sido políticamente activas en Cuba.

—No estoy ni a favor del comunismo ni a favor del capitalismo —decía el joven de 22 años Mario de la Peña—. Estoy en contra de la injusticia.

En lo que la mayoría de los pilotos convenía era que no les gustaba Juan Pablo Roque. Era un sentimiento compartido desde el mayor hasta el más joven, el chico de diecinueve años Mike Murciano. Y Mike tenía sus propios conflictos.

Algunos pilotos consideraban el empleo de Mike Murciano con Haiti Trans Air un conflicto de intereses. Haiti Trans Air realizaba vuelos fletados a La Habana y Mike con frecuencia piloteaba esos vuelos. Arnaldo Iglesias temía que Mike se hubiera colocado en una posición vulnerable, conociendo muy bien el alcance del brazo de Castro. Mike explicaba que él no trabajaba para Mar Azul o las otras compañías con hoteles y cosas por el estilo en La Habana, que él sencillamente trabajaba para Haiti Trans Air, y Cuba era una de sus rutas. Para él una típica jornada de viaje consistía en llevar turistas a La Habana en la mañana y quedarse en el aeropuerto aproximadamente durante una hora. A los pilotos norteamericanos no les permitían salir de la terminal. Usualmente no había nada que comer, y con frecuencia fallaba la electricidad, de manera que durante las oscuras y hambrientas escalas, Mike conversaba con la gente del aeropuerto.

A sus padres tampoco les gustaba el trabajo de Mike, y no sólo por los matices políticos: temían que lo reconocieran por el apellido. Como piloto de cuarta generación, el abuelo de Mike había trabajado para Cubana de Aviación antes de la Revolución. Pero la única atención que Mike atrajo fue la de las cubanas que le hacían propuestas de matrimonio — dispuestas a cualquier cosa para salir del país.

En abril de 1994, a raíz del affaire Aristide en Haití, Mike se quedó sin empleo. Recuerda que los pilotos de Hermanos no se sintieron defraudados, en particular Arnaldo.

Los recelos políticos en Hermanos eran nada en comparación con lo que estaba pasando del otro lado del Estrecho. Los pilotos nunca imaginaron que el verano de 1994 rompería todos los récords de rescates en el mar.

Como en Cuba continuaba el Período Especial, así proseguían los intentos de escapar del país. Un éxodo en particular activaría una cadena de acontecimientos que cambiarían la historia.

A las tres de la mañana del 13 de julio de 1994, setenta y dos civiles secuestraron el remolcador 13 de Marzo en el puerto de La Habana y se encaminaron hacia la libertad. Había quince niños a bordo. Catorce miembros del grupo eran parte de la misma familia, que encabezaba el patriarca Jorge García.

El mar estaba picado con olas de más de un metro y vientos que soplaban a razón de quince nudos. Aunque el barco tenía más de cien años, el 13 de Marzo había sido reconstruido e inspeccionado sólo dos meses antes. Tenía un resistente casco de madera.

Estaban a unos once kilómetros de la costa cuando la primera lancha cañonera se dirigió hacia ellos y no paró. «Estamos en peligro», dijo Fidencio Ramel Hernández Prieto, de 51 años, que era el jefe de operaciones del puerto de La Habana y cuya colaboración había sido decisiva en los meses que duró la planificación de la escapada.

La proa de la cañonera chocó con la 13 de marzo, sacudiendo a sus setenta y dos ocupantes. Otras dos lanchas cubanas se dirigieron a toda velocidad hacia la vieja embarcación, envistiéndola una por popa y otra por la proa, inmovilizando el remolcador. Los pasajeros empezaron a gritar.

Luego las cañoneras abrieron sus mangueras.

Cuando los chorros de agua comenzaron a golpear, Hernández fue uno de los primeros en caer al océano. Salió del agua, gritándoles incrédulo a los agentes:

—¡Eh, compañeros, cálmense, no hagan eso! ¡Miren que hay niños a bordo! —les rogaba, sin creer lo que estaba sucediendo.

En un esfuerzo por corroborar los ruegos de Hernández, las madres a bordo sostuvieron sus hijos frente a ellas.

—¡Miren, hay niños aquí! Los niños no podían resistir la fuerza de las mangueras, los chorros de agua los arrebataban de los brazos de sus madres para ir a caer chillando al océano. El resto de los pasajeros fue a esconderse debajo de cubierta para escapar de los torrentes. Todos los que se quedaron en cubierta fueron catapultados al agua.

—¡Sálvennos, sálvennos, tenemos niños con nosotros! —Jorge García, su hijo, un nieto y doce parientes estaban en el agua.

—¡Por favor, toda mi familia está conmigo! —Era como si las mangueras se activaran con la voz. Los chorros alcanzaban a la familia García. Los reflectores buscaban a los que se esforzaban por mantenerse a flote, ayudando a la tripulación de la cañonera en su asalto con las mangueras de alta presión, intentando barrer cualquier señal de humanidad de la superficie del mar.

—¡Hijos de puta! —gritaban los cubanos a bordo de las embarcaciones del gobierno, señalando y riéndose de sus compatriotas que se ahogaban, girando en círculos en torno a ellos para crear un remolino de muerte —¡Ladrones! ¡Contrarrevolucionarios!

El 13 de Marzo se hundió en las oscuras aguas. Los que se habían refugiado en la presunta seguridad del casco se hundieron con él. Los otros continuaron su duelo con la muerte en la superficie.

Sólo cuando un mercante griego se acercó fue que las tripulaciones cubanas se precipitaron a sacar a los sobrevivientes del agua. Treinta y un adultos y diez niños se ahogaron, entre ellos el capitán, Fidencio Ramel Hernández Prieto.

El horror de lo ocurrido en Cuba crispó al mundo. El papa Juan Pablo II envió una carta de condolencia al arzobispo de

La Habana para que se la transmitiera a los sobrevivientes y sus familias. Las denuncias de la Comisión Interamericana de Derechos Humanos de la Organización de Estados Americanos, la Comisión de Derechos Humanos de las Naciones Unidas y Amnistía Internacional exigieron investigaciones.

Fidel Castro defendió las acciones de sus guardacostas: «¿Qué íbamos a hacer con esos trabajadores que no querían que les robaran su barco, qué hicieron un verdadero esfuerzo patriótico para impedir que les robaran el barco? —preguntó a la defensiva—. ¿Qué vamos a decirles: Dejen que se roben el barco, no se preocupen por el barco?

Granma, el periódico auspiciado por el Estado, afirmó que las «estaciones de radio contrarrevolucionarias y el nido de gusanos de Miami» eran responsables del acto de piratería. Nadie se hizo responsable de la muerte de cuarenta y una personas. Entre ellas estaba toda la familia de Jorge García.

17

Ciudad de balsas

Vivimos aquí como si fuera en un país prestado.
Reinaldo Bragado

Siempre, desde que las damas de La Habana ayudaron a financiar la revolución de George Washington, ha existido una relación singular entre Estados Unidos y Cuba. A fin de que «los hijos de las madres americanas no nacieran esclavos», un grupo de madres cubanas envió a Virginia el equivalente a $28 millones en diamantes y perlas. El historiador Stephen Bonsal escribió que esa cantidad «debe considerarse el fundamento sobre el cual se erigió la independencia norteamericana».

Cien años después de la Revolución de las Trece Colonias, el éxodo de la década del 60 del siglo XIX trajo a Tampa e Ybor City, Florida, a [cubanos] plantadores de tabaco que escapaban de la agitación política. En el siglo XIX, a los cubanos que llegaban a Estados Unidos les llamaban emigrados. Se sucedieron otras migraciones, la mayor de todas en los años que siguieron a la Revolución de 1959 y a la fallida invasión de Bahía de Cochinos. Los cubanos fueron bien acogidos en Estados Unidos como exiliados o refugiados políticos. Algunos exiliados definieron su existencia en Estados Unidos como destierro, que literalmente significa estar sin tierra, ser arrancado del país propio.

Cuando se confirmó que lo que Castro tenía en mente para Cuba era comunismo, el presidente Johnson inició los Vuelos de la Libertad. Dos mil ochocientos setenta y nueve de esos vuelos aterrizaron en Estados Unidos de 1965 a 1971, trayendo casi a un cuarto de millón de refugiados cubanos. Anteriormente, entre diciembre de 1960 y octubre de 1962, más de catorce mil menores llegaron solos como refugiados a Miami bajo el auspicio del programa de la Oficina Católica de Bienestar Social llamado «Pedro Pan».

No fue hasta 1980 y el puente marítimo de Mariel que el carácter de estas migraciones cambió. En 1980, Fidel Castro orquestó las salidas.

Comenzó en abril, el Día de los Inocentes [April Fools Day] de 1980, cuando cinco cubanos penetraron a la fuerza en la embajada de Perú en La Habana. Su número pronto ascendería a diez mil. Después de una semana, Fidel Castro dijo que eran libres de marcharse, que él no podía costear el seguir alimentándolos. Cualquiera que quisiera irse de la Cuba revolucionaria estaba en libertad de hacerlo, les anunció a sus compatriotas, a sus queridos compañeros. Estados Unidos abrió los brazos y la prensa le dio máxima cobertura. Los cubanos de Miami acudieron apresuradamente al puerto de Mariel, en la costa norte de Cuba, con sus Bertrams, sus barcos de pesca y sus lanchas rápidas para recoger a sus hermanos cubanos y traerlos a la libertad.

Pero incluso al darles libertad a sus compañeros, Fidel se valió de la fuerza. Fidel decidió liberar a delincuentes comunes, ancianos, marginales sanos y los moralmente corruptos. Cuando el presidente Carter finalmente entendió la jugada, le dijo a las casi dos mil embarcaciones que todavía estaban en el puerto de Mariel que regresaran. Sin embargo, Castro habría de jugar la última carta. No dejaban salir a las embarcaciones a menos que estuvieran llenos de cubanos, y Castro iba a elegir que tipo de cubanos podían irse. El efecto dominó desde La Habana dio lugar a 125.000 cubanos refugiados que llegaron a Miami, muchos de ellos sin contar con un solo miembro de su familia que los reclamaran. La ciudad era incapaz de asimilar el mar de gente y empezaron a surgir campamentos debajo de los pasos superiores de las autopistas. La cifra de delitos aumentó y los cubanos con frecuencia resultaban involucrados, dando lugar a que el prejuicio, que al parecer había desaparecido después de la inmigración del exilio a principio de los años sesenta, se hiciera presente de nuevo.

Durante treinta y cinco años, la política inmigratoria hacia los cubanos no había cambiado. Los cubanos eran refugiados políticos y siempre eran bienvenidos en Estados Unidos. El fenómeno del balsero no era nada nuevo. Desde 1959, decenas de miles de cubanos habían escapado lanzándose a las aguas del Estrecho en cualquier cosa que pudiera flotar.

El llamado «Período especial en tiempo de paz» —que coincide en Cuba con la década del 90 del pasado siglo— estaba exacerbando el flujo migratorio. Y después que cuarenta y uno de sus compatriotas hubieran sido asesinados en el remolcador 13 de Marzo y todos los que participaron del crimen fueran exonerados —aun después de la condena del mundo entero— el pueblo cubano estaba harto.

En agosto de 1994, Cuba fue testigo de la peor agitación civil que el país había visto en décadas. Castro, naturalmente, culpó a Estados Unidos. Su biógrafo Tad Szulc escribió que la carta de los refugiados era la única que a Castro le quedaba por jugar. «Él ha estado haciendo esto para vivir durante 35 años... Necesita espacio para respirar y sabe que la única manera de conseguirlo es obligar a los norteamericanos a dialogar», escribió Szulc.

Castro estaba enfurecido de que a los refugiados, que estaban robándose barcos de Cuba y que a veces recurrían a la violencia para escapar, les estuvieran dando una cálida bienvenida al llegar a Florida. Aunque Estados Unidos no aprobaba el uso de estos medios violentos para escapar del régimen, los cubanos exiliados siempre habían sido acogidos como refugiados políticos.

Esto era una constante fuente de irritación para los migrantes de Haití y la República Dominicana, quienes apelaban al argumento racista de que tal vez ellos no eran lo suficientemente blancos para ser acogidos en Estados Unidos. Pero la población de Cuba era ahora mayoritariamente negra y llegaría al setenta por ciento [entre negros y mulatos] en el nuevo milenio.

Varios escritores lo llamaron la «contradicción cubana» y creían que ya era hora de que la política de Estados Unidos hacia Cuba se extendiera por igual a las personas procedentes de otros países. Ana Menéndez, columnista del *Miami Herald* y cubanoamericana, escribió que debería haber una Ley de Ajuste Haitiano que parigualara la Ley de Ajuste Cubano promulgada por el presidente Johnson en 1964.

Pero habían sido los cubanos quienes fueron abandonados en Bahía de Cochinos; fue a los cubanos de la Brigada 2506 a quienes el presidente Kennedy les prometió devolverles su bandera en una Cuba libre. Los cubanos fueron ignorados una vez más cuando se presentó la oportunidad durante la crisis de los misiles. Fue al gobierno de Castro al que Estados Unidos prometió no invadir conforme al acuerdo Kennedy/Jrushchov y, como consecuencia, el comunismo prosperó. Eran los cubanos los que huían de la persecución política, no económica, aunque ahora con el Período Especial se cuestionaba ese argumento. Para mejor o peor, Cuba era diferente, y así había sido desde la Revolución de las Trece Colonias. Y sin embargo la relación amorosa que comenzara con Washington y las damas de La Habana estaba a punto de acabarse.

El 5 de agosto de 1994, indignados ciudadanos cubanos presenciaban como el gobierno frustraba otra escapada cuando interceptaron un trasbordador secuestrado. La agitación en Cuba se extendió por el país y miles de personas comenzaron a prepararse para lo que se llamaría el Éxodo de 1994. Más de treinta mil hombres, mujeres y niños se encaminaron hacia el estrecho de la Florida.

El 7 de agosto de 1994, Domingo Campo y otras trece personas salieron a bordo de una embarcación que tenía un motor nuevo de tres caballos de fuerza. O así les dijeron. El motor sólo les costó 5.000 pesos cubanos. Cargaron un tanque de combustible adicional, una garantía de que su viaje no demoraría más de tres días. Desafortunadamente, la persona que instaló el motor lo puso al revés y nunca arrancó. Lo descubrieron cuando estaban a menos de una milla de la costa, pero decidieron que «¡pa' atras ni pa' coger impulso!». Tiraron al océano el motor y el tanque adicional de combustible, y empezaron a remar.

Ellos habían oído las historias de Hermanos al Rescate por Radio Martí, y cómo los Hermanos lanzaban radios, agua y otros artículos. El grupo de Domingo estaba confiado de que los guardacostas los encontrarían en unos pocos días. Llevaban algo de carne de cerdo cocinada que habían tenido la gran suerte de encontrar, y algo de agua. El grupo de catorce personas terminó con el cerdo, su única comida, el primer día.

Al segundo día se presentó un mal tiempo. Al tercero, el hambre resultaba intolerable y una de las personas a bordo sacó una botella de miel. Domingo Campo tragó un poco de miel con el estómago vacío y sintió que le quemaba las entrañas.

Una noche vieron un barco y encendieron una baliza, pero el barco siguió de largo. En los días subsiguientes, vieron muchos barcos y lanchas, e incluso aviones, el estrecho de la Florida era más transitado de lo que suponían.

Hicieron un esfuerzo en ponerse de pie para hacer señas con las manos, los hombres incluso le prendieron fuego a sus camisas para llamar la atención. Los barcos, las lanchas y los aviones los ignoraron.

—¿Dónde carajo están esos comemierdas de Hermanos al Rescate? —imprecaron.

Racionaron el poquito de agua que les quedaba: un sorbo en la mañana y otro sorbo en la noche. En aquel bote atiborrado, sólo dos personas podían tenderse y dormir al mismo tiempo, de manera que se turnaban para descansar.

El tránsito de aviones, lanchas y barcos mercantes continuaba ignorando a los trece hombres y una mujer a bordo del bote de Domingo Campo, como si fueran invisibles para las multitudes en la vía marítima.

Al sexto día, en el pueblo de Domingo tuvo lugar un funeral por las catorce personas. Luego, su madre le dijo que esto había unido a la comunidad.

Al octavo día del viaje de Domingo, ninguno de los hombres tenía camisas —las habían quemado todas en el intento de llamar la atención de los botes y aviones que pasaban. Ya no les quedaba agua y estaban completamente deshidratados y desfallecidos. Cuando vieron un barco mercante de Croacia que se acercaba, decidieron que sólo uno de ellos le haría señas. Tal vez los barcos que pasaban no querían recoger a catorce refugiados. Tal vez se detendrían por uno. El resto del grupo intentaba conservar la poquita energía que les quedaba. Se encontraban exhaustos. De manera que mientras trece de ellos se fingían muertos, uno le hacía señas al barco croata que vino en su rescate.

Mientras esperaban por que llegara el guardacostas de EE.UU., contaron su torturante odisea de ocho días y de los barcos y aviones que habían ignorado sus súplicas. Uno de los croatas que hablaba español les explicó que más de diecisiete personas habían avistado su bote con catorce personas y le habían comunicado por radio esa información a otros. Pero puesto que había miles de personas en el estrecho de la Florida al mismo tiempo, y el grupo de Domingo parecía estar bien, se habían ocupado de rescatar a otros. No tenían idea que el grupo de Domingo había estado ocho días en alta mar. El grupo de Domingo no tenía idea de que había treinta mil personas en el agua. No se habían enterado de que cuatro días después de su partida, Fidel Castro había ordenado al Servicio de Guardacostas Cubano y a las fuerzas de seguridad que no obstruyeran las salidas ilegales, y el éxodo se había puesto en marcha.

Cuando el guardacostas los recogió y los llevaron para procesarlos, les dieron más Gatorade y galletas de soda. Domingo Campo no había comido galletas de soda en más de veinte años.

Después los llevaron al Centro de Tránsito en Cayo Hueso, que dirigía Arturo Cobo y otros voluntarios, donde los recibieron efusivamente «¡Bienvenidos a tierra de libertad!» y donde a cada uno le dieron ropas nuevas, jabón, navajas de afeitar, pasta y cepillos de dientes —dos de cada artículo por persona.

—¿Dos? —preguntó Domingo, asombrado de la generosidad. Cuando fue a ducharse en el Centro de Tránsito, advirtió que los que habían pasado por allí antes que él habían dejado jabones usados, frascos de champú medio vacíos y navajitas de afeitar. Él lo recogió todo, nunca había visto tal derroche. Luego los llevaron a un bufé, atendido por los voluntarios, con variedad de comida caliente y abundante. Finalmente, la Casa de Tránsito se puso en contacto con la gente del pueblo de Domingo y les dieron la buena nueva: «Lo lograron».

Después de la abierta invitación de Fidel Castro a irse, el éxodo fue oficial. Hermanos al Rescate comenzó a patrullar el Estrecho en cualquier cosa que pudiera volar.

Afortunadamente, su lista de pilotos estaba completa y hacía poco que le habían dado la bienvenida a bordo al joven de veintidós años Mario de la Peña.

Mario de la Peña nació el 28 de diciembre de 1971 en Weehawken, Nueva Jersey. Desde los diez años quiso ser piloto. En ese momento asistía a la Universidad Aeronáutica Embry Riddle y vivía con sus padres, Miriam y Mario, y con su hermano menor.

Los de la Peña se habían mudado a Miami por el mismo tiempo del puente marítimo del Mariel, de ahí que el aula de Mario se llenó de niños que no podían hablar inglés. Él les comenzó a hacer preguntas sobre Cuba. ¿Qué ocurrió en 1959? ¿Por qué están estos niños aquí ahora? ¿Por qué no pueden hablar inglés? Los de la Peña nunca habían sido políticamente activos en Cuba —se habían ido en la preadolescencia— de modo que resultaba difícil explicarle a Mario, siempre ávido de curiosidad, la compleja situación a noventa millas de distancia.

Él se interesaba en la ciencia, en la naturaleza, en saber cómo crecían las cosas. Pasaba noches enteras mirando el cielo con su telescopio, fascinado con el espacio cósmico. Era creativo y le gustaba inventar y construir cosas. Sus amigos recordaban a Mario y sus modelos de cohetes, sus radios unidireccionales AM sin baterías y sus tiragomas. Fascinado por el océano, aprendió a bucear. Quería estar en el aire, luego aprendió a volar, para lo cual se matriculó en la Escuela de Aviación Geoge T. Baker, al tiempo que cursaba la escuela secundaria.

Su madre, Miriam, trabajaba para aerolíneas, de modo que los Peña viajaban extensamente. Miriam recuerda señalar a Cuba en un vuelo de regreso de las Islas Caimán. ¿Por qué no puedo ir a visitar la tierra donde nacieron mis padres? ¿Por qué? ¿Qué está pasando allí? Mario nunca paraba de hacer preguntas.

Cuando Mario leyó acerca de Hermanos al Rescate en el verano de 1994, supo que no sólo podía aumentar sus horas de vuelo, sino que también podía ayudar a salvar personas de Cuba.

La cobertura del éxodo de 1994 fue tan minuciosa, las fotos tan sobrecogedoras, que la comunidad estaba ansiosa de ayudar. Así como durante el puente marítimo del Mariel cualquiera con un embarcación en buen estado para navegar se había ido a Cuba, ahora cualquiera con licencia de piloto estaba volando sobre el Estrecho en busca de balseros.

Sylvia Pascual había estado con Hermanos por casi dos años antes de salir en una misión, pero escuchar las constantes llamadas telefónicas de personas en la isla que indagaban por sus parientes, le proporcionó el catalizador que necesitaba para enfrentarse a uno de los pequeños Cessnas y volar sobre el Estrecho. Un par de ojos es un par de ojos.

Ella iba apretada en el asiento trasero del avión que piloteaba Guille Lares, junto a un periodista italiano que filmaba la escena histórica que se mostraba abajo. Sylvia la describiría como «una nata humana». Una capa espumosa de humanos sobre el agua es lo que veían sus ojos. Familias apiñadas en cámaras neumáticas, jóvenes con el pecho desnudo en embarcaciones desvencijadas, abuelos sosteniéndose en pedazos de madera, mujeres ahogándose. Había ancianos y mujeres con las cabezas inclinadas, ya por oración o angustia. Madres desesperadas que le mostraban a sus bebés, rogándole que los rescataran primero.

Para las seis de la tarde del primer vuelo de Sylvia, Guille Lares sabía que tenía que regresar porque se estaban quedando sin gasolina y sin luz diurna. Se alejaron de miles de personas que aún flotaban en el mar, como la espuma de la leche hirviente. Sylvia lloró durante todo el camino de regreso.

Pablo Morales entendía muy bien la angustia de las personas que veía allá abajo. Había presenciado muchos de los 4.200 rescates que los Hermanos al Rescate habían hecho antes del éxodo de 1994. Él estaba volando con Carlos Gartner, recordando su propio rescate por los hermanos Lares. Pablo había estado orando a la Virgen María, sosteniendo la pequeña imagen en sus manos. Cuando levantó la vista y vio el avión, había alzado la imagen a los cielos.

Él y Carlos Gartner acababan de avistar una balsa con seis hombres, dos mujeres y una bebita de quince meses. Les dejaron caer el walkie-talkie protegido con envoltura de burbujas y lo vieron golpear el agua. Mientras los hombres se peleaban por coger el paquete, la madre levantó a su bebé hacia el avión. Era una escena que habían visto antes, esta ofrenda de un niño a las alas protectoras de la aeronave de su salvador.

Debajo de ellos, después de leer las instrucciones para los radios bidireccionales, el balsero Alberto Martínez Tejeda se identificó e identificó a sus compañeros. Estaban en un bote de madera, a cuarenta kilómetros al norte de La Habana, y se habían quedado a la deriva durante varias horas después que el motor se rompió. Habían salido un día y medio antes de El Malecón, junto con centenares más de cubanos. Había sido su cuarto intento de salir de Cuba.

—No podíamos esperar más —dijo sollozando Martínez Tejeda, comunicándose a través de la radio—. Pero no puedo creer lo que hemos hecho. —Se estaba refiriendo a la bebé que tenían a bordo—. Todo lo que queremos es libertad, eso es todo lo que queremos.

—No se preocupen —les aseguró Carlos Gartner—. La libertad viene en camino, hermano. —Cuatro horas después fueron recogidos por el guardacostas.

Para Iván Domanievicz y Beverly Brooks esos días de verano el estrecho de la Florida parecía una ciudad de balsas. Las personas que se encontraban en el agua, se tendían la mano, unían sus cámaras neumáticas y se convertían en familia. No había donde mirar que no se viesen balsas, y demasiadas de ellas estaban vacías.

El protocolo del Servicio de Guardacostas era que una vez que encontraban una balsa y rescataban a los que estaban a bordo, bien la marcaban con una «X» o la destruían para que se hundiera. Pero la urgencia ahora era salvar vidas, no marcar o hundir balsas. En consecuencia, no había manera de saber si esas balsas vacías representaban a personas que habían sido salvadas o almas que se habían perdido. El Servicio de Guardacostas no daba abasto con más de trescientas balsas por día.

Trescientas balsas al día eran demasiadas balsas para el hangar, que ya estaba abarrotado. Humberto Sánchez y Luis Martínez eran los custodios de las balsas, marcándolas diligentemente con el día en que habían sido avistadas y con cuántas personas a bordo, o el día en que la habían encontrado vacía. A veces las balsas vacías contaban las historias más tristes, especialmente aquellas que contenían ropita de bebé, un remo roto, un cordel de pescar partido. Humberto y Luis habían viajado muchas semanas a la Casa de Tránsito en Cayo Hueso para recoger las balsas que allí conservaba Arturo Cobo. Las exhibirían en eventos especiales tan distantes como el capitolio de Tallahassee, Florida.

Humberto y Luis siempre trabajaban juntos, ya fuese en el hangar ordenando las balsas o como observadores en busca de más. Siempre en equipo, a Luis y Humberto les apodaban «Batman» y «Robin». Luis era un Batman muy probable, con su corpachón de 1,93 m. rostro hermoso y curtido, pelo rubio y ojos verdes. La única semejanza de Humberto con Robin era el de ser más pequeño que Batman. Luis lo admiraba porque Humberto participaba en proyectos y actividades cubanos y Luis quería saber más acerca de la lucha en Cuba. La amistad de ambos creció a partir de esta relación de mentoría y Batman y Robin trabajaban no sólo en las balsas, en el hangar y como observadores, sino que también trabajaban con Tito Fufú en el equipo de radio, puesto que ambos eran radioaficionados. Ellos habían sido parte de Hermanos desde sus primeros días.

Luis había venido de Cuba en el puente de Mariel en 1980 cuando tenía catorce años. Su padre le pagó a alguien para que lo sacara en un barco llamado Lady Cracker. El viaje con mar gruesa duró veintiséis horas. Uno de los recuerdos más vívidos de su llegada fue cuando alguien le dio a su madre una botella de Coca-Cola. Y ella se desmayó, remontándose a antes de la Revolución.

Catorce años después, Luis colaboraba con Humberto y recibía lecciones de Mario de la Peña, que le estaba enseñando a volar. Ambos vivían en el mismo barrio y uno iba a casa del otro en bicicleta.

Históricamente, Fidel Castro le ha transferido sus problemas internos a Estados Unidos. En su libro *The Cuban Americans*, Miguel González-Pando escribió que era La Habana, no Washington, quien controlaba el litoral de la Florida. Al tiempo que estaba enredado en el problema del embargo, el presidente Clinton estaba a punto de cambiar la política de Estados Unidos hacia los refugiados cubanos, una política que había estado en vigor por treinta y cinco años.

Durante el éxodo de 1994, el gobernador de Florida, Lawton Chiles, le garantizó al estado que no habría un segundo Mariel, o cualquier otro tipo de migración fabricada. Él también se lo pidió al presidente. El 19 de agosto de 1994, el Servicio de Guardacostas de EE.UU. puso en vigor la

Operación Vigilia Capaz, en respuesta a la migración incontrolada de Cuba y a la nueva prohibición del presidente Clinton de permitir el ingreso de migrantes cubanos indocumentados en Estados Unidos.

La semántica cambiaría la política de inmigración. A los cubanos siempre se les había mencionado como refugiados, ahora los catalogaban de migrantes. La nueva normativa de Clinton decretaba que todos los migrantes interceptados en el mar por los guardacostas fuesen internados en Guantánamo, la base naval que Estados Unidos tiene en suelo cubano. Entre tanto, las decenas de miles que se bamboleaban en las aguas del estrecho de la Florida no tenían idea de que les habían cambiado su estatus, que ya no eran bienvenidos, que regresarían a Cuba.

Nelson Alemán y su familia habían estado en Miami por casi tres años después de haber hecho la travesía en el Misladys. Nelson nunca había vuelto a tener noticias del guardacostas ni del mapa antiguo que se le había quedado en la lancha patrullera. Ahora él estaba a la espera de noticias de sus padres.

Los padres de Nelson salieron de Cuba antes del cambio de política, pero Nelson no sabía si habían sido rescatados y enviados a Guantánamo o si estaban muertos. Alemán se contaba entre los centenares de personas que llamaban a Hermanos al Rescate todos los días, indagando si en esa ciudad de balsas habían encontrado a su familia.

—Chequée las listas —les diría Sylvia Pascual, la secretaria de Hermanos al Rescate—. Manténganse chequeando las listas.

Alemán era demasiado inquieto para revisar las listas que aparecían diariamente impresas en los periódicos o se leían en las estaciones de radio. Durante tres días consecutivos, él y sus hermanos fueron hasta la Casa de Tránsito en Cayo

Hueso, a una distancia de tres horas y media en auto. Sus padres no estaban en las listas.

Sus padres estaban en Islamorada, a medio camino entre Miami y Cayo Hueso. Orestes Lorenzo había estado volando con Hermanos al Rescate el día antes que la política cambiara. Había encontrado a los padres de Alemán el 18 de agosto de 1994, un día antes del cambio de política. Una vez más, la familia Alemán había tenido una sincronización perfecta.

En la primera semana de la Operación Vigilia Capaz, el Servicio de Guardacostas de Estados Unidos interceptaría a más de diez mil cubanos, más de los que fueron rescatados entre 1983 y 1993.

Para los balseros, ver los aviones de Hermanos era una respuesta a la oración. Ver al guardacostas era un sueño que se hacía realidad. Una vez a bordo de las cañoneras, les decían que iban de regreso a Cuba, a Guantánamo, para revivir su pesadilla.

Mario de la Peña estaba en el aire cuando se anunció la Operación Vigilia Capaz. A su regreso a Opa-locka, algunos reporteros estaban esperando a los pilotos para preguntarles sobre la nueva política de devolver a los balseros. Su madre recuerda haberlo visto en la televisión cuando le notificaron del cambio de política.

—Oh, ¿los van a devolver? —preguntó desconcertado—. Entonces, ¿no sirve de nada volar? Él no podía creerlo. Quiso hacer más preguntas, pero no había ninguna respuesta para Mario en ese momento. Él siguió volando y su familia tenía serias reservas sobre su permanencia en Hermanos al Rescate.

—Soy cubanoamericano —explicó—. Y ahora mismo, mi lado cubano está en apuros; así que mi lado americano tiene que ayudar.

18

Guantánamo

En política, el absurdo no es una desventaja.
Napoleón Bonaparte

La base naval de Estados Unidos en la bahía de Guantánamo, en el extremo sudoriental de Cuba, es la base norteamericana más antigua fuera del territorio continental de Estados Unidos, y la única situada en un país que no sostiene una abierta relación política con Estados Unidos[2]. En 1902, Estados Unidos arrendó ciento dieciséis kilómetros cuadrados de tierra y agua en Guantánamo para usarlas como una estación carbonera. El acuerdo de arrendamiento funcionó bien hasta la Revolución de Castro en 1959. Desde 1964, Guantánamo ha sido del todo autosuficiente, con su propias fuentes de energía y de agua, así como con el único McDonald's de la isla de Cuba.

En 1991, la misión de la base naval se expandió al tiempo que unos 34.000 refugiados haitianos escapaban de un violento golpe de Estado que había tenido lugar allí. Algunos de ellos todavía se encontraban detenidos allí en agosto y septiembre de 1994, cuando los balseros cubanos aumentarían su población a más de 45.000 personas.

Basulto se levantó en el extremo de la larga mesa de conferencia en el hangar, y contempló al remanente de sus

---

[2] Después de 54 años sin relaciones diplomáticas, éstas se acaban de restablecer en el verano de 2015. (N. del T.).

pilotos. Muchos habían decidido abandonar el grupo luego del cambio de política.

—Acuérdese todo el mundo de que le damos cuenta a una autoridad superior —dijo. Las misiones de rescate continuarían. Necesitaremos cambiar unas cuantas cosas. Ante todo, no podemos llamar más al Servicio de Guardacostas. Luego, cuando dejemos caer los suministros, les preguntaremos por los walkie-talkies si necesitan ayuda. Por supuesto, si los pilotos comprobaran que los que estaban allá abajo se encontraran en dificultades, podían llamar al Servicio de Guardacostas, aunque eso significara que los enviaran a Guantánamo. —Al menos mantendrían a los balseros vivos.

Fue una tarde de octubre de 1994, mientras Guille y Beto Lares volaban en una misión cuando se dieron cuenta de cuánto habían cambiado las cosas. Después de llamar al Centro de La Habana al tiempo de cruzar el paralelo 24, advirtieron una balsa con cuatro hombres y dos mujeres a bordo. Parecía que se encontraban en buenas condiciones, pero los pilotos sabían que el grupo aún tenía un largo camino por recorrer. Hicieron un vuelo rasante para obtener una mejor visión. Cuando pasaron por segunda vez, dos de los hombres se pusieron de pie.

En el pasado, este era el momento en que los balseros alzaban las manos hacia ellos en un gesto de abrazo. Este era el momento de levantar hacia ellos algún niño que tuvieran a bordo. Cualesquiera reliquias religiosas que hubieran traído para el viaje, también se las ofrecían a las avionetas de Hermanos al Rescate. Estos eran los momentos de decir por señas que necesitaban agua o que alguien necesitaba un médico. Gestos dramáticos de manos juntas en señal de oración se elevaban al aire, una forma no verbal de darles las gracias por haberles salvado la vida.

Hoy fue diferente.

Los dos hombres plantados firmemente sobre sus piernas en el bote que se mecía, levantaron la palmas de las manos hacia ellos indicándoles que siguieran. Váyanse de aquí, su lenguaje corporal era inequívoco. Váyanse. De haber podido, sus brazos habrían barrido la avioneta del cielo. No querían llamar la atención de los guardacostas que ahora patrullaban regularmente la zona en busca de migrantes para llevarlos al centro de detención de Guantánamo.

Los hermanos Lares ni siquiera les dejaron caer el walkie-talkie. Ninguna comunicación por radio se necesitaba para oír lo que estos balseros querían de los Hermanos. No querían nada. Guille y Beto oraron por ellos.

Para noviembre de 1994, había más de 30.000 cubanos en Guantánamo, detenidos indefinidamente por Estados Unidos. Veinticuatro abogados cubanoamericanos presentaron una demanda legal contra la detención ilícita de hombres, mujeres y niños inocentes que estaban viviendo hacinados en tiendas polvorientas y rodeados de alambres de púas. Celebraron una rueda de prensa en las gradas del Tribunal Federal en Miami que fue transmitido a todo el mundo por CNN.

José García-Pedrosa y un pequeño grupo de esos abogados decidieron que era hora de visitar a sus clientes en Guantánamo. Su objetivo era establecer una clínica legal en la base para oír los casos de los refugiados. Para García-Pedrosa habían pasado casi treinta cuatro años a la fecha en que él había abandonado su país natal en 1960. García-Pedrosa llevó un diario de su visita que posteriormente le dio a Basulto.

El día del viaje a Guantánamo, el hangar de Hermanos al Rescate bullía de abogados, reporteros, pilotos y el ex alcalde de Miami Xavier Suárez, que iría con ellos en el viaje. Los aviones estaban llenos hasta el máximo de su capacidad con casos y casos de documentos legales; algunos de los cuales tuvieron que quedarse atrás. Dos camarógrafos de la televisión se centraron en Basulto al tiempo que les indicaba a los letrados que se deshicieran del peso adicional.

Beverly Brooks, vistiendo pantalones caqui y una polera azul Prusia con el emblema de Hermanos a Rescate, pilotearía a José García-Pedroso. Ella e Iván Domanievicz, la original tripulación kamikaze, seguirían volando con Hermanos al Rescate. El plan de vuelo incluía una escala en las Exumas para reabastecerse de combustible, luego un trayecto directo hacia el extremo oriental de Cuba, la punta de Maisí. Se acercarían a la base bordeando la costa sur de la isla y girando a la derecha en la bahía de Guantánamo. Era una ruta larga y menos directa, pero las autoridades cubanas no les permitirían atravesar la isla.

Xavier Suárez y los abogados Ramón Rasco y Orlando Cabrera se unieron al grupo para orar a iniciativa de Basulto, quien le dedicó la misión a Dios. Basulto y el copiloto Carlos Gartner volaban a bordo de Seagull One, el N2506, con Suárez y Rasco. Ray Martín, otro de los pilotos voluntarios de Hermanos, era el copiloto de Beverly, y los abogados Cabrera y García-Pedrosa se hacinaban en el Cessna 337 blanco, el La Habana D.C. (después de Castro).

—Bienvenidos a la República de Cuba.

García-Pedrosa se sintió vencido por la emoción cuando oyó las palabras de la controladora del tránsito aéreo. La entrada de su diario describe lo que veía desde las pequeñas ventanillas del Cessna, el país que él había dejado hacía treinta y cuatro años: la hierba verde que descendía hasta encontrarse con la arena blanca y las aguas de un azul cristalino, y, a la distancia, la cadena montañosa. El paraíso tropical que presenció estaba en agudo contraste con

Guantánamo, que no se parecía en nada al resto de Cuba, o incluso al resto del Caribe.

La base naval de Estados Unidos ocupa ciento dieciséis kilómetros cuadrados de tierra seca, árida y polvorienta, salpicada por hileras de tiendas de campaña. Gitmo, como apodan a la base naval de Guantánamo, se divide en dos partes, con el campo de aviación en la parte occidental y la base en la parte oriental y [la entrada de] la bahía en el medio. Un ferri transporta a empleados, vehículos y suministros a cada hora en punto.

El teniente coronel Harris le dio la bienvenida al grupo y les presentó al cabo Friend, que sería su escolta para lo que durara el viaje. García-Pedrosa estaba sorprendido con el impecable uniforme del cabo en medio del polvoriento paisaje de Guantánamo.

A los pilotos los albergaron en el Cuartel de los Oficiales Solteros en el lado de sotavento de la base. Al grupo de abogados y políticos los alojaron en un apartamento sucio que constaba de seis catres del ejército y un aire acondicionado de pared. Las cucarachas muertas tapizaban el suelo. El baño estaba tan asqueroso que García-Pedrosa se sintió avergonzado por las mujeres con quienes tendrían que compartirlo. El alcalde Suárez encontró algún detergente y toallas de papel para limpiar el baño y García-Pedrosa lo recuerda saliendo del baño y anunciando: señor oficial, el baño está listo para la inspección.

Había veintitrés campamentos de refugiados cubanos con casi 24.000 detenidos. Otros 8.000 cubanos refugiados, ahora llamados migrantes, fueron llevados a campamentos en Panamá. En Gitmo, tres mil eran niños, noventa y dos de los cuales estaban solos. Había 250 mujeres embarazadas en ese momento, y muchas personas ancianas y enfermas. García-Pedrosa temía que hubiera una alta concentración de varones solteros, el grupo menos favorable de personas para ingresar en Estados Unidos. Pero había sólo tres mil, lo cual significaba que ésta era una migración de familias. La mayoría de las personas internadas había nacido después que el gobierno de Castro tomara el poder el 1 de enero de 1959. Muchos eran disidentes y activistas políticos a los que el gobierno cubano les había dado a elegir: o correr el riesgo de irse en una balsa o ser encarcelados. Uno de esos disidentes, David Buzzi, abogado y novelista, le dijo a García-Pedrosa que había sido preso político tres veces: bajo Batista, bajo Castro y bajo los militares de Estados Unidos en Guantánamo. La mayor queja de los detenidos era que no tenían idea de por qué estaban allí.

García-Pedrosa notó lo delgados que estaban los detenidos, pese que les estaban dando tres comidas al día. Una de esas Comidas Listas para Comer (MRE. Según su sigla en inglés). García-Pedrosa le llevó una a sus hijos, pero nunca se la comieron.

No había agua corriente en los campamentos y los refugiados se encontraban viviendo en tiendas llenas de polvo sobre los suelos sucios, y esporádicas interrupciones de la electricidad. Todos los detenidos debían llevar lo que parecía un reloj pulsera negro sin esfera: una banda de identificación de alta tecnología.

Los hombres, las mujeres y los niños no tenían nada que hacer durante todo el día y la noche. La Secretaria de Justicia de Estados Unidos les había ofrecido dos opciones: regreso a la Cuba comunista o quedarse en Guantánamo indefinidamente.

El gobierno exigía que los detenidos se apuntaran para ver a García-Pedrosa y los abogados. Antes de que se pusieran de acuerdo sobre los pertinentes formularios del gobierno y estos se distribuyeran, los detenidos hicieron sus propios formularios y prácticamente todos ellos solicitaron una entrevista con los abogados. Los oficiales militares de

Guantánamo recogieron las peticiones y las guardaron, para estudiar los borradores y reconsiderar las cosas.

Mientras a la prensa le permitían el libre acceso a los campamentos y les daban permiso de filmar y de andar entre los refugiados, a los abogados les negaron el acceso directo a sus clientes. Incluso rehusaron darles los nombres de los líderes designados de cada campamento.

—Estúpida —fue todo lo que García-Pedrosa podía responder a semejante burocracia.

García-Pedrosa y su equipo les explicaron pacientemente a los pocos refugiados a los que finalmente les permitieron ver de qué se trataba la demanda legal: de su libertad. Sin embargo, no necesariamente los recibirían en Estados Unidos, pero podrían entrar en un tercer país. Por primera vez en la mayor parte de sus vidas, al fin y al cabo tendrían una oportunidad de ser libres.

Otras de las medidas burocráticas que a García-Pedrosa le parecía estúpida era la prohibición de fumar. García-Pedrosa había dejado de fumar hacía años, de manera que él podía entender el desasosiego de los que se veían privados de su fuma. Los militares de Guantánamo tal vez no entendían que en el tercer mundo y en los países europeos la mayoría de los adultos fuma, particularmente durante situaciones de estrés. Después de ejercer considerable presión, la regla se relajó para permitirles un cigarrillo al día. Pero si las letrinas portátiles no estaban limpias según las expectativas de los militares, les quitarían los cigarrillos indefinidamente.

García-Pedrosa no se sentía orgulloso de la manera en que su gobierno estaba tratando a estos seres humanos en Guantánamo. Pero, por la gracia de Dios, bien que él podía ser uno de los refugiados que llevaba un cubo de desperdicios en los campamentos.

Mientras los abogados preparaban su consultorio, Basulto, Beverly, Carlos Gartner y Carlos Tabernilla tuvieron que quedarse en la parte occidental de la base. A ellos no les permitieron cruzar hasta donde se albergaban los detenidos. Ni les permitieron hablarles. Un día, Basulto fue hasta el borde de la alambrada de tela metálica que separa la base naval de Estados Unidos del resto del país, su país de nacimiento, su Cuba. Se acuclilló y metió la mano a través del alambre de púa y lo extendió hasta donde podía para coger un puñado de tierra, que trajo tiernamente en el hueco de su mano desde el otro lado de la cerca y luego lo guardó cuidadosamente en el bolsillo. Era tierra de Cuba.

Basulto y el grupo de abogados se despidieron de Guantánamo el 10 de noviembre de 1994. Mientras rodeaban el extremo oriental de la isla, la punta de Maisí, él hizo un giro a la izquierda para volar sobre suelo cubano. Además, decidió dejar caer algunas calcomanías de Hermanos al Rescate.

—Sencillamente estaba allí —dijo, cuando algunas personas preguntaron el porqué lo había hecho. Eso y que aún podría estar un poco molesto de que no le dejaran hablar con los detenidos. La Sección de Intereses de Estados Unidos en La Habana acusaría más tarde a Basulto de lanzar propaganda enemiga de la organización contrarrevolucionaria Hermanos al Rescate.

El castigo vendría un mes más tarde, justo a tiempo para las navidades.

La mayoría de los niños que estaban en Guantánamo probablemente nunca había celebrado Navidad. Fidel Castro había cancelado el día feriado en 1969, aduciendo que interfería con la zafra azucarera. Se reinstalaría en 1997, días antes de la visita del papa Juan Pablo II a la isla en enero de 1998.

Pero el 6 de enero de 1995, los niños de Guantánamo celebrarían el Día de Reyes, la fiesta de la Epifanía. En la mayoría de los países hispanos y latinoamericanos, la entrega de regalos [a los niños] tiene lugar en la fiesta de la Epifanía, cuando los magos visitaron al niño Jesús.

Maggie Schuss y otras personas se sintieron conmovidas por la situación de cientos de niños en Guantánamo que nunca habían celebrado la Navidad y ella quería enviarles regalos. Steve Walton y Basulto estaban en el hangar el día en que se sugirió el nuevo proyecto. «¡Por supuesto que podemos hacerlo!», dijo Basulto, dispuesto a emprender una nueva misión. Luego se volvió hacia Steve:

—¿Cómo podemos hacerlo, Steve?

En cuestión de días, dos mil regalos donados por la comunidad se apilaban en el hangar. Cuando un sargento mayor en Guantánamo le dijo a Steve que los regalos tenían que estar envueltos, Maggie Schuss hizo una petición a través de las estaciones de radio:

«Todo el mundo en Miami que se aparezca en el hangar con papel de regalo y tijeras», recuerda ella. Los dos mil regalos se envolvieron.

Steve Walton tenía que encontrar un avión lo bastante grande para llevarles los juguetes a los niños de Guantánamo. Un amigo conectó a Steve con el Comando Aéreo Valiant, en Titusville, Florida, una organización sin fines de lucro dedicada a encontrar y restaurar aeronaves históricas. Tenían un C47 que había volado en la invasión de Normandía durante la segunda guerra mundial llamada la Tico Belle. Si Steve Walton proporcionaba el combustible, aceite y un estipendio para el mantenimiento, así como comida y techo por una noche para los pilotos, el C47 transportaría los juguetes.

El 5 de enero de 1995, los pilotos de la Tico Belle despegaron para llevar a cabo su misión. Las autoridades no permitieron que nadie de Hermanos al Rescate fuera en el avión para entregar los juguetes. Era un castigo a Basulto, no confirmado, pero obvio, por haber sobrevolado la punta de Maisí en su anterior vuelo a Guantánamo.

Una vez más, Cuba no autorizó volar sobre su espacio aéreo. Lo que la mayoría de la gente asocia como un vuelo de noventa millas [144 kilómetros] de Estados Unidos a Cuba se convertía en casi mil kilómetros y cuatro horas de vuelo en cada tramo.

Emocionados de que un avión de transporte de la segunda guerra mundial aterrizara en su base, los hombres de Gitmo rebosaban de orgullo al saber que la Tico Belle había volado en Normandía. «Ustedes tienen agallas», les dijo el aviador naval de Gitmo. que hizo la revisión de la aeronave. Los marines trataron a los pilotos como a héroes.

A ninguno de los pilotos de la Tico Belle les permitieron cruzar la bahía cuando transportaban los juguetes para los niños. Pero en la mañana del 6 de enero, todo los niños y niñas de Guantánamo recibieron al menos dos regalos de los Reyes Magos ese Día de la Epifanía de 1995.

Las condiciones en Guantánamo se deterioraron a tal extremo que mil detenidos pidieron ser devueltos a Cuba. Pero no resultaba tan fácil y sencillo como atravesar las puertas o saltar la cerca, como Basulto había hecho en 1961, o nadar la bahía como había hecho Juan Pablo Roque 30 años después. Contrataron a compañías de flete para trasladar a las personas por aire [hasta La Habana], compañías como Miami Air, donde Mike Murciano trabajaba ahora.

No podía obviarse la ironía. En un mismo día, Mike Murciano podía, posiblemente, volar a Homestead para recoger a balseros cubanos que habían sido interceptados por el Servicio de Guardacostas y llevarlos a Guantánamo. Ese mismo avión podía entonces recoger a un grupo de los detenidos en el campamento que querían regresar a Cuba y transportarlos de regreso a La Habana. Allí Mike veía que se los llevaban en unos autobuses amarillos con cortinas que bloqueaban las ventanillas. Mike nunca supo adonde iban a parar.

Resultaba confuso y conmovedor para el joven piloto, puesto que él aún piloteaba misiones para Hermanos al Rescate. No era imposible imaginar que el mismo balsero que él puede haber avistado un fin de semana antes, e incluso tal vez haberle dejado caer un radio o una botella de agua, había sido interceptado por el guardacostas y conducido a Homestead. A esa misma persona, hombre, mujer o niño, podían ponerla en el vuelo de Mike a Guantánamo, para quedar detenida en su propio país. El único consuelo de Mike era que al menos Guantánamo era territorio americano.

Recoger a los detenidos en Guantánamo era lo que más lo molestaba. «¿cómo pueden querer volver a Cuba?», les preguntaba a veces a sus pasajeros. Después de arriesgarse a morir en el estrecho de la Florida, un riesgo que habían corrido para escapar de la tiranía de Cuba, algunos aún preferían regresar al comunismo de Castro que soportar las deplorables condiciones de Guantánamo. Y Mike era el que los llevaba de vuelta.

19

Protesta en Miami

AUSCHWITZ, TREBLINKA, GUANTÁNAMO.
Pancarta de los HAR en protesta por el campo de detención en
Guantánamo

El 10 de septiembre de 1994, el presidente William Jefferson
Clinton hizo un acuerdo con Cuba para incrementar la
migración legal. Esto ayudaría a los 30.000 detenidos en
Guantánamo a que les dieran ingreso en Estados Unidos o en
terceros países. El día siguiente, Fidel Castro instruyó a sus
fuerzas de seguridad que impidieran ulteriores salidas
ilegales.

Basulto se enfrentaba diariamente a los medios de prensa
durante la crisis de los balseros. Quería que el mundo oyera la
verdad de cómo Castro, una vez más, había manipulado la
política de Estados Unidos sobre los refugiados cubanos.
Basulto estaba resuelto a llevar este problema a un primer
plano. Él y Hermanos al Rescate estaban en la televisión, en
los periódicos, en las ondas radiales. También se estacionaron
a lo largo de la autopista 836, bloqueando el tráfico.

No había manera de evitar el embotellamiento diario en la
autopista 836 que llevaba a miles de personas desde el centro
de Miami a los suburbios del sudoeste del Condado de Dade.
Una de las zonas más congestionadas de Miami se extiende
entre el Aeropuerto Internacional en la parte norte hasta un
centro de oficinas en el área de Blue Lagoon, así llamado por
el lago artificial rodeado por los edificios de ese parque
industrial.

Humberto Sánchez, el coleccionista de balsas, estaba en medio la Laguna Azul en una de las balsas de su vasta colección. Usualmente había esquís acuático o pequeñas lanchas de motor en Blue Lagoon, ciertamente no hombres solos sentados en una balsa. Las personas de Miami que regresaban agotadas a sus casas, probablemente no habrían advertido la presencia de Humberto, de no haber sido por la pancarta que él enarbolaba:

AUSCHWITZ, TREBLINKA, GUANTÁNAMO

Humberto se protegía los ojos, y parecía más bien aburrido, mientras algunos motoristas sonaban el claxon en solidaridad y otros le sacaban el dedo. La mayoría giraba el cuello durante unos segundos y luego desviaba la mirada y continuaba el monótono viaje a casa.

La intención de Hermanos al Rescate era señalar que Guantánamo era semejante a los otros dos, en que los tres sitios eran campamentos de detención. Por supuesto, los campos de detención para los judíos habían terminado en su exterminio. Nada de eso ocurriría con los detenidos de Guantánamo.

La comunidad judía estaba indignada. ¿Cómo podían los Hermanos al Rescate comparar Guantánamo y sus 30.000 habitantes con los sitios de exterminio de tantos millones?

Otras personas en la comunidad opinaban que Hermanos al Rescate se había convertido en una organización política más del exilio cubano. Cuando se salvaban vidas en misiones individuales, el humanitarismo se revelaba con toda claridad; pero cuando unos pocos cubanos al año se convirtieron en 30.000 en un verano, el humanitarismo resultaba demasiado para que una comunidad exhausta lo apoyara. La flotilla del Mariel de hacía catorce años parecía que había tenido lugar ayer.

Pero los cubanos seguían escapando de su isla comunista y había otros dispuestos a ayudar. A semejanza de los coyotes que ayudan a los mexicanos a cruzar la frontera por veinte mil pesos —el equivalente a los jornales de un año— una nueva hornada de empresarios deshonestos de Miami no tardaría en montar un negocio de trata de personas. Se fijaría un punto de recogida y los refugiados entrarían clandestinamente en Miami en lanchas rápidas. Tan pronto como sus pies secos tocaban suelo estadounidense y se pagaba el dinero —usualmente de parientes en Miami— los abandonaban. Al cabo de diez años, el ochenta y cinco por ciento de los cubanos que vienen a Estados Unidos lo hacen cruzando la frontera mexicana, pagándoles a los nuevos traficantes cubanos diez mil dólares por cabeza, dinero que una vez más desembolsan los familiares de Miami. Supuestamente, la mitad del dinero se queda en la isla, para pagarle a la policía a fin de que se haga de la vista gorda.

Los pescadores de Miami también avistarían al azar algún balsero de vez en cuando. Los buenos samaritanos subirían los balseros a bordo de sus barcos, les darían agua, ropa limpia y una vara de pescar. De este modo todo parecería normal si los detenía el Servicio de Guardacostas de EE.UU. Cuando el grupo regresaba al muelle con su pesca, nadie recordaría cuántos salieron y cuántos regresaban.

Otros que huían de Cuba seguían jugando a la ruleta rusa con el estrecho de la Florida. Nunca se llegará a saber cuántos murieron, pero algunos cálculos dicen que sólo uno de cada cinco sobrevivió.

Muchos pilotos decidieron dejar Hermanos al Rescate, aduciendo que no había ninguna razón para salir en busca de balseros que no podían ser rescatados. El tiempo en que las almas desesperadas en sus embarcaciones a punto de hundirse, gritaban, hacían señas y arriesgaban sus vidas para que una de sus avionetas los vieran pertenecía al pasado.

Ahora, sabiendo que, si les daban sus coordenadas al Servicio de Guardacostas, los enviarían a Guantánamo, los balseros espantaban a las avionetas. Después de dejarles caer botellas de agua y ocasionalmente lecturas de brújula que orientaran a los balseros hasta la costa, los pilotos regresaban a Opa-locka.

El dinero se había convertido también en un problema. Las donaciones a Hermanos de 1993 a 1994 habían llegado a $1.100.000. Para 1995, la cifra se aproximaba a los $300.000.

Para Basulto, el mayor problema seguía siendo orientar a la gente por la senda del cambio desde el interior de Cuba. Desde 1991, cuando la Coalición Democrática Cubana realizó su primera importante protesta callejera en que exigían la liberación de los presos políticos, los disidentes de Cuba habían estado organizándose. El arresto, la golpiza y el encarcelamiento de la renombrada poeta María Elena Cruz Varela ese mismo año mereció una condena internacional por las violaciones de los derechos humanos en Cuba. Cruz Varela fue liberada finalmente en 1994 y se mudó a España.

En Miami, Basulto propagó su mensaje de no violencia activa y del movimiento disidente interno con todo su ánimo. Para ayudar a esos que luchaban dentro de Cuba, Basulto abogó a favor de más campañas de recaudación de fondos, teletones y colectas. Se mofaron de ellos. Carol Rosenberg, columnista de *The Miami Herald*, calificó la nueva misión de «menos sexy» que la de rescatar balseros. El comisionado municipal Tomás Regalado le dijo que los donantes no estaban interesados en educar a los cubanos acerca de los medios pacíficos para ponerle fin al régimen comunista. Le explicó a Basulto que no podía hacer un radio maratón para ese fin.

—La gente dice «¡Castro! ¡Hay que matar a ese hijo de puta!

20

Cenizas

*Siempre sentí que el gran privilegio, alivio y consuelo de
la amista era que uno no tenía que explicar nada.*
Katherine Mansfield

Había muertos en el hangar de Hermanos al Rescate. Almacenadas entre los walkie-talkies, las balizas y los pavitos de botellas de agua, en cualquier momento dado podían encontrarse unas pesadas cajitas de unas doce pulgadas cuadradas que contenían restos de exiliados cubanos.

Muchos exiliados soñaban con ser enterrados en Cuba un día. En efecto, muchas funerarias disponían de planes pagados por adelantado, de manera que en el momento que fuera factible, tal vez cuando los Castro fueran derrocados, los restos serían exhumados, llevados y enterrados en Cuba. Aunque los antiguos panteones familiares fueran actualmente un desastre en los antaño bien cuidados cementerios de Cuba, seguía siendo importante ser enterrado allí. En lugar de pagar por un entierro de cenizas, sólo para tener que desembolsar más dinero cuando se exhumaran más adelante, algunas personas decidieron salvaguardar sus cenizas entregándoselas a Hermanos al Rescate. Tal vez pensaban que la organización se implicaría directamente en los procesos de enterramientos después de la caída de Fidel.

Una vez que a los católicos les levantaran la moratoria para la incineración en 1963, la Iglesia seguía exigiendo un apropiado entierro cristiano. Si las cenizas no iban a ser sepultadas en el suelo, sino en el mar, la Iglesia prefería que las dejaran caer en un recipiente, no que se esparcieran, y debían leerse oraciones específicas para la ocasión.

De manera que entre balsas, equipos de radio y aeroplanos, también se guardaban muertos en el hangar. Los que no se adherían a estrictas normas católicas, a veces les pedían a los pilotos que tuvieran la bondad de esparcir sus cenizas en la próxima misión, aceptando el estrecho de la Florida como un punto lo bastante cercano a Cuba como si se tratara de suelo cubano.

Félix Rodríguez, un amigo de Basulto, necesitaba esparcir las cenizas de un amigo común desde los tiempos en que ambos habían trabajado para la CIA. Para los restos de esta persona, bastante cerca no era bastante bueno.

Félix Rodríguez había estado en los equipos de infiltración con Basulto para la invasión de Bahía de Cochinos. En dos ocasiones distintas después de la fallida invasión, la CIA le había facilitado a Félix armas y planes para asesinar a Fidel Castro. Félix dejó la CIA por un tiempo y se incorporó al Ejército, junto con Basulto, en 1963. La Agencia lo quiso de regreso y él trabajó para ella por más de dos décadas. Durante la guerra de Vietnam, Félix realizó más de 300 misiones en helicóptero y lo derribaron cinco veces.

En 1967, la CIA necesitaba a alguien que encabezara un equipo en Bolivia para perseguir a Ernesto Ché Guevara, el líder guerrillero de izquierda y cómplice de la revolución de Fidel Castro. La CIA había entrevistado a docenas de personas para esta empresa, comprobando la lealtad de los candidatos y su disposición a ayudar al gobierno de Estados Unidos. Cuando a los otros les preguntaron cuánto tiempo necesitaban para prepararse, algunos respondieron que un día, otros solicitaron una semana o diez días y el resto tanto tiempo como fuera posible para estar listo. La respuesta de Félix le consiguió el trabajo.

—Si hubiera tiempo, iría a casa y le diría adiós a mi mujer, recogería alguna ropa y partiría. Si no hubiera tiempo, la llamaría y le diría que tenía que salir. Si hubiera incluso menos tiempo, digamos, ahora mismo, yo les daría el número y ustedes la llamarían —les dijo Félix.

Fue Félix Rodríguez quien recibió la orden del alto mando boliviano de que había que matar a Guevara. Él fue la última persona que vio a Ché Guevara vivo, además del soldado boliviano que lo ultimó.

Durante la década del 80, él estuvo en casi todos los países de Centroamérica combatiendo el comunismo: se involucró con los contra nicaragüenses, vinculando su nombre al de Oliver North en la debacle de armas por rehenes de esa década. Más tarde fue acusado de aceptar diez millones de dólares en dinero del narcotráfico. En 1986, su audiencia congresional a puertas cerradas fue presidida por el senador y futuro candidato presidencial John Kerry, un hombre al que Félix no respetaba. Al final, Félix fue exonerado de todos los cargos.

En 1989, Félix Rodríguez escribió un libro revelador sobre la CIA que tituló Guerrero en la sombra [*Shadow Warrior*]. Varios años después, Mike Wallace hizo una presentación especial de la vida de Félix Rodríguez en la que destacaba su participación con los contra de Nicaragua y sus estrechos lazos con el primer presidente Bush.

Félix mantuvo muchas amistades, y muchos enemigos, en la mayoría de los gobiernos de países desarrollados y en muchos de los países subdesarrollados del mundo. Ahora necesitaba un favor de su amigo Basulto. Félix necesitaba de su ayuda para cumplir una promesa que le había hecho a otro amigo, una promesa de esparcir sus cenizas sobre suelo cubano. Basulto le ayudaría a cumplir esa promesa.

En la mañana del 7 de marzo de 1995, Basulto preparó dos planes de vuelo para una misión de búsqueda y rescate. Félix subió al asiento trasero de Seagull One, la N2506, con una cámara de vídeo. De copiloto iba Jorge Luis Borges, que llevaba las cenizas de su padre en una pequeña caja de cartón. Su padre, Segundo Borges, había colaborado con la resistencia dentro de Cuba, enseñándole a los soldados contrarrevolucionarios a recibir provisiones aéreas y a realizar recogidas marítimas. Después de la fallida invasión, Borges se escondió en Santa Clara, al este de La Habana, hasta que la criada de una de las casas de seguridad lo identificó y lo arrestaron. Se escapó de la prisión abriendo un agujero en la pared de cemento con una barra de hierro de la cama de su celda. Borges había muerto recientemente de cáncer. Poco antes de morir le había pedido a su amigo Félix que esparciera su cenizas sobre suelo cubano. Félix le había prometido que cumpliría con sus deseos.

Dos avionetas tomaron rumbo sur, hacia Cárdenas, donde está localizada la playa de Varadero en la costa norte de la provincia de Matanzas. El avión que volaba por encima del N2506 sería un señuelo para la pantalla del radar. Cuando Basulto cruzó el paralelo 24 cerró su transpondedor. No le avisó [como era su costumbre] al Centro de La Habana.

Mientras se acercaban a la costa de Cuba, el N2506 comenzó a descender. El otro avión se mantuvo arriba, de manera que si el radar captaba una señal, sería la del avión que estaba a mayor altitud, no el de Basulto. Si el avión de Basulto era captado en cualquier pantalla, aparecería como un barco o un bote en el horizonte, porque estaban volando a sólo un metro por encima de la superficie del agua. Una tos, una sacudida, un estornudo y la avioneta se precipitaría en el agua. Su visibilidad era la misma que si estuviera en un barco de recreo.

Nadie decía una palabra, temiendo irracionalmente que sus voces los delataran más que el sonido de los motores. Jorge Luis sostenía tiernamente los restos de su padre, mientras Basulto y Félix mantenían los ojos fijos en el agua. Apenas si respiraban, comunicándose telepáticamente, a la espera del momento adecuado para dejar que Segundo Borges descansara en paz.

Al acercarse a la costa vieron un buque tanque cubano que salía del puerto, pero el barco no le prestó ninguna atención al objeto azul que casi se deslizaba sobre el agua. Tan pronto como estuvieron encima de algunos cayos que reconocieron como suelo cubano, Jorge Luis colocó delicadamente la caja que llevaba las cenizas de su padre en el borde de la ventanilla del copiloto y la volcó, dejando que los restos de su padre volaran de regreso a su patria. Los tres hombres guardaron silencio. No hubo tiempo siquiera para un suspiro de alivio.

De repente, Basulto activó la radio y llamó a la torre de control de La Habana, el sonoro clic rompió el silencio. Estaban aún sobre territorio cubano cuando él hizo su breve tributo a las 11:05 A.M.

—En este momento, que descanse en paz el patriota cubano Segundo Borges. —Luego volvió a apagarlo.

A Basulto no le importaba si el personal de la torre lo había oído o no. Probablemente no reconocerían su voz, ni de quién él hablaba, o de qué se trataba. Era mejor así. Este acto no estaba contemplado en el marco de la no violencia activa ni de la desobediencia civil. La prensa no les estaría esperando en el hangar ni habría acusaciones de la FAA. Era un asunto particular de honor entre amigos.

Félix, Basulto y Jorge Luis prosiguieron en silencio su vuelo de regreso. Nunca hicieron público que habían volado sobre territorio cubano para esparcir las cenizas de Borges.

21

El amor está en el ambiente

¡Ay! ¡El amor de las mujeres! Se sabe/
que es algo agradable y terrible!
Lord Byron, en Don Juan

El 2 de enero de 1995, la edición de la revista People incluyó a José Basulto en la lista de las «veinticinco personas más fascinantes del año», junto con el presidente Jimmy Carter y la Princesa Diana. Aunque la gente del sur de la Florida puede haber estado aún fascinadas por José Basulto, el idilio entre Miami y Hermanos al Rescate había disminuido un poco después del éxodo de 1994. Pero en el hangar sí que había amor de sobra.

La mayor historia de amor de Hermanos al Rescate pertenecía a Iván Domanievicz y Beverly Brooks, que se habían convertido en una pareja desde su primer vuelo casi dos años antes y habían estado noviando antes, después y, según rumores, durante las misiones. Habrían de pasar varios años antes de que se casaran, pero en ese momento Iván y Beverly se preparaban para comprar un velero y llevar a cabo su primera travesía del Atlántico.

También había historias de amor en tierra firme. Tanto Carlos Costa como Pablo Morales tenían serias intenciones respecto a sus chicas, pero ninguno se había decidido todavía. Pablo había empezado finalmente sus lecciones de piloto y estaba ocupado trabajando, haciendo tareas voluntarias y estudiando.

Mayte Greco se había divorciado de su marido argentino y se casaría más tarde con Paul Regan, quien también tenía cinco hijos; así que los Greco-Regan emprendieron la aventura de recién casados con diez adolescentes.

Koki Lares estaba preparándose para casarse con la misma novia panameña que le había seguido siendo fiel después del accidente que lo incapacitó. Esperaron dos años y medio después del accidente para cerciorarse de que estaban dispuestos a vivir el resto de sus vidas con las dificultades que conllevaba la lesión que él había sufrido en la espina dorsal. Muchos años después, en el séptimo aniversario de su accidente, en la Navidad de 1999, nació su primer hijo.

Guille Lares no tardaría en casarse con su novia, Paula. Pero antes de eso, sería el padrino de la boda de Juan Pablo Roque, el desertor cubano que se había ofrecido de piloto voluntario a Hermanos al Rescate.

Roque había conocido a su novia Ana Margarita Martínez en un estudio bíblico en la Iglesia Bautista Universitaria en Coral Gables casi tres años antes. Aunque los otros pilotos no congeniaban bien con Roque, estarían presentes en su boda, el 1 de abril de 1995. Ni que decir que sobraron bromas ese Día de los Inocentes. Ana Margarita se reía de los chistes de la fecha que había elegido para el día de su boda y decía que ella no era nada supersticiosa. Era durante el receso de primavera de sus hijos, así que la fecha le venía bien.

Ana Margarita era una cubana exiliada que había venido a Miami en un vuelo de la libertad en 1966. Ahora, a los 35 años y luego de dos matrimonios fallidos y con dos hijos que entraban en la adolescencia, sentía que finalmente había encontrado al hombre de sus sueños. Sabía que Juan Pablo Roque, «J.P.» para ella, amaba a sus hijos y ellos lo veían como el padre que ambos ansiaban tener. En efecto, Roque quería desesperadamente tener otro hijo con Ana Margarita —y quería que ella quedara embarazada antes de cumplir los cuarenta años. Siempre que él sacaba el tema a relucir, ella lo evadía. Él incluso tenía un hijo en Cuba y ahora también sería responsable de Sasha y Omar, los hijos de Margarita.

Muchos de los pilotos y voluntarios de Hermanos asistieron a la boda en la Iglesia Bautista Universitaria y a la recepción en casa de unos amigos. Ana Margarita y Roque hacían una hermosa pareja. Ella lucía un vestido de novia blanco de amplia falda, con pronunciado escote bordeado de tul, y un peinado muy atractivo con bucles que le caían hasta las mejillas y una corona de diamantes que le sujetaba el velo. Roque resaltaba su apariencia de estrella de cine vestido con un esmoquin negro y lazo blanco. Era una boda de cuento de hadas.

Como regalo para el novio, Guille Lares llevó en su avión a los novios hasta un rincón idílico para recién casados en la isla de Andros, en las Bahamas, y los fue a recoger cuatro días después.

Cuando se acercaba el cuadragésimo cumpleaños de Roque, Ana Margarita seguía esquivando el tema de tener un hijo juntos. En su lugar, ella le dio una fiesta sorpresa en la casa de Luis y Matilde Alexander, los mismos amigos que habían sido los anfitriones de la recepción de boda.

A Roque lo llamaron a lo que él pensaba era una reunión de negocios en casa de Alexander. Cuando un centenar de personas le gritaron ¡Happy Birthday! Ana Margarita se sintió conmovida por la expresión de absoluta felicidad de su marido, algo que él no había experimentado en sus cuarenta años de vida. J.P. rara vez le hablaba de su niñez en Cuba y no departía con sus hermanos ni con su hermana. Su propio hermano le aconsejó a Margarita que no se casara con él.

Pero en su cuadragésimo cumpleaños, sus amigos más cercanos, entre ellos los de Hermanos al Rescate, departieron con él bailando, bebiendo, comiendo y, desde luego, picando un pastel de cumpleaños. Ana Margarita había mandado a hacer el pastel con la forma de un avión. Luego de que el gentío le canto el happy birthday y él apagó las velas, Roque tomó el cuchillo y cortó en dos el pastel.

Además de su trabajo en el aeropuerto de Tamiami, sus clientes de entrenamiento personal y otros trabajos adventicios que le caían, Roque también estaba escribiendo un libro. Lo tituló Desertor, no porque él hubiera desertado de la Fuerza Aérea cubana y venido a Estados Unidos, sino porque era el apodo con que lo llamaban en la escuela por faltar en repetidas ocasiones a las clases. La publicación de Desertor en noviembre de 1995 fue posible gracias a la Fundación Nacional Cubanoamericana y un pequeño grupo celebró la ocasión en el restaurante Le Festival de Coral Gables.

Durante el evento, Roque habló desde un podio y le dio las gracias a una interminable lista de personas que lo habían ayudado. Ana Margarita se alegró de estar detrás de una cámara de vídeo filmándolo durante ese momento estelar, porque él se olvidó de mencionarla. Ella le había ayudado incansablemente en la edición del libro. Era su esposa. Había aparecido en varias fotos en el libro, pero su nombre nunca se incluía en los textos de los pies de fotos. Ella se sintió humillada en presencia de sus amigos íntimos.

—Anita, se trata de un libro muy político —le dijo él luego—. No quiero que tu nombre se vea envuelto en nada de eso, ¿entendido?

22

No violencia

La cobardía pregunta: «¿es seguro?».
La conveniencia propia pregunta: «¿es político?».
La vanidad pregunta: «¿es popular?».
Pero la conciencia pregunta: «¿es justo?»
Y llega el momento en que uno debe asumir una postura
que no es ni segura, ni política ni popular,
pero uno debe asumirla porque la conciencia te dice que es justa.
Rdo. Martín Luther King, Jr.

El 2 de mayo de 1995, el presidente Clinton le puso fin oficialmente a la política de puertas abiertas para los cubanos. Revocó la Ley de Ajuste Cubano de 1966 del presidente Johnson, impuso nuevas restricciones para viajar a Cuba, prohibió enviar dinero a miembros de la familia y legalizó el regreso de los cubanos interceptados en el mar.

Los 33.000 que estaban en Guantánamo terminarían llegando a Estados Unidos o a otros países de acogida. Pero para los que se lanzaran al Estrecho, se aplicaría una nueva política de «pies mojados/pies secos». Esa ley establecía que si cualquier migrante cubano que viniera por mar ponía pie en territorio de Estados Unidos —pies secos— antes de ser interceptado, se le concedería una entrevista con el Servicio de Inmigración y Naturalización (INS) y la oportunidad de quedarse en el país. Si el balsero era interceptado en el mar —pies mojados— sería repatriado inmediatamente a Cuba.

El grupo cuya imagen se vio más afectada fue el Servicio de Guardacostas. Considerados hasta entonces como los heroicos salvadores de los desesperados balseros, ahora los guardacostas eran vistos como el enemigo. Como acechantes patrulleros en las autopistas interestatales de EE.UU., los guardacostas se convirtieron en los leviatanes legales del mar. Las filmaciones anteriores que mostraban a los agentes guardacostas arriesgando sus vidas por levantar a niños de balsas a punto de hundirse hasta helicópteros de rescate eran reemplazadas ahora por otras que mostraban a los helicópteros creando oleajes para evitar que los balseros nadaran hasta la costa. Los brazos de los agentes que acogían a los náufragos deshidratados y quemados por el sol eran filmados ahora golpeando a los que se esforzaban por alcanzar las arenas de las playas de Miami, mientras los asombrados turistas tomaban fotos. [Los agentes] cumplían órdenes, obedecían la nueva ley, hacían su trabajo.

Fidel Castro obligó a Estados Unidos a admitir veinte mil cubanos por año mediante un sistema de lotería. Castro siguió culpando a Estados Unidos por alentar a los balseros a irse, por defender los secuestros de embarcaciones cubanas que dieron lugar a los disturbios y finalmente a la migración masiva. Tan pronto como le garantizaron que veinte mil personas podían salir de su país anualmente, Castro volvió a ilegalizar la emigración de Cuba.

Aunque el número de balseros disminuyó drásticamente, Hermanos al Rescate continúo sus misiones de vuelo, si bien muchas menos.

Hermanos auspició un seminario sobre desobediencia civil en la Universidad Internacional de la Florida (FIU) en Miami, e invitó a la comunidad a asistir. Gene Sharp, de la Institución Albert Einstein, y miembros del Centro Dr.Martin Luther King Jr. se contaban entre los panelistas.

Dos días después del anuncio de la política de pies mojados/pies secos del presidente Clinton, Hermanos al Rescate y otras agrupaciones como la Comisión Nacional Cubana, dirigida por Ramón Saúl Sánchez, llevaron a cabo su primer acto masivo de desobediencia civil: cerrar el puerto de Miami.

Anualmente, más de cuatro millones de pasajeros en barco pasan el puente que conduce al puerto de Miami, así como nueve millones de toneladas de carga. Ambos negocios sostienen más de 90.000 empleos y tienen un impacto económico anual en la zona de Miami-Dade de más de $12.000 millones. La «Puerta de la carga comercial de Las Américas» estuvo a punto de cerrarse por la decisión de una abogada embarazada de sólo 54 kilos de peso.

El 4 de mayo de 1995, Sofia Powell-Cosío advirtió un momento de calma en el tránsito por la carretera elevada que conduce al puerto de Miami, de manera que caminó hasta el centro de la vía y se sentó. Tenía casi siete meses de embarazo y llevaba en brazos a Daniela, su hijita de diez meses. Un policía aterrado se le acercó corriendo.

—¡Deme a su hija! —le exigió—. Está poniendo a la niña en peligro.

—Muy bien —le dijo y le entregó a Daniela, que estaba algo perpleja, pero aún contenta.

—Aunque ésta es una protesta pacífica. —Luego Sofia le dijo al agente de policía que ella era abogada. —Usted puede llevársela, aunque sepa que demandaré al municipio, porque usted no tiene razón para quitarme a mi hija en una protesta pacífica. Pero aquí está, llévesela.

El policía le devolvió Daniela a Sofia, quien seguía sentada en el asfalto.

—¡Chica. Estás loca!

Arnaldo Iglesias le puso a la abogada de Basulto un apodo nuevo ese día: Cagafuego. Arnaldo y Basulto se mantuvieron firmes junto a Sofia y los llevaron a la cárcel por unas cuantas horas. Pero su mayor motivo de orgullo era Cagafuego.

Pocos días después, *The Miami Herald* comentó acerca de la joven y esbelta abogada de veintinueve años, con siete meses de embarazo y cargando a su bebita. Sofía se miró el vientre abultado y se sintió halagada de que la hubieran llamado «esbelta».

Practicaron otra ronda de protestas no violentas un par de semanas después. El 16 de mayo, le pidieron a todos los negocios que suspendieran las operaciones a las dos en punto de la tarde y salieran a protestar por el cambio de política de Clinton. La mayoría de los negocios hispanos así lo hicieron. Con un calor de 95º.F. [alrededor de 35º. C.] más de siete mil personas inundaron las calles de la Pequeña Habana.

En La Habana hubo protestas semejantes por el cambio de política, así como por el llamado juicio de Francisco Chaviano. El ex profesor de matemáticas había estado llevando su propia cuenta de las personas que salían «ilegalmente» de Cuba y morían en el estrecho de la Florida. Él mismo había intentado salir en 1989, pero había sido capturado y llevado a prisión. En la prisión, fundó el Consejo de Balseros Cubanos, una organización de personas encarceladas por haber intentado ejercer su derecho a salir del país por sus propios medios.

Chaviano persistió en condenar las violaciones de los derechos humanos en Cuba. Los agentes del gobierno irrumpieron en su casa, lo golpearon y lo arrestaron. Amnistía Internacional denunció el incidente y exigió su liberación. Durante su proceso en Cuba, Basulto y Orlando Gutiérrez, del Directorio Democrático Cubano, coordinaron esfuerzos para proporcionarle un abogado a Chaviano. Los pilotos de Hermanos al Rescate volaron cerca de las costas de La Habana, yendo y viniendo, subiendo y bajando, llevando a bordo miembros de la prensa y abogados dispuestos a defender a Chaviano. Naturalmente, nunca les dieron permiso para aterrizar. A Chaviano finalmente lo liberaron, trece años después.

En el pensamiento de las agrupaciones cubanas del exilio seguía vivo el recuerdo del hundimiento del remolcador 13 de Marzo y de las 41 personas que habían sido asesinadas por los guardacostas cubanos. Esas almas merecían algún tributo, fue así que se planeó una flotilla conmemorativa para el 13 de julio de 1995, al objeto de marcar el primer aniversario del hundimiento del remolcador.

Esta vez la flotilla sería encabezada por Ramón Saúl Sánchez, jefe de la Comisión Nacional Cubana. Ramón Saúl Sánchez, conocido en la comunidad por Ramoncito o Saúl, era el líder de un movimiento de desobediencia civil entre exiliados y a veces se le mencionaba como el Gandhi de la diáspora cubana. Él y Basulto habían llegado a ser grandes amigos.

La idea de derrocar a una dictadura militar comunista mediante la no violencia era una manera difícil e improbable de reemplazar las aspiraciones de la mayoría de las agrupaciones cubanas del exilio. Pero Ramón se lo había pensado muy bien durante los cuatro años y medio que había pasado en las prisiones federales, años de reorganizar sus ideas y de poner en práctica por lo que más se le conocía: las huelgas de hambre. Su ayuno más reciente había sido después de la política de pies mojados/pies secos de Clinton, para la cual la ACLU tuvo éxito de obtener un permiso a fin de que él llevara a cabo la huelga de hambre en propiedad federal.

Todo lo que Ramón realmente quería era regresar a Cuba y caminar por las calles de La Habana. Este derecho estaba garantizado por la Declaración Universal de Derechos Humanos, de la cual Cuba era signataria. Un ciudadano tiene derecho a regresar a su país, y Ramón quería volver.

Ramón era un muchacho campesino de Matanzas, Cuba. Su padre lo envió a Estados Unidos, junto a su hermano más pequeño, en 1967, a bordo de uno de los Vuelos de la

Libertad. Su madre se quedó detrás para cuidar de la abuela de Ramón. Ni les concedieron nunca visas de salida ni Ramón jamás las volvió a ver.

Cuando tenía quince años, Ramón se incorporó a Alpha 66, una agrupación de sesenta y seis empresarios y profesionales que se había organizado en Puerto Rico con la intención de hacer ataques de tipo comando en Cuba para mantener el espíritu de lucha del pueblo cubano luego del fracaso de la invasión de Bahía de Cochinos. Fue el inicio de la participación de Ramón en la lucha por la democracia en Cuba.

En 1982, un gran jurado federal en Nueva York lo puso en prisión por rehusar dar testimonio contra un grupo que estaba acusado de un intento de asesinato contra Fidel Castro. Luego de un año en prisión, comenzó su huelga de hambre. Al vigésimo quinto día perdió el conocimiento. El gobierno obtuvo una orden para obligarlo a comer, y lo amarraban para hacerlo. Mientras estaba atado, Ramón recuerda que el capitán de los guardias lo pateó en la ingle. A esto seguirían otras palizas.

Después que los cubanos empezaron a protestar en torno a la prisión de Nueva York, lo enviaron a Springfield, Misuri, donde Ramón experimentó un frío que nunca había soñado que fuera posible. Lo pusieron en una celda completamente vacía, lo despojaron hasta de la ropa interior y se fueron. El aire helado, que entraba por las ventanas agrietadas de su celda en ese invierno de Springfield, terminó por congelarle una oreja.

Él mantuvo su huelga de hambre hasta que lo alimentaron a la fuerza de nuevo, y esta vez la abandonó. Fue en prisión que se hizo el compromiso de promover en la comunidad de cubanos exiliados y entre los cubanos de la isla la filoSofia de la no violencia para lograr la libertad de Cuba.

Cuando regresó a Miami comenzó a asistir a varias reuniones de muchas de las agrupaciones de exiliados establecidas. Cuando se dirigió a la Brigada 2506, conoció a Basulto. Los dos hombres comenzaron una amistad que les acercaría más que si fuesen hermanos.

Ramón era alto y delgado, y se distinguía por el bigote y un pelo negro como ala de cuervo. Basulto era de mediana estatura y robusto y, obviamente, sin ninguna costumbre de huelgas de hambre. Sin embargo, se les veía juntos con tanta frecuencia que en muchas ocasiones llegaron a confundirlos.

Basulto y Ramón estaban en la misma trayectoria hacia la no violencia. Ramón propuso que Hermanos al Rescate se uniera a lo que luego se conocería como el Movimiento Democracia, nombrado así por el yate Democracia, que Ramón había comprado para la flotilla.

—Haré lo que tú quieras, Ramón —le dijo Basulto —pero no me pidas que deje de comer.

Fue mientras almorzaban un día, que Guille Lares y otros se dieron cuenta de que el día de la flotilla sería una ocasión perfecta para un acto pacífico de desobediencia civil, una oportunidad de conectarse con los hermanos cubanos de la isla. La Democracia planeaba entrar dentro del límite de las doce millas náuticas [22,2 km.] de las aguas cubanas para dejar caer una ofrenda floral de rosas rojas en el sitio exacto donde las torpederas cubanas habían embestido al 13 de Marzo y asesinado a cuarenta y una personas. Los Hermanos querían lanzar otro tipo de mensaje desde sus Cessnas: calcomanías que dijeran: Compañeros no. Hermanos.

Después del almuerzo, Basulto compró tres chalecos a prueba de balas.

La FAA quería sentarse a conversar con Basulto y enviaron a Mike Thomas, de la oficina del Distrito de Normas de Vuelo de Miami para tratar con él. El tema era la próxima flotilla y sus planes de entrar en aguas cubanas.

Thomas se había reunido muchas veces con Basulto. Luis Carmona Sr. también estuvo presente. Carmona, que había investigado el accidente de Koki aquel día de Nochebuena, era un supervisor en la oficina de Thomas y amigo de Basulto. Thomas quería cerciorarse de que Basulto entendía la reglas que estaban vigentes para la seguridad del grupo. Basulto quería que Thomas entendiera que las reglas a veces se hacían para violarlas.

Después de la reunión, Basulto y Billy Schuss hablaron con varios pilotos de Hermanos y les dijeron que había una oportunidad de que volaran sobre aguas cubanas y que eso era contrario a la ley —y peligroso.

—Mario, sólo voy a mencionar esto una vez, y luego no se volverá a discutir, —le explicó Billy Schuss a Mario de la Peña por teléfono—. No te voy a juzgar independientemente de cuál sea tu respuesta, así que presta atención —prosiguió—. Esto es serio.

Billy les explicó que había una posibilidad de que volaran sobre aguas territoriales cubanas el día de la Flotilla, y que eso conllevaba riesgos. Él quería cerciorarse de que ese día ningún piloto se sintiera obligado o compelido a acompañar la Florilla, lo cual estaba haciéndose cada vez más polémico.

—Y si los cubanos nos piden que aterricemos, rehusaremos. No nos van a obligar —le dijo a Mario—. Podríamos morir y esa tiene que ser tu opción—. Billy recuerda que el piloto de veintidós años no lo dejó terminar.

—Correré el riesgo —le contestó Mario.

23

Trece minutos sobre La Habana

Hay muchas causas por las que estoy dispuesto a morir,
pero ninguna por las que esté dispuesto a matar.
Mahatma Gandhi

La tarde anterior a la planeada flotilla, el Democracia, luego de detenerse en la iglesia de Nuestra Señora de la Caridad en la bahía de Biscayne para recibir una bendición especial del padre Santana, se dirigió de Miami a Cayo Hueso. El padre Santana era el pastor de la iglesita de la bahía, hogar espiritual de tantos refugiados.

Mario Castellanos, otro voluntario de Hermanos, estaba a bordo. Mario se sentía ansioso de llegar a Cayo Hueso, donde Tito Fufú y otros se le unirían. Tito había instalado en el Democracia el mismo sistema de navegación que usaban las avionetas, de manera que podrían mantenerse conectados todo el tiempo. También habían instalado una antena VHF para transmitir al hangar de Hermanos al Rescate. El día de la flotilla, Carlos Costa trabajaría desde su oficina del hangar.

Mario Castellanos se sintió un poco desconcertado cuando abordó el Democracia y vio el montón de cajas de botellas de agua, bocadillos y otros víveres. ¿Qué pasa?, pensó, ¿planean algún tipo de picnic? Por una vez, Mario, que pesaba cerca de 140 kilos, no pensaba en comida. Pensaba en si todos ellos serían o no arrestados.

Rumbo a Cayo Hueso, el guardacostas interceptó al Democracia, abordó la embarcación e hizo un registro en busca de armas. No encontraron ninguna.

A la mañana siguiente, justo antes de zarpar, Mario Castellanos se sintió un poco incómodo con la cantidad de personas que se encontraba a bordo, más de treinta hombres y una mujer. El capitán Mirabal conduciría la embarcación y Carlos Harrison, del Canal 6, filmaría el histórico evento. El comisionado Pedro Reboredo también estaba a bordo. El canal 6 tenía un helicóptero en el aire y su presentador Hank Tester estaba a bordo del avión de Basulto. El Democracia y alrededor de una docena de otros yates zarparon antes del amanecer del 13 de julio de 1995, en una misión de lanzar rosas rojas en el mismo lugar, a 9,6 kilómetros de la costa de Cuba, donde cuarenta y un hermanos y hermanas habían sido asesinados exactamente un año antes. Afortunadamente, el mar estaba en calma ese típico día caribeño, caliente y soleado.

Mientras Guille, Hank Tester y Basulto abordaban Seagull One en el aeropuerto de Opa-locka, Basulto les pasaba los chalecos blindados.

—Sencillamente siéntense encima de ellos —les dijo. Guille y Hank estaban algo perplejos, pero hicieron como les habían dicho—. Atiendan, si nos disparan, será desde abajo —les dijo Basulto—. Protejámonos el culo.

Todos los aviones de los Hermanos llevaban a bordo representantes de la prensa. Después de todo, ellos iban a volar deliberadamente sobre aguas territoriales cubanas ese día, y los medios de prensa querían captar ese momento. Billy estaba volando en El Coquí, el avión donado por la rama puertorriqueña de la Fundación Nacional Cubano Americana, con Mario de la Peña como copiloto y la ex presa política Cary Roque en el asiento trasero.

No había ninguna línea marítima de demarcación que señalara el límite de las doce millas [22,2 km.] de las aguas territoriales cubanas ni, por la misma razón, el lugar exacto donde se había hundido el remolcador 13 de Marzo. Pero lo que las trece embarcaciones que se aproximaban vieron en el horizonte les confirmaron que estaban en el límite de las aguas cubanas: cañoneras cubanas en formación, con una hilera secundaria de embarcaciones más pequeñas. Habían un helicóptero cubano y un bimotor Antonov 23 que se cernía sobre ellos. Dos MiGs zumbaban más arriba.

El Democracia avanzó, con los doce yates que le acompañaban. Tan pronto como cruzó la línea imaginaria que marca el límite territorial de las 19,3 km., las cañoneras enfilaron hacia la flotilla en lo que parecía una formación en pinza, sus cascos de acero en una versión en cámara lenta de galgos que soltaran por las puertas de salida en una carrera.

Desde la altura de unos 15 metros, las avionetas de Hermanos al Rescate las vieron avanzar. Así también las vieron los helicópteros de la prensa y los otros aviones que volaban ese día. Queriendo obtener una visión más cercana, las avionetas de Hermanos volaron aún más bajo y el helicóptero del Canal 6 se mantuvo en actitud protectora encima del Democracia. Un helicóptero de Gaviota (una de las dos compañías aéreas del gobierno cubano) hacía lo mismo sobre las cañoneras. Mientras los barcos cubanos avanzaban hacia el Democracia, les gritaban a través de sus megáfonos que las embarcaciones se encontraban ahora en aguas jurisdiccionales de Cuba y que ellos —los cubanos— no eran responsables de lo que sucediera. Ramón Saúl Sánchez se sentó confiadamente en el cesto de proa, con las piernas suspendidas sobre el agua. Su tripulación respondió gritándoles a las cañoneras y tomando fotos.

El Democracia siguió adelante, su peregrinación no habría concluido hasta que llegaran a las aguas sagradas donde cuarenta y un hermanos cubanos habían muerto un año antes.

Mario Castellanos llevaba en la mano una rosa roja, como lo hacía la mayoría de los hombres, a la espera de dejarla caer en el lugar donde había tenido lugar la masacre del remolcador. Un crucero que pasara podría haberse sorprendido de la escena: un yate repleto de hombres fornidos sosteniendo brillantes rosas rojas y gritándoles a unas cañoneras en formación.

Tito Fufú estaba comunicándose con las avionetas de Hermanos que sobrevolaban. Carlos Harrison, del Canal 6, hablaba con su equipo y el fotógrafo Rudy Marshall filmaba el avance de los barcos cubanos. Nadie esperaba la colisión que derribó como bolos, unos sobre otros, a la tripulación de más de treinta personas.

—¡Nos están golpeando! ¡Nos están golpeando! —clamó por la radio Tito Fufú, confirmando lo que Basulto y Billy estaban presenciando desde arriba.

Los ciento cuarenta kilos de Mario Castellanos se estrellaron en el pasadizo entre la cámara del timonel y la cubierta del yate. Mario radió a Carlos Costa en la base. ¡Nos están embistiendo! ¡Nos están embistiendo!

Gruñidos y gritos de sorpresa y conmoción brotaron al punto. Nadie se había preparado para lo que se les venía encima, acaso creyendo que los cubanos se detendrían por la pura fuerza de su incredulidad. El comisionado Reboredo, que tenía un pie demasiado cerca de la barandilla, terminaría con la pérdida de un dedo.

—¡Nos están golpeando! —repitió Tito, levantándose del suelo con el brazo herido y cubierto de sangre—. ¡Llamen al Pentágono!

¿Llamar al Pentágono? Tito debe estar realmente nervioso, pensó Mario, levantándose de la cubierta. Se acercó para ayudar a su amigo. Al mismo tiempo, alguien le gritó que bajara a ver si estaban haciendo agua. Mario Castellanos recordaba que el Democracia tenía cinco bombas de achique, de manera que se sentía confiado de no tener problemas. Pero, por encima de la embestida de las cañoneras, el golpeteo de las hélices de los helicópteros y el zumbido de las avionetas de los Hermanos, había un ruido que Mario no podía oír: el de los motores del yate. El capitán Mirabal, en el puente, le había mencionado que el único problema con el Democracia era que el motor no podía arrancarse desde arriba. Estaban parados en el agua, embestidos por ambos lados por las cañoneras cubanas. Mario corrió a los controles para echar a andar los motores.

Antes de bajar al cuarto de máquinas, Mario advirtió que todavía seguía sosteniendo la rosa roja. Una rosa, una pequeña rosa roja, pensó, imaginando cuan ridículo debía verse. ¿Qué carajo voy a hacer con esta puñetera rosa? Deseó que hubieran llevado armas a bordo. Lanzó la rosa por la borda con asco, bajó y arrancó los motores.

A bordo del Seagull One, Basulto estaba presenciando y oyendo la conmoción que tenía lugar debajo. ¿Llamar al Pentágono? Basulto había oído innumerables comentarios disparatados de su buen amigo Tito Fufú, pero ¿llamar al Pentágono? Él voló cada vez a menor altitud; debajo, algunos de los mástiles de los yates estaban dejando rápidamente al Democracia atrás. Había también helicópteros de la televisión y aviones de otras agrupaciones que volaban en solidaridad.

—¡Es lo más sorprendente que haya visto nunca! —dijo Hank Tester, filmando la escena desde arriba. Él canalizó su energía en mantener la cámara estable, respirando sólo cuando era estrictamente necesario. Era como el vídeo de un combate de la segunda guerra mundial, como estar en medio de una batalla naval, salvo por los disparos. Las cañoneras cubanas (aunque con sus cañones enfundados) estaban embistiendo al

Democracia por ambos lados, con una segunda línea de embarcaciones militares inmediatamente detrás. El WTVJ, el canal de Hank, también tenía un helicóptero sobrevolando al Democracia con su jefe de fotografía, Mike Zimmer, a bordo.

—¿Ahora qué? —dijo Billy por la radio. Basulto y Guille se miraron y sin proferir ni una palabra supieron lo que tenían que hacer. Apuntaron hacia el sur.

—A La Habana. —dijo Basulto.

Su objetivo ahora era distraer las cañoneras del Democracia y dirigir su atención de los militares cubanos hacia sus avionetas. Billy y Mario de la Peña siguieron a Basulto a Cuba.

Como una escena de una película de horror en que el héroe intenta alejar al monstruo de la víctima a punto de ser devorada, cuando las cañoneras vieron los aviones de Hermanos volando hacia el sur se alejaron del Democracia.

A bordo de Seagull One en verdad no importaba que estuviesen sentados sobre chalecos blindados. Si cualquiera de esas cañoneras destapaba sus armas y disparaba, no serían de sus traseros de lo que tendrían que preocuparse. Hank se concentró en la cámara. Quería estar sobre La Habana tan pronto como fuera posible; había menos probabilidades de que los cubanos los derribaran sobre la ciudad, por no poner en peligro a sus propios ciudadanos. Al menos él creía eso. Mientras, el fotógrafo Rudy Marshall de WTVJ trataba de mantenerse firme mientras se esforzaba en filmar a bordo del Democracia. Necesitaba hacer que su metraje llegara a la estación.

Desde una altura de 9 metros, el jefe de fotografía Mike Zimmerman abrió la puerta del helicóptero de la WTVJ y, acostado bocabajo sobre el piso de la aeronave y con medio cuerpo afuera, hizo descender una cesta hasta el Democracia para que Marshall depositara su vídeo, pero no lograba llegar hasta el fotógrafo. El helicóptero voló un poco más bajo. Anillos concéntricos de ondas creadas por las hélices del helicóptero hacían oscilar de arriba abajo al Democracia y los balancines chocaban contra el vientre del helicóptero. Finalmente, Marshall pudo meter el vídeo en la cesta y Zimmerman lo subió y se apresuró a llevarlo a Florida para un informe noticioso de ultima hora. Ellos no se dieron cuenta de que en ese mismo momento su colega Hank Tester estaba rumbo a La Habana.

Los lentes de Hank se colmaron con la ciudad de La Habana. Fue sólo más tarde, cuando vio el metraje filmado una y otra vez, que recordarían que no habían volado sobre los edificios, sino entre los edificios. Hank iba sentado detrás de Guille, el copiloto, de manera que nunca vio a los que saludaban desde el castillo del Morro, pero estaban allí, a la izquierda de la avioneta. Volaron en torno al Malecón, el famoso paseo habanero que bordea el mar, y luego hicieron otro círculo concéntrico sobre la ciudad. Todo el tiempo, Guille estaba lanzando calcomanías por la ventanilla, una sarta constante de ¡Hermanos sí! ¡Compañeros no! a los que estaban debajo. También lanzó algunas medallas religiosas donadas por una anciana en la ermita de la Caridad. El tiempo parecía dilatarse ante ellos mientras se empapaban de la capital cubana que veían debajo, pero el tiempo real sobre la ciudad fue de trece minutos. Basulto le gritó por encima del hombro a Hank.
—¿Quieres más? ¿Quieres más?
    Sin pensarlo, Hank respondió en español:
—¡No! ¡No más, por favor!
    Simultáneamente, Basulto y Guille se volvieron para reírse de Hank, que había dejado por un momento de filmar. Al instante, Hank levantó la cámara y captó a los dos pilotos en ese momento de expansión hilarante. Nunca se imaginó que esa foto sería utilizada más tarde en un tribunal, fuera de contexto y en contra de sus amigos.

Detrás de ellos, Mario de la Peña fue relevado de su posición de copiloto a fin de tomar una foto tras otra del perfil de La Habana que se aproximaba rápidamente, valiéndose de la cámara de Luis Martínez (también conocido por Batman). Se había olvidado que sólo tenía un rollo de película en la cámara y cuando vio el famoso castillo del Morro, miró al contador para ver cuántas fotos le quedaban y leyó 25, lo cual significaba que el rollo de 24 exposiciones se había terminado. Se reconvino por no haber reservado unas cuantas tomas para lo que es el verdadero símbolo de La Habana, el castillo del Morro, semejante a lo que es la estatua de La Libertad para Nueva York, o la Casa Blanca para Washington, pero la tomó de todos modos y justo a tiempo, porque ya regresaban siguiendo a Basulto.

Les tomó diez minutos volver al espacio aéreo internacional. Diez minutos expuestos a las cañoneras cubanas abajo y a los MiGs cubanos que antes habían circunvalado la flotilla. Diez minutos de vulnerabilidad en las aguas soberanas de Cuba. Pasaron diez minutos antes de que vieran el guardacostas de EE.UU. que navegaba protectoramente debajo de ellos. Para los pilotos y copilotos, fueron diez minutos del vuelo más concentrado de sus vidas. Para Hank Tester, los diez minutos más largos de su existencia.

Después de su llegada a Opa-locka, Mario de la Peña y Batman fueron al laboratorio de revelado en una hora de Eckerd Drugs esa misma noche. La vigésima quinta foto del rollo estaba allí: el castillo del Morro perfectamente enmarcado y detallado.

Para la mayoría de los cubanoamericanos de Miami, Billy y Basulto fueron héroes instantáneos. Otros acusaron a Hermanos al Rescate de activismo político. En un programa

de televisión llamado Miami Ahora, el presentador Manuel
Reboso calificó el sobrevuelo de Basulto como uno de las
acciones más heroicas del exilio.

Hank Tester sabía que no podría volver nunca a Cuba
mientras Fidel Castro viviera. «Ahora saben quién soy», les
diría a los demás. Sus tomas aéreas en directo en el noticiero
de las cinco en punto desde Cayo Hueso, y luego más tarde en
el de las once, promoverían su carrera. Otros en los medios de
prensa cuestionaron su proceso de toma de decisiones. Hank
permaneció al margen de los interrogatorios de los federales.
Después de todo, él era reportero, no piloto, y no había
quebrantado ninguna ley de EE.UU., pero casi termina con los
nervios deshechos.

Se sentía aún un poco nervioso cuando llegó a la noche
siguiente al Centro Vasco, que en ese momento era el
restaurante emblemático de la cocina cubana en Miami, para
celebrar el cumpleaños de otro fotógrafo de WTVJ, Carlos
Rigau. Hank definitivamente necesitaba un trago, y se tomó
uno, y luego otro, en medio de chanzas y bromas,
acompañadas de palmaditas en la espalda y cuentos de coraje
y hombría.

Entonces vio a Luly.

María de Lourdes González Piñeiro, a la que apodaban
Luly, trabajaba con la esposa de Rigau, que había animado a
una renuente Luly a venir a la fiesta. Al igual que Hank, Luly
se había divorciado hacía poco y tenía dos hijas. A Hank le
pareció que Luly era la cosa más primorosa que había visto en
su vida.

Para ambos fue amor a primera vista, y se casaron menos
de dos años después. Pero la fecha que hicieron grabar en su
anillo de bodas diría 14 de julio de 1995, el día en que se
conocieron, el día después que Hank Tester había volado
trece minutos sobre La Habana.

El sábado, dos días después de la flotilla, el averiado Democracia regresó a Miami, en medio de los saludos de partidarios que enarbolaban banderas cubanas y norteamericanas. Según los cálculos de los cubanos, una multitud de unas tres mil personas se congregaron en una manifestación en el parque José Martí. El cálculo del Departamento de la Policía de Miami fue de novecientas.

Unas cuantas semanas después, el Directorio Democrático Cubano invitó a Mario de la Peña a hablar en su programa de radio. El Directorio tenía varios objetivos. Entre ellos identificar a cubanos que abogaran por un cambio, apoyarlos y estudiar su desarrollo, buscar apoyo internacional, monitorear a los presos políticos y apoyar la campaña [política] no violenta. Fue este último punto el que también había sellado la amistad entre Orlando Gutiérrez y Basulto.

Orlando era el dirigente del Directorio y un buen amigo de Mario de la Peña. Billy Schuss y Mario habían estado inmediatamente detrás de Basulto en el vuelo sobre La Habana, y Orlando quería que más detalles de ese vuelo histórico se escucharan en el programa radial que se transmitiría a Cuba.

La estructura del Directorio les permitía buscar subvenciones de Estados Unidos y peticiones a fundaciones norteamericanas. Basulto habría querido que el Directorio pudiera funcionar sin que el gobierno se inmiscuyera. La lucha es nuestra, repetía él. Él mantendría su promesa de nunca solicitar ayuda económica del gobierno de EE.UU. para Hermanos.

La noche del programa, Orlando estaba seguro que tendría una gran audiencia en Cuba.

—¿Qué le dirías a un piloto cubano que estuviera escuchando? —le preguntó a Mario—. ¿Qué le dirías si le ordenaran que te derribara?

Orlando esperaba que Mario dijera *no lo hagas, somos hermanos y estamos en el mismo bando.* Pero Mario se quedó callado por un momento.

—Le diría que disparara, —le dijo Mario—. Dispara, porque tú no eres libre, tú eres un esclavo. Yo sé por qué estoy aquí y sé por lo que lucho.

—Soy cristiano —añadió—, así que te perdonaría.

El 1 de septiembre de 1995, la FAA le escribió a Basulto una carta solemne en que le suspendían su licencia de piloto por 120 días por violar la FAR [regulación federal de aviación] 91.703, al manejar una aeronave inscrita en EE.UU. dentro de un país extranjero, en incumplimiento de las regulaciones de ese país, y la FAR 91.13, el manejar una aeronave de manera descuidada o temeraria como para poner en peligro la vida o la propiedad de terceros.

El 2 de septiembre Basulto voló en otra misión.

24

El cambio soy yo

Ahora soy un soldado que no porta armas. Cuando era joven,
mi héroe era John Wayne. Ahora me gusta Luke Skywalker.
Creo que La Fuerza está con nosotros.
José Basulto

Carlos Costa y Mario de la Peña estaban de pie en la senda de ciclistas del más alto de los tres puentes de la autopista Rickenbacker que enlaza Miami con el pueblo de Key Biscayne. Era un día soleado de diciembre, y el viento soplaba entre diez y quince nudos por hora. Los veleros se deslizaban con las blancas velas desplegadas y los foques hinchados sobre el agua de tonos azules y verdes de la bahía de Vizcaya.

Los turistas que se dirigían a las playas de Crandon Park pueden haberse preguntado por qué estos hombres arrojaban basura desde el puente. Carlos y Mario estaban lanzando papelitos al viento, observando donde iban a caer y tomando notas. Carlos Costa, «Carlos el Bonito», improvisó una plomada al borde del agua al colgar uno de sus zapatos tenis de una larga lienza de agrimensor. Los volantes revolaron en el viento, algunos de ellos elevándose en el aire por encima de los veintidós metros de altura del puente. Valiéndose de un cronómetro, anotaban el tiempo que le tomaba a los volantes de dos por seis pulgadas en ir a posarse suavemente en la tierra.

Cuando los «físicos» de Hermanos al Rescate regresaron al hangar con los resultados de sus experimentos eólicos desde el puente, trazaron diagramas con la dirección del viento, la velocidad y el ritmo de la trayectoria. Carlos le dio a su

General la información que necesitaba para su nuevo proyecto: lanzar volantes que llegaran a La Habana. Llegaron a la conclusión de que si sus aviones volaban a más de 3.600 metros y mantenían su posición a 22,2 kilómetros del litoral de La Habana y fuera del espacio aéreo de Cuba, los volantes irían a dar a la capital en perfectas condiciones de viento.

—Va a funcionar —dijo Basulto, feliz con los resultados del experimento. Más tarde, el presentador Hank Tester entrevistó al Dr. K.Y. Fung, profesor de física de la Universidad de Miami, quien confirmó los diagramas y cálculos de Basulto. No era la primera vez que se hacía un lanzamiento como ése. Los comunistas chinos habían recibido protestas semejantes de la oposición en los años cincuenta. En la prensa local, Tester realizó su propio experimento desde el techo de la estación del Canal 6, de tres pisos de altura. El viento soplaba a razón de ocho a diez nudos por hora y los volantes fueron a caer a media milla de distancia.

Hermanos al Rescate imprimió medio millón de volantes para lanzarlos hacia La Habana. Por un lado de los volantes había mensajes impresos en gruesos caracteres azules y rojos que decían: *¡EL CAMBIO SOY YO, ¡COMPAÑEROS NO! ¡HERMANOS!* y *LAS CALLES PERTENECEN AL PUEBLO.* Por el otro lado, Orlando Gutiérrez, del Directorio, sugirió que cada volante incluyera uno de los treinta artículos de la Declaración Universal de Derechos Humanos de las Naciones Unidas, de la cual Cuba era signataria.

Lo único que los Hermanos necesitaban para realizar una misión exitosa eran las perfectas condiciones del viento, y John Morales, el meteorólogo del Canal 23, estaría al tanto para el pronóstico del tiempo.

La popularidad de Morales se había disparado después de su cobertura del huracán Andrew en agosto de 1992. Morales había estado volando con Hermanos desde que estos se mudaran para el aeropuerto de Opa-locka. Finalmente, pudo obtener su licencia bimotora y había recibido su clasificación en 1993. Él y Guille se hicieron amigos íntimos y su conocimiento del estado del tiempo resultó útil para las misiones que planeaban. El talento de Morales en su estimación del tiempo alcanzó para los pilotos de Hermanos al Rescate el rango de pronósticos. Puesto que él podía «predecir» el tiempo, bautizaron al circunspecto y serio John Morales con el apodo de Walter Mercado, un extravagante astrólogo de la televisión que se distinguía por sus capas de colores, sus trajes de diseñador, maquillaje espeso y agudeza de ingenio.

Las únicas semejanzas que John y Walter compartían era un vínculo con Puerto Rico, donde habían nacido las madres de Mercado y de John Morales. Los shows de Mercado consistían de dramáticas revelaciones y predicciones del Zodíaco. Pero puesto que ambos eran puertorriqueños y se dedicaban a hacer predicciones [aunque de distinta índole] y el protocolo [de Hermanos] exigía que todo el mundo tuviera un apodo, a John Morales lo apodaban Walter Mercado.

Morales había dejado de volar con Hermanos después del éxodo de 1994 y el subsecuente cambio en la ley. Aunque él no era cubano, podía apreciar la pasión de Basulto por la lucha no violenta y su apoyo a los disidentes internos, pero para Morales se trataba de rescatar balseros y ya eso no estaba permitido por las normas de Inmigración de EE.UU. Basulto fue incapaz de convencerlo de que incluso podían salvarse más vidas a través de las agrupaciones disidentes internas. Su amistad con Basulto y la organización continuó, y por predecir el estado del tiempo él estaba ayudándoles más de lo que imaginaba.

Pero Morales no podría ayudar a Hermanos al Rescate sin la cooperación de la Madre Naturaleza —y de la FAA. El primer intento de lanzar los volantes tuvo que desecharse debido a una inspección de la FAA que paralizó la misión. Basulto percibió que la inspección no anunciada era muy extraña y demasiado coincidente. El público no sabía de los planes de Hermanos de lanzar los volantes, y sólo un selecto grupo de los pilotos había sido informado. Por primera vez, Basulto sospechó que dentro de la organización de Hermanos se escondía un informante.

Basulto recibió con entusiasmo los frescos y ventosos días del año nuevo. Hermanos planeaba lo que podría ser la más peligrosa de todas sus misiones: lanzar medio millón de volantes para que fuesen a caer sobre La Habana. Esto era distinto de las calcomanías durante la flotilla de julio de 1995, cuando Basulto, Guille Lares y Hank Tester habían volado trece minutos sobre La Habana. Lo que Hermanos al Rescate se preparaba a hacer era más que el rescate de un balsero en alta mar, o más atrevido que una acto de desobediencia civil de trece minutos. Hermanos al Rescate quería que toda la población de Cuba se adueñara de sus derechos civiles básicos. Sería su mayor demostración de no violencia activa y llamaron a su misión, Operación Dr. Martin Luther King Jr.
—Esta es la semana. —Le dijo John Morales a Basulto durante la primera semana de enero de 1996, cuando lo llamó desde la estación meteorológica. El viento es perfecto.

El 9 de enero de 1996, en el hangar fue un día solemne. El grupo usual no estaría allí para el círculo de oración. Las chanzas y risas acostumbradas no precederían a este vuelo. Koki no haría el café cubano con el filtro sucio. Cuatro pilotos —Basulto, Billy Schuss, Arnaldo Iglesias y Juan Pablo Roque, el desertor cubano— llegaron al hangar para lo que todo el mundo, excepto Roque, sabía que iba a ser una misión muy singular. Basulto no le había dicho a Roque que hoy sería el día de lanzar los volantes. Cuando Roque llegó, le informaron de la seriedad del objetivo de ese día.

Según costumbre, prepararon un plan de vuelo y lo enviaron.

Luego Billy, Basulto, Arnaldo y Roque se prepararon y Basulto montó una cámara de vídeo en un pedestal. Basulto les explicó a los pilotos que iban a volar cerca de los límites territoriales de Cuba, fuera de las doce millas y, permaneciendo en el espacio aéreo internacional, dejarían caer los volantes que esperaban llegaran a La Habana.

—La misión de hoy es muy diferente de las otras —dijo Basulto hablándole a la cámara, en un tono neutro y serio—. Queremos enviarle un mensaje al pueblo de Cuba. Aquí todos somos cubanos, de cubanos para cubanos. Queremos que se respete nuestra presencia. No volaremos sobre territorio cubano.

Él continuó con un mensaje a su familia y a otros que quedaban atrás:

—Si nos obligan a aterrizar y quizás a aparecer en una trasmisión de televisión, y si nos oyen decir cosas que contrastan con nuestras opiniones pasadas, sepan que estaremos presionados a decir esas cosas.

Arnaldo, con una gruesa chaqueta y una gorra de esquiar negra, habló a la cámara y le recordó a todo el mundo su parpadeo característico.

—Si me viera obligado a aterrizar y si me viera obligado a decir algo en cámara, haré mi mayor esfuerzo para no pestañear. Eso significa que lo que estoy diciendo es forzado —dijo.

Billy dijo lo contrario —que pestañearía continuamente como una señal de que lo estaban coaccionando.

—Estamos en una misión no violenta —dijo Roque ante la cámara. Él llevaba puesto una chaqueta negra bien cortada que acentuaba su apariencia de estrella de cine—. Si nos obligaran a aterrizar les pediría a los oficiales que me conocen de antes que me den la oportunidad de hablar. Por favor, escúchenme y déjenme defenderme. Y por favor dejen que mi hijo, Alejandro Roque Trevilla, sepa dónde estoy.

Roque no pestañearía ni haría ningún tipo de señal física para que la gente de Miami —como su esposa Ana Margarita— estuviera consciente de que él estaba mintiendo o estaba sujeto a coerción. De hecho, él no la mencionó a ella ni a sus hijastros en su despedida. Su súplica estaba dirigida a sus viejos compañeros de armas cubanos. Parecía como una apasionada petición de una misericordia que él dudaba de recibir.

Partieron antes del amanecer. Las chaquetas y las gorras venían muy bien, porque a tres mil seiscientos metros de altura la temperatura del aire dentro de la cabina era de cuarenta grados bajo cero, una enorme diferencia de los 37º.C. que había usualmente a ciento cincuenta metros.

Cuando alcanzaron el límite de las doce millas, abrieron la puerta de la avioneta que habían asegurado con un cable para que no se moviera. Los volantes los habían empacado en fundas de almohadas y tan pronto como Arnaldo las sacó por la puerta, la succión de la presión del aire y la velocidad del viento hicieron que las bolsas se cerraran, sellando su contenido. Ellos lo intentaron varias veces, pero resultaba extremadamente difícil lanzar los mensajes, y sólo unos pocos llegaron a salir de las bolsas.

En extremo decepcionados, regresaron al hangar con la mayoría de los volantes aún en las fundas. La misión había fracasado. Morales y su vara de adivinación tendrían que esperar.

Las condiciones del viento permanecieron favorables toda la semana. Decidieron intentarlo de nuevo el viernes 13 de enero, y esta vez Carlos Costa y Mario de la Peña acompañaron a Basulto, volando dos avionetas distintas. Roberto Rodríguez Tejera, amigo de Basulto y uno de sus principales colaboradores en el movimiento de la no violencia, grabó los nuevos mensajes que cada uno de los pilotos dejaba a sus seres queridos. Carlos Costa hizo un discurso particularmente apasionado que concluyó con un adiós a su familia «en caso de que algo pase».

Esta vez Arnaldo y Basulto pusieron los volantes en diez cajas de archivos y quitaron los asientos traseros de las dos avionetas para acomodarlas.

Una vez llegados al límite de las doce millas, Arnaldo abrió la portezuela y vació las cajas de los volantes una por una. En el momento en que asomaba el brazo por la portezuela, los volantes y luego las cajas eran succionados violentamente, como en una película de horror. Él hizo su tarea frenéticamente, arrojando caja tras caja desde la sección trasera de la avioneta. Basulto también lanzaba puñados desde la ventanilla del piloto.

Había frío dentro de la cabina y la levedad del aire dificultaba la respiración y a Basulto le dio una hemorragia nasal. Basulto y Arnaldo trabajaron con un bombeo de adrenalina a toda velocidad. Cuando terminaron, Basulto miró hacia atrás a su amigo, que jadeaba recostado a la pared trasera de la cabina. Los mensajes de esperanza para el pueblo cubano volaban dentro de la avioneta, como gigantescos confetis de un festejo, en el cual un Arnaldo sin pestañar fuera el único agotado juerguista.

—¿Cómo estás, hermano?

Arnaldo sólo hizo un gesto de asentimiento, esforzándose aún en tomar aliento, echado de espaldas sobre un colchón de volantes.

En Cuba, Jamilet Chen López caminaba por su barrio habanero esa mañana cuando creyó que caía dinero del cielo.

—¡Dinero! —le gritó a sus vecinos, y pronto se formó un pandemonio. Aún después de darse cuenta de que no era dinero, la multitud siguió aumentando y todo el mundo comenzó a recoger y a leer los papelitos. En otros barrios, llamaron a la milicia y los reporteros los filmaron arrancándoles los volantes a la gente de las manos.

Al salir de su oficina en Havana Press, Rafael Solano y Julio San Francisco Martínez decidieron dar un paseo. Solano había fundado Havana Press hacía un año, una pequeña agencia de periodistas independientes que funcionaba desde su casa en San Miguel del Padrón, cerca de La Habana. Ellos habían trabajado durante años para la prensa gubernamental de Castro, pero luego su desencanto con la revolución llegaría al límite y se fueron por su cuenta. Solano y Martínez habían estado promoviendo Concilio Cubano, agrupación de disidentes cuyos 130 miembros preparaban una reunión sin precedentes para el 24 de febrero de 1996.

Las primeras semillas del Concilio fueron plantadas por un miembro leal del Partido Comunista, un afrocubano ecopacifista, pro revolucionario, fidelista y amante del Ché Guevara llamado Leonel Morejón. Horrorizado por la proliferación de las armas nucleares y el almacenamiento universal de armamentos, le hizo una carta al presidente Ronald Reagan que culminó con la formación de Naturpaz. Recogió miles de firmas hasta que lo frenaron con la severa amonestación de que sólo Fidel Castro podía hablar de ecología, el medio ambiente y las armas nucleares. «Si quiere, puede ir de camping y tomar fotos y experimentar la naturaleza de ese modo», le dijeron. Cuando él persistió lo tacharon de agente de la CIA.

¡Nunca he visto a un americano en toda mi vida! —dijo. El mayor deseo de Morejón era ser abogado, de manera que firmó comprometiéndose a no seguir adelante con Naturpaz. «Ese día me convertí en un disidente», cuenta él. Después de graduarse de derecho en la Universidad de La Habana, defendió a presos políticos y a disidentes. Al ocuparse de sus causas, advertía la polarizada división entre todas las agrupaciones disidentes. Para unirlas, creó Concilio cubano. El disidente afrocubano llegaría a ser nominado para el Premio Nobel de la Paz.

El Concilio no estaba probablemente en la mente de Solano cuando vio a sus vecinos apresurarse a recoger lo que parecía dinero que caía del cielo. Cuando Solano y Francisco vieron lo que era y leyeron lo que estaba impreso, se dieron cuenta de que tenían una opción: ignorarlos o propagar la noticia. En ese momento no sabían quiénes habían arrojado los volantes, pero estaban seguros de que cualquiera que fuera los habría lanzado del cielo. Debatieron qué probabilidades habría de una revuelta popular si anunciaban el incidente por la radio. Si el pueblo tomaba las calles, a Solano y Martínez probablemente los llevarían ante el pelotón de fusilamiento.

Recogieron unos ocho volantes y regresaron a su oficina en la casa de Solano y llamaron por teléfono a las estaciones de radio en Miami. Basulto y los demás no habían aterrizado todavía en Opa-locka cuando miles de radioescuchas en Miami oían a una persona anónima en la radio leer lo que aparecía impreso en los volantes. Por primera vez, las noticias de Cuba le hacían saber a la audiencia de Miami algo que no sabía.

El jefe de la Seguridad del Estado cubana lo oyó también, y les informó a sus generales que si se producía una revuelta, los líderes de Havana Press habrían de ser fusilados antes del amanecer frente a sus oficinas. Por ahora, debían arrestarlos inmediatamente.

A su regreso, a Basulto le contaron de la comunicación de Havana Press, así que esa noche él llamó a Solano y a Martínez. Los periodistas se tranquilizaron al oír su voz, contentos de que no los hubieran derribado. *The Miami Herald* publicó posteriormente de que los militares en Cuba en ese momento no podían mantener estrictas medidas de seguridad debido a problemas económicos y falta de combustible.

A la mañana siguiente en Cuba, la policía se las había arreglado para recoger miles de volantes, arrancándoselos de las manos de la gente y arrestando a los desobedientes. Pero muchos habaneros habían logrado esconder sus volantes como si fuesen más valiosos que el oro.

—No había mantequilla que untar esa mañana de domingo, pero hubo volantes para cubrir el duro pedazo de pan racionado del gobierno —escribiría Solano. Esa mañana, Havana Press recibió numerosas llamadas de estaciones de radio, en particular de Radio Martí en Miami. El domingo en la tarde, la policía había detenido a Solano y a Martínez, junto con otros cubanos disidentes, para interrogarlos.

Dejar caer billetes de a dólar no habría tenido un impacto mayor que los volantes, aunque el dinero ciertamente habría sido bien recibido. El mensaje se estaba transmitiendo: ¡Ustedes tienen derechos humanos básicos: ejérzanlos! La esperanza de Hermanos era que tal vez los volantes y la ocasión de Concilio Cubano promoverían más acciones y mayor oposición interna.

Después de que medio millón de volantes con la Declaración de los Derechos Humanos cayeran del cielo ese día, a Basulto lo acusaron de volar sobre La Habana. En Miami fue severamente criticado por la prensa local y la FAA le suspendió la licencia.

—Ellos [el gobierno de EE.UU.] me persuadieron antes para lanzar bombas en Cuba —le respondió Basulto a *The Miami Herald*—. ¿Por qué debe el gobierno molestarme ahora si dejo caer volantes, especialmente sobre los derechos humanos?

—Actuemos —prosiguió, deseando que Estados Unidos se mantuviera al margen—. Su ayuda en el pasado no ha tenido éxito —Por supuesto él se refería a la fracasada invasión de Bahía de Cochinos y las subsecuentes traiciones en la liberación de Cuba. La lucha es nuestra.

Las agrupaciones del exilio estaban divididas respecto a las acciones de Basulto. La mayoría se mostraba incrédula de que él no hubiera volado sobre La Habana.; no podía aceptar que esos volantes hubieran volado doce millas. Algunos percibían que estaba fanfarroneando, algo del protagonismo que él mismo rechazaba. Otros lo encomiaban como líder del movimiento disidente interno.

En cualquier caso, a la mayoría le costaba trabajo aceptar que este hombre había cambiado. La CIA lo había entrenado para realizar acciones violentas en Cuba; ahora estaba lanzando volantes. Había formado parte de un plan respaldado por EE.UU. para combatir a sus propios connacionales, pero en los últimos cuatro años él había salvado a más de cuatro mil de ellos de ahogarse en el estrecho de la Florida. Algunos gobiernos procastristas lo tildaban de terrorista. Las sesiones de adiestramiento en materia de espionaje a que había asistido cuando estaba en la veintena de años habían sido sustituidas por retiros de fin de semana en prácticas de no violencia y desobediencia civil. El mundo quería dividir a José Basulto. No querían ver ni oír lo que él profesaba de manera tan radical: el cambio soy yo.

Una semana después del lanzamiento de los volantes, un reportero independiente de Miami de visita en La Habana visitó a Yamilet Chen López y le preguntó que iba a hacer con su octavilla.

—Oh, la tengo escondida en mi casa —dijo en una entrevista filmada—. Si la encuentran me pondrán una multa de mil quinientos pesos, o hasta me meten en la cárcel —Había habido policías en todas las cuadras de cada barrio, haciendo registros al azar e incluso preguntándole a los niños por los volantes.

—¿Qué querría decirle a los exiliados de Miami? —preguntó el reportero.

Ella miró directamente a la cámara de vídeo.

—Envíen medicinas, por favor, y alimentos, pero especialmente medicinas.

—¿Pero no es gratis la atención de la salud en Cuba? ¿No hay suficientes médicos para todo el mundo? —preguntó el reportero.

—No, si no les llevas café y cigarros —dijo Yamilet muy ceñida a los hechos—. No te tratan bien a menos que les lleves café y cigarros.

—Dígales, a nuestros hermanos en Miami, que envíen medicinas a las casas, no a los médicos, especialmente remedios para los piojos. Todo el mundo están cundido de piojos. —Ella miró directamente a la cámara una vez más—. Ayúdennos, nos estamos muriendo.

Alberto Alfonso Fernández, otro residente de La Habana, se expresó de la misma manera.

—Escuchen, la gente está muy feliz aquí con los volantes, pero ayúdennos con alimentos y medicina. —Él miró hacia la izquierda de la cámara a otra persona que se encontraba en la pieza, pero no ante la cámara. Miró de nuevo a cualquiera que se encontrara allí, y esa persona al parecer le dio su visto bueno—. Y envíen armas, no podemos hacerlo solos, y no tenemos fronteras. Estamos dispuestos a luchar, pero no tenemos ningún líder. Envíennos armas.

Acá en Miami, a Basulto lo criticaron en repetidas ocasiones por ignorar los riesgos y por provocar a Castro. No podían creer que esos volantes hubieran volado más allá de las 22,2 kilómetros [de las aguas de Cuba]. Los medios de prensa e incluso algunos amigos cercanos lo acusaron de ser demasiado político, demasiado beligerante.

—La diferencia es que nos enfrentamos sin armas —decía en su defensa.

25

Nos vemos en La Habana

Consideran su peor enemigo a quien les dice la verdad.
Platón

El 19 de enero de 1996, Hermanos al Rescate emitió un comunicado de prensa en el que mencionaba el éxito de la Operación Dr.Martin Luther King Jr. A la semana siguiente, Basulto le escribió a Dexter Scott King solicitándole el uso de las instalaciones del Centro Dr.Martin Luther King Jr. en La Habana para una reunión de Concilio Cubano el 24 de febrero. En las semanas subsiguientes, docenas de cartas de diversas organizaciones se hicieron eco de la solicitud de Basulto para encontrar un lugar de reunión en la capital de Cuba, pero el permiso nunca fue concedido.

En Cuba, Leonel Morejón Almagro, que había sido electo por Concilio para ser uno de sus organizadores, acudió directamente al Centro Dr.Martin Luther King Jr. en La Habana. El pastor que estaba a cargo del lugar le dijo que no podía utilizar las instalaciones, que Concilio era [una organización] demasiado política y llamó a la Seguridad del Estado para acosar a Morejón. Los agentes de la Seguridad fueron implacables hostigándolo a diario, a él, su familia y su esposa. Ella finalmente sufrió un aborto involuntario debido a que se le disparó la tensión arterial. Finalmente, Morejón fue arrestado el 13 de febrero.

El 22 de febrero, Sylvia Pascual, la secretaria de Hermanos al Rescate, publicó otro comunicado de prensa en el que anunciaba que cuatro avionetas volarían el 24 de febrero de

1996, en el 101er. aniversario de la guerra de Independencia que José Martí había convocado en 1895. Aunque conocido por el Grito de Baire, la guerra revolucionaria comenzó simultáneamente en cuatro lugares de Cuba en esa fecha, uno de los cuales fue el pueblo de Baire. El 24 de febrero, dos avionetas saldrían en misión humanitaria sobre el estrecho de la Florida y dos avionetas volarían hasta las Bahamas para entregar suministros de primera necesidad a los 230 cubanos aún detenidos allí.

Al mismo tiempo, La Habana sería la sede de una reunión sin precedentes de 130 agrupaciones disidentes cubanas llamada Concilio Cubano. Todavía no contaba con una sede, pero había mucho entusiasmo respecto a la reunión.

—Oye, Basulto, ¿qué está pasando con Concilio? El vozarrón de Armando Alejandre Jr. sacó de su concentración a Basulto mientras se preparaba para la inminente rueda de prensa en el hangar. Armando había venido para darle a Basulto apoyo moral.

Armando, de 45 años, había estado viniendo al hangar para ayudar con los refugiados cubanos detenidos en las Bahamas. Activista de causas cubanas, Armando nunca había estado en una misión de rescate, mas bien debido a su tamaño. Medía 2 metros y pesaba alrededor de ciento diez kilos. No podía sentarse en una estrecha avioneta durante horas enteras para llevar a cabo una misión, pero estaba dispuesto a ir a las Bahamas, un viaje más breve que, desde Miami, usualmente toma una hora.

Nacido en Cuba, Armando vino a Estados Unidos en 1960 cuando tenía diez años. Era el cuarto hijo y el varón por mucho tiempo anhelado de Armando y Margarita Alejandre. Su madre solía decir que si él no hubiera llegado después de sus tres hermanas, su marido se habría mantenido buscando la llegada de un hijo aún después de diez hijas. Armando fue consentido y mimado por sus padres y hermanas, y él no respondió como el típico niño malcriado, sino con afecto y lealtad.

Armando cumplió once años el 16 de abril de 1961, la víspera de la invasión de Bahía de Cochinos. Cuando en Miami se difundió la noticia sobre el combate en Playa Girón, él reaccionó con entusiasmo y gritos de «¡Fidel se va! ¡Fidel se va! ¡Podemos volver a casa!». A sus padres les sorprendía la pasión que él sentía por Cuba.

Cuando no regresaron, adoptó a Estados Unidos como su patria y, a los dieciocho años, al día siguiente de su graduación en la escuela secundaria La Salle de Miami, se alistó en los Marines. Todavía no era ciudadano norteamericano, pero Armando sentía una urgencia de retribuirle a Estados Unidos todo lo que había hecho por los cubanos. Luego de pasar su entrenamiento en Camp LeJeune, Carolina del Norte, estuvo nueve meses en Vietnam.

A Armando le encantaba escribir y, mientras se encontraba en su período de servicio, le escribía a su madre todos los días. Estudió redacción literaria en la universidad y su objetivo personal era llegar a convertirse en el Hemingway cubano.

Años después, Armando se casó con Marlene. La pareja tenía ahora una hija de 18 años, también llamada Marlene, que iniciaba sus estudios en la Universidad de la Florida. Marlene era la consentida de su papá, además de heredar su estatura: media 1,82 m. Armando la llevaba a ella y a sus amigos a las prácticas de baloncesto y fue quien la asesoró respecto a su elección de universidades. Y, en una actitud que distaba del padre cubano típicamente sobreprotector, animaba a su única hija a que fuera a estudiar en una universidad fuera de Miami.

Eso era inusual para ellos, puesto que todos los Alejandre se mantuvieron apegados al hogar. De hecho, todos vivían en la misma cuadra. A principio de los años setenta, Alejandre padre, que era contratista de obras, compró varias propiedades en el sur de Miami y luego construyó casas para sus tres hijas, su hijo y sus respectivas familias. Todas las casas de los hijos se conectaban por los traspatios.

Armando Jr. era famoso por sus manifestaciones anticastristas en solitario. En una protesta, saltó la pared de la sección de intereses de Cuba en Washington y se rompió una pierna. Otra vez, cuando Cuba participó con otros países latinoamericanos y caribeños en la Cumbre Iberoamericana —llamada esa vez Cumbre de Cartagena— Armando fue a su casa, empacó sus ropas y una bandera cubana. Le pidió a su hermana dinero para el taxi, le dijo a su esposa que se iba y tomó un avión para Cartagena, Colombia, para tratar de boicotear la reunión, él solo.

Cuando Fidel Castro estuvo en Nueva York en 1994, Armando se unió a su amiga y compañera de activismo Sylvia Iriondo, que dirigía M.A.R. (Madres Contra la Represión) por Cuba, para protestar contra el discurso de Fidel en Harlem. Sylvia también participaba activamente con Hermanos al Rescate y sus vuelos a las Bahamas. Fue en Nueva York donde la amistad de Sylvia y Armando se acendró, tanto que no era inusual que hablasen por teléfono cinco veces en un día. En esa misma visita a Nueva York también protestaron frente a la misión cubana. En el camino, Sylvia notó que Armando se detenía continuamente a recoger algo de la calle. Cuando le pregunto, le dijo que estaba recogiendo estiércol de caballo para lanzarlo a la puerta de la misión.

La pasión actual de Armando era ayudar al movimiento disidente interno en Cuba a través de Concilio Cubano. Como parte de la organización en Miami, Armando estaba dedicado a conseguir un lugar para la reunión sin precedentes que iba a tener lugar en La Habana. En Cuba, Concilio Cubano había solicitado un permiso para reunirse, citando los artículos 54 y

63 de la actual Constitución de Cuba que permitían congregarse con carácter pacífico. Sus objetivos incluían un foro para entablar un diálogo dentro y fuera de Cuba a fin de progresar en el camino de una transición no violenta hacia la democracia. La plataforma de Concilio pedía una amnistía incondicional de los presos políticos y garantía de derechos humanos para todos los cubanos. Los volantes de Hermanos al Rescate le acababan de recordar eso a todo el mundo.

Hermanos al Rescate le envió a Concilio Cubano dos mil dólares de ayuda, que nunca llegaron a las manos de Leonel Morejón Almagro.

En Miami se celebraron varias reuniones en las semanas precedentes a la reunión de Concilio Cubano. Mirta Costa, la madre de Carlos, asistió a una de ellas auspiciada por la Fundación Nacional Cubano Americana. Mirta admiraba mucho a Jorge Mas Canosa, el presidente de la Fundación, y se había convertido en una miembro activa. Varios pilotos de Hermanos al Rescate estaban allí también. Ella no había visto a ninguno de ellos desde el lanzamiento de los volantes, algo que Mirta había criticado de manera categórica con su hijo Carlos, que había sido parte de la que ya se había convertido en una misión altamente polémica.

Mirta había hecho todo lo que una madre posiblemente podía hacer para evitar que su hijo volara con Hermanos al Rescate. Le preocupaba su intensa dedicación. Él iba al hangar todos los días ante del trabajo para despachar los planes de vuelo y enviar las misiones. Si había alimentos para entregar en las Bahamas, Carlos se cercioraba de que estuvieran aún calientes cuando él aterrizara. Organizaba los vuelos, integraba las misiones cuando no tenía trabajo y luego limpiaba los aviones en el hangar. Se le estaba cayendo el pelo prematuramente y siempre llevaba puesta la gorra con la consigna «No Fear». Mirta estaba preocupada. Ella quería a su hijo en tierra.

Mirta se encontró con Arnaldo Iglesias en el mitin de la Fundación. Furiosa aún por el lanzamiento de los volantes, que ella consideraba una provocación directa a Fidel Castro, lo abordó con un mensaje muy firme:

—Escucha, Arnaldo —le dijo—, no quiero héroes.

Entre tanto en La Habana, Leonel Morejón Almagro fue arrestado el 13 de febrero de 1996, a lo que siguió el arresto de 140 activistas días después, y el gobierno cubano prohibió que Concilio se reuniera. Debido a estos últimos acontecimientos, Basulto creyó que había una posibilidad de que se lanzaran balseros al Estrecho el 24 de febrero para protestar de la cancelación de la reunión de Concilio Cubano. También esperaba que algunos de los restantes disidentes, y el público en general, organizara algún acto de desobediencia civil pacífica. Los Hermanos al Rescate saldrían en misión ese día en solidaridad con sus hermanos cubanos.

Desconocido para Hermanos al Rescate, el congresista Bill Richardson fue invitado por el gobierno cubano a visitar La Habana, donde se reunió con Fidel Castro y altos funcionarios del gobierno el 17 de enero de 1996, a sólo cuatro días de que cayeran los volantes en la ciudad. Los vuelos de Hermanos al Rescate salieron a relucir en la reunión. Más tarde, en febrero, la semana antes de los arrestos de los 140 disidentes, el almirante Eugene Carroll, junto con un grupo de otros oficiales retirados, visitó La Habana. Reuniones como éstas y otras que incluían a miembros de diversas agencias gubernamentales de Estados Unidos no eran raras en un momento en que el presidente Clinton estaba tratando de mejorar las relaciones con Cuba. El almirante retirado se había sentado a la mesa de conferencia en La Habana para hablar con autoridades militares cubanas y debatir toda una serie de temas. Uno de esos temas fue el lanzamiento de volantes. Cuba sostenía que las avionetas habían sobrevolado La Habana, violando la soberanía de Cuba, sin embargo no tenían ninguna prueba de radar de esas incursiones.

Fue durante una de estas reuniones con los generales retirados de Estados Unidos que el general Arnaldo Tamayo, de la Fuerza Aérea cubana, se dirigió al almirante Carroll y le hizo una pregunta muy precisa.

—¿Cuál sería la reacción de Estados Unidos si autorizamos el derribo de los aviones de Hermanos al Rescate?

26

Planes de vuelo

Sentimos que lo que hacemos no es más que una gota de agua en el océano. Pero si esa gota no estuviera en el océano, creo que el océano sería menos por esa gota que le falta. No convengo en hacer las cosas a lo grande.
Madre Teresa

Había muchas expectativas para la inminente reunión de Concilio Cubano en La Habana, aunque la reunión estuviera cancelada y varios disidentes estuvieran encarcelados. Mientras Basulto preparaba sus planes de vuelo en solidaridad con sus hermanos cubanos, otras personas hacían sus propios planes.

Juan Pablo Roque - Miami

A las tres de la mañana del viernes 23 de febrero, a Ana Margarita Roque la despertó un tierno beso de despedida de su marido J.P. Su partida de madrugada era para un trabajo en que se ganaría dos mil dólares por llevar una embarcación hasta Cayo Hueso. Ana Margarita no se sentía feliz con esa separación —tenían sólo diez meses de casados—, pero ciertamente necesitaban el dinero. Ella le recordó que llevara el cargador de la batería de su teléfono celular.

Ella no sabía mucho de cuál era el trabajo de ese día, pero había notado que su marido andaba nervioso últimamente. El día antes había estado en casa de Basulto y había criticado la donación que Hermanos le había hecho a Concilio Cubano. Ana Margarita no se inmiscuía demasiado en política ni en los extraños trabajos de su marido. Gracias a esos trabajos, él había podido comprarse un Jeep Cherokee y un Rolex, a los cuales valoraba mucho. Ana Margarita era feliz en su matrimonio y sus hijos querían a su padrastro. Ella volvió a dormirse, feliz.

Al despertar, a la mañana siguiente, advirtió que Roque había olvidado el cargador de su batería. Comenzó a llamarlo tan pronto como salió para el trabajo, pero el teléfono de él estaba apagado. A la hora en que ella salió de su trabajo a las cinco de la tarde, aún no había sabido nada de su marido y se sentía preocupada. Fue a recoger el cheque de su salario y, más tarde, a sacar el Jeep Cherokee del estacionamiento del edificio donde vivía su madre. Roque tenía delirio con su Jeep y le gustaba guardarlo en el garaje techado de su suegra.

La madre de Ana Margarita intentó calmar los temores de su hija, recordándole que el viaje del barco duraba hasta el domingo. Después de todo, existía la posibilidad de que Roque no tuviera recepción. Pero cuando llegó a su casa, la aprensión de Ana Margarita se acrecentó. En el ropero de su marido notó que él había dejado su billetera y todas sus tarjetas de crédito. Sin embargo, se había llevado toda su ropa.

El hangar de Hermanos al Rescate – Opa-locka

Mayte Greco no se comportaba ante la cámara como una modelo de pasarela. Era madre y era piloto; pero también era una belleza natural, así que no importaba como posara, siempre se veía despampanante. Carolyn Russo, fotógrafa del Museo Nacional Aéreo y del Espacio, había venido a Miami a fotografiar a la aviadora de Hermanos al Rescate para un libro y una exposición del museo llamada Las mujeres y la aviación [Women and Flight] en la que presentaban a treinta y seis aviadoras.

Mayte ya había estado en un vídeo de 1995 llamado El cielo es el límite [The Sky's the Limit] donde había dicho que era más difícil ser madre que piloto. «El avión es siempre lo mismo», afirmó. Su comentario fue corroborado ese viernes por la mañana cuando Mayte llegó tarde a la sesión de fotos porque había pasado la noche en el hospital con su hijo de tres años que había tenido fiebre alta. Mayte iba vestida con su ropa característica: jeans y una camiseta blanca. Posó dentro de uno de los Cessnas pintados de blanco y azul que volarían en la misión del sábado. Mayte no iba a participar en esa misión debido a la sesión de fotos. Russo quería fotos de Mayte con sus cinco hijos y había que esperar hasta el sábado cuando ellos no estuvieran en la escuela.

Russo fotografió a Mayte con un brazo apoyado sobre el marco superior de una ventanilla abierta de una de las avionetas, la ventanilla Vietnam, así llamada por el diseño específico que se usara durante la guerra. La ventanilla era un cuadrado de plexiglás cortado en la puerta, lo cual facilitaba mirar hacia abajo y avistar a los balseros.

El hangar estaba lleno de avionetas, balsas y suministros para las Bahamas. Mayte se mantuvo de pie junto a un montón de balsas para que le hicieran una foto. Cariñosamente le mostró a Russo el bebé de Basulto, el N2506 Seagull One.

—A él no le gusta que nadie la toque —le advirtió Mayte.

Los pilotos de Hermanos al Rescate — Miami

El viernes por la tarde, el jefe de pilotos Carlos Costa estaba teniendo dificultades para programar a los pilotos de la misión del sábado. Los vuelos del día siguiente habían de incluir tres avionetas para las Bahamas y tres avionetas en misión de búsqueda y rescate, pero hacía unos minutos los bahameños habían cancelado los vuelos porque una delegación cubana iba a estar allí. Su razón para no dejar que los Hermanos les llevaran suministros a los detenidos era que no querían ningún problema.

Sylvia Iriondo, de M.A.R. por Cuba, y Armando Alejandre habían estado visitando a los cubanos detenidos en Bahamas casi semanalmente, llevándoles alimentos y provisiones.

Cuando Carlos le informó a Basulto a última hora de la tarde del viernes de la cancelación del viaje a las Bahamas, éste le dijo que cambiara los planes de vuelo tan sólo para misiones de búsqueda y rescate. Era un momento de apuro y Carlos necesitaba llenar tres avionetas: Mayte estaba en una sesión de fotos durante dos días, Guille y Beto Lares no habían volado durante meses, Koki estaría en la base y Alfredo Sánchez tenía que asistir a una boda de familia. Carlos sentía que se estaba resfriando y en consecuencia llamó a Bert McNaughton, un piloto norteamericano voluntario, y le pidió que ocupara su lugar.

Bien entrada la noche del viernes, Carlos tenía tres aviones y sus pilotos: Mario de la Peña volaría en el Habana D.C. (Después de Castro), Basulto pilotearía el N2506 con Arnaldo Iglesias; y Carlos conduciría el tercer avión, el Spirit of Miami. Se sentía mucho mejor y estaba satisfecho con su listado, luego llamó a McNaughton y le dijo que no necesitaba que él volara después de todo. Pablo Morales, el balsero que Guille Lares había salvado dos años antes, sería su observador.

Las madres de los pilotos — Miami

Mirta Costa, la madre de Carlos, no se sentía feliz de que su hijo se sintiera mejor y fuera a volar en una misión de búsqueda y rescate —la primera en varios meses. Ella no estaba contenta de que Carlos volara en absoluto. Su hijo ignoraba la pesadilla que Mirta había tenido pocas semanas antes.

Su pesadilla comenzaba con su llegada al trabajo, donde notaba que los escritorios estaban dispuestos de manera diferente y que las personas se veían borrosas. Su supervisor se le acercaba y de manera muy deliberada le decía: «Carlos Costa murió».

Al despertar, Mirta estaba en tal estado de shock que levantó el teléfono y, llena de pánico, llamó a una vecina, sin darse cuenta de que eran las cinco de la mañana.

Cuando le contó el sueño a Osvaldo, su marido, él le recordó que una compañera de trabajo de Mirta tenía una hermana que se estaba muriendo de cáncer. El lunes siguiente a la pesadilla de Mirta, cuando ella llegó al trabajo, le dieron a conocer al personal que la hermana de su compañera de trabajo había fallecido durante el fin de semana.

—¿Ya se te quitó el susto? —le dijo burlonamente Osvaldo cuando Mirta llegó a la casa.

—Oye, comemierda, —empezó a decirle Mirta, molesta por su intento de ridiculizarla. Pero luego no insistió.

Mario de la Peña llego tarde a su casa ese viernes para cenar con sus padres. Disponiéndose a pasar una noche agradable, estaba viendo la televisión con su padre cuando fue a su cuarto a responder a la llamada de Carlos. En pocos minutos, Miriam, su mamá, oyó a su hijo andando por el pasillo y chasqueando los dedos. Iba a volar mañana, pensó para sí, reconociendo la reacción típica de Mario cada vez que recibía una llamada de Carlos Costa.

—Vuelo mañana, vue-lo ma-ña-na —dijo el chico de veinticuatro años, mientras se pavoneaba al entrar en el comedor. Mario había acabado de empezar una pasantía en American Airlines en Miami. Le habían ofrecido una en Dallas, la oficina matriz de American, pero él rehusó a fin de terminar su último semestre en Embry Riddle, quedarse en Miami y vivir en su casa, y volar con Hermanos al Rescate.

Miriam no estaba tan entusiasmada como su hijo. Había habido mucha polémica por los volantes que habían lanzado en enero, y Basulto seguía enfrentándose a las acusaciones de que él había volado sobre La Habana el mes anterior. Mario había tomado parte en eso. Ellos habían negado enfáticamente haber volado sobre territorio cubano el día en que lanzaron los volantes.

Había sobradas pruebas y testigos del día de la auténtica proeza aérea, el 13 de julio de 1995, cuando Mario había volado sobre La Habana con Billy Schuss. Miriam seguía sintiéndose molesta con eso. El único consuelo de Miriam era que su hijo no era el piloto al mando ese día. Él había estado tomando fotografías. Mario más tarde le confesó a sus padres que él también había estado ansioso de ver el país donde había nacido su familia.

Lo que más molestaba a Miriam sobre el sobrevuelo de La Habana era que una de las consecuencias había sido negarle a Hermanos al Rescate el permiso de volar a las Bahamas en Navidad a llevarles regalos a los niñitos detenidos en los campamentos. En esa fecha, a Hermanos al Rescate le habían vuelto a negar el acceso, esta vez debido a la visita de una delegación cubana.

La misión de mañana es una misión regular de búsqueda y rescate, le aseguró Mario a sus padres. Él no estaría en ninguna zona cerca de la costa de Cuba.

Washington, D.C.

A su regreso a Estados Unidos luego de su encuentro con los generales cubanos a mediados de febrero, el almirante Eugene Carroll informó al Centro para la Información de la Defensa del cambio de política de Cuba hacia Hermanos al Rescate.

Repitió la pregunta de los cubanos: ¿Qué ocurriría si derribamos uno de los aviones de Hermanos al Rescate? Carroll había respondido que sería un desastre de relaciones públicas.

El viernes, 23 de febrero, funcionarios del gobierno temían que Hermanos intentara sobrevolar La Habana al día siguiente en solidaridad con Concilio Cubano, aunque los disidentes habían sido encarcelados y la reunión sin precedentes no iba a tener lugar después de todo. Un funcionario del Departamento de Estado había informado que «Cuba estaba de un ánimo hostil», y que era menos probable que mostrara control.

En la tarde del viernes, Ana Belén Montes, principal analista de la Agencia de Inteligencia de la Defensa, se reunió con el almirante Carroll y representantes de varias agencias federales para oír el testimonio de su experiencia en las reuniones de enero. Montes estaba considerada una experta principal sobre las fuerzas armadas de Cuba en toda la nación. Durante dieciséis años había llevado la voz cantante respecto a la política de EE.UU. hacia Cuba.

Tarde en la noche del viernes, en Washington, a Richard Nuccio se le había pasado la hora de dormir y no podía conciliar el sueño. Nuccio era el asesor sobre Cuba del presidente Clinton y estaba preocupado de un posible derribo de aviones al día siguiente. A las 4:44 P.M., le había enviado un email al subdirector de Seguridad Nacional, Samuel Berger (apodado «Sandy»), la segunda persona en la Casa Blanca. Le había dicho a Berger que percibía que «esto puede finalmente inclinar a los cubanos hacia un intento de derribar las avionetas u obligarlas a aterrizar». Tenía información de que, hacía algún tiempo, Cuba había estado practicando la confrontación a aeronaves de vuelo lento. Nuccio entonces llamó a su amiga Jean Kirkpatrick, que había sido embajadora del presidente Reagan ante Naciones Unidas, y le dijo que estaba convencido de que algo horrible iba a sucederles a las avionetas de Hermanos al Rescate. Cuando Kirkpatrick le preguntó cómo sabía eso, él no le respondió.

Nuccio nunca tuvo noticias de Sandy Berger, y nunca compartió sus preocupaciones con Hermanos al Rescate. Días más tarde se defendería diciendo que había hecho «todo lo que legalmente podía para desalentar la conducta temeraria del Sr. Basulto e impedir el uso de la fuerza por parte de Cuba», excepto levantar el teléfono.

Un funcionario de Estados Unidos, cuyo nombre no se le facilitó a la prensa, defendería posteriormente la inacción de Nuccio diciendo que Basulto se enfurecía siempre que lo amenazaban en lo tocante a no volar.

—Escucho advertencias —respondería Basulto—. No escucho amenazas.

Richard Nuccio pasó la noche dando vueltas en la cama sin poder dormir.

La Administración Federal de Aviación

Después que los Hermanos al Rescate emitieron su comunicado de prensa anunciando que volarían el 24 de febrero, la FAA puso en vigor su propio plan de vuelo. Le pidieron a la base de la Fuerza Aérea Tyndall en Panama City, Florida, que enviara un globo radar especial B-94 para monitorear el vuelo de los Hermanos ese día.

También se pusieron en contacto con la base de la Fuerza Aérea March en Riverside, California, donde supervisaban regularmente el ámbito del radar que abarca las aguas del Caribe. La base empleaba especialistas adiestrados en la defensa en contacto con todos los principales sistemas de radares militares del país que vigilan constantemente las fronteras de Estados Unidos, fundamentalmente para atrapar a traficantes de drogas. La FAA le pidió al experto en radar

Jeffrey Houlihan de la Administración de Aduanas de Estados Unidos, que rastreara los vuelos, que hiciera impresiones computarizadas de los ámbitos del radar y luego los remitiera inmediatamente a Washington. Houlihan había oído hablar bastante de la organización Hermanos al Rescate, pero nunca le habían pedido que hiciera un derrotero de un vuelo de los Hermanos. La FAA le dijo que Hermanos iban a hacer un acto de afirmación política contra el gobierno comunista de Cuba.

Ni la base de la Fuerza Aérea de Tyndall, ni nadie de la FAA se puso en contacto nunca con Basulto o con cualquier otro miembro de su organización para hacerles saber que estarían documentando sus vuelos del sábado 24 de febrero.

La reunión de Concilio Cubano — Miami

El Hotel Hyatt de Coral Gables estaba repleto de representantes de docenas de agrupaciones del exilio cubano reunidos para discutir el tema de Concilio Cubano. Más de noventa agrupaciones diferentes habían expresado su apoyo a Concilio Cubano. Aunque cientos de activistas habían sido arrestados y encarcelados en Cuba, y la reunión de Concilio se había cancelado, los exiliados en Miami creían que algunas manifestaciones tendrían lugar en La Habana al día siguiente, 24 de febrero de 1996. La publicidad sobre Concilio había sido constante durante los últimos dos meses, particularmente después de que cayeran volantes sobre La Habana el 9 y el 13 de enero.

Sylvia Iriondo se hizo acompañar de Armando Alejandre Jr. para hablar con Basulto, quien les transmitió el reciente mensaje de Carlos Costa informándoles que su misión a las Bahamas había sido cancelada debido a la visita de una delegación cubana. Sylvia y Armando se sintieron decepcionados de que su misión de reabastecimiento se cancelara, pero cuando supieron que Basulto iba a salir de todos modos en sus misiones humanitarias, Sylvia le preguntó si ella y su esposo podrían acompañarlo. Carlos Costa necesitaba más observadores, así que Basulto estuvo de acuerdo en que ellos podrían ir.

Sylvia recuerda que Armando le rogó que intercediera con Basulto para que él también pudiera acompañarles. Armando le escribió una nota a Basulto expresándole el deseo de su corazón de participar en una misión. Se la dio a Sylvia y ella la puso en su cartera. Cuando Sylvia le habló a Basulto de la petición de Armando, Basulto no le dio una respuesta definitiva. Una cosa es llevar a Armando y su corpachón de 2 m. a las Bahamas, un viaje relativamente rápido de una hora, y otra completamente distinta hacer una misión de cinco horas sobre el estrecho de la Florida. Si Carlos ya había concertado con otros observadores, Armando no cabría en el angosto espacio de un Cessna.

—Que esté en el hangar a las siete, y ya veremos —le dijo Basulto.

27

Derribo

No hay nada en Cuba que amenace la seguridad de EE.UU.
Almirante retirado Eugene Carroll

Los pilotos al mando de misión Mario de la Peña y Carlos Costa salieron de sus respectivos hogares antes de las siete de la mañana del sábado 24 de febrero de 1996. Era tan temprano que ninguno despertó a sus madres para decir adiós.

Armando Alejandre Jr. también salió de su casa antes del amanecer. Tenía tal prisa por llegar al hangar que no le dio un beso de despedida a su esposa, aunque Marlene lo llamó desde la puerta de la casa.

Carlos Costa no estaba satisfecho con la lista para las misiones de esa mañana, de manera que fue a casa de Juan González para rogarle una vez más. González había avistado al primer balsero hacía cinco años, era un excelente observador y le necesitaban hoy. Amanecía cuando él llegó al hogar de los González y Carmen, la esposa de Juan, le abrió la puerta.

—¿Quién va a rescatarnos a nosotros, Carlitos? —le dijo Carmen, de pie en el marco de la puerta de su modesta casa de Miami Lakes. Lo decía entre bromas y veras—. Tú sabes que los sábados son sus días más importantes —prosiguió ella—. Realmente, él no puede ir.

Carmen era voluntaria de Hermanos al Rescate y apoyaba su causa, pero su propia familia necesitaba un rescate ahora mismo —un rescate económico. El negocio de las baterías de cocina sin agua que su marido representaba no era un negocio tan lucrativo como veinte años antes. Las parejas jóvenes cocinaban menos en casa, y a los recién casados en verdad no les importaba si una olla de aluminio revestida de cobre iba a durar para siempre. La mayoría de los matrimonios no durarían.

Detrás de su esposa, Juan se encogió de hombros en señal de derrota, con los brazos doblados con las palmas de las manos hacia arriba. ¿Qué puedo hacer?

Una vez en el hangar, poco después de las siete de la mañana, Carlos Costa avisó de seis planes de vuelo para una salida a las 10:15 A.M. e incluyó los aviones de Carlos Tabernilla y Alfredo Sánchez, aunque él sabía para entonces que ellos no volarían.

—Déjeme hacerle una pregunta —dijo Yvonne Grate, de la Estación Automática de Servicios de Vuelos Internacionales. ¿Es esta [misión] algo diferente de lo que ustedes hacen normalmente?

—No, no lo es —replicó Carlos.

Los pilotos y las tripulaciones comenzaron a llegar al hangar de Hermanos al Rescate: Basulto, Arnaldo, Carlos, Mario, Pablo y Armando. Koki Lares estaba allí también; se ocuparía de monitorear los radios ese día —y probablemente haría café cubano con el filtro sucio.

Sylvia y Andrés Iriondo se habían quedado dormidos y estaban en camino.

También acababan de avisarle a Basulto que Elio Díaz, el mecánico que trabajaba en los aviones de Hermanos, había estado detenido en Cuba durante varios días y recién había llegado a Miami la noche antes. Todos ellos querían oír lo que tenía que contar, así que decidieron salir un poco más tarde.

—¿Qué pasa, Elio? —lo saludó Basulto cuando el mecánico llegó al hangar. Elio era buena gente y a los pilotos les caía bien. Era un hombre de treinta y cortos años, con más de 1,82 de estatura y amplio abdomen. Tenía pelo negro, ojos castaños y bigote espeso. Cuando se reía se le inflaban los cachetes haciendo que los ojos se le achicaran jovialmente.

Elio Díaz había salido de Cuba cuando tenía diez años en 1971 a bordo de uno de los últimos Vuelos de la Libertad. Él y su familia eran guajiros. En Cuba plantaban lo que consumían y se autosostenían bastante bien. Elio siempre decía, para disgusto de algunos, que la Revolución realmente no lo había afectado: ni le había dado nada ni le había quitado nada.

Elio regresaba en un vuelo desde Honduras donde le había entregado un avión nuevo a un cliente, cuando de súbito se presentó un problema en el motor y tuvieron que hacer un aterrizaje forzoso en Pinar del Río, Cuba. Puesto que el piloto era colombiano y Elio era un exiliado cubano, ambos les parecieron sospechosos a los cubanos y los retuvieron para interrogarlos. Fueron detenidos e interrogados hasta las cinco de la mañana del día siguiente. De allí los condujeron a la célebre prisión de Villa Marista en La Habana, infame por su detención de presos políticos y por ser la sede central de la Seguridad del Estado. También los obligaron a pagar la tarifa del taxi que los condujo.

—Déjenme contarles una historia graciosa —dijo Elio con las mejillas hinchadas—. Yo había llevado esas camisetas de Hermanos al Rescate que ustedes me habían dado, porque sabía que iba a trabajar muchísimo en los aviones. Bueno, tenía dos, y uno de los hondureños me preguntó si podía quedarse con una, y se la di. El último día, llevaba puesta la otra, y estaba toda sudada y sucia, llena de grasa, pero él me pidió esa también para un amigo. Me dijo que no le importaba que estuviera sucia, así que me la quité y se la di. Bueno, mientras estaban interrogándonos en un cuarto, registraron nuestro equipaje. ¿Imagínense lo que me habrían hecho si me hubieran encontrado esas camisetas?

Los oficiales cubanos interrogaron al mecánico sin parar, junto con el piloto colombiano, y luego por separado, en los que nos preguntaron lo que estábamos haciendo en Honduras y lo que le había ocurrido al avión. Sus historias coincidieron: no estaban ocultando nada —excepto la relación que Elio tenía con Hermanos al Rescate. Él negó todo, diciendo una y otra vez que no conocía a Basulto, que no trabajaba para los aviones de Hermanos y que no tenía nada que ver con ellos.

Mientras Basulto, Arnaldo, Carlos y Mario hablaban con Elio, llegaron los Iriondo y se sentaron con Armando Alejandre Jr. cerca de allí en una sillas plegables. Sylvia recordó la necesidad de hacer copias de una carta a la secretaria de Justicia Janet Reno, en la que le pedía que no extraditara a la activista política cubana Elizabeth Pis. Ella, Arnaldo y Basulto habían tomado parte en una manifestación frente al Departamento de Justicia en el centro de Miami, la tarde anterior, en la que protestaban a favor de Pis. Sylvia le pidió a Pablo Morales que le enseñara a usar la copiadora.

Sylvia estuvo conversando con Pablo, y él le volvió a contar la historia de su rescate. «Prometí que si me salvaba, haría por otros cubanos lo que Hermanos hizo por mí», dijo. «¡Y deberías oír lo que dice mi madre de mí en Cuba!», prosiguió. «Ella no le teme a nadie. Le dice a todo el mundo que soy voluntario en Hermanos al Rescate y que voy a obtener mi licencia de piloto».

Sylvia se sintió conmovida por la manera en que él hablaba de su madre, Eva Barbas. Eva era una mujercita recia, apenas de 1,52 m. de estatura y cuarenta kilos de peso; sin embargo, se reía en la cara de los interrogadores comunistas en Cuba. A Sylvia también la conmovían la dedicación y la gratitud de Pablo hacia Hermanos al Rescate. ¿Quién mejor que Pablo podía entender la situación de los balseros, habiendo sido él mismo uno de ellos?

Mientras Elio estaba haciendo sus relatos esa mañana, dos cazas MiGs cubanos fueron avistados en el estrecho de la

Florida, en la misma zona que los Hermanos al Rescate habrían de recorrer tal como indicaban los planes de vuelo que Carlos Costa había presentado esa mañana. Según el protocolo, la base de la Fuerza Aérea de Homestead envió dos interceptores a enfrentar a los MiGs. No se reportó ninguna actividad y todos los aviones regresaron a sus bases respectivas.

Por el tiempo en que Elio concluyó su relato, eran casi las once —bastante temprano para salir, pero demasiado cerca del almuerzo, y el estomago de Basulto estaba gritando de hambre. Carlos quería salir temprano porque tenía planes con algunos amigos de ir a la playa y a una parrillada. Su bolsa estaba empaquetada y dispuesta en el baúl de su auto. Pero el grupo decidió comer primero, así que Carlos canceló tres de los seis planes de vuelo y programó tres aviones para partir a la 1:00 P.M. Hoy se seguirían las mismas coordenadas como de costumbre, siendo el avión de Basulto el que volaría más cerca del límite de las doce millas de la costa de La Habana.

Mario de la Peña decidió llamar a su madre y decirle que no estaría de regreso a casa hasta mucho más tarde. Cuando él la llamó a las once y quince de la mañana, Miriam pensó que ya él había regresado de su misión.

—¿Ya estás de vuelta? —y miró por la ventana de la cocina para verificar el estado del tiempo.

—No —le contestó él—. Están hablando con un tipo aquí. No sé lo que pasa —Esas serían las últimas palabras que Miriam oiría de su hijo.

Cuando acabó de hablar, Mario salió y compró Burger King para el grupo.

Las ocho personas que iban a salir en la misión de ese día se reunieron cerca de las tres avionetas para su círculo de oración. Mayte Greco estaba allí también para concluir su sesión de fotos con Carolyn Russo. Cuando terminaron de orar, Koki les deseo un vuelo feliz.

Después de la oración, Andrés Iriondo le dijo a su mujer, Sylvia, que volarían juntos. «De esa manera, si algo sucede, estaremos juntos». Sylvia recuerda haberlo mirado incrédula, su comentario era una afirmación clásica de que los hombres son de Marte.

—Por eso mismo, Andrés —replicó ella, recordando al hijo preadolescente que habían dejado en casa—. Si algo sucede —dijo Sylvia, pensando de un posible fallo mecánico o de que el avión se estrellara en el océano—, uno de nosotros debe sobrevivir. —pero como a veces sucede en los matrimonios cubanos, el hombre ganó la discusión y ambos abordaron el avión de Basulto, con Arnaldo Iglesias de copiloto.

A Sylvia y Andrés les dieron auriculares, de manera que pudieran oír las conversaciones, no sólo de Basulto y Arnaldo, sino también de las otras dos avionetas. De este modo, los ocho serían capaces de comunicarse en el transcurso de la misión.

Justo después de la una, los tres aviones se alinearon para despegar. Sylvia contempló nerviosamente a través de la pista la avioneta de Mario de la Peña, un Cessna azul y blanco con una franja roja, el Habana D.C. Armando la saludó con la «V» de la victoria, con el rostro resplandeciente desde la ventanilla del copiloto. Mario sonrió y dijo adiós con la mano desde el asiento del piloto.

Detrás de ellos estaban Carlos Costa y Pablo Morales, que volaban en el azul y blanco Spirit of Miami, el avión usado en la sesión de fotos de Mayte de la tarde anterior.

A la 1:11 P.M., los tres Cessnas 337 despegaron del aeropuerto de Opa-locka en una misión humanitaria en busca de balseros. Era una hermosa tarde de febrero, un fresco día invernal de Miami. El mar estaba en calma y la visibilidad era absoluta, no había ni una nube en el cielo. CAVU era la sigla militar en inglés: techo y visibilidad ilimitadas.

A la 1:55 P.M., Jeffrey Houlihan, experto principal de los sistemas de detección en la base March de la Fuerza Aérea, en Riverside, California, recibió una confirmación por radio de que las tres avionetas de Hermanos al Rescate volaban rumbo sur hacia el paralelo 24. La semana anterior, la FAA le había dicho a Houlihan que llevara un registro de los vuelos de Hermanos porque sospechaban que los pilotos iban a hacer algún tipo de demostración en Cuba.

A las 2:55 P.M., un MiG 29 y un MiG 23 cubanos despegaron de la base de la Fuerza Aérea de San Antonio de los Baños, localizada a menos de treinta y dos kilómetros al suroeste de La Habana. Oficiales del Comando de la Defensa Aérea de América del Norte (NORAD), con sede en Colorado Springs, Colorado, comenzaron a seguirles el rastro. Los controladores del NORAD alertaron a la 125ª. escuadra de combate de la Guardia Nacional Aérea de Florida en la base de la Fuerza Aérea en Homestead. Hacia las 3:00 P.M. dos cazas tácticos F-15 fueron puestos en estado de máxima alerta mientras los MiGs continuaban su trayectoria hacia el norte. Homestead ya había pasado por esto en la mañana, cuando unos MiGs cubanos habían sido avistados dirigiéndose hacia el paralelo 24. Los pilotos abordaron los cazas y recorrieron la pista, con los motores encendidos en posición de combate.

Al mismo tiempo que los MiGs eran avistados por Houlihan, las tres avionetas de los Hermanos vieron al Orion P-3 de la Armada de EE.UU. que volaba en dirección opuesta mientras ellos se dirigían hacia el oeste a lo largo del paralelo 24, un momento antes de tomar rumbo sur. Posteriormente, los informes de EE.UU. estipularían que el Orion estaba en otra misión, en modo alguna relacionada con el vuelo de las avionetas de Hermanos.

Mientras se acercaban al paralelo 24, Mario y Carlos llamaron al Centro de La Habana y les dieron sus números de registro y sus códigos: Habana D.C., N5485S, Squak 1224 y Spirit of Miami, N2456S, Squak 1223. Cuando estaba a cincuenta millas náuticas [92 kilómetros] al norte del límite de las doce millas de las aguas territoriales de Cuba, Basulto envió un mensaje por radio con su código transpondedor 1222.

—Los Hermanos al Rescate y yo mismo, el presidente de la organización, José Basulto, les envío un cálido saludo. —dijo.

—OK, OK, recibido, señor, le informamos que el área al norte de La Habana está activada. Usted se arriesga al volar al sur del paralelo 24 —era la respuesta habitual de Cuba.

—Sabemos que estamos en peligro cada vez que volamos en el área al sur del 24, pero estamos dispuestos a hacerlo como cubanos libres —les respondió Basulto. Él, después de todo, estaba en aguas internacionales. Basulto miró hacia abajo y vio un buque crucero, el Majesty of the Seas, así como un barco pesquero, el Tri-Liner.

Carlos Costa también vio los barcos e informó a Seagull One. Mario estaba un poco más al norte en su coordenada, y llamó por radio a Basulto y le preguntó si debía esperar allí.

—Seguro, por qué no —le dijo Basulto, pensando que las tres avionetas se realinearían más tarde para volar en sus coordenadas habituales, con una distancia de separación de 4,8 kilómetros.

Poco antes de las 3:00 P.M., los tres Cessnas habían cruzado el paralelo 24 y Mario de la Peña y Carlos Costa se separaron para seguir sus rutas de vuelo, mientras Basulto se dirigía al sur, cerca del límite de las doce millas de Cuba.

—¡Bárbaro!, dijo Sylvia Iriondo por los auriculares mientras Basulto bordeaba el límite de la costa en la lejanía. Ella estaba fascinada por el perfil del país que había abandonado cuando tenía quince años. En un rapto de inspiración, sacó un pedacito de papel y escribió una idea que le escocía el corazón, pese a contradecir la belleza que la rodeaba: El mar que baña mi país nos trae mensajes de muerte, y luego guardó el papel en su cartera.

Basulto pensó que el Centro de La Habana debía saber cuán bella se veía la ciudad en ese momento, así que llamó de nuevo:

—Reportando a doce millas del norte de La Habana, en nuestra misión de búsqueda y rescate hacia el este —dijo—. Es un día bello y La Habana luce maravillosa desde aquí. Un saludo muy cálido para ustedes y todo el pueblo de Cuba de Hermanos al Rescate.

—Habana, recibido —contestó el controlador del tránsito aéreo cubano.

Basulto continuó su ruta paralela hacia el este, mientras Arnaldo Iglesias filmaba el perfil de la ciudad. El radar de la Fuerza Aérea [de EE.UU.] señalaría más tarde que Seagull One se adentró aproximadamente una milla dentro de las aguas territoriales de Cuba durante unos minutos.

Era un día tan lindo, ni una nube en el cielo y el mar era un plato, brillante como un espejo. Las aguas color turquesa se encontraban con el elegante perfil de La Habana, el zigzag de los edificios que bordean el mar enmarcados por el azul. Mirando más allá de la ciudad, brochazos de blanco resaltaban las arenosas playas. Cualquier cubano exiliado que presenciara el cuadro a que se asomaban estos cuatro pasajeros podía haberse transportado a La Habana de sus recuerdos, a su amada ciudad. El arrullo de los motores sólo podría acentuar el somnoliento trance que ellos podían haber experimentado. La Habana se mostraba resplandeciente. Sin embargo, en ese lienzo de colores había estructuras carcelarias, teñidas sólo de deterioro y mugre, que encerraban a centenares de disidentes políticos.

Si cualquiera de los pasajeros de Basulto estaba momentáneamente absorto por estos contrastes, el destello de gris que pasó velozmente por el parabrisas del N2506 era un ominoso recordatorio para despabilarse. Era un MiG cubano.

—Uno, Mike —dijo Mario de la Peña, llamando a Basulto. El nombre de identificación de Mario era Seagull Mike y el de Carlos era Seagull Charlie.

—Dame la cámara —dijo Basulto a Arnaldo —y tú toma el avión. Van a dispararnos —dijo tranquilamente—. Miren, acaban de lanzar una bengala. Bien, tenemos MiGs alrededor de nosotros —y luego dejó escapar un nervioso «je, je».

—¿Van a tirarnos? —dijo Sylvia, incrédula de las palabras y del desapasionado comentario de Basulto.

—Van a tirarnos —dijo Basulto, de manera normal, inalterada, con voz monótona—. Fíjense, acaban de lanzar una bengala para señalarnos —lo dijo como si describiera un procedimiento de rutina o un cambio en las pautas meteorológicas—. Hay MiGs dándonos vueltas —dijo por la radio, ahora más sedado, dirigiéndose a los pilotos.

El mensaje sonaría sobrecogedor para cualquier pasajero, sin embargo los Hermanos al Rescate habían visto desarrollarse este escenario antes, de manera que ninguno de los pilotos perdió su compostura. Los tres pilotos que volaban ese día estaban concentrados en sus papeles como pilotos al mando, y su deber más importante era proteger la seguridad de sus pasajeros. Existían procedimientos vigentes para distintas emergencias y los Hermanos al Rescate seguirían esos protocolos.

Los MiGs cubanos tenían un protocolo a seguir si una aeronave entraba en aguas jurisdiccionales cubanas (y las avionetas de los Hermanos no habían entrado) sin autorización previa. Los códigos de intercepción en el espacio aéreo internacional exigían que un avión interceptor hiciera ciertas señales visuales. En primer lugar, se les exigían que se hicieran visibles, así como que hicieran una llamada a la frecuencia radial de emergencia, 121.5. Luego, al avión interceptor, el MiG en este caso, se le exigía que moviera las alas, primero al frente y a la izquierda y luego al frente y a la derecha de la aeronave que había invadido su zona soberana. Esto sería un indicio de que la aeronave debía abandonar la zona a la que no estaba autorizada a entrar. Si se seguía el procedimiento, la aeronave interceptada movería sus propias alas en reconocimiento y le exigirían que siguiera a los interceptores fuera de la zona. Una vez fuera de la zona, el interceptor haría un abrupto giro de noventa grados o más como señal que indicaba: están en libertad de proseguir. En otras palabras, váyanse al carajo de aquí. El último recurso sería volar en torno a la aeronave y conducirla a un aeropuerto y obligarla a aterrizar.

Los MiGs cubanos no hicieron nada de esto.

—Seagull Charlie, Seagull One —llamó Basulto a Carlos.

—Seagull One —respondió Carlos —, hay un MiG en el aire. Fantasma en el aire. ¿Dónde estás?

—El MiG está al norte de nosotros y acaban de lanzar una bengala, al parecer para usarla de referencia —dijo Basulto. En ese momento, Carlos estaba a veintinueve millas [46 kilómetros] de Cuba y Mario estaba a treinta y una millas [49,8 kilómetros]. Ambos estaban en el espacio aéreo internacional. El único avión que, según el radar de Estados Unidos, traspuso, por uno o dos minutos, el límite de las doce millas de Cuba, fue el de Basulto.

Mario intervino en la conversación:

—Seagull Charlie, Seagull Mike...Charlie, Mike —Carlos no respondió al llamado de Mario, así que Mario llamó a Basulto para ver si había oído de Carlos Costa. Mario le dio a Basulto sus coordenadas y Arnaldo le leyó las suyas. Él luego se escribió las cifras en la mano: latitud 23:25 y longitud 82:20.

—Negativo —dijo Basulto y continuó llamando a Carlos—. CHARLIE —dijo un poco más alto esta vez—, Seagull One.

—Mike está contigo —dijo Mario.

—SEAGULL CHARLIE, ¿estás con nosotros? —insistió Basulto—. SEAGULL CHARLIE, SEAGULL ONE...SEAGULL CHARLIE, SEAGULL ONE...SEAGULL CHARLIE...

Koki Lares irrumpió en la conversación desde la base, y Basulto le dijo que había perdido el contacto radial con Carlos.

—CHARLIE, BASE...CHARLIE, BASE —llamó Koki. Pero Carlos no respondió.

—¿Quieres que yo...? bueno, no importa —dijo Mario, sin terminar la pregunta. En ese punto, las gráficas del radar mostrarían que Mario salía de sus coordenadas y entraba en un patrón orbital de vuelo, al parecer intentando encontrar a su amigo Carlos.

—¿Ves el humo, al MiG?—le preguntó Basulto a Mario. Basulto inició su trayectoria rumbo norte.

—No veo al MiG, pero veo humo y un destello —dijo Mario. Ellos siguieron tratando de localizar a Carlos por radio, pero Seagull Charlie no respondería. Basulto y Mario intercambiaron impresiones acerca del humo, del MiG y del destello.

—O.K., ahora veo otro destello, otra bola de humo —dijo Basulto—. CHARLIE ¿ese eres tú? SEAGULL MIKE, SEAGULL ONE...SEAGULL MIKE, SEAGULL ONE —repitió Basulto. — Muy bien, Arnaldo, trata tú, intenta comunicarte con Carlitos. —Arnaldo repitió su llamada a Carlos, y luego a Mario, una y otra vez: SEAGULL CHARLIE, SEAGULL MIKE...

Algo pavoroso había sucedido, —pensó Basulto. Una cosa era perder el contacto de radio con una avioneta, pero ¿perder contacto con las dos? Acaso en un avión la radio podría haberse cortado, o había tenido lugar un amarizaje forzoso, o alguna otra crisis a bordo, ¿pero ambas avionetas? Había dejado de oírse el habitual parloteo entre los pilotos.

El silencio era demasiado elocuente.

—Avancemos hacia ese barco —dijo Basulto, señalando al crucero Majesty of the Seas que se veía abajo, mientras su cerebro funcionaba a toda máquina, pero el silencio momentáneo le había dado la oportunidad de pensar en ello. La agobiante idea de que Carlos y Mario podían haber sido derribados era inaceptable, abrumadora, inconcebible. Las últimas palabras de Carlos a él habían sido: ¿Dónde estás? La última comunicación de Mario: No veo el MiG. Basulto no podía ver al MiG ahora mismo tampoco. Su preocupación era que no podía oír a sus amigos. ¿Dónde estaban? ¿Dónde estaban los MiGs? Al mismo tiempo Basulto sabía que tenía que hacer algo. Voló hacia el Majesty of the Seas, razonando que los MiGs no le dispararían un misil sensible al calor si él estaba sobre un barco de pasajeros.

—Tenemos que largarnos de aquí.

Después de intentar una vez más llamar a sus amigos, Arnaldo vio a Basulto apagar su transpondedor.

—Somos los próximos —dijo Basulto.

El Majesty of the Seas, un barco de pasajeros de bandera noruega de 268 metros, regresaba a Miami luego de su excursión semanal por el Caribe. Estaba a veinticinco millas náuticas [46,30 kilómetros] de La Habana cuando aproximadamente a las 3:23 P.M. el primer oficial Bjorn Johansen vio una explosión a ciento cincuenta metros por encima del puente del crucero. Advirtió que el barco pesquero Tri-Liner maniobraba cerca de otros restos. Puesto que no había habido ninguna llamada de emergencia, el Oficial de Guardia lo ignoró, pensando que era algún tipo de ejercicio militar.

El tripulante Sean Patrick Gearhart estaba en la cubierta del Tri-Liner, un barco pesquero de casco blanco de 14,6 metros de eslora. Todo estaba muy tranquilo y el capitán se tomaba una siesta. Mirando al cielo claro, Gearhart vio lo que creyó se parecía a un avión de combate americano F-15 volando por delante de una aeronave con el fuselaje incendiado. Corrió dentro y despertó al capitán y ambos vieron a la aeronave precipitarse al agua, a unas trescientas yardas de la popa. Mientras se acercaban al sitio donde había caído, advirtieron que había muy pocos restos, sólo una mancha de petróleo y un artefacto flotante color naranja de aproximadamente 0,14 m. cuadrados con tinta verde o anticongelante que se derramaba en el agua. Miraron al cielo de nuevo y justo al norte de ellos vieron lo que creyeron era otro F-15 dispararle un misil a otra avioneta cuyo fuselaje incendiado cayó al agua. Advirtieron la presencia del Majesty of the Seas en el área y, creyendo que estaban presenciando maniobras de la Armada [de EE.UU.], no reportaron nada.

En Miami, Ana Margarita Roque quería hablar con su marido y no podía conseguirlo en su teléfono celular. Desde que Roque se fuera el viernes a las tres de la mañana, ella no había hablado con él. Llamó a la casa de René Guerra. René era amigo de Basulto y piloto voluntario. Roque era también el entrenador personal de René. Marta Guerra, la esposa de René, pudo percibir el pánico en la voz de Ana Margarita e intentó tranquilizarla. Más tarde, Marta llamó a Rita Basulto para confirmar con ella si Roque volaba ese día. Rita le dijo a Marta que no sabía nada del paradero de Roque, salvo que él había estado en casa de ellos el día antes [el jueves].

—Ana Margarita dijo que se había llevado toda su ropa buena, pero que había dejado el cargador del celular, la billetera y las tarjetas de crédito —le dijo Marta a Rita.

—¡Ese se fué para Cuba! —oyó Rita que rugía en el teléfono René Guerra, el marido de Marta, insistiendo que Roque se había ido para Cuba. ¿Cuba? ¿Roque?

—Realmente no sé nada de eso —le contestó Rita.

En la pantalla del radar de Jeffrey Houlihan en la base March de la Fuerza Aérea, las tres avionetas de Hermanos al Rescate aparecían como cuadrados color naranja. Los MiGs aparecieron como equis (X) blancas. Houlihan había visto las tres X acercarse a los cuadrados naranja. A las 3:15 P.M. él llamó inmediatamente a la sala de mando de la base de la Fuerza Aérea Tyndal en Panama City, Florida, que es responsable de la defensa aérea del sudeste de Estados Unidos. Houlihan hizo lo que luego se documentaría como una llamada de urgencia.

—¿Ves a esa nave delantera, a 500 nudos? preguntó Houlihan. Houlihan conocía el procedimiento estándar de desplegar interceptores siempre que los MiGs cubanos tomaban rumbo norte hacia Estados Unidos al cruzar su propio límite territorial de doce millas. Houlihan apodaba a esta zona designada «el Cono de la Paranoia de la Defensa Aérea del Sudeste».

—Sí, hemos sido informados —le dijo el oficial de servicio.

—Bien, a mi me parece que un MiG 23 se dirige directamente hacia Estados Unidos —respondió Houlihan.

—¡Sí!, nos ocupamos de eso —respondió.

Seis minutos después, Houlihan vio que uno de los cuadrados naranja desaparecía. Esto sucedía a veces cuando las avionetas de Hermanos al Rescate volaban demasiado bajo y el radar no podía captarlos tan cerca del agua, pero el cuadrado con el código de transpondedor 1223, el avión de Carlos Costa, nunca reapareció. Cuando siete minutos después otro cuadrado naranja despareció, Jeffrey Houlihan supo que algo andaba muy mal.

Somos los próximos. Sylvia Iriondo repitió mentalmente lo que le había oído decir a Basulto. Debes estar bromeando, ¿nos van a disparar? Ella sacó un block de notas amarillo del bolsillo del asiento que estaba frente a ella y escribió lo que acababa de atestiguar, que aproximadamente a las 3:30 P.M. habían visto humo al norte de su avión y que pensaron que era una bengala. Perdieron el contacto con Carlos y Pablo. Tres minutos después vieron una mancha de humo más grande al norte y habían perdido contacto con Mario y Armando. Luego ella escribió que Basulto había dicho que había MiGs en el aire y que iban a dispararles.

Más escalofriante que las palabras de Basulto era el silencio ensordecedor. Había cesado la cháchara entre los tres pilotos, las conversaciones intermitentes de otros aviones en la zona, el carraspeo cada vez que la voz de alguien entraba en los altavoces. Era el silencio lo que le hizo a Sylvia pensar que estaban muertos. Así es como es la muerte: primero la ausencia de ruidos, luego las imágenes de tu vida. Mentalmente recorrió su vida y vio a sus hijos y a su madre, y les dijo adiós a todos ellos. Sacó un pequeño rosario metálico de los que se llevan en el pulgar y comenzó a rezar, y con su mano libre buscó el consuelo de la de su marido. Ella no había terminado una década de avemarías cuando Basulto encendió de nuevo el transpondedor y lo oyó llamando «Mayday, Mayday» y se dio cuenta de que no estaban muertos. Basulto simplemente había apagado sus auriculares.

Ahora volvía el ruido reconfortante, las desesperadas llamadas al hangar, Basulto dándole instrucciones a Koki que llamara a las familias, el rítmico chasquido de la conversación aérea. El Centro de Miami estaba diciéndole a Basulto que aterrizara en Cayo Hueso, y Basulto intentaba transmitir los acontecimientos que había visto pero a lo que él todavía no podía encontrarles sentido —o aceptar. Sylvia, Andrés y

Arnaldo permanecían quietos y callados, un silencio ensordecedor, el tipo de silencio que hace un escándalo en el alma. Sylvia siguió rezando.

Basulto miró hacia atrás a los Iriondo.

—¿Por qué vamos a aterrizar en Cayo Hueso si nuestra base está en Opa-locka? —dijo, casi como si estuviera pidiéndoles permiso para cambiar de ruta. Luego giró la avioneta hacia el norte y se dirigió a toda velocidad hacia Opa-locka.

De repente en ese prístino cielo azul CAVU, apareció una nube solitaria, del tamaño de una casita, un asilo seguro para Seagull One en su carrera hacia el nordeste. Basulto creía que los MiGs no podrían divisarlo en su radar, que necesitaban de una apreciación visual, de manera que el zigzaguearía tanto como fuera posible [dentro de la nube] su abultado hábitat de agua condensada y polvo al parecer se movía con él. Él no se dio cuenta de que la primera pareja de MiGs había regresado a Cuba, y una segunda pareja estaba en su persecución. Las horas del radar y las comunicaciones grabadas corroborarían más tarde que los MiGs cubanos se adentraron bastante más allá del paralelo 24, a tres minutos de la costa de Estados Unidos.

Basulto llamó a Rita a casa y le dijo que algo había sucedido y que se reuniera con él en Opa-locka. Aunque ella persistió en preguntarle qué, él no se lo diría. Llamó a la base y le explicó a Koki que había perdido contacto con las otras dos avionetas, y que Koki debía telefonear a todos los miembros de las familias y decirles que fueran para el hangar. Sospechando una maniobra sucia, llamó a su abogada, Sofia Powell-Cosío.

Desde el momento en que detectaron la primera pareja de MiGs hasta que la segunda pareja inició su regreso a Cuba, habían pasado 53 minutos. Transcurrieron siete minutos entre el primer derribo y el segundo. En la base de la Fuerza Aérea de Homestead, Florida, los F-15 habían estado esperando con los motores encendidos desde las 3:00 P.M. Habrían despegado en dos minutos y habrían estado en la zona en el transcurso de diez. Pero en esos 53 minutos, mientras Jeffrey Houlihan observaba que las X obliteraban los cuadrados naranja y oía a Tyndall confirmarle que se ocuparían del asunto, mientras el globo del radar aerostático rastreaba la persecución sobre el estrecho de la Florida, mientras NORAD (el Comando de la Defensa Aeroespacial de América del Norte), SEADS (el Sector de la Defensa Aérea del Sudeste), CARIBROC (el Centro de Operaciones Regionales del Caribe) y el Control del Tránsito Aéreo de Miami manejaban información contradictoria de lo que acontecía, y mientras Estados Unidos grababa las conversaciones de cabina de los pilotos de los MiGs cubanos, las órdenes de los hombres en los F-15 fueron claras: no se muevan de sus puestos.

28

Control del tránsito aéreo en La Habana

La creencia en una fuente sobrenatural del mal no es necesaria; los hombres por sí mismos son capaces de cometer cualquier maldad.
Joseph Conrad

A través del mundo, el control del tránsito aéreo se divide en numerosas zonas monitoreadas por diferentes países. Cada zona se divide luego en «corredores», de los cuales se encargan controladores específicos. Las reglas para el control del tránsito aéreo en el mundo son bastante estándares y la principal responsabilidad del controlador es separar las aeronaves para prevenir colisiones. En la mayoría de los países, los límites territoriales están a doce millas náuticas de la costa.

En Estados Unidos, la FAA supervisa los controles del tránsito aéreo; en Cuba, los controladores son supervisados por militares, usualmente ex pilotos, lo cual con frecuencia resultaría muy frustrante para los controladores. Los controladores cubanos dominaban los sistemas computarizados y hablaban inglés, mientras el personal militar con frecuencia no tenía esas pericias. Los llamados supervisores llevaban a diario sus uniformes militares. Sin embargo, cuando esperaban visitantes, usaban el uniforme de Cubana de Aviación, como si fueran civiles empleados por la aerolínea propiedad del gobierno y controlada por éste.

Siempre que Hermanos al Rescate, o cualquier vuelo que partiera de Miami, cruzaba el paralelo 24 rumbo sur, entraba en el sector del Centro de La Habana. El ATC de La Habana siempre recibía los planes de vuelo de Hermanos con sobrada antelación, de manera que sabían cuándo esperarlos y por cuánto tiempo monitorearlos. El Centro de Miami llamaría al de La Habana y le transferiría el vuelo. Puesto que los Hermanos usualmente cumplían sus misiones a 152 metros de altura o por debajo de esa altitud conforme a las Normas (VFR, por su sigla en inglés), sus vuelos aparecerían y reaparecerían constantemente en las pantallas de control del tránsito aéreo, según entraran o salieran del campo del radar.

Los vuelos sobre La Habana están estrictamente prohibidos. Para cualquier vuelo que cruce por encima de otras partes del territorio cubano, la aerolínea necesita previa aprobación del gobierno y debe pagarse una tarifa por adelantado.

Todo lo que sucede en las oficinas de control de tránsito aéreo en todo el mundo queda grabado: el audio entre los controladores y los vuelos, las pantallas visuales del radar, las conversaciones entre diferentes aeronaves. El ATC de La Habana informaría más tarde que el 24 de febrero de 1996 sus computadoras no estaban funcionando.

El día antes del derribo, Ana Miriam Ávila tenía programado trabajar en el ATC de La Habana, pero su supervisor la llamó y le dijo que el equipo de Ana, lo que ellos llamaban una brigada, la estaban cambiando con otros dos controladores, llamados Ricardo y Ramón. Ana había trabajado en el ATC de La Habana durante seis años. Era un empleo de intensa presión y no se enojó porque le hubieran dado el sábado libre. No le puso mucho asunto al cambio hasta la tarde siguiente, cuando comenzaron a desarrollarse los sucesos del 24 de febrero.

Ella cree que fue Ricardo o Ramón quien le informara a Hermanos al Rescate que el área al sur del paralelo 24 estaba activada. Los operadores del ATC del Centro de La Habana tenían una lista de respuestas preparadas específicamente para los pilotos de Hermanos. Siempre debían indicar que la zona estaba activada, no habrían de entablar conversaciones cordiales o amistosas, ni discutir nada de su vida personal. Ricardo y Ramón habían seguido consecuentemente esas normas.

Lo que Ricardo y Ramón presenciaron el sábado 24 de febrero de 1996, no es del dominio público. Ese día ellos estaban en el papel de lo que sus compañeros de trabajo apodaban «controladores controlables».

En la tarde del 24 de febrero de 1996, dos hermanos, ambos tenientes coroneles, Francisco y Lorenzo Pérez Pérez, se pusieron sus monos y cascos y abordaron un MiG29. El mayor Emilio Palacios abordó un MiG 23. Los dos cazas a chorro partieron de la base de la Fuerza Aérea de San Antonio de los Baños localizada a unos 55 kilómetros al suroeste de La Habana, y tomaron rumbo norte.

Aproximadamente a las tres de la tarde, los MiGs avistaron al buque crucero Majesty of the Seas y al Tri-Liner. El relámpago gris que Basulto y su tripulación habían visto a través de su parabrisas iba al encuentro del Cessna azul y blanco de Carlos Costa.

A las 3:18 P.M., los MiGs tenían al Spirit of Miami localizado en sus radares. El control de tierra quería el número de matrícula, pero todo lo que los hermanos Pérez Pérez pudieron confirmar es que se trataba de un Cessna 337 azul y blanco.

En el ATC de La Habana, Ricardo y Ramón guardaban silencio. No tendrían que preocuparse si sabían que Estados Unidos estaba grabando sus conversaciones, porque no dijeron casi nada después que las avionetas de Hermanos al Rescate cruzaron el paralelo 24. El jefe de control de tierra Rubén Martínez Puente estaba guiando a los MiGs hacia los dos Cessnas que estaban casi a treinta y siete kilómetros fuera del espacio aéreo cubano.

—¡Autorícenos, cojones! La tenemos —dijo Palacios en el MiG23, excitado por haber encontrado la primera avioneta. Era importante para ellos hacer contacto visual con los Cessnas. Los misiles eran sensibles al calor y ellos no querían que se les fueran a desviar hacia otra aeronave o, peor aún, hacia el crucero que se encontraba abajo.

—Denme instrucciones —dijo Pérez Pérez—. ¡Instrucciones! —exigió—. ¡Dennos la orden de destruir!

A las 3:20 P.M. dieron la orden de destruir al Cessna 337 de Hermanos al Rescate piloteado por Carlos Costa, cuyas últimas palabras grabadas a Basulto, su General, fueron: ¿Dónde estás? A bordo estaba el aspirante a piloto y ex balsero Pablo Morales, buscando a otros balseros cubanos como él.

Un minuto después, los hermanos Pérez Pérez presionaron un botón y un misil aire-aire R-73 de 2,8 metros de largo con una cabeza explosiva de 7 kilogramos alcanzó al Spirit of Miami por detrás. La longitud del cohete era de un tercio de la longitud total de la aeronave push-pull de 9 metros. Carlos y Pablo nunca supieron lo que les golpeó.

En California, el cuadrado naranja que Jeffrey Houlihan vio desaparecer de su pantalla contenía a dos jóvenes en su veintena y con toda la vida por delante. Carlos tenía una madre de la que no se había despedido esa mañana, una madre que no quería que él volara, una madre a la que una pesadilla le había predicho su muerte. Él tenía un buen empleo en el Aeropuerto Internacional de Miami y era un militante respecto a su trabajo con Hermanos al Rescate. Carlos el Bonito, el intenso, Carlitos había dejado de existir.

Pablo tenía una novia con la que estaba a punto de casarse. Estaba aprendiendo a ser piloto, de manera que pudiera salvar a otros, tal como lo habían salvado a él. Tenía a su madre y a una hermana en Cuba que él quería traer a Estados Unidos. Tendría que ocurrir su muerte para que esto se cumpliera.

—¡LES DIMOS! LES DI-MOS COJONES! —celebraron los hermanos Pérez Pérez—. ¡Está fuera de combate! ¡Ya éste no joderá más!

—Felicitaciones! —dijo el control de tierra en La Habana, y les pidió que marcaran el sitio.

—Hay un barco cerca. Los restos cayeron cerca. —le informaron los pilotos del MiG al controlador—. El barco se dirige hacia allá —The Majesty of the Seas enrumbaba hacia los restos de la avioneta. Desde la cubierta, la turista Barbara Lamonica extrajo su cámara de vídeo y filmó la línea de humo en el horizonte. Su vídeo sería el único metraje de los asesinatos.

Mientras The Majesty of the Seas y el the Tri-Liner se dirigían hacia los restos de la primera avioneta derribada, Basulto advirtió el humo y el destello. Así le pasó a Mario de la Peña. Él no se dio cuenta de que eran las cenizas de Carlos y Pablo. Mario comenzó a preguntarle a Basulto si debía hacer algo, pero nunca terminó su pregunta. Él reafirmó que había visto humo y un destello. Esas serían las últimas palabras que el mundo le oiría decir a Mario de la Peña. El radar indicaría que Mario comenzó a volar en círculos, probablemente buscando a su amigo Carlitos. Fue entonces cuando el MiG23 debe haberlos avistado.

—Tenemos otra avioneta —dijo el mayor Palacios.

—No la pierdas —dijeron los hermanos Pérez Pérez. Deben haber advertido que Mario estaba volando hacia el área del primer derribo, de manera que los hermanos maniobraron hacia el Habana D.C.

—Estamos sobre él, estamos sobre él —dijeron ellos con entusiasmo—. ¿Nos autorizan a destruirlo?

—Autorizados —fue la respuesta desde La Habana.

—Copiamos, copiamos, ahora manos a la obra, manos a la obra —dijo el MiG29.

—Tranquilícense [con calma] —les alentó el MiG23.

A las 3:28 P.M. los hermanos Pérez Pérez les dispararon a Mario y Armando.

En California, Jeffrey Houlihan vio desaparecer otro cuadro naranja. Esa pequeña marca en su pantalla era el veterano de Vietnam Armando Alejandre Jr., el activista de derechos humanos que aspiraba a ser el Hemingway cubano. Armando había comenzado recientemente en la escuela de derecho. Dejaba una hija en la universidad y a una esposa con la que llevaba 22 años de casado, a la que no le había dado un beso de despedida esa mañana porque desbordaba entusiasmo para volar con los Hermanos al Rescate. Nunca volvería a ver a sus padres y a sus queridas hermanas. Su último gesto para su buena amiga Sylvia Iriondo fue el de la «V» de la victoria.

Otra sección de ese cuadrado naranja representaba al piloto más joven que habría de morir ese día, Mario de la Peña, de sólo 24 años, que chasqueando los dedos le anunciara a sus padres de que iba a volar. Mario se había quedado en Miami para comenzar su pasantía con American Airlines porque quería estar cerca de sus padres y de su hermano más pequeño, así como de los Hermanos al Rescate. Mario, que nunca paraba de hacer preguntas, nunca recibió una respuesta a la última pregunta de su vida: ¿Dónde está Carlos? Mario desapareció de la pantalla del radar de Houlihan, el mismo Mario que, con absoluta sinceridad, había afirmado por las ondas radiales que llegaban a Cuba que perdonaría al piloto que acababa de volarlo en pedazos.

—¡DESTRUIDO! ¡Destruimos al otro! ¡Patria o muerte, cojones! —Los hermanos Pérez Pérez estaban nuevamente eufóricos, con las voces enronquecidas hasta casi quedarse sin aliento.

Después que Mario y Armando fueron derribados, el barco pesquero Tri-Liner se acercó a los restos y no encontró nada, excepto un flotador naranja y una mancha verde.

El control en Cuba estaba observando los movimientos del barco pesquero.

—Tengan cuidado —advirtió el control de tierra— Allí hay un barco pesquero.

Antes de que las jubilosas tripulaciones del MiG 23 y el MiG29 regresaran a Cuba, otra pareja de MiGs despegó de San Antonio de los Baños. Sabían que había otro avión allí y que debían terminar el trabajo. Pasaron por encima del Majesty of the Seas y del Tri-Liner. A las 3:34 P.M. habían avistado a Seagull One, que llevaba a Basulto, Arnaldo y los Iriondo.

—Creo que está a mi derecha; no, está a cinco grados a mi derecha. Estoy sobre él, no puedo verlo —dijo el piloto, encontrando y perdiendo a Basulto, que en ese punto había encontrado refugio de una sola nube.

—¿Puedes identificarlo? —preguntó el control de tierra.

—Es un Cessna 337, azul claro —dijo el piloto—. Ahora lo he perdido, lo he pasado.

—Está a doce en punto, dame la matrícula —exigió el control de tierra en San Antonio de los Baños.

—No, lo volví a perder —dijo el MiG.

Basulto diría después que él creía que el piloto del MiG había tomado la decisión consciente de no dispararle, que tal vez alguna bondad muy dentro de él le había impedido descargar el misil. Otra explicación podría ser que el MiG ya había cruzado el paralelo 24 y no quería arriesgarse a ir más al norte, temiendo a los interceptores que habían salido esa misma mañana. Tal vez era la nube.

Tal vez Dios.

La persecución prosiguió hasta las 4:53 P.M. cuando los cubanos recibieron nuevas órdenes de tierra.

—Están muy arriba. Cancelen —Lo que el control de tierra quiso decir por arriba se debatiría durante años. A la mayor altitud que Basulto voló ese día fue de 1.828 metros, de manera que no podían estar refiriéndose a la altitud si la avioneta era visible. Basulto y otras personas argüirían que «muy arriba» quería decir demasiado al norte del paralelo 24.

Durante cincuenta y tres minutos, el 24 de febrero de 1996, dos parejas de MiGs cubanos persiguieron a tres avionetas de Hermanos al Rescate en el espacio aéreo internacional. Dos fueron derribadas, provocando la muerte de cuatro hombres. Durante cincuenta y tres minutos los F-15 permanecieron en alerta de combate en la base de la Fuerza Aérea de Homestead, con pilotos ansiosos de entrar en acción con un tiempo de reacción de cinco minutos. Si los hubieran enviado tan pronto los MiGs cubanos cruzaron el paralelo 24, las tres avionetas habrían sobrevivido. Si hubieran despegado después del primer derribo probablemente habrían salvado a Mario y Armando. Si los hubieran autorizados después de los dos derribos, los MiGs que perseguían a Basulto habrían regresado a Cuba de inmediato. Por cincuenta y tres minutos, los radares de la Aduana y de la Fuerza Aérea vieron como los cuadrados naranjas desaparecían de las pantallas de sus radares, reemplazados por «X» blancas. Hicieron una llamada al 911 y fue «atendida». Durante cincuenta y tres minutos las bases de la Fuerza Aérea en Tyndall y March en California presenciaron el asesinato de tres ciudadanos estadounidenses y de un residente legal.

La grabaciones confirmarían más tarde que en el preciso momento en que Basulto decidió ignorar las órdenes de aterrizar en Cayo Hueso e hizo un brusco giro a la derecha para dirigirse a Opa-locka, él estaba a treinta millas al suroeste de Cayo Hueso. Los MiGs cubanos estaban a tres minutos de la costa de Estados Unidos de América.

29

Hermanos caídos

El único error que el gobierno cubano cometió el
24 de febrero fue que dejó escapar una avioneta.
Cartas al Director, Florida Keys Keynoter,
13 de marzo de 1996

—Doctor, la Seguridad del Estado está aquí para llevárselo —
le dijo un compañero de prisión a Leonel Morejón Almagro,
líder de Concilio Cubano. Morejón recuerda que soldados
portando AK-47 lo sacaron de la prisión y lo subieron a una
furgoneta que estaba esperando llena de perros de presa.
Otros soldados cubrían los techos de la prisión con las
subametralladoras amartilladas. Los rumores que los
americanos iban a atacar a Cuba empezaron a circular por los
pasillos de la prisión de Valle Grande en La Habana. Unos
aviones americanos habían sido derribados y la prisión estaba
alborotada. Morejón no sabía aún que los aviones pertenecían
a Hermanos al Rescate, pero él sí sabía por qué habían sido
derribados: por Concilio Cubano.

Basulto se mantuvo volando hacia su base en Opa-locka. Se
proponía ir directamente al hangar, pero María Ramírez,
especialista en control de tránsito aéreo le envió un mensaje
por radio exigiéndole que se presentara inmediatamente en el
tráiler de la Aduana de EE.UU., que estaba contigua al hangar
de Hermanos al Rescate.

—No hicimos ninguna escala en el extranjero —le dijo
Basulto.

—Repórtese al tráiler de la Aduana. Punto.

Eso no le sonaba bien a Basulto, pero él iba a seguir las instrucciones e ir a la Aduana. Estaba dándole vueltas en su mente a lo que había sucedido hacía poco más de una hora. Repetía mentalmente la visión de los MiGs, el crucero debajo, los destellos, el humo y, finalmente, el silencio. El silencio de Seagull Charlie y Seagull Mike sólo podía significar algo inconmensurable: Cuba había derribado realmente las dos avionetas y sus amigos estaban muertos. No, no podía ser.

Después que Basulto hizo sus llamadas desde Seagull One, Arnaldo llamó a Mirta, su esposa. Ella le preguntó qué estaba haciendo.

—Estoy volando —le dijo, tratando de mantener la voz serena.

—¿Sabes qué hora es? —le respondió, molesta. Le recordó a Arnaldo el compromiso que tenía esa noche, y le preguntó si se le había olvidado—. ¿Vas a llegar a casa a tiempo? ¡Tú siempre haces lo mismo!

—Mirta —le dijo quedamente—. Dos de nuestros aviones fueron derribados.

Cuando Guille Lares llamó a Ana Margarita Roque para que ella pudiera decirle a su marido que viniera al hangar, recuerda que la voz de Guille temblaba de ira mientras le explicaba el asesinato a sangre fría que acababa de tener lugar sobre el estrecho de la Florida. Ana Margarita le dijo a Guille que no había oído nada de J.P. desde la madrugada del viernes y le contó lo poco que ella sabía del viaje en barco de Roque.

Durante los próximos dos días, Ana Margarita tuvo que atender incesantes llamadas de personas que preguntaban por Roque. «No, él no estaba en las avionetas», le decía a los preocupados amigos y parientes. «No, a Dios gracias, no». Lo que ella no podía confesarles a los que llamaban eran sus crecientes temores de que él hubiera desaparecido o, algo peor aún, de que hubiera regresado a Cuba.

Maggie Schuss estaba teniendo dificultades para comunicarse con los padres de Carlos Costa, así que fue en el auto hasta su casa. Cuando no respondieron a la puerta, les pidió a los vecinos que les dijesen que fueran inmediatamente para el hangar. Mientras las noticias y rumores se propagaban por Miami ese sábado en la tarde, cientos de personas se dirigieron al hangar de Opa-locka.

Roberto Rodríguez Tejera fue el primero en llegar, Basulto lo había llamado desde Seagull One. Rodríguez Tejera trabajaba para la radioemisora La Cubanísima y había sido uno de los pocos amigos en alentar y apoyar a Basulto en el movimiento de la no violencia. El 13 de enero de 1996, él había filmado la apasionada despedida de Carlos Costa a sus padres. Esa sería la última vez que él vio a Carlos.

A Rodríguez Tejera lo esperaba un aturdido Koki Lares en el hangar. Rita Basulto llegó también y, minutos después, un abatido Billy Schuss. Con la llegada de Billy, una marea de personas y medios de prensa y funcionarios del gobierno se dirigió al hangar de Hermanos al Rescate.

Guille y Tito Fufú montaban guardia a la puerta del hangar. Aunque había ruido adentro, cada vez que la puerta se abría para dejar entrar a otro piloto, a un voluntario, a un miembro de la familia o a un periodista, la cacofonía de gritos desde el exterior repercutía en las paredes de aluminio del hangar: «¡Abajo Fidel Castro! ¡Asesino! ¡Maten a Castro!». Luego la puerta se cerraba sobre los 929 metros cuadrados de ahogados sollozos y dolorosas interrogantes.

Antes de que cada miembro de la prensa o de la televisión entrara, colocaba automáticamente el micrófono de su estación en la mesa de conferencia que se había improvisado justo a la puerta del hangar, donde una agitada multitud se iba congregando del otro lado de una valla de tela metálica.

Mayte Greco acudió a toda prisa con Carolyn Russo, la fotógrafa, que todavía la estaba entrevistando el sábado por la tarde cuando recibió la llamada. Russo escribiría después que el hangar parecía extrañamente vacío el sábado por la noche, aunque estaba lleno de gente. Fue entonces que ella se dio cuenta de que faltaba el Cessna azul y blanco en que había fotografiado a Mayte. Lo habían derribado.

Alineadas contra una de las paredes del hangar había docenas de balsas, botes y tablas que los balseros habían usado como transporte para navegar por el estrecho de la Florida. Cuando los padres de Mario de la Peña entraron, recuerdan haberse sentido un poco desorientados respecto a quién acercarse o qué preguntar. Basulto no había llegado, así que ellos se sentaron en una de las balsas, cabizbajos, en agonía o en duelo.

La novia de Pablo Morales estaba allí también. Maggie Schuss recuerda que su menudo cuerpo temblaba incontrolablemente.

René González, el desertor cubano, llegó en medio de esta turbulenta escena y se acercó a Billy. Más tarde, nadie recordaba haberlo llamado. «¿Te enteraste?», le preguntó a Billy, que estaba rodeado de reporteros y cámaras. «Roque se fue desde ayer».

—No, no sabía —le dijo Billy, sin prestarle más importancia a lo dicho por González, y de inmediato se volvió para enfrentar otra pregunta incontestable.

Cuando Sofia Powell-Cosío, la abogada de Basulto, llegó con Polo Núñez, todavía la Aduana de EE.UU. tenía detenidos a Basulto, a Arnaldo Iglesias y a los Iriondo. A Sofia no la dejaron entrar.

—Me llamo Sofia Powell-Cosío y soy la abogada de Basulto y quiero tener acceso a mi cliente —dijo en un tono neutro y preciso.

—Lo siento, señora, pero mis instrucciones son las de no dejar entrar a nadie —le dijo el agente casi molesto por su solicitud.

—¿Por qué? —preguntó Sofia.

—Lo están interrogando ahora mismo, señora, y en ese caso...

—Bueno, si lo están interrogando y yo soy su abogada, tanta más razón para dejarme entrar —insistió Sofia—. Él me llamó y me pidió que estuviera aquí. Todo el mundo tiene derecho a una representación legal.

Sofia percibía que el agente no le quitaba la mirada de encima. Polo Núñez se mantenía callado junto a ella, sabiendo que Cagafuego debía tener alguna carta en manga.

—No puedo dejarla entrar, señora. Lo sentimos mucho.

—El Sr. Basulto es mi cliente. Él le ha hecho saber a usted que yo estaba en camino para verlo. Me está esperando y yo exijo ver a mi cliente —Sofia tenía un modo muy preciso de expresarse en oraciones directas y completas, que nunca dejaban lugar a dudas de lo que ella quería exactamente transmitir.

—No podemos dejarla pasar —repitió el agente que ya parecía empezar a cansarse en ese momento de aquel duelo verbal.

Sofia miró a través de la pista hacia el hangar, a cuya puerta había docenas de representantes, locales y nacionales, de la radio, la televisión y los periódicos; cada miembro de la prensa estaba armado de una grabadora, un cuaderno de apuntes y una cámara. Y parecía como si todos los exiliados cubanoamericanos sostuvieran pancartas con amenazas de muerte para Fidel Castro.

—Muy bien —dijo Sofia, devolviéndole la mirada, y acaso por una fracción de segundo el agente puede haberse sentido aliviado—. Mire para allí —le dijo ella señalando a la multitud—. Esta es su elección.

Sofia logró captar de nuevo su atención.

—O usted me deja entrar o —¿ve usted ese zoológico allí?— voy hasta allí y le digo a toda la prensa y a todas las estaciones de televisión —que por cierto se mueren por una historia sustanciosa de la que nadie tiene detalles hasta ahora— que soy la abogada del Sr. Basulto, que estoy tocando a la puerta para ver a mi cliente y que usted no me deja entrar.

Ella hizo una pausa para cerciorarse de que el hombre había captado su mensaje.

—Vuelvo ahora —y Sofia empezó a dirigirse hacia la multitud.

—No, no, no —le dijo el agente—. Puede pasar.

Si Sofia hubiera llevado a cabo su amenaza y se hubiera ido andando hacia donde estaba el grupo, podría haber visto en la opaca luz del anochecer lo que parecía ser una sola figura sobre la pista, a pocas yardas del hangar. Se trataba en realidad de dos personas: Maggie y Billy Schuss que se sostenían mutuamente en un estrecho abrazo, bañados en lágrimas, tomándose un momento a solas mientras esperaban a Basulto.

Maggie recordaría una y otra vez sus palabras a Pablo Morales en el supermercado casi cuatro años antes: bien, ¿por qué no vas y ayudas? Él la había escuchado y eso le había costado la vida.

Dentro del tráiler de la Aduana, varios hombres de traje estaban discutiendo con Basulto por la grabación de cabina que él había hecho a bordo de Seagull One. Habitualmente, Basulto grababa sus propias transmisiones mediante un cable desde el auricular de su casco hasta una grabadora que llevaba en uno de los bolsillos de su chaleco de herramientas. Siempre que encontraban a un balsero, Basulto sostenía la grabadora junto al walkie-talkie para registrar los nombres de los balseros. Era más eficiente que tener que escribirlo todo.

Pero en esta cinta estaban grabadas sus conversaciones con Mario y con Carlos, así como el intercambio con el Centro de Control de Tránsito Aéreo. Los agentes intentaban convencerlo de que la entregara con la promesa de que le harían una copia.

—No, yo les haré una copia a ustedes —le dijo Basulto a Mike Molinari. En ese momento, la cinta era todo lo que él tenía. Basulto no confiaba en ellos, temeroso de que fueran a alterar la grabación. Él se sonrío a medias cuando Sofia entró con Polo.

—Está bien, nos ocuparemos de eso —prometió Molinari, un poquito nervioso esta vez, y tendió el brazo para quitarle a Basulto el minúsculo casete. Pero Basulto fue más rápido. Las voces subieron de tono mientras Sofia hacia su entrada y se paraba junto a su cliente.

—¿Qué está pasando, José? —le preguntó directamente, ignorando a los demás. Era Sofia la madre, actuando como si estuviera mediando entre en un pleito de hermanos que se estuvieran culpando mutuamente de haberlo comenzado. Basulto explicó rápidamente que el FBI quería la cinta original de la grabadora, que él les había ofrecido hacerles una copia, allí mismo, ahora mismo, pero que el FBI no contaba allí con un equipo de grabación. Querían que él les diera la cinta y él no quería dársela. Mientras hablaba, los agentes del FBI se mantenían interrumpiendo las explicaciones de Basulto.

—¿Qué pasa? —preguntó otro de los agentes—. ¿No confía en el gobierno de EE.UU.?

Basulto sacudió la cabeza y enfrentó al hombre directamente:

—No, señor, no confío.

—José, dame la cinta —dijo Sofia, un poco exasperada con la discusión de los hombres. Él se la entregó inmediatamente. Sofia miró a los hombres uniformados y de traje a su alrededor: los agentes del FBI, la CIA, los funcionarios de la

Aduana y la policía—. ¿Quieren esta cinta? —dijo—. Pues, vengan y cójanla.

Alzó el casete en la palma de su mano, se lo metió en la blusa y lo guardó debajo del sostén.

—Pero les recomiendo encarecidamente que no lo intenten.

Noventa y seis kilómetros al norte de Opa-locka, Alfredo Sánchez, amigo de la infancia de Basulto, estaba en la recepción de una boda cuando la niñera de su nieto lo llamó para contarle de la tragedia de Hermanos al Rescate. Cuando enteró a su esposa, Ritín, de la noticia, la mujer se quedó sin aliento de puro horror

—Yo sé, yo sé —fue todo lo que Alfredo podía decirle. Él se fue a su casa, se cambió de ropa, condujo hasta el aeropuerto de Lantana y abordó su avión. Tan pronto como despegó, se dio cuenta de que no se había quitado sus nuevos lentes de contacto que le estaban quemando los ojos. Pero la molestia no lo distrajo de lo que estaba pasando en su mente: se suponía que yo hubiera volado hoy. Hacía menos de veinticuatro horas, Carlos Costa lo había llamado, contando con él, ya que Alfredo siempre volaba los sábados. Pero Ritín había interceptado la llamada telefónica y le había dicho a Carlos que ellos no podían faltar a la boda de hoy, ya que se trataba de la hija de su mejor amigo.

Cuando Alfredo llegó a Opa-locka, había periodistas por todas partes, y familiares y amigos. Advirtió la presencia de los padres de Mario de la Peña, Miriam y Mario, sentados a un lado encima de una balsa, en un estado de absoluta perplejidad. Mirta y Osvaldo Costa, los padres de Carlos, también estaban allí, desesperadamente afligidos. Un miembro de la familia le había dado a Mirta un sedante para calmarles los nervios. Los padres de Armando Alejandre Jr. llegaron pronto, así como su hermana Cristina. Los voluntarios de Hermanos atestaban el gigantesco hangar y desbordaban su exterior. La policía finalmente acordonó el área, haciendo retroceder a la multitud que había traspasado la cerca de tela metálica sosteniendo pancartas con amenazas de muerte a Fidel Castro.

Se corrió la voz entre los dolientes dentro del hangar de que Alfredo acababa de llegar, y algunos amigos en medio del gentío se volvieron hacia la puerta, esperando que él pudiera ofrecer una respuesta a la confusión imperante. No bien entró, a Alfredo lo cegaron las luces y se protegió los ojos, deseando una vez más que hubiera tenido tiempo de quitarse los nuevos lentes de contacto. Fue entonces cuando oyó el clamor escalofriante de Mirta Costa que venía a su encuentro.

—Alfredo, Dios mío, Alfredo, ¿lo encontraste, lo encontraste? ¡Por favor, por favor, dime que lo encontraste! —Mirta Costa suponía que Alfredo había regresado de un esfuerzo de búsqueda y rescate. Ella sabía cuan cercanos eran ellos y que Alfredo se suponía que hubiera volado hoy—. ¡Por favor, Dios mío, dime que encontraste a Carlitos!

Alfredo la vio a través del gentío que se alejaba y entrecerró la comisura de los ojos por la molestia de los lentes.

—¡Oh, Dios mío, Dios mío, Dios mío, noooooo! —gritó Mirta. Ella debe haber supuesto que Alfredo había entrecerrado los ojos como una señal de que ella había perdido a su único hijo. Alfredo y todo el mundo vieron como se dirigía a una de las avionetas y la emprendía a puñetazos.

Alfredo estaba consternado por la muerte de sus jóvenes amigos y sentía la punzada de culpa del sobreviviente. Al mismo tiempo, sentía la extraña convicción de que el asesinato de estas cuatro vidas produciría el fin de Fidel Castro. *Habría una guerra. Los americanos intervendrían y terminarían lo que habían empezado en 1961. Nunca permitirían que cuatro civiles desarmados fuesen derribados en aguas internacionales.* Al igual que los presos de Villa Grande en La Habana, Alfredo creía que la represalia era segura.

Finalmente, a Basulto y los demás les dejaron ir al hangar, donde estaban los micrófonos listos para que él le explicara a la comunidad y al mundo lo que él no tenía palabras para explicar. Cuando llegó allí, vio a Billy. Antes de acercarse a los micrófonos que aguardaban, él y Billy y los miembros de la familia tomaron un momento para apiñarse en un rincón del hangar, para llorar, para abrazarse.

—Los derribaron, los derribaron...Yo vi los MiGs...perdimos comunicación... luego se hizo silencio. —Basulto se separó del grupo para dirigirse a las cámaras, con el cabello desordenado, el rostro surcado por las lágrimas, andando como un hombre mucho más viejo de lo que había sido esa mañana.

Rita estaba allí y Albert, el hijo más joven de Basulto. Albert se convertiría en el guardaespaldas de su padre por los próximos días, sin separarse nunca de su lado. Alberto, el hermano menor de Basulto, también vino en su ayuda para ser su chofer personal. Conduciría a su hermano mayor al sin fin de reuniones, conferencias de prensa y oficios que le aguardaban.

Mientras Basulto y Sylvia Iriondo trataban con la prensa, Arnaldo Iglesias se puso sus espejuelos de sol y desapareció hacia el fondo. Él seguía estando conmocionado e incrédulo. Lo único que intentaba contener con su pestañeo era las lágrimas. Cuando las cámaras se le aproximaron, retrocedió. No quería hablar, no tenía respuestas. Más tarde se sorprendería respecto a todos los sobrevivientes, es decir, los pilotos que se suponían hubieran volado ese día y que no lo hicieron. ¿Cuál habría sido la respuesta de Estados Unidos si uno de los pilotos derribados se hubiera llamado McNaughton? Un norteamericano llamado Bert McNaughton, y no Carlos Costa y Mario de la Peña, ¿habrían hecho salir a los F-15 de sus puestos de combate? Un estadounidense veterano de Vietnam con un apellido más anglosajón que Alejandre, ¿habría llevado al gobierno de Clinton a tomar represalias?

Arnaldo estaba destrozado por la angustia de las afligidas madres. Mirta Costa no tardaría en recordarle: Yo te dije que no quería héroes.

Sylvia Iriondo se enfrentaría con la prensa. Ella era una experta, bien documentada y de una impresionante apariencia. Con poco más de cincuenta años, Sylvia tenía el cabello completamente cano —que llevaba cortado en capas en un estilo juvenil— y penetrantes ojos color miel. Era persona muy respetada en la comunidad de Miami como presidente de M.A.R. por Cuba y por su participación en los asuntos cubanos desde la época en que se exilió en Estados Unidos cuando tenía quince años. Sylvia siempre se ha sentido cómoda ante las cámaras, así que ella se impuso recuperar su compostura inmediatamente.

¿Qué mensaje le ha dado Fidel Castro al mundo hoy?, preguntó. Ella respondió que el mensaje que Castro le daba a sus propios compatriotas era el más poderoso —y el más amenazante. Sylvia habló directa y deliberadamente a las cámaras, algo que ella estaba acostumbrada a hacer.

—Si yo, Fidel Castro, puedo destruir, a plena luz del día, aviones desarmados con ciudadanos norteamericanos a bordo, en una misión humanitaria en aguas internacionales; si puedo matarlos con premeditación y a sangre fría —Sylvia hizo una pausa para hacer énfasis —¿qué no podría hacerles a ustedes?

Era casi medianoche en Francia cuando Virginie Buchete-Puperoux, La Francesa, vio las noticias en la televisión. Ella estaba visitando a su familia y se quedó estupefacta en su asiento, inmersa en la gravedad del informe noticioso. Su padre la llamó y le hizo prometer que nunca más volvería a volar con Hermanos al Rescate.

Antes de cerrar el hangar esa noche, Maggie Schuss llevó el jeep de Pablo Morales hasta el interior del hangar para guardarlo. Mientras le cerraba las puertas, alguien del Aeropuerto Internacional de Miami se acerco a Maggie y a Billy.

— Tome —le dijo, entregándole a Maggie una caja abierta—. Es de la gaveta del escritorio de Carlos. Maggie miró dentro y vio encima la figurita de un avión, en verdad un juguete. Pensó que era raro que alguien de la oficina de Carlos Costa hubiera vaciado su gaveta. Pero cosas aun más extrañas habían sucedido ese día.

—Dáselo a sus padres —le dijo Billy, pero Maggie pensó que no era el momento oportuno. Puso la caja en el baúl de su auto y se olvidó de ella durante varios días. Nunca supo cómo se llamaba el hombre que la trajo.

Más temprano esa tarde, antes de que Basulto aterrizara en Opa-locka, los noticieros en Costa Rica anunciaron el derribo de avionetas sobre aguas cubanas. El comisionado Pedro Reboredo estaba de visita allí con su esposa. Reboredo recuerda haber oído la noticia entre las tres y las tres y treinta de la tarde, apenas minutos después de que Mario de la Peña y Pablo Morales fueran asesinados. Los noticieros costarricenses añadieron que habían encontrado a un sobreviviente.

Los noticieros cubanos revelaron más tarde su nombre: Juan Pablo Roque.

30

Sobrevivientes

Deja que las lágrimas broten/que te humedezcan el alma
Eileen Mayhew

La culpa del sobreviviente fue diagnosticada por primera vez en los años sesenta del pasado siglo cuando varios terapeutas reconocieron afecciones semejantes entre los sobrevivientes del Holocausto. Los sentimientos de no haber hecho lo bastante para salvar a los que murieron, o de ser indigno de la supervivencia, daba lugar a un profundo sentido de culpa. José Basulto disipó las dudas de cualquier culpa de sobreviviente que él pudiera haber tenido: «Dios eligió al que habría de vivir para que pudiera señalar la verdad de lo que aquí sucedió», afirmó.

En las primeras horas de la mañana del día del derribo, el observador Louis Cruz ya estaba vestido con su camiseta de Hermanos al Rescate, sus shorts y sus zapatos tenis, dispuesto a salir andando de su casa para encontrarse con los pilotos en el hangar. Encendió su aparato de radioaficionado en la casa y oyó las conversaciones de sus amigos Carlos Costa, Tito Fufú y algunas otras personas. Se identificó por la radio, pero nadie recibió su mensaje. Carlos no lo había llamado para volar hoy, pero puesto que Louis solía volar los sábados, decidió ir a ver si lo necesitaban.

Pero la hierba lo detuvo. Cuando Louis abrió la puerta de su casa era como si cada hoja de hierba hubiera estado allí parada en atención y gritándole: *córtame*. Louis pensó también en los gritos que lanzaría su esposa si él no podaba el césped. Se quedó en casa y podó el césped. Después que terminó, un vecino suyo lo invitó a salir en su nuevo bote, de suerte que Louis Cruz pasaría la tarde en el agua. Estaba disfrutando todavía del bote del vecino cuando le sonó el beeper, una llamada del hangar.

—Ven ahora —le dijo Koki—. Hemos perdido dos aviones.

Luis Martínez, también conocido como Batman, le había dicho a Carlos que él podía volar el sábado, pero en la noche del viernes su jefe le cambió el horario y lo llamó a trabajar. Batman pasó un mañana de sábado muy aburrida en el trabajo. A las once, nadie había venido a comprar asfalto, así que finalmente convenció a su jefe de que lo dejara irse. Se dirigió en su auto hacia el hangar, esperando encontrar a los chicos al regreso de la misión que tenían programada a primera hora de la mañana.

Batman estaba a dos cuadras del hangar, en la señal de pare de cuatro vías que conduce al aeropuerto de Opa-locka, cuando cambió de parecer. Carlos Costa y varios amigos iban a tener una parrillada en casa de Batman esa noche, y él estaba encargado de comprar la carne. Probablemente no han vuelto todavía, pensó, déjame ir a comprar la carne para la fiesta. Eran las doce y treinta cuando Batman tomó la decisión de hacer un giro de 180 grados en la señal de pare. En ese momento, las ocho personas que iban a salir en la misión estaban discutiendo quién volaría con quién. Batman estaba a unas cien yardas de distancia de donde se encontraban. Él habría terminado en la avioneta de Carlos.

A las cinco y treinta de la tarde del sábado, Batman estaba de nuevo ante la misma señal de pare de cuatro vías, respondiendo a una llamada del hangar. No habría ninguna vuelta en U esta vez.

Había encendido su radioaficionado en el auto, cuando recuerda haber oído la voz de Carlos Costa

—No te preocupes, Batman, nos veremos en el hangar. ¡Se sintió tan aliviado de oír la voz de su amigo! Jubiloso, cuando entró en el hangar y vio la desesperación y la agonía en el rostro de Mirta Costa, se apresuró a consolarla.

—No te preocupes —le dijo — acabo de hablar con él por la radio. Está bien.

Sin embargo, la madre de Carlos Costa no estaba bien, y ya fuera por la agonía o los tranquilizantes, nunca recordaría que Batman le dijera tal cosa. Pero después, Luis Martínez se sentiría muy culpable, no debido a la culpa del sobreviviente, sino por haberle dado falsas esperanzas a una madre. «Yo oí su voz», contaría después con inquebrantable certeza, al mismo tiempo que reconocía que había ocurrido tres horas después del derribo. «Yo oí su voz».

El joven Batman, de veintiún años, sobrevivió a su amigo Carlos por sólo doce años. Le diagnosticaron leucemia en 2007 y murió al año siguiente, dos días antes del 12º. Aniversario del derribo de los Hermanos al Rescate, dejando detrás a su esposa, un hijo de su primer matrimonio y una niñita de tres años.

Billy Schuss no había volado ese día porque era el último fin de semana de la zafra en la Talisman Sugar Corporation, donde trabajaba. Se consideraba la jornada más importante de la zafra, ya que determinaría la cantidad de lo cosechado ese año.

Ese día había habido otro tipo de zafra en el estrecho de la Florida, la siega de lo mejor que los Hermanos al Rescate tenían que ofrecer. En un perverso giro de los acontecimientos, el tenebroso segador era Fidel Castro; su guadaña, un misil R-73 y su cosecha, el asesinato a sangre fría de las primicias de Hermanos: Armando, Carlos, Mario y

Pablo. Curiosamente, ese día todas las personas que volaron habían sido nacidas en Cuba o de padres cubanos, algo que rara vez sucedía en una organización compuesta de diecinueve nacionalidades.

Leonel Morejón Almagro, que permanecería en una prisión cubana durante quince meses, apreciaría la muestra representativa de los cubanos que fueron asesinados ese día. Armando había nacido en Cuba y había venido a Estados Unidos a los diez años, no obstante había expresado su amor por el país de su nacimiento desde el primer momento del exilio. Luchaba a favor de los derechos humanos en Cuba como un activista individual. Y era también un leal y orgulloso veterano estadounidense de la guerra de Vietnam, un cubano que creció en Estados Unidos. Carlos y Mario eran estadounidenses de ascendencia cubana. Ninguna de sus familias habían participado nunca en la política acerca de Cuba. Sin embargo algo en los corazones cubanos de Carlos y Mario los impulsaba a aliviar los sufrimientos de un pueblo cuya lengua se esforzaban en hablar, en tanto vivían como chicos totalmente norteamericanos. Ellos eran los verdaderos cubanoamericanos, «su lado americano ayudaba a su lado cubano» como diría Mario. Pablo era un producto de la Revolución, el «hombre nuevo» de Castro, pero aun los hombres nuevos no pueden tolerar vivir sin libertad. Pablo se fue de su país de nacimiento y arriesgó su vida en el estrecho de la Florida para ser libre. Como hombre libre, le quitaron la vida en el empeño de ayudar a los hombres nuevos que aún se ven en aprietos en Cuba.

Con la esperanza de hallar supervivientes, el Servicio de Guardacostas de EE.UU. puso en marcha una iniciativa de búsqueda y rescate, valiéndose de Cayo Hueso como estación de reaprovisionamiento. Un avión C-130 abarcaba más de 850 kilómetros cuadrados del estrecho de la Florida, cuyos pilotos llevaron puestas las gafas de visión nocturna durante toda la noche del sábado. Los F-15 de Homestead no habían de quedarse en sus puestos de combate si algo se aparecía. Las guardacostas Nantucket y Paw Paw recorrían el océano y un helicóptero H-65 Dolphin zumbaba sobre las aguas, escudriñando cualquier resto que saliera a flote. Trabajaron incansablemente hasta la noche del domingo.

No encontrarían nada excepto dos manchas de petróleo.

Basulto ofreció otra conferencia de prensa en el hangar el domingo. Él y los otros pilotos y voluntarios llevaban puestas sus camisetas de Hermanos al Rescate con una cinta negra sobre la insignia de la organización. Él instó al pueblo de Cuba a responder, a actuar, a cambiar las cosas desde adentro.

Los únicos que actuaron en Cuba fueron los militares, que arrestaron a más disidentes. El gobierno cubano mantuvo obstinadamente que las tres aeronaves habían violado su soberanía y que los dos aviones fueron derribados en aguas cubanas.

Esa misma mañana, el secretario de Estado Warren Christopher, en una conferencia de prensa, revelaba al mundo que el almirante retirado Eugene Carroll y otros funcionarios de Washington se habían reunido en La Habana con autoridades cubanas apenas semanas antes del derribo. En esa ocasión les habían preguntado explícitamente: ¿Cuál sería la reacción de Estados Unidos si los cubanos autorizaban un derribo de las avionetas de Hermanos?

CNN entrevistó a Carroll. Él miró fijamente a la cámara y reconoció haberle informado a las autoridades pertinentes en Washington acerca de la amenaza de Cuba de hacer un derribo. Nadie lo acusaría de difamación.

—Pero, ¿qué le parece que se tratara de avionetas civiles desarmadas? —le pregunto Catherine Callaway, la presentadora del programa.

—Le pondré una analogía —dijo Carroll—. Suponga que hay aviones que vuelan sobre San Diego procedentes de México, lanzando volantes e incitando [a la gente en contra del] gobernador Wilson (el gobernador en ese tiempo). ¿Por cuánto tiempo toleraríamos esos vuelos después de haberles advertido que no lo hicieran?

Al parecer, Carroll partía del supuesto, como gran parte del mundo, de que los dos días en que se habían lanzado volantes en enero de 1996, había habido incursiones sobre el espacio aéreo cubano. Él también debe haber tenido la impresión de que Armando, Carlos, Mario y Pablo estaban en aguas jurisdiccionales cubanas en el momento en que fueron derribados, cuando se encontraban, de hecho, a más de treinta y un kilómetros de los límites de Cuba. Tal vez durante todas sus reuniones en La Habana, Carroll había llegado a aceptar lo que los militares cubanos le habían dicho: que Hermanos al Rescate estaba volando sobre Cuba y tenía que cesar [esos vuelos tenían que cesar]. Las únicas veces que Hermanos al Rescate habían volado sobre Cuba fueron cuando Basulto sobrevoló la punta de Maisí en su viaje a Guantánamo en noviembre de 1994, y el 13 de julio de 1995, cuando Basulto voló durante trece minutos por encima de La Habana.

Tal vez la analogía de aviones civiles mexicanos lanzando volantes sobre San Diego y siendo destruidos en el cielo por la Fuerza Aérea de EE.UU. no resultaba una comparación tan atinada. Estados Unidos nunca derribaría aviones civiles desarmados.

La cobertura del derribo en Cuba fue un poco diferente, aunque igualmente confusa. Cuba había preparado una historia que no pudieron usar: que las tres avionetas habían sido derribadas y que Juan Pablo Roque era el único sobreviviente. El agujero en esa historia era que Seagull One y sus tripulantes estaban vivos y la grabación de cabina de Basulto estaba intacta.

Las que se habían borrado misteriosamente eran todas las grabaciones y la información de radar del Centro del Control de Tránsito Aéreo de La Habana. Ricardo y Ramón, que trabajaban en el Sector C, el corredor donde tuvo lugar el derribo, culparon al equipo de computadora.

Pero había otra grabación, también intacta, con las voces grabadas de los pilotos de los MiGs cubamos persiguiendo a las dos avionetas y disparándoles con exclamaciones de júbilo y profiriendo obscenidades. Salió a la luz en una reunión especial del Consejo de Seguridad de Naciones Unidas que tuvo lugar el domingo por la noche, presidido por la embajadora [de EE.UU.] ante la ONU, Madeleine Albright.

—¡Cojones! —gritaron los pilotos cuando Carlos y Pablo fueron pulverizados—. ¡Patria o Muerte! —aullaron cuando Mario y Armando fueron volados en pedazos. El Consejo de Seguridad de Naciones Unidas escuchó la grabación de la cinta de EE.UU. y oyó la siniestra satisfacción en las voces de los hermanos Pérez Pérez, advirtiendo la profunda ausencia de humanidad en sus celebraciones. La señora Albright también oyó a los pilotos de la segunda pareja de MiGs y la electrizante persecución de Seagull One. Los gritos de euforia inhumanos, crudos y malvados de los hermanos Pérez Pérez repugnaron a las naciones libres del mundo.

—Francamente, esto no es cojones —dijo la embajadora Albright al mundo el lunes por la mañana—. Esto es cobardía.

Albright le pidió al Consejo de la Organización Internacional de la Aviación Civil que investigara el derribo, pero pasarían meses antes de que Basulto y el resto del mundo oyeran esas voces. Del primer traidor que tuvieron noticias fue de Juan Pablo Roque.

La delegación cubana que se suponía que estuviera en las Bahamas el sábado, la misma delegación que previno a

Hermanos de visitar a los detenidos allí, era nada menos que Juan Pablo Roque, a quien el gobierno de Cuba había sacado de Estados Unidos el viernes antes del derribo. Pero Roque no sólo espiaba a Hermanos para informarle al gobierno cubano, también los espiaba para el FBI.

Hay una toma que lo muestra descendiendo de la escalerilla de la aeronave de Cubana de Aviación, de la misma manera en que se filmaría el arribo de un dignatario o de un jefe de Estado. Aún llevaba puesto el Rolex y su anillo de boda.

El domingo por la noche, Fabiola Pérez Roque [no familia suya] entrevistó a Roque en la televisión cubana. La deserción invertida parecía haberle afectado su estilo. Llevaba puesta una desaliñada camisa de mangas largas, azul y blanca a cuadros, y un pantalón gris. Ya no lucía su alianza matrimonial.

Empezó por decir que lamentaba haber dejado las Fuerzas Armadas y haberse escapado de Cuba por Guantánamo. Pero si eso fuera cierto, ¿no le habrían arrestado en el aeropuerto? Más tarde le contó a la prensa cubana de su trabajo con el FBI y que Hermanos tenía planes de introducir armas en Cuba para atacar varios objetivos. Nunca explicó cuáles eran esas armas, dónde se almacenaban ni qué objetivos se contemplaban.

Roque también enfatizó que el gobierno de EE.UU. sabía de los planes del derribo y que se lo habían dicho personalmente.

—El FBI, ¿qué cosa es? ¿Es una agencia de viajes? —le respondió con sarcasmo a la reportera—. Es el gobierno. El agente del FBI Oscar Montoto me dijo el 21 de febrero: «no vayas en esa misión porque los van a tumbar». El gobierno de EE.UU. sabía que iban a ser derribados —afirmó Roque.

El FBI le había pagado a Roque $6.720,42 por su desinformación sobre Hermanos al Rescate. Todavía le debían

$1.500,00, pero el agente especial Paul Philip, a cargo de la oficina de Miami, dijo que no le enviarían su último pago.

Durante años circularían rumores de lo bien que sobrevivía Roque en Cuba después del derribo. Algunos decían que estaba sujeto a arresto domiciliario. Otros rumores afirmaban que se encontraba en una silla de ruedas luego de un frustrado intento de asesinato. La foto de un periódico lo mostraba haciendo cola para entrar a una tienda de dólares en La Habana ⌊una tienda donde podían comprarse artículos con dólares estadounidenses].

Los reporteros bombardearon a Roque con preguntas sobre su esposa abandonada en Miami, pero él rehusó hablar de ella. Le preguntaron qué era lo que más echaba de menos de Estados Unidos.

—Mi Jeep Cherokee —respondió.

En la mañana del lunes que siguió al derribo, el FBI visitó a Ana Margarita Roque y acordonó su casa. Ella llamó histérica a Rita Basulto.

—Rita, ¡me usó, me usó! ¿Qué voy a hacer? Yo lo amaba. Ana Margarita perdería su trabajo y padecería de una profunda depresión después de la traición de su marido. Sus hijos le echarían mucho de menos a J.P, el padrastro que tanto querían. Andaba por Miami con la mirada perdida, y la gente le decía «la mujer del espía».

Posteriormente, Ana Margarita demandaría al gobierno cubano por abuso sexual. Argüiría que todas las relaciones sexuales entre ella y Roque, que fingía ser su marido mientras era espía del gobierno cubano e informante del FBI, habían sido equivalentes a una violación. El 15 de octubre de 1996, recibió un veredicto final de anulación de matrimonio y le dieron la propiedad del Jeep Cherokee.

El mundo entero reaccionó con indignación. La Unión Europea, de la cual tantos periodistas habían hecho vuelos con Hermanos, condenó enérgicamente el derribo. Se celebraron conferencias de prensa casi a diario, y se emitieron declaraciones según se obtenía más información. Algunos medios de prensa intentaron encontrar algún motivo para culpar a Hermanos al Rescate.

—El asunto no es si ellos estaban o no sobre aguas territoriales cubanas. Uno no puede derribar una aeronave civil desarmada, punto —dijo Richard Nuccio, asesor presidencial sobre Cuba, enmascarando su propia culpa de sobreviviente. La premonición de Nuccio la noche antes del derribo se había materializado. Él defendió el derecho de Hermanos de estar donde estaban, pero varios años más tarde, Nuccio le atribuiría parte de la culpa a Basulto.

En Washington, el presidente Clinton declaró un estado de emergencia nacional y autorizó al Secretario de Transporte a que dictara regulaciones para impedir que vuelos no autorizados de Estados Unidos entraran en aguas territoriales cubanas. No se dictaron medidas ni regulaciones para impedir que los cubanos entraran en las aguas territoriales de Estados Unidos.

En una sesión informativa para la prensa en la Casa Blanca, dos días después del derribo, el secretario de prensa de la Casa Blanca Mike McCurry anunció que «las medidas que el Presidente ha definido harán que Cuba pague el precio y, lo más importante, harán que Cuba se adhiera a las normas internacionales de conducta civilizada».

Cuando el Presidente se dirigió a la nación, dijo que lo que había sucedido estaba «mal y que Estados Unidos no lo toleraría». Le pidió al Congreso que suspendiera todos los viajes aéreos fletados desde Estados Unidos a Cuba, e impuso nuevas restricciones de visitas de funcionarios cubanos a

Estados Unidos (no de Estados Unidos a Cuba), pidió a Radio Martí que extendiera su alcance y le solicitó al Congreso que asignara dinero de los fondos congelados de Cuba para compensar a las familias de los cuatro fallecidos.

—Van a predisponer a las familias en tu contra. —le dijo Janet Ray Weininger a Basulto. Ella creía que el gobierno, al mezclar dinero en el asunto, se proponía torcer las cosas para convertirlo a él en culpable.

Basulto contestó que, por el contrario, todo esto los haría más fuertes. Y a su amigo Lorenzo del Toro, de la revista Ideal, le dijo: «Dios quiso que yo sobreviviera a esto, y dedicaré mi vida a encontrar el porqué».

Pocas semanas después, un selecto grupo de periodistas de la revista *TIME* entrevistaba a Fidel Castro. Reginald K.I. Brach Jr., Joelle Attinger y Cathy Booth titularon su artículo «La defensa de Fidel». Ellos le preguntaron si había pensado llamar al presidente Clinton. El Máximo Líder se quedó perplejo y pareció que le faltasen las palabras en una pausa inusual.

—Nunca he hablado con ningún presidente de Estados Unidos. Los exiliados asesinarían a Clinton si descubrieran que estuvo hablando conmigo.

La National Union Fire Insurance Company, una compañía de seguros con sede en Pittsburg, Pensilvania, nunca pagó el seguro por el derribo de las avionetas. Adujeron que había una cláusula de exención en el contrato por una «acción de guerra —fuese una guerra declarada o no».

31

Tributos

Si dedicas tu vida a la venganza, cava primero dos tumbas.
Confucio

Se canceló el carnaval. «Uno no puede divertirse estando de duelo», dijo Leslie Pantín, organizador del evento anual que, desde 1978, incluía fiestas, ferias callejeras y una carrera de 8 kilómetros por la Calle Ocho, en la Pequeña Habana. En 1988, una fila de conga de 119.986 personas entró en los Records Mundiales del Libro de Guinness. El festival recaudaba miles de dólares cada año para el programa de becas del Club de Kiwanis.

Pero este año, no habría filas de conga ni torneos de dominó. Era tiempo de duelo y recordaciones. Y de apaciguar a los cubanos.

El gobierno de Estados Unidos estaba muy consciente de que dispersas a lo largo y ancho de Miami había miniarsenales en los garajes y los cuartos desocupados de cubanos exiliados, ricos y no tan ricos. Algunos estadounidenses temían que los exiliados atacaran a Cuba. Fidel Castro había derribado deliberadamente a tres ciudadanos norteamericanos y a un residente legal que estaban llevando a cabo una misión humanitaria en aguas internacionales. Era una acción de guerra y la represalia estaba asegurada, sin embargo Estados Unidos no estaba haciendo nada al respecto. Tal vez los cubanos lo harían.

Unos pocos días después del derribo, Basulto, su amigo Julio Estorino, el padre Francisco Santana de la iglesia de la Virgen de La Caridad y algunos miembros de la Fundación Nacional Cubano Americana visitaron el Departamento de Estado en Washington para discutir los asesinatos. En el vuelo de regreso, el padre Santana le sugirió a Basulto que Hermanos al Rescate hiciera un vuelo de recordación al punto exacto donde los hombres habían sido derribados. Se le llamaría Punto Mártires.

Esa sugerencia le costaría al capitán Anthony Tangeman («Tony») del Servicio de Guardacostas de EE.UU., la semana más larga de su vida. El capitán Tangeman era el jefe de Orden Público de los guardacostas, destacado en el estado mayor del Servicio de Guardacostas en Washington D.C., y trabajaba con la Interagencia, el Departamento de Estado, el Departamento de Justicia, el INS, la FAA, el Departamento de Defensa y el Consejo de Seguridad Nacional y estaba familiarizado con el Movimiento Democracia de Ramón Saúl Sánchez. Su primer mes de trabajo incluyó el día en que el yate Democracia fue embestido, el día en que Basulto y Billy Schuss volaron sobre La Habana. Tangeman había asistido a las reuniones del Consejo de Seguridad Nacional respecto al vuelo sobre La Habana y tenía la sensación de que los Hermanos al Rescate querían meterse en líos.

Sin embargo, Tangeman rechazó los rumores de que Estados Unidos era en parte responsable por el derribo. «No sólo no, ¡absolutamente no!» respondió. Creía que si Estados Unidos hubiera tenido el menor indicio de que algo sucedería, habría apelado a cualquier recurso, por cualquier razón, para impedir que los Hermanos al Rescate volaran y perdieran la vida, así como para evitar un incidente internacional.

Basulto no estaba de acuerdo. Él percibía que el gobierno de EE.UU. estaba esperando una confrontación. Richard Nuccio había tenido esa corazonada; y tales pensamientos lo habían desvelado la noche anterior. Basulto creía que el gobierno había emprendido un gigantesco esfuerzo antes del derribo para documentar la desaparición de los Hermanos al Rescate.

El capitán Tangeman recuerda los días previos al oficio de recordación como de continuas reuniones. El tributo incluiría tanto un sobrevuelo de aeronaves como una flotilla de embarcaciones particulares. Para el Servicio de Guardacostas, el Departamento de Estado, el Departamento de Defensa y muchas otras agencias del gobierno, no sólo hubo reuniones diarias, sino múltiples reuniones cada día e innumerables llamadas telefónicas esa semana. El gobierno quería estar seguro de que Hermanos al Rescate y el Movimiento Democracia cumplirían con todas las normas y regulaciones, especialmente las normas de seguridad, en tanto hicieran legalmente lo que creían que tenían que hacer.

A su regreso de Washington, Basulto se enteró de que la agrupación de Sylvia Iriondo, Madres Contra la Represión, y docenas de otras organizaciones comunitarias también estaban planeando un oficio de recordación en el estadio de fútbol americano Orange Bowl, el lugar donde el presidente Kennedy se había dirigido a la Brigada 2506 en 1962, honrando así a los prisioneros devueltos de la fracasada invasión de Bahía de Cochinos y prometiendo ponerle fin al régimen de Castro. El sábado 2 de marzo de 1996, una semana después del derribo, el Orange Bowl serviría de sede a un funeral.

—Vamos a volar allí el sábado —dijo Basulto al grupo de restantes pilotos en el hangar—, porque es lo que los chicos habrían hecho. Entiendo, completamente y sin ningún tipo de crítica ni presión, que algunos de ustedes puede que no quieran volar más.

Dieciocho avionetas no tardaron en llenarse de pilotos y copilotos que se ofrecieron voluntariamente a seguir a Basulto hasta Punto Mártires. Como era lo usual, cada avión llevaría a un representante de la prensa.

El 29 de febrero, dos días antes de la ceremonia de recordación, el presidente Clinton emitió un Interdicto Urgente de Suspensión y Desistimiento en el que detallaba estrictos castigos para cualquiera que ingresara sin autorización en el espacio marítimo [o aéreo] cubano. La pena incluiría la inmediata revocación de la licencia, la máxima sanción civil, y la confiscación de la aeronave.

Ni la orden presidencial ni la posibilidad de otro derribo detendría a Basulto.

—Si nos derriban en la rememoración, espero que otros pilotos salgan de nuevo la semana siguiente —afirmó—. Y si los derriban también, espero que salgan más la próxima semana.

Centenares de partidarios se reunieron en el hangar el sábado 2 de marzo de 1996, para hacerles a los Hermanos una llorosa despedida. Entre ellos estaba Ana Margarita Roque.

La Legión de Rescate de Balseros y la Asociación de Pilotos Cubanoamericanos se unieron a los Hermanos al Rescate. Mayte Greco era la única mujer piloto. El padre Francisco Santana, que celebraría el oficio de oración, voló con Basulto, junto con Orlando Gutiérrez, del Directorio Democrático y uno de los amigos íntimos de Mario de la Peña. Orlando estaba en México cuando se enteró del derribo. Y de lo primero que se acordó fue del programa de radio en el que Mario había dicho que si alguna vez los militares cubanos lo derribaban, él perdonaría al piloto.

La partida de Hermanos al Rescate se retrasó debido a la lluvia. Para muchos, era como si el cielo también estuviera de duelo. Finalmente, cuando el tiempo lo permitió, un avión C-

130 de los Guardacostas acompañó a los aviones a su salida de Opa-locka.

Cuando llegaron a la latitud 23° 33' y a la longitud 82° 17', el padre Santana recontó por la radio cómo habían sido asesinados estos hombres una semana antes, y que sus restos mortales descansaban en las mismas aguas donde tantos habían perdido la vida.

—Benditos sean nuestros hermanos cubanos, el pueblo de la isla, tan cerca y sin embargo tan lejos —dijo—. Danos la libertad que queremos. —Luego rezó un padre nuestro y recitó el Salmo 23.

Debajo de ellos, los pilotos podían ver hoy que Estados Unidos les guardaba las espaldas. Siguiendo órdenes del presidente Clinton, y bajo el liderazgo del capitán Tangeman, la escuadra del Servicio de Guardacostas de EE.UU. incluía dos helicópteros Jayhawk HH60 que se cernían sobre las avionetas de los Hermanos mientras éstas volaban sobre el Punto Mártires. Había, además, tres buques de la Armada, el USS John L. Hall, una fragata de misiles dirigidos; otro era el Gallatin NY 378 que llevaba un cañón antiaéreo Oto Melara de 76 mm. En total, había once patrulleras, seis helicópteros y dos C-130. Sin duda, algunos pilotos pensarían: ¿dónde estaban el sábado pasado?

Durante el oficio de recordación en aguas internacionales, el Control del Tránsito Aéreo de La Habana estaba monitoreando sus corredores. El sector estaba bastante vacío; el único otro vuelo en la zona era un avión de Cubana de Aviación que estaba haciendo un vuelo de prueba. Cuando Basulto llegó al punto donde los pilotos habían perecido, los controladores del tránsito aéreo de La Habana oyeron la oración del padre Santana y el breve panegírico de Basulto, quien terminó añadiendo sus deseos de que un día todos pudiéramos regresar a una Cuba libre.

El piloto de Cubana de Aviación también oyó a Basulto.

—¡Sí, y ojalá cuando regreses también te vuelen el culo aquí!
—los controladores del tránsito aéreo le oyeron decir al
piloto.

Ana María Ávila, controladora del tránsito aéreo en La
Habana a quien habían puesto fuera de servicio el día del
derribo, se quedó pasmada por el grosero comentario del
piloto. Ella advirtió que incluso al personal militar le había
chocado la crueldad gratuita. Se miraron unos a otros y no
dijeron nada, y luego volvieron a sus pantallas. Las
computadoras estaban funcionando ese día.

Más de sesenta mil personas llevando banderas norteamericanas y cubanas llenaban el Orange Bowl para honrar a
los cuatro individuos que habían sido derribados la semana
anterior. A Madeleine Albright, la embajadora de EE.UU. ante
las Naciones Unidas, la invitaron a dirigirse al público en la
ceremonia. Al igual que los presentes, ella sabía lo que
significaba estar en el exilio. Albright, checa de nacimiento, se
había visto obligada a huir dos veces de su tierra natal con sus
padres; primero para escapar de los nazis y después de los
comunistas. Cuando ella le habló a la multitud, no usó el
término peyorativo que los pilotos del MiG habían proferido
triunfalmente, la insolencia que por siempre será la marca de
referencia de Albright en la comunidad cubana exiliada. Pero
por haberla usado, se había convertido en una de los suyos.
Ella entendía la naturaleza del comunismo. El público la
ovacionó de pie y le dieron gritos de bienvenida, dándole al
funeral casi un aire de celebración.

La mayoría de los presentes no sabía que iba a haber un
sobrevuelo del estadio ese día. Cazas a chorro con frecuencia
había sobrevolado el Orange Bowl como parte de
celebraciones patrióticas y de notorias partidas de fútbol. No
habría ningún avión de guerra de EE.UU. en el homenaje,
como no los había habido siete largos días antes. A su regreso

de Punto Mártires, Seagull One y otra de las avionetas de Hermanos al Rescate volaron sobre el estadio, a lo que la multitud respondió con un estruendoso aplauso. A plena capacidad, Seagull One apenas si podía alcanzar los 140 mph, pero hoy no volaba con prisa. Hoy no había MiGs en el aire. La aeronave se tomó su tiempo en ir de una zona de saque del campo de juego a la otra, de manera de que cada uno de los dolientes tuviera la oportunidad de levantar la vista y verla, volando con el ruido amortiguado. Todos los corazones tendrían la oportunidad de hacer una pausa y captar el significado, lo que los hombres y mujeres en esos aviones habían hecho hoy, lo que los hombres en los otros aviones habían hecho una semana antes.

Hoy, Hermanos al Rescate le estaba dando al mundo una lección objetiva de lo que era la no violencia. Estaban ejerciendo su libertad como ciudadanos del país más libre de la tierra para tributarles dignidad, respeto y honor a cuatro de sus caídos. Era algo por lo que ellos estaban dispuestos a morir.

Las avionetas regresaron a Opa-locka, y luego los pilotos se dirigieron al Orange Bowl para unirse a Madeline Albright y los dolientes. La multitud patriótica entonó los himnos nacionales de Cuba y Estados Unidos. Una banda de la Infantería de Marina ejecutó un redoble de tambores en honor del veterano de Vietnam Armando Alejandre Jr. Después que varios oradores invitados hicieron uso de la palabra, Basulto se situó detrás del micrófono y procedió a llamar por sus nombres a los cuatro desaparecidos, uno por uno:

—¡Armando!

—Presente! —clamó la multitud, haciendo obvio que, en espíritu, Armando Alejandre Jr. estaba presente con ellos, y que lo estaría por siempre. Basulto prosiguió con los hombres de los otros pilotos, con la voz quebrada por momentos y con lágrimas en los ojos.

—¡Pablo!

—¡Presente!

—¡Carlos!

—¡Presente!

—¡Mario!

—¡Presente!

Ese mismo fin de semana, algunos oficiales de las Fuerzas Armadas cubanas fueron invitados a la ciudad de Nueva York a comparar notas sobre lo que había sucedido el 24 de febrero de 1996. Cuba afirmaba que tenía pruebas fehacientes de que las avionetas habían sido derribadas sobre sus aguas territoriales. A fin de que probara tal cosa, Washington los invitaba con todos los gastos pagos. Los seis oficiales de la inteligencia militar cubana recogieron sus visas en México, llegaron a Nueva York y les mostraron las carpetas de información clasificada de la CIA del 24 de febrero de 1996. Estados Unidos le mostró a Cuba sus pruebas. Cuba nunca le mostró nada a Estados Unidos.

Se habló de un maletín con cartas de navegación aérea que habían sido recogidas por búsqueda y rescate, pero preferían no mostrarle su contenido al mundo. Cómo podrían haberse conservado intactas las cartas de navegación después del ataque del misil parece ridículo; sin embargo, Cuba insistía en que tenían el maletín y las cartas de navegación. El Centro de La Habana podría haber disipado fácilmente cualquier duda mostrando las gráficas de su radar que probaran que los aviones de Mario y Carlos se encontraban sobre sus aguas jurisdiccionales. Su impugnación se limitó a decir: dejen que Estados Unidos pruebe que las avionetas no estaban allí.

Las agencias de inteligencia de Estados Unidos revelarían más tarde que habían avistado a MiGs cubanos probando misiles aire a aire con aeronaves de desplazamiento lento una semana antes del derribo.

Cuando se enteró de la reunión de Nueva York, Basulto la comparó a una asamblea de historiadores revisionistas. Creía que lo que tuvo lugar en la Gran Manzana, mientras el mundo estaba de duelo por los cuatro hombres, era el acuerdo de Estados Unidos y Cuba sobre el lenguaje común respecto a lo que exactamente tuvo lugar, cerciorándose de que ambas partes tuvieran la misma historia, y de que no hubiera ningún matiz que pudiera implicar alguna complicidad de parte de Estados Unidos.

En definitiva, algo como eso probablemente nunca llegó a ocurrir. Desde 1959, a Cuba y Estados Unidos les había resultado difícil convenir en algo.

El 17 de abril de 1996, el aniversario de la fallida invasión de Bahía de Cochinos, los nombres de Armando Alejandre Jr., Carlos Costa, Mario de la Peña y Pablo Morales se añadieron a la lista de los que habían muerto en el intento de liberar a Cuba a lo largo de los últimos 35 años.

32

Volaremos de nuevo

El que ve una necesidad, y aguarda que le supliquen,
ya se prepara malignamente a rehusar todo socorro
Dante Alighieri

Koki estaba manejando un montacargas en el hangar cuando
llegó Aurelio Hurtado de Mendoza, viejo amigo e instructor
de vuelo de Basulto. Aunque Basulto había estado volando
desde su adolescencia en Cuba, fue Aurelio quien le expidió
su licencia de piloto en Miami el 8 de agosto de 1971, el día en
que Basulto cumplió 31 años. Él y Aurelio habían seguido
siendo amigos a través de los años.

—Estoy listo para volar —le dijo Aurelio a Koki. Basulto y
Guille Lares habían salido en un misión a bordo de Seagull
One, así que Koki los llamó.

—Dile que me espere —le dijo Basulto.

Aurelio siempre había anhelado volar con Hermanos, pero
él nunca pudo costear la revalidación de su propia licencia.

El día del derribo Aurelio llegó consternado a la casa y sacó
sus viejas bitácoras. Su esposa lo dejó solo con su pena y él se
mantuvo callado durante mucho rato.

—Voy a hacerlo —le dijo a su esposa—. Cojo mis ahorros y
saco todas mis licencias. — Había resistido durante años las
indagaciones de otros pilotos que cuestionaban por qué él no
volaba con Hermanos. Él no había pilotado un avión desde
1987. Aunque vivían con un ingreso fijo, su esposa no lo
disuadiría.

En siete días, Aurelio lo logró: obtuvo sus licencias de
monomotor, multimotor y de instructor de vuelo. Le costaron

tres mil dólares de sus ahorros de toda la vida. Basulto se sintió conmovido por la actuación de su amigo.

—Siento no haber estado aquí antes, hermano, pero estoy aquí ahora —le dijo Aurelio.

Muchos pilotos habían abandonado la organización, así que Basulto se sintió feliz de añadir uno más a su lista. Su felicidad fue aun mayor cuando supo que Aurelio tenía licencia de instructor.

—¿Por qué necesitas un instructor de vuelo? —le preguntó a Basulto—. Todos estos pilotos tienen sus licencias.

—Sí, pero necesitan cursos de repaso cada dos o tres meses —le explicó Basulto—. Siempre deben prepararse para procedimientos de emergencia. Y, ahora más que nunca, necesitamos un instructor de vuelo.

—¿Quién lo hacía? —preguntó Aurelio.

—Mario.

La comunidad estaba dividida en su apoyo a Hermanos al Rescate. Luego de haberla encomiado como una organización humanitaria de diecinueve nacionalidades, a Hermanos al Rescate con frecuencia se le mencionaba ahora como «una organización anticastrista de cubanos exiliados».

Muchos en la comunidad hicieron duelo junto con las familias y los pilotos, pero otros culparon a Basulto, moviendo sus índices acusatorios: tú te lo buscaste. El recibimiento de héroe que le tributaron por la temeridad de volar sobre La Habana en julio de 1995 se transformó en una acusación de haber violado el derecho internacional. El lanzamiento de medio millón de volantes en La Habana pasó de ser, como un camaleón, una fantástica acción de desobediencia civil no violenta a una venganza personal de Basulto contra Castro, una osadía que le había metido en apuros. Basulto nunca podría disipar el rumor de que los días en que había lanzado volantes los Hermanos habían volado sobre aguas cubanas.

La crítica también fomentaba un espíritu de olvido. Se olvidó la unificación de la gente en Miami que había ayudado a salvar tantas vidas. Se olvidaron los riesgos que habían corrido los jóvenes pilotos y los voluntarios: cuatro de ellos habían perdido la vida haciendo lo que creían que era justo. Se olvidó el hecho de que los cuatro se encontraban en aguas internacionales. Sorprendentemente mudos, y aparentemente olvidados, estaban los 4.200 balseros que estos pilotos habían salvado.

Las familias de los pilotos se habían hundido en el duelo, asistiendo semanalmente a misas de recordación y eventos comunitarios. No tardarían en brotar letreros y monumentos alusivos por todo Miami en homenaje de los cuatro hombres. Una parte de la Avenida 72 del SW en South Miami, donde vivían las hermanas Alejandre, sus padres y otros miembros de su familia, fue rebautizada como «Armando Alejandre Jr. Avenue». En la carretera que va al aeropuerto de Opa-locka, más allá de la señal de pare de cuatro vías donde Luis Martínez oyera la voz de Carlos Costa, se levantaría un pequeño parque con cuatro palmas y un pilar de piedra por cada uno de los hombres. Se erigiría un monumento a los caídos frente al Ayuntamiento de la ciudad de Hialeah Gardens, cerca de donde vivía Pablo Morales. El alcalde de Nueva York, Rudy Giuliani dedicaría la propia esquina de la Misión de Cuba ante las Naciones Unidas, como «Esquina de Hermanos al Rescate». José Morales, un piloto de Tampa, erigiría un monumento en esa ciudad floridana.

Las familias se ocupaban en reuniones, rememoraciones y viajes. El 16 de abril de 1996, Marlene, la hija de Armando Alejandre Jr., se presentó ante la Convención de Derechos Humanos en Ginebra con su tía Maggie Khuly, la hermana de Armando. Marlene, que había aplazado su primer año en la universidad para ayudar a su familia a sobrellevar su duelo, habló en la Convención. Ese día, el 16 de abril, su padre habría cumplido cuarenta y seis años. A miles de kilómetros de distancia, en la ciudad de Nueva York, Marlene, la viuda de Armando, protestando frente a la Misión de Cuba, también conmemoraba el cumpleaños de su marido.

Los pilotos en el hangar también hacían duelo.

—Perdimos a cuatro —repetía con frecuencia Arnaldo Iglesias—. Cada familia perdió a uno, pero nosotros perdimos a cuatro. Él entendía que la profundidad de la pérdida de los Hermanos nunca podría compararse con la agonía de las familias de los pilotos asesinados, de una madre que pierde a su hijo, de una mujer que pierde a su marido, pero el vacío del lugar sin Armando, Carlos, Mario y Pablo abrumó a Arnaldo en varias ocasiones. Él llevaba al cuello una cadena de plata con una plaquita como la de los perros con los nombres de sus cuatro hermanos asesinados. También tenia grabados sus fechas de nacimiento y la inscripción Always Remember, February 24, 1996. Nunca se la quitaba.

La FAA se convirtió en un incordio constante para Basulto y los demás pilotos. Se aparecía en el hangar todas las semanas, sin avisar, para llevar a cabo inspecciones aleatorias de las avionetas, y amenazaba con cancelar sus misiones por las más ligeras infracciones, tales como una rotura en un cinturón de seguridad. Los Hermanos solían cumplir con todas sus exigencias. Reemplazaban asientos, colmaban los tanques, vaciaban el combustible —hacían todo lo que la FAA quería. Parecía que el principal objetivo de la FAA era mantenerlos en tierra. Legalmente, no podía. Ellos lo sabían, Basulto lo sabía y Sofia Powell-Cosío, la abogada de Basulto, lo sabía de manera mucho más categórica.

—Muéstreme la ley que dice que ustedes tienen la autoridad de mantener a mi cliente en tierra —les argüía continuamente.

Cuando el FBI intervino Sofia creyó que las cosas habían llegado demasiado lejos. Sofia se tenía a sí misma como la voz de la razón en representación de Hermanos al Rescate. El FBI le telefoneaba casi a diario.

—¿Está volando hoy el Sr. Basulto?

—No, —diría ella—, no está volando —porque no lo estaba.

Al día siguiente de una de esas llamadas telefónicas a Sofia, Basulto le dijo que él había visto muchísimo «movimiento» en torno al hangar. Estaba seguro de que el FBI lo espiaba.

—Hagamos una pequeña prueba —le dijo Sofia—. Saca tu avioneta, reabastécela de combustible y ponla en la pista. —Basulto siguió las instrucciones de Sofia. Momentos después, el FBI la llamó.

—Creíamos que nos había dicho que Basulto no iba a volar hoy —le dijeron.

—Él no va a volar —contestó, con seguridad, sabedora de que su trampa había funcionado. Ella estaba escandalizada de que el gobierno federal estuviera gastando dinero en espiar el hangar. Hermanos al Rescate siempre había sido una organización muy abierta —tan abierta que le había dado cabida a tipos como Juan Pablo Roque. Ahora el FBI los vigilaba desde afuera o, más exactamente, desde el otro lado de la pista. Rápidamente, la gracia del jueguito del gato y el ratón desapareció, y la actitud de Sofia cambió.

—¿Qué están buscando? —exigió ella por el teléfono—. Simplemente, pregúntenme lo que quieran saber, y me encantará contestarles —dijo con cierto tono de cinismo—. Sean sinceros, que es la manera en que nosotros funcionamos.

—La conversación subió de tono y Sofia, habitualmente tan controlada, le dijo al hombre que la llamaba unas cuantas palabrotas.

—¡Dejen de acosar a mi cliente! —añadió con rotundidad—. Y, a propósito, puede decirle a su jefe, y al jefe de su jefe, ¡que se vayan al carajo!.

Finalmente, un grupo de altos funcionarios de la Casa Blanca se ocupó de dejar en tierra a Basulto. El 16 de mayo de 1996, la FAA obtuvo el respaldo de estos funcionarios y abruptamente le cortó las alas. Vinieron a Opa-locka y se lo hicieron saber minutos antes de una misión programada. Los funcionarios de la FAA justificaron su orden de revocación de emergencia en que Basulto había ignorado repetidas advertencias del gobierno federal respecto al espacio aéreo cubano.

No puedo pilotear un avión, pensó Basulto, pero no me pueden impedir que vuele.

Los meses que siguieron al derribo fueron muy duros para Hermanos al Rescate. La comunidad, la nación y el mundo estaban de alguna manera divididos. Mientras los Hermanos hacían duelo por sus amigos e intentaban cumplir las misiones programadas sin pilotos o planes adecuados, a Basulto lo bombardeaban en los medios de prensa.

Llegaron centenares de cartas de condolencia, entre ellas de los alumnos de primero y segundo grados de la Academia de San Juan [St. John's Academy] en Louisville, Kentucky. «No nos gusta el comunismo», escribieron «y queremos ayudar a la gente que tiene que flotar en el agua para escapar» y, a manera de contribución, enviaron dinero ahorrado de sus «sacrificios» cuaresmales. El haberse convertido en abuelo había suavizado el acercamiento de Basulto a los niños, y la ternura que él sentía por su nieto Andre la extendía a todos los niños en general. En las simples palabras de esos niños encontraba sabiduría, así como pureza en su discurso. Sentía que expresaban una inmaculada confianza en el mundo, algo que él había perdido hacía mucho.

Más cerca había otro grupo de niños que aún creían en los Hermanos al Rescate: los niños balseros del Sur de la Florida. Cuatro meses después del derribo, dos docenas de niños de la escuela primaria de Kensington Park en Miami invitaron a Basulto a su aula para recordarle lo que él había hecho por ellos: salvarles la vida.

Los niños de la escuela primaria de Kensington Park bailaron y cantaron para él, le obsequiaron breves notas de cariño y le pidieron autógrafos. Lo besaron y lo abrazaron. En contraste con las difamaciones de la prensa, honraron a José Basulto. ¡Tú nos salvaste la vida! Te queremos.

El alumno Pedro Suárez le presentó a Basulto un salvavidas que él y otros veintiún niños de siete a diez años habían firmado. «Por favor, llévalo contigo en el avión en caso de que lo necesites para salvar tu vida, como salvaste la nuestra», le dijo. «No quisiéramos que te pasara nada».

Haciendo un esfuerzo por controlar las lágrimas, Basulto se sentó con ellos en el suelo, a responder sus preguntas y a escuchar sus historias. Cuando le preguntaron cómo se sintió cuando derribaron a sus hermanos, Basulto tragó en seco:
—Fue el peor día de mi vida. ¡Ojalá me hubiera pasado a mí!

Pocos días después, otro niño vino a ayudar a Basulto mientras estaba en Opa-locka, cabizbajo sobre la mesa de conferencias, perdido en sus pensamientos dentro del hangar que ahora estaba casi vacío. Al levantar la vista vio a un niñito, de unos nueve años, de cabello rubio y ojos azules, que sostenía una lata grande redonda y azul, una vieja lata de café Maxwell House que tenía pintada una escena de un equipo de carreras de 1993. Sin decir palabra, el niño puso la pesada lata sobre la mesa y, con discreción, la deslizó hacia donde se encontraba Basulto. El recipiente dejó escapar un chirrido amortiguado antes de llegar a su previsto receptor. Basulto miró dentro y vio que estaba lleno de centavos.

—Él se la quiso traer en persona —dijo el padre del niño que se encontraba de pie junto a él.

Encima de la lata había un papel doblado con una nota escrita de puño y letra del niño:

29/6/96
Sentimos lo del derribo de los aviones. Aquí hay algunos centavitos para ayudarle a comprar otro avión.
Mis mejores deseos
Jonathan Aronoff

Basulto se levantó, con lágrimas en los ojos, y sin poder hablar, hizo un gesto de asentimiento y abrazó al niño y a su padre.

El 26 de agosto, seis meses después del derribo, Hermanos al Rescate emitió un comunicado de prensa en el que anunciaba que reanudaría sus misiones habituales de búsqueda y rescate. Ello confirmaba que Armando, Carlos, Mario y Pablo lo habrían querido así. La lucha es nuestra.

33

Reacciones adversas

Si estás atravesando el infierno, sigue andando.
Winston Churchill

Los exiliados no iban a atacar a Cuba al fin de cuentas, y tampoco las Fuerzas Armadas de Estados Unidos. Alfredo Sánchez, el piloto de West Palm Beach a quien habían programado para volar el día del derribo, había creído que un ataque militar era plausible y estaba justificado. «Todo lo que Madeleine Albright logró fue usar la palabra cojones, y todo lo que Cuba se buscó fue una simple amonestación», diría él.

Además de la amonestación, el 12 de marzo de 1996, el presidente Clinton firmó la Ley Helms-Burton, también llamada Ley de la Libertad Cubana y de la Solidaridad Democrática de 1996. La parte referente a «la libertad cubana y solidaridad democrática» puede haber despistado a mucha gente. Justo en el momento en que el gobierno de Clinton estaba a punto de restablecer relaciones con Cuba, después de años de reuniones con Fidel Castro y sus funcionarios, vuelan en el aire a tres ciudadanos estadounidenses y a un residente legal. El Presidente tuvo que hacer un giro de ciento ochenta grados.

La Helms-Burton fortalecía el embargo contra Cuba. Una de sus muchas cláusulas incluía la de penar a compañías extranjeras que presuntamente traficaran con propiedades que antes hubieran pertenecido a ciudadanos de EE.UU. y que hubieran sido expropiadas por Cuba después de la Revolución. [Esa cláusula] fue condenada por la Unión Europea, Gran Bretaña, Canadá, México y otros aliados de

Estados Unidos. Algunas organizaciones humanitarias arguyeron que la Helms-Burton afectaría sólo a la población inocente.

La Helms-Burton había sido aplazada por Clinton durante más de un año, mientras [el Presidente] se dedicaba a coquetear con los cubanos. Ahora sólo una ley del Congreso podría revertirla. Al menos eso apaciguó a algunos de los exiliados cubanos más conservadores. Para Clinton, era de suponer, estas medidas parecían suficiente castigo por haber derribado a ciudadanos estadounidenses desarmados en aguas internacionales.

Otras personas no vieron la necesidad de firmar leyes después del derribo. Columnistas como el premio Pulitzer Mike Royko prefirieron ignorar la situación y sugirieron que el presidente Clinton usara las siguientes palabras en su próximo discurso sobre el tema:

«Tengo asuntos más urgentes de que preocuparme que de algunos cubanos en Miami que insisten en volar donde no deben volar y donde les han advertido en repetidas ocasiones que no vuelen», escribió Royko.

La reacción contra Hermanos al Rescate se presentaría de varias formas, que a veces encontrarían a Basulto desprevenido, particularmente cuando algunos de los miembros de las familias de los pilotos asesinados empezaron a levantar índices acusatorios, culpándolo de la desaparición de sus hijos. Otras repercusiones obsesionarían a los cubanos del otro lado del Estrecho —y no sólo a los balseros que estaban planeando sus fugas o a los disidentes que temían al encarcelamiento. Ocho controladores del tránsito aéreo de La Habana estaban a punto de perder sus empleos.

Ana Miriam Ávila y su grupo de controladores del CTA de La Habana tuvieron relaciones de amistad a lo largo de los años con Nick Perdomo, de la oficina de Control del Tránsito

Aéreo del Centro Miami. Nicholas I. Perdomo nació en Washington D.C. de padres cubanos que habían escapado de Cuba después de la Revolución. Por oponerse al comunismo, su abuelo estuvo en prisión durante doce años. El padre de Nick cayó en una emboscada tendida por las milicias de Castro y conservó dos balas en su cuerpo como un recuerdo de por vida. Nick creció en Baltimore, y cuando liberaron a su abuelo de la prisión, los Perdomo se mudaron a Miami.

A principios de marzo de 1996, Nick fue a visitar a su medio hermana en Cuba, así como a sus amigos en el CTA de La Habana. Ana y su equipo disfrutaban de las visitas de Nick a Cuba, y recibían los regalitos que él les llevaba de Estados Unidos, cosas tales como barras de jabón, champú y leche en polvo.

Ana había trabajado en el CTA de La Habana durante los últimos seis años. Tenía un empleo fijo del gobierno que le pagaba 250 pesos cubanos al mes, aproximadamente unos diez dólares, además de «la jaba», una bolsa que usualmente se llenaba de extras como champú, detergente y alimentos adicionales, algo muy importante en el mundo de los negocios de los cubanos de todos los días.

La clase obrera en la Cuba revolucionaria estaba dividida en dos grupos: los profesionales y los que estaban en el «bisne», en el negocio. Ana era profesional. Estar en «el bisne» significaba sencillamente despertarse cada mañana y diseñar creativamente un plan para el resto del día. Si trabajabas en un restaurante, podías robar comida para intercambiarla por algo que otra persona se hubiera robado de una tienda, digamos una barra de jabón. Poder trabajar en las tiendas para turistas de los lujosos hoteles de la playa de Varadero era un buen negocio, porque siempre podrías robar algo que pasara inadvertido. Los salarios y los subsidios del gobierno nunca alcanzaban para llegar a fin de mes, de manera que robar era una forma aceptada de supervivencia en la Cuba de

Castro. Los disidentes, o cualquiera que discrepara abiertamente con el gobierno, era cesado de inmediato —y de manera permanente— por lo que terminaba uniéndose al «sector del negocio», a menos que lo encarcelaran.

Ana estaba contenta con su situación. Dentro de este ambiente profesional y de una existencia bastante cómoda, Ana y su equipo sentían que era normal ser amigos de Nick Perdomo, de Miami, con quien hablaban profesionalmente un promedio de cien veces al día.

Si Nick visitaba la ciudad, se reunían en casa de uno de los controladores para comer, beber e, inevitablemente, discutir de política. «¡Es un tirano, un dictador!» estallaría Nick, refiriéndose a Castro, pero nadie le respondería. Un día Nick fue lo bastante audaz para decir «Fidel Castro es un mierda» por la radio mientras estaba transfiriendo el control de un vuelo del Centro de Miami al Centro de La Habana. Él recordaba que Ramón, que estaba de servicio el día del derribo, le había ripostado: «Fidel Castro es mi dios».

El grupo de Ana envidiaba la libertad de expresión de Nick, con la audacia con que él arremetía contra Fidel Castro en presencia de ellos. Soy americano, diría él. Puedo decir todo lo que me dé la gana». Luego les mostraría todo lo que había comprado como regalos para sus amigos. Una vez puso una bandera de Estados Unidos en medio de los regalos y tomó una foto.

A Nick le gustaba tomar fotos. Invariablemente colgaba una bandera americana en el fondo, o le pedía a alguien que sostuviera una bandera americana y hacía un clic. Algunas de las fotos de Nick las había tomado posando frente a estatuas de héroes revolucionarios y saludando con el pulgar hacia abajo. Tomaba fotos de sus amigos y captaba imágenes de la vida cubana, como las fábricas de torcer tabaco de Cuba. El padre y el abuelo de Nick habían trabajado en Cuba en la famosa compañía de tabaco Partagás. Desde 1992, Nick había estado tratando de revivir el negocio de tabaco de su familia, torciendo puros en su garaje de la Pequeña Habana.

Siempre que Nick visitaba Cuba, se quedaba en la humilde casa de su medio hermana; aunque él bien podía costearse los lujosos hoteles de turismo, rehusaba dejarle dinero al gobierno cubano. Pero en un viaje en particular, su hermana quería en verdad darse una ducha caliente, algo de lo que ella nunca había disfrutado, y le rogó que la llevara a un hotel. Cuando llegaron no le permitieron hospedarse — ningún cubano residente en el país podía quedarse en los hoteles de turismo ni comer en los restaurantes ni nadar en la playa.

—Dime que es tu puta y te la dejo entrar —le dijo un ruso jefe de botones a la entrada del Hotel Nacional.

—No puedo hacer eso —le dijo Nick—. Es mi hermana.

—Entonces no puede entrar, a menos que sea prostituta.

Nick batalló en su mente con todo lo que su padre le había enseñado, pero la desesperación de su hermana le hizo ceder.

—Muy bien —dijo finalmente resignado—, es mi novia.

Mientras la hermana de Nick se consentía con un gran frasco de champú para lavarse el cabello, y se solazaba en la primera ducha caliente de su vida, Nick recuerda «haberse puesto como loco»: vació el minibar, limpio los anaqueles de otros accesorios, le quitó las sábanas a la cama y bajó y le regaló todo al primer taxista que vio.

El 13 de marzo de 1996, Nick y otro norteamericano de Miami se aparecieron sin anunciar en el CTA de La Habana. Los detuvieron a la entrada y les dijeron que no podían pasar, pero él ignoró las órdenes, subió las escaleras y entró en la oficina de tránsito aéreo y tomó fotos.

Los centros de control del tránsito aéreo en todo el mundo son muy semejantes. El Centro de La Habana había recibido a muchos representantes de otros centros CTA. Puesto que graban todo lo que se dice o se ve, estos centros suelen ser muy acogedores con los controladores de otros países. Pero

Nick era de Estados Unidos y su visita se producía tres semanas después del derribo de las avionetas.

Después que Nick se fue, Ana y otros siete controladores sufrieron dos meses de interrogatorios y de re-programación sobre los sucesos del derribo. Ellos no habían trabajado ese día, de ahí que no pudieran entender por qué ponían tanto énfasis en ellos. Después de todo, entendieron que las computadoras habían sido desactivadas para borrar cualquier prueba de lo que realmente sucedió el 24 de febrero de 1996.

La confusión —y el temor— aumentó cuando los vecinos vieron que algunos del equipo de Ana eran recogidos por milicianos y llevados a casas secretas donde la Seguridad del Estado los interrogó durante horas. Les dijeron que Nick Perdomo era un agente de la CIA y que estaban al corriente de todas las conversaciones que habían tenido con él. Luego de seis meses de hostigamiento, el 8 de agosto de 1996, despidieron a ocho controladores del Centro del Tránsito Aéreo de La Habana, entre ellos a Ana. Los acusaron de muchas cosas:

- Haber recibido a extranjeros en su casa sin permiso, específicamente a Nic [sic] Perdomo.
- Haber permitido declaraciones contrarrevolucionarias en su presencia, hechas específicamente por Nic Perdomo.
- Haber aceptado regalos, tales como leche en polvo, del exterior, sin informarlo a la Seguridad Nacional.
- Permitirle a un norteamericano de origen cubano, específicamente a Nic Perdomo, entrar en la oficina del Centro [CTA] de La Habana.

Como resultado de su amistad con un norteamericano de origen cubano que hacía «comentarios contrarios a la revolución» en presencia de ellos, ocho profesionales del CTA de la Habana entraron a regañadientes en el sector de «negocios» de la sociedad cubana.

Los amigos de Nick estaban desempleados, espiados por sus vecinos y acosados por el gobierno. En el ínterin, Nick convertiría la Tabacalera Perdomo en una industria multimillonaria y ganadora de premios. Le tomaría ocho años, pero Nick Perdomo ayudó a los controladores cesantes de La Habana a ganar su libertad en Estados Unidos. Ana llegaría finalmente el 9 de junio de 2004.

La reacción negativa contra cualquier asociado a los sucesos del 24 de febrero continuaba. Osvaldo Plá, conocido por Tito Fufú, también la sufrió cuando visitó Cuba en diciembre de 1996. Él se las arregló para obtener una visa humanitaria para visitar a su madre que estaba muriéndose de cáncer. No había visto a sus padres en veinticinco años.

—Es una locura que vayas —le dijo Basulto—. Te van a meter en la cárcel.

Él trató de disfrazarse con un corte de pelo muy bajo y, además, documentó y videografió todo lo que llevaba en su equipaje en caso de que intentaran ponerle algo que lo incriminara. A su llegada, inmediatamente después de que su cara apareció en la pantalla, la seguridad del Estado lo llevó a un cuarto para interrogarlo. Recuerda que quince militares en sus uniformes verde oliva vinieron a interrogarlo.

—¿Tú eres Osvaldo Plá?

—Sí —contestó. Y explicó repetidas veces en el curso de las próximas horas que su madre estaba muy enferma, muriéndose en el hospital, y que él tenía una visa humanitaria. Después de cada pregunta, lo abofetearon, lo escupieron y lo empujaron.

—¿Desde cuándo no has visto a tu padre?

—Desde 1971 —dijo Tito.

—Bien, él está en el cuarto de al lado, a él también lo estamos interrogando ¿y sabes algo? Nunca lo vas a volver a ver.

—Por favor, chico —suplicó Tito—. No sé lo que tienes contra mí, tenemos diferentes opiniones, pero todos somos cubanos.

—¡No empieces con eso! —lo volvieron a golpear—. Eres afortunado de salir vivo.

—Oigan —les dijo, enfrentándoseles—. Hay un momento en la vida de un hombre en que pierde todo el miedo, y en lo que se refiere a mi madre, no tengo ningún miedo. Háganme lo que ustedes quieran, pero déjenme ver a mi madre.

En el ínterin se intercambiaron varias llamadas telefónicas, y cuando los militares confirmaron que él estaba con Hermanos al Rescate, les ordenaron que lo dejaran quieto y lo pusieran en el primer avión de regreso. Ese castigo sería peor que el maltrato físico.

Sin embargo, él les suplicó que lo llevaran al hospital.

—Espósenme, si quieren —gritó—, pero por favor déjenme ver a mi madre. ¡Les prometo que si necesitan medicinas para sus madres, se las enviaré! —lo patearon una vez más y lo pusieron en el próximo vuelo.

La madre de Tito murió tres meses después.

34

Verdad y justicia

Como un abogado, el cerebro humano quiere la victoria, no la verdad;
como un abogado, a veces resulta más admirable por la pericia
que por la virtud.
Robert Wright

Mirta Costa necesitaba algunas respuestas. Le molestaba que
en el hangar, después del derribo, Basulto no se le hubiera
acercado con alguna explicación de lo que había ocurrido, con
una palabra, un abrazo o una razón. La pérdida de su hijo
exigía más atención personal, en consecuencia ella le pidió a
Basulto y a Arnaldo Iglesias que vinieran a verla a su casa.

Mirta le recordó a Arnaldo lo que ella le había dicho: no
quiero héroes. Carlos Costa era ahora no sólo un héroe, sino
también un mártir. El único consuelo de Arnaldo era que los
hombres habían muerto instantáneamente.

Mirta reconvino a Basulto y a Arnaldo por dejar que
Carlitos volara ese día. La pregunta que por siempre rondaría
en la cabeza de Mirta era: ¿Por qué Basulto no le dijo a Mario
y Armando que se fueran de allí? Su propio hijo, cuyo avión
fue el primero en ser derribado, no tuvo ninguna
oportunidad, pero pasaron siete minutos entre cada derribo.
¿Por qué Basulto no le dijo a Mario que saliera de allí y
regresara a Opa-locka algo que él mismo había hecho?

Después de su encuentro con Basulto y con Arnaldo, ella
comenzó a reunirse con las otras familias. Eva Barbas, la
madre de Pablo Morales, aún no había llegado de Cuba, pero
las tres familias necesitaban encontrar justicia para Carlos,
Mario, Armando y Pablo. Su mutuo duelo las vinculaba, no

necesariamente como amigas, sino más bien como una intimidad del dolor. Basulto, Billy Schuss y otros miembros de la organización se les unieron. Las reuniones llegaron a incluir a miembros de agrupaciones cubanas del exilio, como el Movimiento Democracia con Ramón Saúl Sánchez para ayudarles a precisar una estrategia para llegar a la verdad y la justicia.

Fue en estas reuniones en que Mirta Costa se fue desilusionando cada vez más de Basulto. Ella sabía que Fidel Castro había dado las órdenes del derribo, y admitía que su hijo Carlos estaba haciendo lo que le gustaba hacer. Pero ella parcialmente culpaba a Basulto. ¿Por qué Hermanos seguía volando cuando les habían advertido que no lo hicieran? ¿Por qué Basulto había sobrevivido y no su adorado Carlitos? Ella percibía que Basulto quería manejar todos los aspectos de la investigación y quería controlar las reuniones y los eventos; percibía que él prefería destacarse en la televisión o en la radio en lugar de reunirse con los miembros de la familia. Ella se enfurecía cada vez que él decía que no quería ninguna ayuda del gobierno de EE.UU. La lucha es nuestra.

En una de las primeras reuniones, ella lo recuerda diciendo que continuaría sus misiones humanitarias.

—¿Por qué entonces no llevas a tus hijos? —le ripostó.

Fue en mayo, cuando ella fue a Washington con Sylvia Iriondo y las Madres Contra la Represión, que ella oyó hablar por primera vez de una demanda contra Cuba, contra los bienes cubanos que se mantenían congelados en Estados Unidos. Cuando Basulto se enteró, ella recuerda que él se molestó. Le oyó decir que esos bienes congelados pertenecían al pueblo de Cuba, y que si iban a repartir algún dinero, debería ser para reemplazar los aviones.

La animosidad entre Mirta Costa y Basulto aumentó con el paso de los meses. En medio de su gran perdida, algunos miembros de las familias cerraron filas con ella culpando parcialmente a Basulto por la pérdida de sus hijos, Mario y Carlos, y del marido y padre Armando. Mirta Costa terminaría por cortar toda comunicación con Basulto. Su última reunión fue particularmente brutal.

—¿Sabes lo que deberías hacer? —le dijo a Basulto, consumida por el dolor de una madre afligida—. Deberías darte un tiro.

—Señora, ¿Por qué no me lo da usted? —le contestó.

Las palabras de su amiga Janet Ray Weininger volvían con obsesionante recurrencia: Van a poner a las familias en contra tuya.

En Cuba, a la familia de Pablo Morales la entrevistaron en varias ocasiones. Su madre, Eva Barbas, llamó a Fidel Castro, en tono desafiante, asesino, añadiendo, por si fuera poco, un grueso insulto cubano:

—¡Fidel Castro —dijo, mirando a la cámara— tu no tienes madre!

El 2 de mayo de 1996, el comisionado del condado Pedro Reboredo, Basulto y reporteros de la prensa recibían en el Aeropuerto Internacional de Miami a Eva Barbas, mujer menudita y canosa de 1,24 m. de estatura y 40 kilos de peso.

Eva provenía de un origen pobre y humilde, pero su facilidad y familiaridad para enfrentar la prensa la convirtieron enseguida en una preferida del público. Cada centímetro y cada kilo de su cuerpo menudo era portador de una incansable energía. No importaba la ocasión ni el atuendo, Eva Barbas siempre se veía confiada. Dondequiera que iba Basulto, llevaba consigo a La viejita: a debates con agrupaciones del exilio, a comidas en su casa y a manifestaciones en Washington, D.C. Basulto la llamaba a diario y él estaba asombrado de la sabiduría de esta gran mujer. Todo lo que quiero es verdad y justicia, verdad y justicia para Pablito. Esto se convirtió en su mantra. El mutuo afecto entre ella y Basulto fructificó, y Basulto no tardó en referirse a Eva como su «tercera madre».

Los Hermanos al Rescate prometieron ayudar a la familia Morales. Después de hacer un pago del Jeep de Pablo que aún estaba en el hangar, lo vendieron para pagar el préstamo. La estación radial WQBA le donó un auto a la familia Morales.

Con Eva Barbas en Miami, ahora las cuatro familias podían unirse en la búsqueda de verdad y justicia, si bien por diferentes rutas. Las familias Costa, De la Peña y Alejandre contrataron los servicios de Frank Angones, abogado de Miami, para entablar una demanda contra los fondos congelados de Cuba en Estados Unidos. Judicial Watch, una agrupación social conservadora de Washington, D.C. se puso en contacto con Basulto y lo convenció de que presentara reclamaciones por daños y perjuicios. Sylvia y Andrés Iriondo y Arnaldo Iglesias no se unieron a él en la demanda civil.

Mientras las familias se preparaban para la demanda contra el gobierno de Cuba, Basulto estaba inmerso en sus propios problemas legales. Una vista probatoria tendría lugar sobre el Decreto de Suspensión de Urgencia de su licencia de piloto. Las acusaciones incluían el haber violado varias cláusulas de las Regulaciones Federales de la Aviación cuando hizo dos vuelos no autorizados dentro del espacio aéreo de la República de Cuba. Desde luego, Sofia Powell-Cosío estaría allí para ayudarlo.

Desde aquel día de 1992 en que Sofia Powell-Cosío le pidió a Basulto una fotografía de un balsero para su campaña de prensa en Canadá, ella había trabajado como su abogado, gratuitamente. Sofia nunca le había cobrado a Hermanos al Rescate las miles de horas que ella le había dedicado. Además, ella y su marido, Alberto, recaudarían más de cien mil dólares [a favor de Hermanos al Rescate] en dos campañas de recaudación que habían auspiciado. En la comunidad la conocían como la abogada de Basulto y su notoriedad se había acrecentado.

—Dios me la envió —diría Basulto en una entrevista—. Nunca creería en nadie más.

Pero esta vez él necesitaba un experto en litigios y contrató al abogado de Miami Stuart Goldstein para que lo defendiera. Sofia Powell-Cosío sería la codefensora.

—No ceses de hacer preguntas. —instó Basulto a Goldstein. Él se valió de la vista como un medio de obtener tanta información como fuera posible de lo que sucedió el día del derribo.

El juez William A. Pope II presidiría esos largos ocho días de la vista probatoria, a la que no tenía acceso la prensa ni los fotógrafos, sólo los dibujantes del tribunal, que hicieron numerosos bocetos a color de una comparecencia que tuvo mucha publicidad. Goldstein colgaría uno de esos bocetos en su oficina, y así también lo haría Michael Moulis, el abogado de la FAA.

La vista resultaría muy reveladora de los acontecimientos del día del derribo. En ese momento el informe de la ICAO (Organización Internacional de la Aviación Civil) no estaba terminado. Basulto finalmente escucharía la completa grabación de cabina de los pilotos del MiG, sus voces estridentes que celebraban el asesinato de sus amigos. Dos guardas armados entraron con el equipo de las grabaciones y las cintas de cuatro pistas, casi como si estuvieran protegiendo un tesoro nacional o las reliquias de un santo. Mientras corría la cinta, se mantuvieron de pie, en actitud protectora, con las pistolas enfundadas pero prestas, como si en algún momento Basulto o su abogado fuesen a agarrar la evidencia y echar a correr.

Goldstein trajo a testigos estelares al estrado, en particular Harold Matheison. A Matheison le habían confiado la revisión de las copias de más de cien impresos que les habían enviado a Goldstein y su bufete y que finalmente llegaron dos días antes del juicio. No había manera de que Matheison pudiera revisar todos los impresos, pero aquellos que revisó los examinó con un ojo implacable. Basulto lo apodó «Dr. Watson».

También testificó Mike Thomas de la FAA:

—Me reuní con él el 11 de julio —dijo— y el 15 él vuela sobre La Habana. Eso envía la mala señal de que Basulto no es persona de fiar. ¿Estaba consciente Thomas de su torpe eufemismo?

Más de cuatrocientas páginas de testimonios transcritos entregó Jeffrey Houlihan de la base de la Fuerza Aérea March en Riverside, California. Él contó nuevamente su llamada de emergencia al Sector de la Defensa Aérea del Sudeste en la base de la Fuerza Aérea de Tyndall en Panama City, Florida, quien le confirmó: «Estamos en control, no se preocupe». Él luego testificó que había un procedimiento estándar conforme al cual deben emplazarse cazas interceptores siempre que haya MiGs cubanos que crucen el límite territorial cubano de las doce millas [22,2 km.]. Ese protocolo no se siguió.

En base a ese extenso registro del vuelo del 24 de febrero, el juez William A. Pope II le preguntó a Houlihan si él creía que Basulto se proponía violar el espacio aéreo cubano.

—No, Señoría, él no se proponía hacerlo —dijo Houlihan—. Y de hecho... él nunca hizo movimiento alguno que me indicara que intentaba penetrar en el espacio aéreo cubano.

Arnaldo Iglesias y Sylvia Iriondo, sobrevivientes del derribo, así como Ramón Saúl Sánchez, del Movimiento Democracia, también fueron llamados a testificar. Luego Goldstein llamó a Orestes Lorenzo al estrado.

Orestes Lorenzo contó una vez más su historia de cómo escapó de la isla en un MiG-23 cubano en 1991 y pidió asilo en

Estados Unidos. Año y medio más tarde, voló a Cuba en un Cessna modelo 310, se lanzó en una carretera y recogió a su esposa y a sus dos hijos. Por eso, estuvo en el programa Larry King Live!, escribió un libro y se convirtió en un héroe. El presidente Bush lo recibió en la Casa Blanca y Mickey y Goofy lo saludaron como Gran Mariscal del desfile de Disney World. Cosas que sólo suceden en Estados Unidos.

Por la incursión de los trece minutos sobre La Habana, a Basulto le suspendieron la licencia 150 días. Eso no era suficiente para la FAA, así que apelaron a la Junta Nacional de Seguridad en el Transporte (NTSB, por su sigla en inglés). Lo que desconcertaba a Basulto era que él había anunciado que estaría en el espacio jurisdiccional [cubano] el día de la flotilla Democracia. Ahora, por una presunta incursión no intencional en el espacio aéreo cubano, seguido por una persecución que amenazaba su vida luego del asesinato de sus cuatro amigos, terminarían imponiéndole una suspensión de emergencia.

En medio de la vista de la FAA, se supo que la investigación de cuatro meses llevada a cabo por la ICAO había llegado a la conclusión de que el derribo de Hermanos al Rescate había tenido lugar en aguas internacionales. Sin embargo, no le impuso a Cuba la condenación a que se aspiraba, sino que se limitó a declarar la acción «injustificada». Sin embargo, para esa fecha, la FAA ya había determinado su propia verdad de la incursión de Basulto en el espacio aéreo cubano. Basulto creyó que tal acción obedecía a una motivación política. La FAA creía que sólo se haría justicia ratificando el Dictamen de Suspensión de Emergencia.

La opinión y el dictamen final recaería sobre Basulto, a quien le suspendieron la licencia durante un año.

Parecía que la única manera en que la FAA podía cerciorarse de que él no lo volvería a hacer era quitándole su derecho a ser piloto. Pero no podrían impedirle que tripulara una misión.

Si los abogados, la FAA y la NTSB no pudieron encontrar la verdad y la justicia, tal vez el Congreso de Estados Unidos podría. Ileana Ros-Lehtinen era la mujer republicana de mayor antigüedad en el Congreso y la primera congresista cubanoamericana. Era amiga de Basulto, la madrina de Hermanos al Rescate y aspiraba a la verdad y la justicia.

Con su ayuda, el 18 de septiembre de 1996, hubo una vista ante el Subcomité sobre el Hemisferio Occidental del Comité de Relaciones Internacionales de la Cámara de Representantes, durante el 104º. Congreso. La vista se llamó: El derribo de Hermanos al Rescate: ¿Qué sucedió?

Dan Burton, republicano por Indiana, presidía la vista. Por «razones de seguridad nacional» no permitieron que Jeffrey Houlihan testificara en la vista, sino más bien, oyeron su informe en una reunión privada a puertas cerradas. Ninguno de los presentes pudo entender esta decisión, puesto que Houlihan ya había testificado, bajo juramento, en un tribunal federal.

Durante el proceso, Ileana Ros-Lehtinen recontó con elocuencia los eventos del 24 de febrero de ese año y luego presentó sus interrogantes al subcomité:

- ¿Por qué la Fuerza Aérea desestimó la llamada del funcionario de Aduanas de California?
- ¿Por qué la Fuerza Aérea no informó a Hermanos al Rescate de la presencia de los MiGs?
- ¿Por qué no se hizo nada por interceptar a los MiGs antes de que las dos avionetas fueran derribadas?
- ¿Por qué no se tomó la decisión de interceptar a los MiGs que persiguieron a Basulto?

—Si los oficiales de las Fuerzas Armadas de EE.UU. no cumplieron con su deber, entonces debemos intervenir y examinar porque no cumplieron su misión —concluyó de decir ella.

El gobierno presentó a los que calificaron de notables testigos: María Fernández, subsecretaria adjunta de Asuntos Interamericanos para el Departamento de Defensa, y el coronel Michael McMahan, subdirector de operaciones del Comando Atlántico. Ninguno llevaba ningún testimonio por escrito. Ni Fernández ni McMahan parecían saber algo acerca del derribo. Defendieron su ignorancia de los sucesos diciendo que a ambos les había avisado de la vista sólo con día y medio de antelación. Ninguno de los dos podía recordar quien, de hecho, los había llamado a comparecer ante el Congreso. No tenían idea de los MiGs que despegaban de Cuba y volvían de regreso y, más adelante en la vista, McMahan insistió enérgicamente que los MiGs no habían atravesado el paralelo 24. Ninguno sabía por qué la llamada de emergencia de Houlihan había sido ignorada. Ninguno pudo decir con quién había hablado Houlihan. Conocían el rango de alguien, pero el nombre de nadie.

Luego de un intenso interrogatorio, surgió el nombre del oficial de guardia del Distrito Sudeste que había recibido la llamada de emergencia de Houlihan: el coronel Frank Willy. El coronel Willy ya estaba retirado. No se adujo ninguna razón por la cual no asistió a la vista. El coronel Willy nunca fue citado a comparecer en relación con los sucesos del derribo.

Tanto Fernández como McMahan fueron muy cordiales en prometer que regresarían con información sobre todas las preguntas con que los habían acribillado.

—Permítanme decir simplemente que el Departamento de Defensa se ha hecho un flaco servicio en el contexto de quienes han enviado —dijo el importante demócrata Bob

Menéndez, de Nueva Jersey, que estaba visiblemente frustrado—. Esto es algo que yo supondría que el Departamento de Defensa sabe de qué se trata y una mente infantil se daría cuenta de las preguntas que íbamos a hacer aquí hoy. El Departamento ha insultado nuestra inteligencia, ya sea intencionadamente, por engaño o sencillamente por simple incompetencia.

Cuando Ileana Ros-Lehtinen volvió al objeto de su interrogatorio, se concentró en María Fernández.

—¿No está usted aquí como una cubanoamericana simbólica —le preguntó irónicamente Ros-Lehtinen— para sacar la cara por el Departamento?

—Le aseguro que no —le respondió Fernández.

—¿Aunque usted no tiene ninguna información sobre el derribo y no es capaz de responder nuestras preguntas? —reiteró Ros-Lehtinen.

Después de los testimonios de Fernández y McMahan, o más bien la falta de ellos, Basulto presentó su cuidadoso informe verbal de todo lo que había sucedido, completo con cartas, mapas, el informe de la ICAO, los resultados de la vista de la FA y la NTSB y otras pruebas.

Una de sus piezas era una carta de Howard G. DeWolf, brigadier general de la Fuerza Aérea de Estados Unidos quien llegaba a la conclusión de que «en ningún momento la soberanía de Estados Unidos se había visto amenazada, y [que] nuestro personal actuó adecuadamente en todo momento». De hecho, DeWolf desacreditaba los hechos probados: el protocolo no se siguió, una llamada de emergencia no fue «atendida», a los aviones en sus puestos de combate se les mantuvo en tierra y los MiGs cubanos estuvieron a tres minutos del espacio soberano de Estados Unidos.

Burton, el presidente del subcomité de la Cámara, prometió que habría otra vista, mucho mayor, con tres o cuatro paneles, y que se iba a citar a todo el que fuera posible, y que iban a llegar al fondo de la cuestión.

Ileana Ros-Lehtinen perseveró en sus incansables esfuerzos de hallar la verdad y la justicia para los pilotos asesinados, sin embargo, nadie más fue citado, nadie presentó jamás las pruebas ofrecidas y no se celebró ninguna otra vista.

La verdad y la justicia parecían estar fuera del alcance del Congreso de Estados Unidos de América, de manera que resultaba dudoso que los jueces federales que tenían que ver con las demandas legales de las familias y de Basulto llegaran a alcanzarlas tampoco.

En diciembre de 1997, un juez federal falló a favor de las familias Alejandre, Costa y de la Peña, concediéndoles $187 millones de indemnización por daños y perjuicios por las muertes de los tres hombres. Habrían de pasar tres años más antes de que las familias recibieran algún dinero. La familia de Pablo Morales no pudo demandar porque él no era ciudadano estadounidense en el momento de su muerte.

A mediados del año 2000, el gobierno de Clinton quería que las familias se avinieran a un arreglo: recibir $50 millones por daños y perjuicios morales y pérdida de salarios futuros. Maggie Khuly, hermana de Alejandre, arguyó en la aplicación de daños punitivos [o ejemplarizantes] insistiendo de que tenía que ser una sanción disuasoria para que esto nunca más volviera a suceder.

—Cuando a Cuba la declararon culpable, no le importó —dijo Khuly—. No les importa si ustedes les llaman terroristas, no les importan si les llaman asesinos, pero sí les importa si les quitan su dinero. A los padres de Armando Alejandre Jr. y a sus tres hermanas no les otorgarían ningún dinero en el acuerdo, pero la hermana de Armando luchó incansablemente por los derechos de su cuñada y su sobrina.

En los últimos días del gobierno del presidente Clinton, aproximadamente la mitad de los $187 millones se le entregó a la Sra. Marlene Alejandre y a su hija Marlene Victoria Alejandre, al patrimonio de Carlos Costa y al patrimonio de Mario de la Peña. En ese tiempo había 5.911 compañías e individuos estadounidenses con reclamaciones de larga data contra Cuba, luego había esperanza de que los bienes congelados se usaran para atender esas reclamaciones. Una de esos reclamantes era Janet Ray Weininger. Fidel Castro había mantenido el cadáver de su padre en un congelador durante diecisiete años después de la fracasada invasión de Bahía de Cochinos. A Weininger le llevaría otros seis años llegar a un acuerdo extrajudicial.

Según la revista America's Insider, las familias donaron $19 millones de su indemnización a becas para balseros, a premios de derechos humanos para periodistas y activistas y al empeño por encausar a Fidel Castro por el derribo. Irónicamente, el mismo FBI que le había estado pagando a Juan Pablo Roque para espiar a Hermanos, preparó carteles de SE BUSCA con este dramático encabezamiento: «Asesinato en aguas internacionales». Las familias ofrecieron una recompensa de $100.000 por «cualquier información creíble conducente al encausamiento de cualquiera de los individuos implicados en la conspiración para el derribo».

Las familias establecieron fundaciones, como la Fundación Armando Alejandre en la Escuela de Derecho de la Universidad de Miami. Armando buscaba obtener un diploma de derecho cuando lo derribaron. La Escuela de Derecho de la Universidad Internacional de la Florida le daría el nombre de Carlos A Costa a su Clínica de Inmigración y Derechos Humanos en reconocimiento al compromiso de $1 millón de la Fundación Costa. Otra fundación fue C.A.M.P. 4 Justice, las iniciales representaban el primer nombre de cada uno de los hombres asesinados. Su propósito era promover y defender los derechos humanos, particularmente en Cuba.

En enero de 2005, a Basulto le otorgaron $1,75 millones como compensación por traumas emocionales sufridos después del derribo de 1966. «Este continuo temor ha afectado las actividades de su vida diaria y su capacidad de disfrutar de la vida» escribió en su fallo el juez federal de distrito Kenneth A. Marra.

«Tengo un MiG tras mí por el resto de mi vida», dijo Basulto durante el juicio. Él prometió un millón de dólares del acuerdo a su proyecto más importante: el encausamiento de Fidel y Raúl Castro por los asesinatos de Armando, Carlos, Mario y Pablo.

Basulto nunca llegó a ver un centavo de lo que le otorgaron en el juicio.

Después que a las familias Alejandre, Costa y de la Peña les otorgaran sus $93 millones, las tres familias le escribieron a Eva Barbas y le ofrecieron $1 millón cada una. Eva y su hija Nancy tenían dificultades económicas aquí en Estados Unidos. Los $300.000 que les habían otorgado hacia cuatro años los habían gastado en comprar una casa, un auto y en sufragar sus gastos básicos. Se encontraban sin duda en apuros.

La Viejita les escribió a las tres familias para rehusar su oferta al tiempo de darles las gracias. Todo lo que quiero es verdad y justicia.

35

Aniversarios

No hay mayor dolor que acordarse del tiempo feliz en la miseria
Dante Alighieri

Desde que el huracán Andrew atravesara el sur de la Florida el 22 de agosto de 1992, los residentes de Miami habían marcado el tiempo y los sucesos como «antes del Andrew» y «después del Andrew». Luego del derribo del 24 de febrero de 1996, todos los que alguna vez habían tripulado las avionetas de los Hermanos al Rescate, habían cooperado voluntariamente o se habían relacionado con ellos de alguna forma, marcarían el tiempo como «antes del derribo» y «después del derribo». Pasarían años antes de que un acontecimiento de mayor importancia viniera a marcar el tiempo para todo el mundo: el 11 de septiembre de 2001.

La fecha del derribo no sería el único día de conmemoración para honrar a los cuatro mártires. Hubo cumpleaños y aniversarios, reuniones familiares, misas de recordación y cenas conmemorativas, otorgamiento póstumo de diplomas y rememoraciones —como si uno pudiera olvidar. Para los Hermanos al Rescate, el aniversario del derribo era todos los días.

En algún momento, entre la fecha en que se cumplía el primero y el sexto mes, la familia Alejandre hizo una reservación en el Majesty of the Seas, el crucero que había presenciado al MiG cubano derribar las avionetas. Los Alejandre habían disfrutado muchas vacaciones familiares en cruceros, pero esta vez en particular no sería para nadar en las prístinas aguas del Caribe ni para visitar los mercados de artesanías de las islas. Anhelaban estar en la vecindad de donde Armando Alejandre Jr. había muerto.

—Una de las cosas más duras es no tener un cadáver, un cierre, una tumba, —dijo Cristina, la hermana de Armando.

El mismo capitán que había estado de servicio el día del derribo se encontraba en este crucero e invitó a los Alejandre a su mesa la noche de la cena del capitán. También los recibió en cubierta, un privilegio que rara vez se le confiere a alguien. Una tarde durante el crucero, precisamente a las 3:21 P.M., y otra vez a las 3:28 P.M., el capitán hizo sonar la sirena del *Majesty of the Seas* mientras los Alejandre lanzaban flores por la borda en la zona donde los cuatro hombres habían sido asesinados.

En el primer aniversario del derribo, seis avionetas despegaron del aeropuerto de Opa-locka ante una multitud de 500 personas que había acudido a despedirlos. Cuando enviaron un mensaje al Centro de La Habana antes de cruzar el paralelo 24, no obtuvieron respuesta, entonces llamaron a otro avión que se encontraba en la zona para que les hiciera la transmisión.

A bordo de ese otro avión estaba la piloto de Hermanos Beverly Brooks. Ella era la principal ingeniera de vuelo de un transporte de carga cuando oyó a los pilotos de Hermanos pedir una transmisión al Centro de La Habana. Ella le pidió permiso al capitán de su vuelo para hacer la transmisión en nombre de sus amigos. Conteniendo las lágrimas, Beverly le informó al Centro de La Habana que los Hermanos al Rescate estaban cruzando el paralelo 24.

Después del vuelo, se celebró una misa de recordación en la iglesia católica de Santa Ágata en el sudoeste de Miami. Todas las familias estaban presentes, y cada miembro de ellas participó. Algunos cantaron, algunos llevaron las ofrendas antes de la santa comunión; otros ofrecieron pláticas después de acabado el oficio. José y Rita Basulto estaban allí, como también muchos de los pilotos y voluntarios de Hermanos al Rescate.

En tanto las tres familias de Armando, Carlos y Mario estrechaban sus vínculos, los Basulto y la familia de Sofia Powell-Cosío intimaron con Eva Barbas, la madre de Pablo.

Meses después del primer aniversario, Sofia Powell-Cosío descubrió que estaba embarazada de su tercer hijo. Su marido Alberto le dijo que no compartiera la noticia con nadie por un tiempo.

—Hemos tenido dos bebés en dos años, —le dijo—, ¡la gente va a empezar a reírse de nosotros!

Días después Sofia recibió una llamada telefónica de Eva Barbas que le pondría fin al secreto:

—Tuve un sueño anoche de que estabas embarazada —le dijo—. Vas a tener un varón y le vas a poner Pablo.

El 24 de junio de 1997, el mismo día en que Sofia cumplía treinta y dos años, los Cosío recibieron a Alberto Pablo en su familia. El padrino de bautizo fue José Basulto.

Antes de que se conmemorara el tercer aniversario, el productor Alex Antón dirigió un documental titulado Siempre presente que se exhibió ante un nutrido grupo en el Radisson Mart Plaza Hotel el 22 de enero de 1999 y que abordaba superficialmente las vidas de Armando, Carlos, Mario y Pablo.

También para el tercer aniversario, y por primera vez en Cuba, se celebraron misas de recordación en todas las provincias.

Los Hermanos imprimieron más volantes para hacerlos volar hasta La Habana. Una patrullera del Servicio de Guardacostas estaría presente para dar fe del evento, porque Basulto nunca había podido disipar los rumores de que él había volado sobre La Habana en enero de 1996 para lanzar los primeros volantes. Una vez más, los volantes llevaban impresos de un lado los 30 artículos de la Declaración de Derechos Humanos; por la otra cara podía leerse: ¡ARMANDO, CARLOS, MARIO Y PABLO VIVEN!

Desde fuera de las aguas jurisdiccionales cubanas, las avionetas de Hermanos tuvieron éxito en hacer lo que habían hecho tres años antes, pero en mucha menor escala. Algunos volantes cayeron en el techo del hotel Habana Libre. Se dispararon dos bengalas en los sitios de los derribos y se lanzaron flores desde las avionetas. Basulto envió un mensaje a sus hermanos en la isla, alentándoles a abandonar su actitud escapista y a darse cuenta de que la desobediencia civil organizada estaba a su alcance.

—Que cada cubano diga: el cambio soy yo —afirmó él—. La lucha es nuestra.

Además de las fechas y monumentos y rememoraciones, habría diarios recordatorios de la pérdida de los cuatro hombres. Sus muertes y la búsqueda de la verdad y la justicia intervendrían en las próximas tres elecciones presidenciales. Después del derribo, cualquier político que aspirara a los votos de los cubanoamericanos de la Florida, los cuales pasaban de 300.000 para 2008, tendría que decir muchísimo más que el tradicional Cuba sí, Castro no del pasado. Esta era la prueba decisiva, tan importante como lo que significaba para los judíos la postura respecto a Israel, o cómo contaba para los afroamericanos la trayectoria de la votación de alguien respecto a la discriminación. Los cubanos no descansarían hasta alcanzar justicia.

Durante el quinto aniversario de los derribos, Basulto estaba en medio de otro litigio. La jueza Joan A. Leonard emitió un dictamen en el que le prohibía a Basulto volar en el aniversario hasta Punto Mártires, las longitudes y latitudes específicas donde habían ocurrido los derribos. La ACLU (American Civil Liberties Union] intervino a favor de él de manera que Basulto pudiera ejercer el derecho que le daba «la Primera Enmienda de transmitir su mensaje al mundo». Ese día lanzaron cuatro rosas sobre el sitio del derribo.

Justo antes del octavo aniversario del derribo, el padre Francisco Santana de la iglesia de la Virgen de la Caridad, murió a los 62 años de edad. Durante años, él había acompañado a Basulto y había orado en Punto Mártires. Los Hermanos al Rescate donaron miles de dólares a Amor en Acción, la organización benéfica del Padre Santana, cuya labor consistía en enviar medicinas, suministros de primeros auxilios y otras donaciones humanitarias a familias e iglesias en Cuba.

Mientras los aniversarios de Hermanos al Rescate habían sido anteriormente ocasiones felices de celebrar la fecha de nacimiento de su organización con un recuento de cuantos balseros habían salvado, ahora hacían duelo por la muerte de sus amigos.

Un balsero celebraba otra clase de aniversario, una reunión de los quince años de la «Clase de 1991» en 2006 para festejar su rescate por Basulto y Guille Lares. Nelson Alemán y su familia habían venido en el Mislays. Él nunca llegó a recobrar el mapa antiguo, pero conservaba la nota que [le dejaran caer] los Hermanos y la exhibía en el salón del banquete. Ellos no escatimaron gastos y alquilaron el salón de fiestas Los Violines, e invitaron a Basulto y a los Lares.

Al acercarse un aniversario importante —el décimo año—, la familia Alejandre emprendió el dinámico proyecto de producir un documental de los sucesos del derribo. Fue la sobrina de Armando Alejandre, Cristina Khuly, quién se ocuparía de esta ambiciosa tarea. Así como su madre había sido el ímpetu detrás de la demanda legal, ahora la hija era la fuerza detrás de la cámara.

El décimo aniversario se conmemoró con varios eventos. Se celebraron paneles de debate en el Miami Dade College, y en la Universidad Internacional de la Florida se guardaron siete minutos de silencio. Se celebró una misa conmemorativa, una vez más en la iglesia de Santa Ágata, justo enfrente de la universidad. Luego, proyectaron Shoot Down [Derribo], el primer documental de largo metraje sobre el derribo de las avionetas, en el Gusman Theater for the Performing Arts en un estreno que abarrotó un público que acudía sólo por invitación.

Shoot Down no fue bien recibido. Muchos percibieron que era obsecuente con el gobierno de Estados Unidos, excusándolo por su inacción. La película no llegó al público.

La familia Alejandre no se daría por vencida. La directora Cristina Khuly y su marido Douglas R. Eger rehicieron la película durante casi dos años, hasta que ganó el Premio al Mejor Documental del Festival de Cine de Sonoma Valley en 2007. Hubo exhibiciones en Washington, D.C. en el edificio del Capitolio y en varios otros festivales de cine. Luego, en enero de 2008, justo antes del 12º. Aniversario, se exhibió en algunos cines escogidos de Washington, Nueva York y Miami. La película estuvo durante varias semanas en Miami, éxito bastante notable para el documental de un suceso que había ocurrido hacía doce años, olvidado hacía mucho por la mayoría de los cubanoamericanos y de los políticos. Fue hábilmente filmada con emotivas gráficas que mostraban cómo debe haber aparecido el derribo en las pantallas de los radares a través de la nación y en Cuba ese día aciago. Los críticos destacaron la labor de Khuly, encomiando su «imparcialidad» en el tratamiento de los hechos.

Basulto no estuvo de acuerdo en que a él lo hubieran tratado con imparcialidad.

Khuly entrevistó a Richard Nuccio, el asesor especial sobre Cuba en tiempos del presidente Clinton, quien afirmó que varias agencias del gobierno le habían advertido a Basulto que no volara ese día. Maggie Khuly, la madre de Cristina, hizo una interpretación serena de lo sucedido, y luego añadió que algunos miembros de agrupaciones cubanas del exilio también le habían advertido a Hermanos de no volar.

Nada de eso era verdad, afirmó Basulto en una carta detallada al editor que apareció en inglés y español en *The Miami Herald*, así como en varias otras publicaciones.

«Si organizaciones del exilio cubano hubieran advertido, pedido, abogado o incluso sugerido que Hermanos al Rescate no volara la mañana siguiente, ¿habría tenido sentido que tanto el Sr. Alejandre, como miembro importante del grupo coordinador de Concilio Cubano, y la Sra. Iriondo, que dirige una de las organizaciones que apoyan activamente a Concilio, se hubieran opuesto a sus deseos y hubieran volado con nosotros? NO... las agrupaciones del exilio nunca nos pidieron que canceláramos nuestra misión de ese día».

Él subrayó también que en ningún momento ninguna agencia del gobierno le advirtió de no volar ese día. «Mi respuesta [a cualquier advertencia] habría sido muy sencilla», dijo Basulto, «Tomémonos el día libre».

Basulto también sacó a relucir algo de lo que no se había hablado en doce años: la nota que Armando Alejandre Jr. le había escrito la noche antes y que le había hecho llegar con Sylvia Iriondo, en la cual le afirmaba su anhelo de ser parte de la misión de búsqueda y rescate. Esa nota se la habían entregado al padre de Armando Alejandre en el hangar la noche del derribo. Era otro testimonio de deseo de Armando de volar el 24 de febrero de 1996 y, sin embargo, la familia Alejandre nunca la había mencionado.

No hubo ninguna impugnación oficial de la carta publicada de Basulto, salvo los correos electrónicos de siempre que acusaban a Basulto de no asumir la responsabilidad, de ser insensible a las familias y de «correr con el rabo entre las piernas».

Justo cuando parecía que las cosas no podrían empeorarse antes de la conmemoración del duodécimo aniversario, Luis Martínez, más conocido por Batman, perdió su batalla con la leucemia. La esposa de Luis y su hijita estuvieron en el hangar el domingo 24 de febrero de 2008 para despedir a las cuatro avionetas que llevarían flores a Punto Mártires. En la breve ceremonia religiosa antes del despegue, una vez más Guille dirigió el círculo de oración. Al hacer el habitual pase de lista de los desaparecidos para que todo el mundo respondiera presente, el nombre de Luis Martínez se había agregado esta vez.

Aurelio Hurtado de Mendoza, el primer instructor de vuelo de Basulto en EE.UU., piloteaba la N2506 que también llevaba a Basulto y a Armando Iglesias. Mayte piloteaba su propio Cessna 340 con Billy Schuss, Conrad Webber y un fotógrafo a bordo. René Guerra, un amigo de Basulto, piloteaba su avioneta. Guille Lares volaba con el jamaicano Barrington Irving, piloto y amigo al que él había estado instruyendo en cuestiones de vuelo durante años. Irving acababa de ser encomiado por establecer dos récords mundiales: era la persona más joven y el primer piloto negro en circunnavegar el mundo en solitario. Barrington era presidente de Experience Aviation, una organización dedicada a inculcarles amor, experiencia y pasión por volar a los niños de barrios urbanos pobres. Para sobreponerse a las emociones y al nerviosismo, comenzó el chachareo entre los cuatro aviones.

—¿Quién es la azafata a bordo? —preguntó Conrad, una vez que estaban en el aire en el Cessna de Mayte.

—Se quedó en tierra —dijo Mayte—. Así que puedes escoger entre café, té o Billy.

—Cuando lleguemos a Punto Mártires, Guille dirá una oración, —dijo Basulto desde la N2506—. Él siempre ha sido nuestra antena con Dios. Antes de cruzar el paralelo 24, Basulto llamó al Centro de La Habana y les informó de la misión de ese día.

—Centro de La Habana, recibido, pero ustedes no están autorizados a entrar en nuestras aguas jurisdiccionales —dijeron—. La zona está activada, es muy peligroso y ustedes no tienen ninguna autoridad para entrar. Abandonen su misión.

—No vamos a entrar en las zonas de peligro —respondió Basulto —y especialmente en ninguna parte del espacio aéreo cubano, pero cruzaremos el 24.

—Suspenda —repitieron—. La zona está activada.

—Eso significa que estamos en peligro —dijo Mayte, un poco nerviosa ahora. Cuando le tocó a su avión llamar al Centro de La Habana, ella le dijo a Billy que hablaría en inglés. Pensaba que si una mujer —una norteamericana— era la que transmitía el mensaje, mostrarían más respeto.

—Havana Center copies —le respondieron a Mayte en inglés—. Le advertimos que la zona al sur del 24 está activada y le recomendamos que suspenda su misión.

Ella apago el transpondedor.

—¿Se encuentra el guardacostas allá abajo? ¿Pueden verlo? —le preguntó ella a su tripulación, queriendo cerciorarse de la presencia de EE.UU. Había también otras embarcaciones en el área.

Las cuatro avionetas empezaron a debatir por la radio sobre un «code blue» que habían oído anunciar. No podían entender lo que significaba ni de dónde venía.

—Creo que significa «vete a la mierda» —dijo Basulto.

—No se preocupen —dijo Mayte—. Traje mi pasaporte, mi creyón de labios y una muda de ropa interior adicional por si acaso. —el por si acaso significaba aterrizar en Cuba, algo que ninguno de ellos quería hacer.

Cuando coincidieron en torno a Punto Mártires, los pilotos de los Cessnas lanzaron las flores sobre el sitio donde sus amigos habían sido asesinados doce años antes. Guille Lares hizo un breve panegírico, agradeciéndole a Dios la oportunidad de estar allí y por protegerles.

—Gracias por la certeza de que Mario, Carlos, Armando y Pablo están en tu presencia, y ahora nuestro hermano Luis. Tú conoces nuestros corazones, Señor, queremos que se haga justicia.

36

Encausamiento

Al final, Fidel Castro quedó impune del asesinato.
Matt Lawrence y Thomas Van Hare, en su libro Traición

Fidel Castro le había reconocido a la revista *TIME*, a Dan Rather en una edición especial de las noticias vespertinas, y al mundo que él dio la orden para el derribo. Toda provocación tiene un límite, añadió. Sin embargo, él nunca admitiría que las «aeronaves piratas» de la «organización terrorista Hermanos al Rescate que podían haber estado llevando armas», fueron derribadas en aguas internacionales —a pesar de las pantallas de radar, las secuencias de tiempo y la condena de la ICAO.

Puesto que Cuba reclamaba responsabilidad en el derribo, Basulto comenzó un nuevo proyecto: el encausamiento de Fidel y Raúl Castro. Raúl se incluiría porque él era el jefe de las Fuerzas Armadas y porque había salido a relucir una reciente grabación con la voz de Raúl Castro diciendo específicamente que las avionetas fueran derribadas donde los generales pensaran que era prudente. Raúl añadió una condición: derríbenlas sobre el agua. Él no quería que una bola de fuego cayera sobre la gente de La Habana . Otra razón para incluir al hermano Raúl en la acusación propuesta era su probada participación en el tráfico de drogas.

La normativa legal que había de aplicarse a los hermanos Castro se vio potenciada cuando un balsero de cinco años arribó a Miami el Día de Acción de Gracias de 1999.

Elián González salió de Cárdenas, Cuba, con su madre y otras doce personas la víspera de Acción de Gracias en un bote de aluminio que tenía un motor defectuoso. Su madre y otras ocho personas se ahogaron. Un pescador encontró a Elián flotando solo en una cámara de camión, inconsciente pero ileso. Él más tarde contaría la historia de cómo los delfines lo protegieron durante su viaje.

Elián recibió regalos, tuvo fiestas de cumpleaños, jugó con Diane Sawyer en el programa 60 Minutes y fue a Disney World.

Elián tenía en Miami un tío abuelo y una prima, así como trescientos mil cubanoamericanos que iban a hacer todo lo posible para cerciorarse de que él nunca regresaría a su ciudad natal de Cárdenas, junto a un padre que básicamente lo había abandonado.

Pero su superpadre, Fidel Castro, lo quería de regreso. Con arreglo a la ley y a lo dispuesto por la secretaria de Justicia Janet Reno, un comando de ocho miembros de la SWAT lo hizo posible en las primeras horas de la madrugada que siguieron al Viernes Santo en abril de 2000. Un agente de la patrulla fronteriza con una subametralladora MP5 sacó a Elián a la fuerza del armario, donde estaba escondido con el pescador que le había salvado la vida. Mientras los agentes del SWAT gritaban: «dennos al jodío niño o disparamos», Elián clamaba por ayuda mientras se lo llevaban en una furgoneta blanca.

El fotógrafo Alan Díaz (que estaba escondido en la casa cuando el comando del SWAT la asaltó) se ganó un premio Pulitzer, el cuarto de Elián en Miami se convirtió en un museo y el niño se reunió con su Papi. Padre e hijo pasaron varios meses en Estados Unidos en el intento de conocerse mutuamente, a expensas del pueblo norteamericano. EE.UU. incluso invitó a los Pioneros de la Revolución, del aula de preescolar de Elián, en uniforme, a que lo visitaran sin sus padres, en la Plantación Wye, cerca de la base de la Fuerza Aérea Andrews. Finalmente, conforme al imperio de la ley,

Elián regreso a Cuba y Fidel Castro ayudó a apagarle las velitas de su séptimo cumpleaños.

El imperio de la ley, en su forma más elemental, es el principio de que nadie está por encima de la ley. En su ensayo de 1776, El sentido común, Thomas Paine afirmaba que: «así como en los gobiernos absolutos el rey es la ley, así en los países libres la ley debe ser el rey; y no ha de haber ningún otro». El imperio de la ley en Estados Unidos decía que sólo un progenitor puede decidir en un caso de inmigración por su hijo. Era complicado porque la madre de Elián estaba muerta y el niño estaba separado de su padre, Cuba no era un país libre y, bajo la dictadura comunista, Fidel Castro (el rey) era la ley.

En el caso de Hermanos al Rescate, Fidel Castro había asesinado a tres ciudadanos estadounidenses y a un residente legal, de manera que el imperio de la ley se aplicaba en la medida en que él pudiera ser formalmente encausado por asesinato. En el pasado, Estados Unidos había perseguido a un jefe de Estado, cuando acusaron procesaron y condenaron a Manuel Noriega, de Panamá. La agrupación Judicial Watch de Washington, D.C. y la Fundación Nacional Cubano Americana hicieron campaña junto con Basulto, que dedicó dos años a recoger más de 105.000 firmas para respaldar el encausamiento.

«Ningún congresista, ni senador, ni alcalde, comisionado o juez había podido reunir tantas firmas como Basulto sin aparato político ni dinero escribió Soren Triff, columnista de *El Nuevo Herald*.

—Podemos triplicar esa cifra si es necesario, pero ¿cuántas firmas necesita uno para cumplir la ley? —preguntó Basulto en una conferencia de prensa a principios de 2001. En octubre, viajaría a Bruselas, con el presidente y principal asesor jurídico de Judicial Watch, Larry Klayman, para darle curso al encausamiento.

—Si Fidel cree que es impune, está lamentablemente equivocado —dijo Klayman—. Le esperan muchas cosas todavía a este tirano.

Los partidarios fueron muy elocuentes. Un editorial del 5 de julio de 2000 alentaba al presidente Clinton a acusar a Castro de asesinato. En este momento, el Presidente todavía no había autorizado el pago de compensación alguna en la demanda de las familias Alejandre, Costa y de la Peña contra los bienes congelados de Cuba. «Sí, Sr. Clinton» escribió la junta editorial de *The Miami Herald*, Fidel Castro no tiene ninguna intención de cambiar de calaña y él sí asesinó a cuatro floridanos del sur a sangre fría. Luego, ¿por qué su Departamento de Justicia no presenta cargos criminales contra Castro, su hermano Raúl que dirige las fuerzas armadas y todos los otros que participaron en esos hechos atroces?

Dos años después, Estados Unidos encausó al general de la Fuerza Aérea cubana que dio la orden de derribar las avionetas, así como a los hermanos Pérez Pérez que ejecutaron la orden. Pero no a los hermanos Castro.

—¿El imperio de la ley se aplica a todo el mundo o sólo se utiliza cuando conviene? —preguntó Basulto—. Los jefes de Estado no tienen inmunidad cuando se trata de delitos tales como el asesinato. La promesa de Basulto de $1 millón por cualquier información que diera lugar al encausamiento se mantuvo; pero nadie se presentó con información, ni tampoco Basulto recibió el dinero.

En consecuencia, él comenzó otro proyecto: la preparación de un expediente. Durante más de un año Basulto compiló, indexó y fotocopió todos los elemento de prueba contra el gobierno de Castro y también contra el gobierno de EE.UU. Él y su amigo Hank Tester abrumaron al Departamento de

Justicia con la Ley de Libertad de Información (FOIA). El plazo de entrega promedio era de cuatro años. Cuando Basulto o Tester recibieron finalmente los documentos desclasificados, la mayor parte de su contenido aparecía tachado y en algunas páginas sólo podían leerse una o dos palabras. Irónicamente, la falta de información solía llegar con una nota que confirmaba el derecho de todo ciudadano a solicitar información desclasificada del gobierno de EE.UU.

No se extrajeron grandes revelaciones apelando a la FOIA, pero algunos matices en las cintas y en las conversaciones transcritas entre las diferentes agencias del gobierno el día del derribo sí pusieron al descubierto las actitudes de algunas personas hacia Hermanos al Rescate. Las grabadoras estaban funcionando en las oficinas de la Aduana de EE.UU. y prácticamente todas las palabras que se intercambiaron entre las diferentes agencias pudieron obtenerse en conformidad con la Ley de Libertad de la Información en volúmenes de documentos.

La noche antes del derribo, Hank Tracey, un especialista de misión de Miami, llamó a Mike Durell al Servicio de Aduanas de EE.UU. en Riverside, California, pidiéndole que estuviera atento a los globos de Cayo Kudjoe porque había alguna «inteligencia de que ellos [los HAR] podían volar y provocar a los cubanos».

No falto tampoco el tono insultante en las conversaciones. A los Hermanos los llamaron «gente de origen cubano» que van a Cuba y «acosan a los cubanos» y «crean un pandemonio sobre Cuba». Cuando Ron Bechtold, encargado de operaciones del Centro Nacional de Coordinación de Interdicción Aérea, le confirmó el derribo a otro oficial, este último le respondió:

—Eso tal vez les enseñe.

—¡Sí! —dijo Bechtold— los Hermanos al Rescate... se hicieron oír.

—Tal vez deberíamos destruir Cuba con armas nucleares —sugirió Joe Mawell en la Aduana de Cayo Hueso.

Los documentos desclasificados también preservaron para la historia la insistencia en retener a los sobrevivientes del avión de Basulto.

—No dejen que se vayan. No dejen que nadie se les acerque. Nunca se reveló la identidad del misterioso funcionario que intentó mantener a la abogada de Basulto fuera de la Aduana la noche del derribo.

—No hay manera de que podamos retenerlos —dijo la Aduana en Opa-locka— a menos que el jodío Presidente o el Departamento de Estado o alguien lo mande. —Paradójicamente, en ese momento, el agente Joseph A. Tedeschi estaba en un STU-III, una línea segura con la Casa Blanca, hablando con «una tal Helen».

Todo estaba allí en blanco y negro, al alcance de cualquier estadounidense que lo solicitara y que dispusiera de tiempo para esperar.

Basulto creía que había habido una conspiración en los sucesos del 24 de febrero de 1996. El espía dentro de la organización, Juan Pablo Roque, había estado trabajando para el FBI. El FBI sabía que a uno de sus informantes lo habían sacado del país y no habían dado la voz de alerta. Estados Unidos estaba observando los vuelos de Hermanos al Rescate ese sábado desde cuatro diferentes estaciones de radar y no les advirtió. La FAA, que se había convertido en un incordio habitual antes de los despegues, no se había presentado esa mañana. Cuba nunca había mostrado ninguna de las pruebas que, según ellos, incriminaban a los Hermanos al Rescate y a sus actividades «contrarrevolucionarias». En Homestead les dijeron a los interceptores que abandonaran sus puestos de combate sin ninguna explicación.

—Díganle que queríamos salir —le rogaron los pilotos a Janet Ray Weininger. Su marido trabajaba en la base de la Fuerza

Aérea de Homestead y lo habían llamado a presentarse allí la tarde del derribo—. Por favor, díganle a Basulto que queríamos salir.

Para febrero de 2004, el dossier de 500 páginas estaba completo y se le había distribuido a los medios de prensa locales y nacionales, al Congreso, a la Fundación Nacional Cubano Americana y a los abogados que participaban en los muchos casos que surgieron de los sucesos del 24 de febrero de 1996. Algunas personas rehusaron aceptarlo, rehusaron repasar el grueso y laborioso testimonio de Hermanos al Rescate, no quisieron ni siquiera tocarlo, entre ellos algunos de los miembros de las familias y su abogado, Frank Angones.

Basulto llevaba el dossier con él dondequiera que iba, una tarjeta de presentación de cuatro kilos que repartía con entusiasmo. Él habló acerca del dossier en programas de radio y de televisión y le entregó copias a legisladores en Washington. Llevaba el dossier a dondequiera que era invitado a hablar, hasta en la Academia Nuestra Señora de Lourdes —una escuela secundaria de señoritas a la que Mayte Greco había asistido— y lo convirtió en el grueso de su plática. Al igual que un predicador evangélico que deseara propagar el mensaje de Dios y entregar una Biblia, Basulto estaba presto a machacar el mensaje de verdad y justicia y a entregar un dossier.

Durante más de ocho años, Basulto le había escrito en repetidas ocasiones al Departamento de Justicia, al secretario de Justicia y a los presidentes Clinton y Bush. Se convirtió en su obsesión, todo el tiempo en que permanecía despierto dedicado a mostrarle al mundo lo que realmente había ocurrido el 24 de febrero de 1996.

Ocho años después del derribo, él se encontraba desempleado, sin ahorros y con su familia luchando por reconectarse con él. En cada celebración de cumpleaños,

Felipe, su hijo del medio, bromeaba haciendo el conteo regresivo de vida de Basulto hacia los ochenta años de edad, que Felipe había calculado que sería el bonito número redondo de la edad que habría de vivir su padre. Cuando cumplió sesenta y cinco, él le recordaría: «Te quedan quince». Un año después, «te quedan catorce». Más que una advertencia, era el ruego amoroso y simpático de su hijo de que Basulto viviera la vida a plenitud, que disfrutara del momento, que estuviera más cerca de su familia, de su esposa y de sus nietos.

Basulto sólo quería respuestas, quería verdad y justicia y quería que prevaleciera el imperio de la ley. Pero el Departamento de Justicia de Estados Unidos, que había invocado el imperio de la ley para devolver un niñito a Cuba, no quería cooperar. No harían valer la misma ley para llevar a un asesino ante la justicia.

37

Espías, avispas y la Reina de Cuba

Castro sigue ahí porque el mundo envidia a Estados Unidos,
y todo ese odio por Estados Unidos ha ido en apoyo de Fidel Castro.
Armando Valladares

Una computadora portátil robada perteneciente a agentes cubanos en Los Ángeles, California, llevó al FBI al arresto de diez personas en Miami acusadas de ser parte de una red de espionaje del gobierno cubano que se llamaba a sí misma «la Red Avispa». Uno de esos agentes era el piloto de Hermanos al Rescate, René González, ex piloto de guerra cubano, que se fue de Cuba en una avioneta de fumigar cultivos y aterrizó en Boca Chica, en los cayos de la Florida.

Los pilotos de Hermanos al Rescate se mostraron incrédulos de que René hubiera sido un espía al igual que Juan Pablo Roque. René era «buena gente».

René había asistido a las muchas misas de recordación por los pilotos derribados. Polo Núñez, historiador de Hermanos, recordaba que, en una de esas misas, René le había puesto consoladoramente la mano en el hombro y le había dado un apretón solidario al tiempo de hacerle un gesto de asentimiento y comprensión. *¿cómo podía alguien que expresaba tal emoción ser un espía?*

Alfredo Sánchez se quedó estupefacto al enterarse acerca de René, que para Alfredo era algo más que «buena gente». René era su amigo. René sabía que Alfredo volaba todos los sábados. René y Roque habían recibido órdenes de Cuba: «bajo ninguna circunstancia deben los agentes Germán (Roque) o Castor (René) volar con HAR u otra organización los días 24, 25, 26 y 27 [de febrero]». ¿Cómo podía él haber sido parte de un plan que le causó la muerte a cuatro voluntarios de Hermanos al Rescate? El hombre que había puesto el apodo de Rum-Rum a su nieto, porque era lo que el niño pequeño decía cada vez que veía un helicóptero y el apodo se le quedó. ¿Cómo podía alguien que le había puesto un apodo cariñoso a mi nieto ser un espía?

Pero mirando retrospectivamente, se dieron cuenta de que debieron de haber sospechado algo. René y Roque siempre habían sido buenos amigos, ambos eran ex militares cubanos. Los dos habían irritado con frecuencia a otros pilotos cuando conversaban en ruso.

Basulto y Ramón Saúl Sánchez, del Movimiento Democracia, asistieron a la instrucción de cargos de los diez espías. A René y los demás los condujeron encadenados. Cuando los ojos de René y de Basulto se encontraron, él se sonrió. Basulto nunca pudo dilucidar lo que significaba esa sonrisa. ¿Era un saludo? ¿Era una sonrisa de suficiencia o de victoria?

Cinco de los espías de la Red Avispa se declararon culpables y fueron devueltos a Cuba, y los otros cinco fueron juzgados ante un tribunal en Miami. El jurado estuvo compuesto de ciudadanos estadounidenses de diversas procedencias, ninguno de los cuales era cubano o de ascendencia cubana.

Basulto fue citado a comparecer como un testigo hostil y subió al estrado —como si él mismo estuviese procesado— durante cinco largos días. En lo que duró su testimonio, del 12 al 16 de marzo de 2001, a Basulto le hicieron numerosas preguntas sobre las declaraciones de impuestos de Hermanos al Rescate y su salario de sesenta mil dólares en 1994. Le preguntaron acerca de su anterior empleo como ingeniero, contratista y agente de bienes raíces. Basulto había abandonado su empleo profesional en 1993, y fue sólo después de haber consumido sus propios ahorros que pidió un salario en 1994. Los abogados de los espías también cuestionaron los gastos operativos de Hermanos al Rescate que ascendían a $18.412,00.

—¿Cuánto era para comidas? —preguntaron.

—No sé —respondió Basulto —pero comíamos muchísimas pizzas.

Lo atacaron no sólo por haber sobrevolado La Habana el 13 de julio de 1995, sino por haber incursionado [en territorio cubano] durante su viaje a Guantánamo, cuando voló sobre la punta de Maisí en el extremo oriental de la isla.

—¿Usted lo hizo porque estaba enojado con las autoridades de EE.UU. por no haberle dejado visitar los refugiados? —le preguntaron.

—No, señor. —le respondió Basulto—. Lo hice porque estaba ahí. —Basulto prosiguió criticando al tribunal por hacer parecer que los acusados eran Hermanos al Rescate y él mismo, José Basulto, y no «esos señores que están aquí». El tribunal lo reprendió por pronunciar un discurso.

Otro descubrimiento que salió a relucir durante el proceso fue que René González también estaba a cargo de la Operación Picada, cuyo objetivo era desacreditar la imagen de la organización provocando un incendio en el hangar y hacerlo pasar como un accidente, una negligencia o un daño autoinfligido. Se pondría a circular una historia que los daños era idea de Basulto para cobrar el seguro y obtener más contribuciones.

El proceso de los espías duró seis meses, costeado por el gobierno de EE.UU. La sentencia de los espías comenzó el 1 de diciembre de 2001.

La jueza Joan Lenard le recordó a René que él había nacido en Estados Unidos y que cuando él regresó se le había respetado su ciudadanía. «Pero usted vino con el propósito de servir a otro país», le dijo.

—Si fuera necesario, lo volvería a hacer otra vez —dijo René, quien prosiguió atacando al fiscal, la prensa y las agrupaciones de exiliados.

René sería sentenciado a quince años de cárcel en la prisión estatal de Mariana en Florida; por el cargo de actuar como el agente de una potencia extranjera. A Gerardo Hernández, el jefe de la banda, le impusieron dos cadenas perpetuas consecutivas por su conspiración en los asesinatos de Armando, Carlos, Mario y Pablo. A Ramón Labariño le impusieron 216 meses por conspiración para obtener secretos militares. Fernando González fue sentenciado a veintidós años de prisión por espionaje. Y a Antonio Guerrero le impusieron dos cadenas perpetuas.

Además de la semana entera en que compareció como testigo, Basulto asistió esporádicamente al juicio. La familia Alejandre, sin embargo, estuvo presente todos los días durante seis meses.

El día en que se dictó la sentencia también estaban en la sala del tribunal representantes del Centro de Acción Internacional, una agrupación pacifista con sedes en Nueva York y San Francisco que estaba llevando a cabo una campaña llamada «Liberen a los Cinco». Ellos se referirían luego a los cinco espías convictos como «presos políticos cubanos en Estados Unidos».

En Cuba, las campañas en pro de «Liberen a los Cinco» se hicieron muy populares. Ganaron reconocimiento internacional de países donde se manifestaban a favor de que liberaran a «los cinco héroes de la Revolución». Después de todo, argüían, su misión había sido infiltrarse en organizaciones que llevaban a cabo actividades terroristas contra Cuba. Según el Comité Nacional [EE.UU.] para Liberar a los Cinco Cubanos, su primer objetivo [de los espías] era Hermanos al Rescate.

Además de la formación de un comité nacional, se celebraron conciertos para recaudar fondos en California y marchas en Washington en pro de la liberación de los Cinco Cubanos. Hubo vallas a favor de ellos en San Francisco. Los cibersitios de «Liberen a los Cinco» [Free the Five] les permitían a los presos compartir con blogueros comentarios sobre las difíciles condiciones de vida en una prisión de EE.UU. Campañas de peticiones y firmas de cartas dieron lugar a 102.000 firmas de personas en setenta y ocho países que querían la libertad de los espías convictos. El mundo se unió en vapulear a Estados Unidos y defender a Cuba. Diez laureados con el Premio Nobel afirmaron que los cinco no habían recibido un juicio justo.

En Hollywood, el actor Danny Glover se convirtió en la fuerza motriz del documental: El proceso: la historia inédita de los cinco cubanos [The Trial: The Untold Story of the Cuban Five]. En el estreno, le pidió al público que apoyara la labor del Comité Nacional para Liberar a los Cinco Cubanos e hizo un llamado:

—Logremos que estos héroes regresen a Cuba.

Finalmente, El Tribunal Supremo decidiría no oír la última apelación de los cinco cubanos.

Una semana después del 11 de septiembre [de 2001], atrapaban a otra espía en el Centro para la Información de la Defensa (CDI). Su nombre era Ana Belén Montes, y ella había estado dirigiendo la política de Estados Unidos hacia Cuba por más de dieciséis años. El grupo que la detectó incluía al investigador principal de contrainteligencia Scott Carmichael, de la Agencia de Inteligencia de la Defensa, quien escribió un libro sobre los acontecimientos que condujeron al arresto de

Montes. Lo tituló *True Believer* [Creyente de verdad]. Montes, que se autotitulaba la Reina de Cuba, le dijo a los interrogadores de la Agencia de Inteligencia de la Defensa que ella sólo lamentaba dos cosas: que la hubieran atrapado y afectar a su madre.

En su libro, Carmichael escribe que Ana Belén Montes había preparado una reunión con representantes de varias agencias federales y el almirante retirado Eugene Carroll en la noche del viernes 23 de febrero de 1996 —la víspera del derribo— de manera que todo el mundo pudiera oír las opiniones de Carroll sobre su reciente visita a la isla. Carroll era el general a quien los cubanos le habían hecho la pregunta acerca del derribo de las avionetas de Hermanos.

Después del derribo, llamaron a Ana Belén Montes al Pentágono como analista principal en inteligencia sobre las fuerzas armadas de Cuba. Montes enfocó el incidente de tal manera que los cubanos parecieran como las víctimas, no los agresores. Ella abruptamente abandonó la reunión a las ocho de la noche por razones personales, algo que simplemente nunca se hace. Pero la influencia y pericia de Montes rara vez fueron cuestionadas. Más tarde se descubrió que a esa hora precisa ella estaba enviando un mensaje a Cuba detallando la respuesta militar que Estados Unidos contemplaba.

«En definitiva, a los cubanos se les veía como a los malos; la muerte de los ciudadanos estadounidenses se atribuyó a la negligencia del gobierno de Estados Unidos», escribió Scott Carmichael en *True Believer*. Después de todo, Carroll les había advertido la noche antes.

Según Carmichael, Montes se reunía con oficiales de la inteligencia cubana cada dos semanas en restaurantes de los alrededores de Washington, D.C. Nunca extrajo documentos clasificados de su oficina; en lugar de eso, los memorizaba y los copiaba en discos de computadora.

«Ella entregó todas nuestras fuentes y métodos, todos nuestros criterios. Durante nueve años participó en todas las importantes decisiones políticas sobre Cuba, y le informó a los cubanos de cada una de ellas», dijo Carmichael. «El peligro no es que Cuba vaya a desembarcar tropas en Miami Beach», añadió. El peligro era que la información que Montes le había dado a Castro se la pasarían a otras naciones hostiles a Estados Unidos. «La mayor fuerza de Fidel Castro es el conocimiento que tiene de nosotros».

Los acontecimientos del 11-9 acelerarían el arresto de la Reina de Cuba. Ella estaba al tanto de secretos de seguridad nacional que Cuba podía pasarle a países hostiles.

El nombre de Montes se agregó a la lista de superespías como Aldrich Ames en la CIA y Robert Hanssen en el FBI. Ella ha sido una de las espías de más larga trayectoria en la historia de Estados Unidos. Operaba sola. Ana Belén Montes nunca recibió dinero del gobierno cubano por su espionaje. Lo hizo porque creía sinceramente que la política de Estados Unidos hacia Cuba era errónea.

El haber reconocido su culpa redujo la sentencia de Montes a veinticinco años de prisión sin derecho a libertad condicional. El juez federal Ricardo M. Urbina, de ascendencia puertorriqueña como Montes, le dijo en el momento de dictar su sentencia:

—Hoy es un día muy triste para usted, su familia y sus seres queridos, y para todos los estadounidenses que fueron víctimas de su traición a Estados Unidos. Si usted no puede amar a su país, al menos no debía haberlo perjudicado.

Después del proceso de la Red Avispa, se suscitaron sospechas sobre ciertas personas que habían trabajado de voluntarias en Hermanos al Rescate. Si Roque y René habían sido detectados como espías, ¿no podría haber otros que no hubieran sido descubiertos aún? Las sospechas de la que tantos pilotos de

Hermanos habían comentado vagamente acerca de sabotaje en los aviones ya no parecían tan inverosímiles. La causa del accidente que paralizó a Koki se le atribuyó a un error mecánico, pero nunca pareció una razón convincente. El choque de Guille Lares en el agua sucedió inmediatamente después de que a la avioneta le habían dado mantenimiento. En otra ocasión, se encontró que un aceite de avión que habían donado estaba contaminado de polvo metálico. Un radiador alterado provocó un salidero de aceite en pleno vuelo, dando lugar a otro aterrizaje de emergencia. Basulto sospechaba de otros dos pilotos, pero no tenía manera de probarlo.

Mientras el juicio de los espías estaba teniendo lugar en Miami, Fidel Castro visitaba una universidad en Teherán donde pronunció un discurso el 10 de mayo de 2001. Allí, en presencia de los líderes iraníes, el presidente Jatamí y el ayatolá Jamenei, Castro les dijo:

—Irán y Cuba, cooperando entre sí, pueden poner a Estados Unidos de rodillas.

Cuatro meses después de la visita de Castro, cuando el mundo entero fue puesto de rodillas luego de los ataques del 11 de septiembre en Estados Unidos, los Hermanos al Rescate recordaron las palabras de Fidel. Compraron una valla anunciadora y la situaron en una autopista de Miami. En ella se veía una foto de Fidel Castro con Sadam Hussein, Osama bin Laden, y Muamar Jadafi, y una leyenda con la cita de Fidel:

> ¿Quién dijo: «Irán y Cuba, cooperando entre sí, pueden poner a Estados Unidos de rodillas»?

Los conductores pasaban sin prestar atención, o tal vez burlándose de esos enloquecidos exiliados cubanos de derecha que realmente creen que una insignificante isla nación a media hora de vuelo podría ser tan peligrosa para Estados Unidos. No se preguntaban si era posible que espías cubanos aquí no sólo estuvieran recogiendo información confidencial para Cuba, sino para otras naciones corruptas, naciones terroristas. El año anterior Cuba había sido el único país asistente a la Cumbre Iberoamericana de Panamá que rehusó condenar el terrorismo.

—El régimen de Estados Unidos es muy débil —añadió Castro en su discurso en la Universidad de Teherán—. Estamos presenciando su debilidad muy de cerca.

Muy de cerca, en verdad, sólo a 90 millas.

38

Soltar amarras

La verdad es que nuestros mejores momentos es probable que ocurran cuando nos sentimos profundamente incómodos, infelices o insatisfechos. Porque sólo en esos momentos, impulsados por nuestra incomodidad, es probable que salgamos de nuestras rutinas y empecemos a buscar caminos diferentes o respuestas más veraces.
M. Scott Peck

El 4 de febrero de 2003, Hermanos al Rescate anunció que suspendía sus misiones de búsqueda y rescate sobre el estrecho de la Florida. Para entonces, el número de personas que escapaba de Cuba en balsa había disminuido drásticamente, aunque la desesperación en el Estrecho distaba de haberse terminado. Hermanos al Rescate había salvado 4.200 personas de las aguas del estrecho de la Florida y, durante el éxodo de 1994, había ayudado al Servicio de Guardacostas a salvar más de otras treinta mil.

El Servicio de Guardacostas estaba tan ocupado como siempre, aunque debido a la popularización de un método más lucrativo: la trata de personas. A ambos lados del Estrecho había gente lucrando con la situación. El precio por persona era aproximadamente de ocho mil a diez mil dólares, la mitad de los cuales se suponía que iba a parar a los bolsillos de las autoridades cubanas locales para que se hicieran de la vista gorda.

Con la proliferación de este tráfico, hubo algunos que llegaron a decir que Hermanos al Rescate en ocasiones había cobrado dinero por buscar a personas en el estrecho de la Florida. Cuando uno de estos individuos se acercó a Juan

González, el piloto y voluntario que había encontrado al primer balsero, Juan enrojeció de ira.

—¡Hermanos al Rescate? —preguntó con asombro—. ¡Nunca le hemos cobrado a nadie por un rescate! —Él estaba indignado—. Tráigame a la persona a la que le hemos cobrado, porque, si existe, todavía nos debe el dinero.

A Hermanos al Rescate le habría venido muy bien el dinero, porque había poco apoyo para ayudar a las personas dentro de la isla.

Después que cesaron los vuelos de búsqueda y rescate, el Coquí, el Cessna que los exiliados cubanos en Puerto Rico habían donado a Hermanos al Rescate, se vendió en sesenta mil dólares para pagar espacio de alquiler en el hangar y mantenimiento para la última avioneta que quedaba, la N2506, Seagull One, la sobreviviente del derribo. Poco después, se retiraron las diecinueve banderas y el hangar «Gregorio Pérez Ricardo», de casi mil metros cuadrados, cerró sus puertas para siempre.

Ahora Seagull One se guardaba en el pequeño espacio alquilado de un hangar ajeno, entre los jets Lear y los helicópteros Island-hoppers de los pudientes. La avioneta descansaba en la esquina que le habían asignado. Cualquiera que entrara en este hangar, sin estar al tanto de las pasadas glorias de esta avioneta, probablemente no se detendría a mirarla. Un observador casual no sabría que su estructura de aluminio, pernos y remaches había esquivado un ataque del más longevo dictador comunista de la Historia. Nunca supondrían que esta aeronave de nueve metros y cuatro plazas había evadido a un MiG cubano capaz de pulverizarla, como había hecho con dos de sus avionetas hermanas. Seagull One no tenía la apariencia de una maquinaria que había sido instrumento del cambio, al lanzarle quinientos mil volantes al pueblo de Cuba.

Ese punto azul en el cielo había sido el primer atisbo de libertad de miles de personas que ahora deambulaban por las calles de Miami. El zumbido de sus motores había despertado a más de un exhausto balsero que pensaba que el fin de su vida se acercaba. El pájaro azul que volaba protectoramente por encima de sus cabezas había sido la causa de su reanimación. ¡Cuántos brazos se habían levantado en aleluyas hacia la N2506, cuántos niños habían sido alzados hacia sus alas que parecían querer arroparlos! Seagull One era el ave salvadora de marinos en busca de su libertad, una suerte de espíritu santo para los balseros. Era la madre que se cernía a la espera hasta que otros rescatadores —los guardacostas— levantaban, cargaban y abrazaban las almas que ella había divisado. Puede que no tuviera la apariencia del arca que contenía héroes, luchadores por la libertad, patriotas; padres, madres, hijos. Sus alas abiertas le daban la bienvenida a todos. Sus asientos habían acunado a pilotos jóvenes y viejos, todos los cuales dejaban tras sí el sudor de su esfuerzo, las lágrimas de sus triunfos, impresos para siempre en la tela de los asientos suave y brillosa por el uso. Había sido portadora de agua, alimento, radios, primeros auxilios y chalecos salvavidas —dejando caer del cielo los utensilios que habrían de salvar una vida debajo.

Como las muescas que se grababan en el muro de una prisión, su cuerpo estaba marcado de fechas y del número de almas rescatadas: las calcomanías que los pilotos anhelaban, no tanto por competencia como por compasión. El conteo de vidas humanas luego de concluida una misión. ¿Existía el cómputo en alguna parte de cuántas nacionalidades de medios de prensa se habían sentado en su estrecho asiento trasero, mareándose con un calor de 40 grados, combatiendo el sueño, captando en foto tras foto la agonía de los que estaban abajo? ¿Cuántos países habían presenciado y habían registrado la precaria situación de un país que quedaba a sólo

90 millas náuticas [166,6 kilómetros] del país más libre de la tierra? Esto está sucediendo, escribirían ellos. Miren esto, realmente sucedió. Volverá a suceder.

Seagull One había concluido su triple misión: salvar vidas, enviar un mensaje de solidaridad y mostrarle al mundo lo que estaba ocurriendo. Ella había declarado una y otra vez: El cambio soy yo. La lucha es nuestra.

Los pilotos y los voluntarios regresaron a sus empleos, a sus familias y a sus vidas. También hubo bodas, nacimientos, bautizos y funerales. El hangar y las oficinas se cerraron, catorce años de historia se empaquetaron y se llevaron.

Rita Basulto continuó en su empresa de bienes raíces, mientras se jubilaba extraoficialmente. Los ahorros de ambos se habían agotado, por lo que aprovecharon el estado del mercado inmobiliario antes de la implosión y vendieron su linda casa de South Miami. Al gigantesco cuadro de Manolín Guillot lo envolvieron con cuidado y lo trasladaron para su nuevo hogar en un pequeño guardamuebles de primera.

Los Basulto se mudaron a unas pocas cuadras a una humilde casa que había pertenecido a su hijo mayor, José, a quien apodaban Peco. La modesta vivienda de dos dormitorios y dos baños había sido construida en los años 50 y nunca la habían remodelado. Estaba en urgente necesidad de reparación, pero Rita tendría que esperar otros tres años antes de que poder llevar a cabo cualquier remodelación. Su nueva casa no tenía un adecuado espacio de estacionamiento, de manera que cuando todos los chicos venían de visita, la vista de la casa quedaba bloqueada por una hilera de autos mal parqueados. Había muchísimo entra y sale de sus cinco hijos y sus ocho nietos. Para alguien de afuera, el constante flujo de autos y personas entrando y saliendo de su modesta casita puede haberles llamado la atención y levantado sospechas acerca de estos nuevos vecinos. Para darle un toque de ligereza a la reducida vida de sus padres, los hijos de Basulto le llamaban a la nueva casa «el fumadero».

Los hobbies de Basulto, que siempre habían sido armas y aviones, también debieron reducirse, puesto que ya él no volaba. Su fascinación con los armamentos lo llevó a un nuevo hobby: la fabricación de cañones. Se pasaba horas enteras lijando, cortando, taladrando y pintando sus réplicas históricas de cañones costeros y de cañones napoleónicos, de más de medio metro de largo cada uno. Incluso llegó a fabricar pequeñas balas de cañón. Era su terapia particular luego del magnum opus de Hermanos al Rescate.

En el onceno aniversario del derribo de los Hermanos al Rescate, arrastró su primer cañón hasta un lugar detrás de la ermita de La Caridad en Coconut Grove que domina la bahía de Biscayne. Después de la misa de recordación, hizo cuatro disparos, uno por cada hombre que fuera asesinado. Era un simbólico llamado a despertar al pueblo de ambas orillas del Estrecho. Las explosiones de las réplicas de medio metro también activaron las alarmas contra robo de los autos que estaban en el estacionamiento.

Durante los mismos años de decadencia, Billy Schuss se jubiló y comenzó su propio proyecto: sus memorias de Hermanos al Rescate. Billy, que nunca había escrito nada antes en su vida, pasó años recontando los relatos de la vida diaria con Hermanos al Rescate. Escribió su libro en español y lo publicó en 2007, titulándolo Día tras días con los Hermanos al Rescate. Semejante a lo que fue la fabricación de cañones para Basulto, el escribir sus memorias fue terapéutico y restaurador para Billy, lograr poner sobre el papel lo que él no podía expresar de viva voz. El día del lanzamiento de su libro, Billy Schuss era todo sonrisas.

Desafortunadamente para Basulto, esa misma noche fue la de la muerte de su íntimo amigo Guillermo Miranda, el que donara más de 7.000 pares de zapatos para la gente de

Guantánamo. Miranda murió de un masivo y fatal ataque al corazón.

Para 2007, la cuenta de Hermanos al Rescate se había reducido a casi nada, ni siquiera alcanzaba para pagar el espacio alquilado para guardar las cajas del archivo, mucho menos Seagull One que reposaba en un hangar ajeno. Rita Basulto le estaba recordando un día a su marido la falta de fondos mientras llegaban al apartado postal a recoger la correspondencia de Hermanos al Rescate. En medio de las quejas económicas de Rita, Basulto se volvió y le entregó una carta que acababa de abrir.

—Mira aquí, Rita —le dijo—. Dentro de la carta había una donación de diez mil dólares del Sr. William B. Iovenko, de Kentucky, que encomiaba al grupo por sus valientes esfuerzos en salvar tantas vidas. Basulto le contestó, explicándole que Hermanos ya no emprendía misiones de búsqueda y rescate, sino que más bien, seguía poseyendo y manteniendo una sola avioneta que le servía como recordatorio a la comunidad de lo que habían hecho. También le dijo que los esfuerzos de Hermanos al Rescate se concentraban ahora en documentar la historia de la organización. El Sr. Iovenko, de Kentucky, nunca le pidió que le devolviera el dinero. De manera que la N2506 y los archivos pudieron guardarse durante otro año.

Pero en 2008, el punto decimal de la cuenta empezó a moverse hacia la izquierda. Una vez más, alguien vino al rescate de Hermanos. Ralph Sánchez, urbanizador comercial y amigo, auspició un cóctel en reconocimiento a la contribución de Hermanos al Rescate a la comunidad. Sánchez era persona conocida y respetada en la comunidad del Sur de la Florida, famoso por haber traído las carreras de automóviles a la zona y por construir un velódromo para la NASCAR en Homestead. El cóctel de Sánchez para Hermanos al Rescate recaudó suficiente dinero para guardar a la N2506, y a los archivos otro año más.

—Así es como siempre ha sido —dijo Basulto—. Siempre que necesitábamos algo, Dios encontraba a una persona, una vía, y lo lográbamos. Esa es la esencia de Hermanos al Rescate.

La temporada de huracanes de 2008 desató su furia sobre Cuba. Dos tormentas de categoría 4, Gustav y Ike, dejaron Cuba con un saldo de inundaciones, muerte y miles de millones de dólares en pérdidas materiales. Basulto quería hacer algo por sus hermanos del otro lado del Estrecho.

—Nuestra misión humanitaria siempre ha sido ayudar al pueblo de Cuba —expresó—. Hemos salvado vidas rescatando balseros, hemos intentado salvar vidas apoyando al movimiento disidente interno, ahora queremos salvar vidas ayudando a las víctimas del huracán Ike.

Fue así que decidió vender el último icono de Hermanos al Rescate: la N2506, la querida avioneta Seagull One.

39

Seagull One

¿Dónde está el éxito de la Revolución de Castro?
Miren a su alrededor, está aquí en Miami.
José Basulto

El 23 de septiembre de 2008, Seagull One, espléndida y pulida rodaba por el pasadizo techado del aeropuerto de Opa-locka camino a una conferencia de prensa. Al igual que hacen los paparazzi con las estrellas de cine en el escenario de South Beach, las estaciones de televisión y los reporteros filmaron y fotografiaron la avioneta al tiempo que entrevistaban a Basulto y a Billy Schuss. Rita Basulto, los hermanos Lares y Mayte Greco se unieron a los fundadores de Hermanos al Rescate en otro círculo de oración antes de la última misión de Seagull One: ser puesta en subasta para recaudar fondos para ayudar al pueblo de Cuba.

Fue noticia de primera página al día siguiente, y varias personas se mostraron interesadas en comprar la avioneta, valorada en cien mil dólares. Sin embargo, algunos se resistieron a las condiciones de Basulto. Él estipulaba que la N2506 debía ser preservada tal como estaba o devuelta a su apariencia original. Si el comprador iba a usar la avioneta para fines privados, el logo de Hermanos la Rescate debía eliminarse y retirarse el número de matrícula N2506. La N2506 había salvado a miles de balseros, y, lo más importante, había logrado escapar de [la persecución] de los MiGs cubanos, haciendo posible contarle al mundo los verdaderos acontecimientos del 24 de febrero de 1996. El acuerdo especificaba que el dinero por concepto de la venta sería donado por Hermanos al Rescate a las Hermanas de la Caridad. Las Hermanas, a su vez, enviarían el dinero a la Cuba afectada por el huracán. Una vez más Hermanos al Rescate ayudarían a sus hermanos cubanos.

El íntimo deseo de Basulto era encontrar a alguien que exhibiera la avioneta y permitiera que volara en los aniversarios del derribo. Acaso esa misma persona la donaría al Museo del Aire y del Espacio del Smithsonian, o tal vez museo de Bahía de Cochinos que aún estaba por construirse. Había necesidad de vender la avioneta, pero Basulto no quería soltarla. «Es como entregar a mi hija. Quiero estar seguro de que aquel que se quede con ella la cuidará tal como yo lo hice».

Sería el exitoso cubanoamericano Benjamín León Jr. el que amaría y cuidaría de la N2506. León, un veterano de la industria de las clínicas médicas, era el propietario del primer HMO de la Florida y actual fundador y presidente de León Medical Centers —proveedor de servicios de salud a pacientes con Medicare en el área del Condado de Miami-Dade— un HMO que él vendió recientemente por cuatrocientos millones de dólares.

León llegó a su casa de Coral Gables tarde en la noche del día en que la oferta había aparecido en el periódico. Entró en su cuarto, se quitó la chaqueta y tiró en la cama el *Miami Herald* del día en el que se destacaba el artículo sobre la venta de la N2506.

Eran casi las 11:00 P.M. cuando llamó a su primer vicepresidente, Carlos Núñez, un amigo de infancia de Basulto. ¿Sería demasiado tarde para llamar a Basulto? Él le dijo a Carlos que quería la avioneta, y que quería estar seguro de que nadie la obtendría antes que él. La quería esa misma noche. «Siempre escucho la voz de Dios, y actúo inmediatamente», le diría a Basulto más adelante. «Cuando uno va contra esa intuición, nunca funciona».

La intuición de sus padres fue lo que apresuró al joven de dieciséis años Benjamín León Jr. a salir de Cuba en 1961, luego de que fuera arrestado por discutir con un vecino comunista acerca de las nuevas políticas de Fidel Castro. León recuerda haber aterrizado en Miami el 12 de enero de 1961, a las 7:25 P.M. en un vuelo de la aerolínea KLM. Tenía cinco dólares en el bolsillo. A lo largo del próximo año, terminaría la escuela secundaria y trabajaría como lavaplatos en el Hotel Shelbourne en la avenida Collins en South Beach por $7.50 la jornada de doce horas. Repartía *The Miami Herald* en las mañanas y The Miami News por la noche. Cuando sus padres le enviaron un billete de $1.000 de Cuba, contrató a un tutor privado de la Academia Berlitz para aprender inglés. Posteriormente, trabajó en las fábricas de Hialeah, en tiendas de víveres rellenando los anaqueles de existencias y despachando víveres, y horneando pan y galletas en panaderías cubanas.

Su madre, su padre y un hermano llegaron en agosto de 1961 y alquilaron un estudio en South Beach por noventa dólares al mes. En Cuba, su padre había sido el contador de varias clínicas. La pericia de León padre, el talento en administración y ventas de su hijo y las habilidades de mercadeo del socio Moisés Liber y la llegada recientemente de médicos cubanos—muchos de los cuales no tenían licencia para trabajar en Estados Unidos— abrió Clínica Cubana en la Calle Flagler en 1964. Poco después, León Sr., León Jr., Liber y el grupo de médicos fundaron la Asociación Clínica Cubana en 1970. Después de mucho cabildeo, a la agrupación le concedieron la primera licencia de un HMO en la Florida. La pequeña clínica cubana se convirtió en una compañía multimillonaria de servicios de salud que finalmente se vendió.

En los Centros Médicos León, a los ancianos los tratan como los huéspedes de un hotel de cinco estrellas, a quienes saludan al entrar porteros uniformados y a quienes llevan por la mano de un médico a otro empleados especialmente entrenados. Todas las clínicas tienen una pequeña cafetería, abierta todo el día, que sirve, gratuitamente, café y pastelitos a sus «huéspedes» a toda hora. El presupuesto anual sólo para los pastelitos sobrepasa los doscientos mil dólares.

Hombre de muchos hobbies, León Jr. se hizo piloto. Era dueño de un Cessna 182 y de un Turbo Prop de seis pasajeros al que llamaba su «Ferrari en el aire».

León Jr. siempre había admirado la labor de los pilotos de Hermanos al Rescate. Basulto y la N2506 habían rescatado a Carlos Recino, su actual Director de Transporte. Él quería la N2506. La necesitaba para enseñarle a sus nietos otra pieza de la historia de Cuba. León Jr. tenía planes de abrir un pequeño museo para la N2506, que incluiría el cuadro del patriota cubano Manolín Guillot y se avino a todas las condiciones de Basulto.

—Sabía que Dios me enviaría a un piloto cubano con los adecuados recursos económicos —dijo Basulto— y un corazón en su justo lugar.

A la conferencia de prensa para concluir la venta, el 29 de noviembre de 2008, acudió una nutrida representación de los medios de difusión: noticieros de televisión, prensa escrita y radio. La hermana Hilda Alonso, de las Hermanas de la Caridad de Miami, sostenía el cartón con el cheque de $100.000, mientras los periodistas tomaban fotos de la monja de 1,52 m. de estatura acompañada de Benjamín León Jr., José Basulto y Koki Lares.

La oración de Koki Lares en la conferencia de prensa sonaba más como un panegírico, como si uno de sus amigos más cercanos estuviera pasando a mejor vida. Él no pudo reprimir las lágrimas.

—José, siento poderosamente la presencia de Dios aquí hoy, —dijo mientras se iba apoyándose en sus muletas—. El Señor estuvo aquí con nosotros hoy.

La venta de la N2506 parecía como una separación final, el corte del cordón umbilical de los cubanos de aquí con los de allá. Hermanos al Rescate estaba sin dinero, sin aviones, sin pilotos y sin voluntarios.

—Sin embargo —dijo el amigo de Basulto, Lorenzo del Toro—, estoy convencido de que la misión de Hermanos al Rescate no ha terminado.

El llamado a la acción de los Hermanos para producir un cambio desde dentro se mantenía inalterable. Lo único que Basulto podía ofrecerles a sus hermanos del otro lado del Estrecho era el mantra que había liderado la organización diecisiete años antes: El cambio soy yo.

40

José Basulto

El único tirano que acepto en este mundo
es la pequeña y sosegada voz interior
Mahatma Gandhi

La tarde de ese domingo de Julio era típica de un verano en Miami: caliente y húmeda. Rita y José Basulto estaban embebidos en la hermosa tarde dominical con su hijo mayor Peco y su familia, a bordo del *The Islander*, un barco deportivo de pesca Viking de 15 metros de eslora. Los veleros pasaban por su lado perezosamente, en silencio, aceptando las leves rachas del viento estival, sin prisa para ir a parte alguna. The Islander, impulsado por su motor biturbo de 820 caballos de fuerza surcaba el agua del océano creando con ello una brisa que su tripulación mucho apreciaba. El color aguamarina del Atlántico se fundía con el azul del cielo . No había nada que hacer, salvo estar juntos en familia.

Mónica, la hija más joven de Rita, había venido de visita desde Carolina del Norte con su marido y sus dos hijos, Rogelio y Luca. Felipe, el hijo mediano de Basulto, y Andre, el nieto mayor, también estaban allí. Los niños estaban disfrutando el rato con los primos. Faltaba Albert, el Basulto más joven, que se había quedado en casa con su esposa y con Sammy, su hijo recién nacido. Ana, la hija mayor, estaba en su hogar de Nueva Orleáns, embarazada de su segundo hijo.

El grupo navegaba con rumbo sur, desde Hallandale, donde vivía Peco, hacia Cayo Elliott. Cuando estaban justo al este de Miami Beach, uno de los niños apuntó hacia algo que flotaba en el agua. Peco desaceleró y Basulto fue hasta el lado de babor de The Islander y se puso a escudriñar lo que estaba flotando en el agua. Los niños corrieron a su lado, sujetándose mientras la embarcación se bamboleaba de un lado a otro.

Él miró a Peco, que de pie en el puente lo miraba con seriedad, una versión más joven y apuesta de sí mismo. Vio a Andre, ahora de dieciséis años y recordaba llevándolo en brazos en esa fotografía de hacía tanto tomada el día de la inauguración del hangar en Opa-locka. Andre tenía entonces unos dos años, la misma edad que la organización tenía en ese momento; ahora era casi un hombre. Rita estaba sonriendo, enfrascada en una conversación con Mónica, hablando tal vez del hijo de Ana a punto de nacer. Felipe y Rogelio, el marido de Mónica, estaban arriba en cubierta con Peco, pero mirando en dirección opuesta, riéndose de algo que Basulto ignoraba. Los niños se tambaleaban junto a su abuelo mientras The Islander se estabilizaba. Los niños estaban ansiosos de llegar a Cayo Elliott y saltar al agua. Allí estaba Tina, su única nieta, una niñita lista rodeada de primos varones. Tina, que le gustaba llamarlo Googie y que quería que él le fabricara un cañón para ella sola, de ser posible color naranja.

El sol se ensañaba sobre él mientras repasaba los rostros, uno tras otro. Era un momento que él quería conservarlo para siempre. Había perdido tantos de estos momentos.

La antigua inquietud regresó, la pequeña voz interior le decía que hiciera algo, que actuara, como un vertiginoso torbellino dentro de su cabeza. Girando alrededor estaban Gregorio, el primer balsero, la llamada de Billy, los hermanos Lares —todos arremolinándose con Armando, Carlos, Mario, Pablo ¡Presente! El cambio soy yo. Koki con sus muletas, las manos extendidas desde el agua. La ciudad de las balsas. Las lápidas flotantes. Seagull One. Verdad y justicia. La lucha es nuestra.

—¿Qué quieres que haga, Papá? —le dijo Peco desde el puente, interrumpiendo el torturante giro de la mente de Basulto, que levantó la vista hacia su hijo e intentó bloquear con la mano derecha el intenso sol del mediodía. El serio Peco, empresario exitoso, hijo responsable, padre solícito —¿dónde había aprendido todo eso? Peco aguardaba, con toda su atención concentrada ahora en su padre. Rogelio y Felipe también dejaron de reírse, e hicieron una pausa para escuchar sus instrucciones. Todo el mundo parecía detenido por un momento, a la espera del permiso para seguir disfrutando el día, el hermoso día, pleno de familia y diversión.

—Déjala ir, hijo —dijo Basulto, más alto de lo necesario, para ocultar cualquier vacilación en su voz. Le sonrió a Peco y luego rápidamente se alejó de todos y se encaminó sólo hasta la popa de The Islander para ver como la estela que dejaban los motores alejaba el objeto flotante, que se hacía cada vez más pequeño, hasta que parecía que lo distanciaba de él todo un océano.

Era una balsa vacía.

Fuentes citadas

Entrevistas personales

Alemán, Nelson, 17 de febrero de 2007.

Ackerman, Holly, 16 de julio de 2007.

Alejandre, Cristina, 14 de abril de 2008.

Alejandre, Margarita (esposa de Armando Alejandre Sr,),
    14 de abril de 2008.

Ávila, Ana, 19 de abril de 2008.

Barbas, Eva, 30 de noviembre de 2006.

Basulto, Albert, 24 de abril de 2007.

Basulto, Felipe, 25 de abril de 2007.

Basulto, Alberto, 17 de abril de 2008.

Basulto, José, 2006-2009.

Basulto, José Jr, 18 de abril de 2007.

Basulto, Rita, 2006-2009.

Brooks, Beverly, 14 de abril de 2008.

Domanievicz, Iván, 14 de abril de 2008.

Buchete Puperoux, Virginie, 28 de septiembre de 2006.

Campo, Domingo, 15 de septiembre de 2008.

Carmona, Luis, 28 de septiembre de 2006.

Cobo, Arturo, 5 de marzo de 2008.

Costa, Mirta y Osvaldo, 13 de junio de 2007.

Cruz, Louis, 11 de octubre de 2007.

de la Peña, Mario y Miriam, 29 de agosto de 2007.

Díaz, Elio, 21 de septiembre de 2006.

Díaz, Luis, 19 de octubre de 2006.

De Toro, Lorenzo, 19 de octubre de 2006.

Domínguez, Luis, 13 de abril de 2007.

García, Alexis, 26 de junio de 2007.

Gartner, Carlos, 18 de octubre de 2006.

Goldstein, Stuart, 24 de junio de 2008.

González, Juan, 9 de octubre de 2006.

González, Rubén, 5 de mayo de 2007.

Greco-Regan, Mayte, 29 de septiembre de 2006; 24 de febrero
    de 2008.

Gutiérrez, Orlando, 11 de julio de 2007.

Hurtado de Mendoza, Aurelio, 20 abril de 2007.
Iglesias, Arnaldo, 19 de septiembre de 2006.
Iriondo, Andrés,17 de octubre de 2007.
Iriondo, Sylvia, 27 de septiembre de 2007.
Lares, Al, 21 de septiembre de 2006.
Lares, Guillermo, 27 de octubre de 2006.
Lares, Jorge «Koki», septiembre de 21, 2006.
Lawrence, David, Jr, abril de 1, 2009.
Martínez, Ana Margarita, 28 de julio de 2007.
Matzinger, Stan, 28 de julio de 2007.
Morales, John Tooey, 16 de noviembre de 2006.
Murciano, Mike, 2006.
Núñez, Leopoldo, 25 de septiembre de 2006.
Pascal, Sylvia, 3 de noviembre de 2006.
Perdomo, Nicholas, 6 de mayo de 2008.
Plá, Osvaldo, 4 de septiembre de 2006.
Powell-Cosío, Sofia, 2 de mayo de 2008.
Rodríguez, Félix, 25 de abril de 2007.
Rodríguez Sosa, José Antonio, 9 de agosto de 2007.
Ros-Lehtinen, Ileana, 2006.
Sánchez, Alfredo, 15 de noviembre de 2006.
Sánchez, Ramón Saúl, 2 de agosto de 2007.
Schuss, Maggie, 10 de septiembre de 2008.
Schuss, William «Billy», 26 de septiembre de 2006.
Simmons, Chris, 30 de junio de 2008.
Tabernilla, Carlos, 15 de noviembre de 2006,
Rodríguez-Tejera, Roberto, 5 de marzo de 2008.
Tester, Hank, 9 de junio de 2007.
Triana, Arturo, 5 de marzo de 2007.
Triay, Victor A, 20 de febrero de 2009.
Van Hare, Thomas, 13 de agosto de 2007.
Walton, Steve, 18 de agosto de 2007.
Weininger, Janet Ray, 6-7 de noviembre de 2006.
Zayas-Bazan, Eduardo, 30 de enero 2009.

Entrevistas telefónicas

Blalock, Matt, 18 de septiembre de 2007.
Leon, Abilio, 22 de junio de 2009.
López Alvarez, Reinaldo, 18 de junio de 2009.
Morejón Almagro, Leonel, 9 de julio de 2009.

Reboredo, Pedro, 16 de julio de 2009.

Simmons, Chris, 21 de abril de 2008.

Tangeman, Anthony, 24 de marzo de 2007.

Williams, David, 26 de marzo de 2008.

Obras citadas por capítulo

Exergos de capítulos tomados de la página web A.Word.A.Day, wsmith@wordsmith.org.

El principio: la gaviota y el balsero

Branch, Karen. «Gregorio Pérez Ricardo, de 15 años». *El Nuevo Herald.* 28 de febrero de 1990, Obituarios, 2B.

«Our Lady of Caridad del Cobre», tomado de:
http://www.marypages.com/LadyCaridadDelCobre.htm

Román, Iván. «Exiles mourn teen who died fleeing Cuba» *The Miami Herald*, 2 de marzo de 1990, p. 1B.

Capítulo 1 – La llamada de Billy

Bufill, Dr. José Angel. Manuel Guillot Castellano: Presente! (Bosquejo Biográfico de un Héroe, de un Mártir). Centro América: MRR Secretaría de Información, marzo de 1964.

Triay, Victor A. Bay of Pigs. Gainesville, FL: University Press of Florida, 2001.

Capítulo 2: Gugú

Bufill, Manuel Guillot Castellano.

Lazo, Mario. Dagger in the heart: American Policy Failures in Cuba. Santa Monica: Fidelis Publishers, Inc., 1968.

«Exile Describes Cuba Shelling: 'We Used Up All Ammunition'», (AP), *The Miami Herald*, 26 de agosto de 1962.

«Who are the Sandinistas?», *Time*, 2 de julio de 1979.

Capítulo 3: La idea

Carta (se reserva el nombre del remitente) a José Basulto, 10 de mayo de 1992, Archivo de HAR

Blázquez, Agustín, con la colaboración de Jaums Sutton. «Political Correctness: The Scourge of Our Times» NewsMax.com, 8 abril de 2002,

Dorschner, John. «Swept Away» Tropic Magazine, *The Miami Herald*, 3 de julio de 1993, artículo principal.

«End of the Freedom Flights». *Time*, 13 de septiembre de 1971 en http://www.time.com/time/magazine/article/0,9171,903113,00.html (consultado el 15 de enero de 2016).

Roman, Op. cit.

«MLK Papers Project Sermons: The Drum Major Instinct», página web de la Universidad de Stanford, http://kingencyclopedia.stanford.edu/encyclopedia/ documentsentry/doc_the_drum_major_instinct/ (consultada el 15 de enero de 2016).

Triay, Victor A. «A Dark Cloud Descends». (Manuscrito inédito sobre el movimiento disidente interno), Middlesex Community College: 2009.

«The 'Other' Boatlift: Camarioca, Cuba, 1965» Departamento de Seguridad Nacional de EEUU: página web del Servicio de Guardacostas de Estados Unidos, uscg.mil/History/uscghist/camarioca1965.asp (consultada el 15 de enero de 2016).

Walsh, Monsignor Bryan O. «The history of Pedro Pan». Página web de Pedro Pan, 1 de marzo de 2001, www.pedropan.org/category/history (consultada el 15 de enero de 2016).

Capítulo 4: La hermandad

Kaye, Ken. «Pilots aim to locate refugees rescue group formed to save Cuban rafters». Sun Sentinel-Ft. Lauderdale, 24 de agosto de 1991, p. 1B.

Lawrence, David Jr. «To the Rescue: Rafters from the Sea». *The Miami Herald*, 19 de julio de 1992, Viewpoints, p. 3C.

Núñez, Leopoldo. Brothers to the Rescue Chronology (cronología preparada por Núñez, historiador de HAR hasta diciembre de 1994), Archivo de HAR.

Remos, Ana B. «José Basulto: un guerrero incansable, un alma generosa». EXITO!, 24 de mayo de 1994, pp. 24-26.

Triay, Op. cit.

Capítulo 5: El primer rescate

Núñez, Op. cit.

Capítulo 6: La dama piloto

Núñez, Op. cit.

Santiago, Ana E. «Doble triunfo de los Hermanos al Rescate». *El Nuevo Herald*, 23 de junio de 1991, Final, p. 1B.

Capítulo 7 – Pilotos, protocolo y aviones

Basulto, José. Cartas. (Varias cartas al Departamento de Defensa sobre aviones desmovilizados). Archivos de HAR.

Kaye, Op. cit.

Sanchez, Alfredo J. «July 21 1991: U.S. Military Response to Cuban Threat to Civilian Aircraft», (informe en el que se detalla las incursiones de los aviones MiGs y la intercepción de EE.UU., que se presentó también en la vista de la FAA vs. Basulto), Archivos de HAR.

Transcripción del Servicio de Guardacostas: «Cuban Military Response to Cuban Brotherhood to the Rescue Aircraft», 21 de julio de 1991, Archivos de HAR.

Capítulo 8 – El primer accidente

«Acuerdo para el uso del Cocoplum Community Club». (Contrato firmado por J. Basulto para el uso del área de la piscina el 29 de diciembre de 1991), Archivo de HAR

Silver, Vernon. «Rescue plane crashes off Key West». Key West Citizen, 3 de mayo de 1992, Vol 111, No. 104, portada.

Capítulo 9: Balseros

«Alemán Family Processing», Coast Guard News. 19 de noviembre de 1991, Archivos de HAR.

Long, Toni, «Brothers in the air help their own on the sea», Coastline, noviembre /diciembre de 1991, p. 7.

Goldberg, Walter M. «Cay Sal Bank, Bahamas; A Biologically Impoverished, Physically-Controlled Environment». Atoll Research Bulletin, No. 271, The Smithsonian Institution, septiembre de 1983, www.sil.si.edu/digitalcollections/ atollresearchbulletin/issues/00271.pdf

Pear, Robert. «Cuba Arrests Top General on Corruption Charges». New York Times, 16 de junio de 1989, http://www.nytimes.com/1989/06/16/ world/cuba-arrests-top-general-on-corruption-charges.html (consultado el 15 de enero de 2016).

Pérez, Louis A. Jr. «Cuba's Special Period, an Excerpt From: 'Cuba: Between Reform & Revolution'» – Socialist Cuba, Section XII, pp. 381-387, www.historyofcuba.com/history/havana/lperez2.htm (consultado el 15 de enero de 2016).

«Rescatados 32 balseros», El Nuevo Herald, 22 de agosto de 1991.

Rosendahl, Bruce R., Thomas N. Lee, Claes G.H. Rooth; Donald B. Olson, Kevin D. Leaman, y Chris Mooers. «Where Have all the Rafters Gone? Roulette in the Straits of Florida», columna presentada a la consideración de The Miami Herald y El Nuevo Herald para su publicación, 3 de marzo de 1993 (3er. Borrador revisado), Archivos de HAR.

Schuss, William «Billy». Día tras día con los Hermanos al Rescate, Miami: Rodes Printing, 2007.

«Tethered Aerostat Radar System» en
www.fas.org/nuke/guide/usa/airdef/tars.htm

Thomas, John F. «Cuban refugees in the United States». International Migration Review, 1967, Volumen 1, No. 2, p. 46.

Capítulo 10 – Desastres naturales

Núñez, Op. cit.

Dorschner, John. «Swept Away The Greatest Tragedy of Castro's Revolution May Be Lost at Sea», *The Miami Herald*, 4 de julio de 1993.

«Freedom Steals the Show». *The Miami Herald*, editorial, 22 de diciembre de 1993.

Raúl U. Martínez, comunicación personal a José Basulto. «Vuelo del 19 de diciembre de 1992», 27 de junio de 2000, Archivos de HAR.

Savold, David. «100 Minutes to Freedom» en
http://www.christusrex.org/www2/fcf/orestes.102297.html
(consultada el 15 de enero de 2016).

Capítulo 11 – Acciones humanas

«Aircraft Incidents and Accidents: Jueves 24 de diciembre de 1992», (re: el accidente de Jorge Lares), Aircraftone.com página web, www.aircraftone.com/aircraft/accidents/20001211X16202.asp (consultada el 15 de enero de 2016).

Comunicado de prensa de HAR, 25 de diciembre de 1992.

Watson, Julia. «The Pig in my Chinese Box». The Washington Post, 14 de julio de 2004, p. F-l.

Capítulo 12 – Hermanos al rescate

Núñez, Op. cit.

Capítulo 13 – Librados por un pelo

«Aircraft Incidents and Accidents»: domingo 13 de marzo de 1994», en la página web Aircraftone.com (re: accidente del Sound Machine), www.aircraftone.com/aircraft/accidents/20001206X00967.asp (consultada el 15 de enero de 2016).

D'Entremont, Jeremy. «Cay Sal Bank Lighthouse; A stately ruin». Lighthouse Digest, abril de 2004.
lighthousedigest.com/digest/StoryPage.cfm?StoryKey=1921

«Sea Fever & Cay Sal Bank», Bahamas: Trip Report,
http://www.gagme.com/greg/vacation/2001/bahamas.

«El accidente de José Monroy». Testimonio videográficos tomado por los pilotos de HAR, el 17 de agosto de 1993. Archivoss de vídeo de HAR.

Moss, Cedric. «Fox Hill Prison Bahamas...Again».

Núñez, Op. cit.

Capítulo 14 – Un nuevo hogar

Núñez, Op. cit.

Capítulo 15 – Balsero al rescate

«Pablo Morales», página web de las víctimas del derribo, www.shootdownvictims.org/bios-PM.html (consultada el 15 de enero de 2016).

Morales, Pablo. Datos inéditos de varios escritos y poemas. Archivos de HAR.

Capítulo 16 - Escarceos

«Suministro aéreo en Cayo Elbow, 10 de marzo de 1994», Archivos videográficos de HAR.

Embajada estadounidense, Nassau, carta al secretario de Estado, Washington, D.C., refiérese al aerotransporte de José Basulto y Arnaldo Iglesias por el Servicio de Guardacostas de Estados Unidos (USCG) desde Cayo Elbow (información desclasificada y otorgada en virtud de la FOIA el 10 de abril de 2002), Archivos de HAR.

Fonzi, Gaeton. «Jorge Who?» Un manuscrito original sobre Jorge Mas Canosa, 1993, Cuban Information Archives, Documento 0063. http://cuban-exile.com/doc_051-075/doc0063.html (consultado el 15 de marzo de 2016).

«Massacre», Net for Cuba, página web. Información sobre la masacre del trasbordador 13 of marzo.

O'Grady, Mary Anastasia. «The Lives of Cubans», The Wall Street Journal, 2 de abril de 2007, p. A16.

Werlau, Maria C. «Cuba: The Tugboat Massacre of julio de 13, 1994». Cuba Archive/Free Society Project, página web, marzo de 2007, cubaarchive.org/downloads/13_de_marzo_tugboat_massacre.pdf (consultada el 15de enero de 2016).

Capítulo 17 – Ciudad de balsas

Benedí, Antonio. «So the American mothers' sons are not born as slaves», Washington Times, editorial, 16 de mayo de 2000, página web: www.washingtontimes.com/news/2000/may/16/20000516-011351-9750r/?page=all (consultado el 15 de enero de 2016).

Fernández, Enrique. «What is Exile?», *The Miami Herald*, 18 de mayo de 2008, Final, 1L.

Greenhill, Kelly M. «Working Paper #12, Engineered Migration as a Coercive Instrument: The 1994 Cuban Balseros Crisis, febrero de 2002», página web de MIT, web.mit.edu/CIS/www/migration/pubs/rrwp/12_engineered.html, (consultada el 15 de enero de 2016).

Menéndez, Ana. «Immigration Being Unfair to Haitians». *The Miami Herald*, 4 de mayo de 2008.

Pérez, Miguel. «Latino-American History, Capítulo 5: Even on HBO, 'The Black Legend' Lives», Creators.com página web, http://www.creators.com/opinion/miguel-perez/latino-american-history-chapter-5-even-on-hbo-the-black-legend-lives.html (consultada el 15 de enero de 2016).

Schuss, Día tras día.

«U.S. Coast Guard; Alien Migrant Interdiction: Operation Able Vigil», página web del Servicio de Guardacostas de EE.UU. (USCG), http://www.uscg.mil (consultada el 9 de junio de 2008).

Testimonio del capitán Anthony S. Tangeman, del Servicio de Guarda-costas, sobre las oportunidades de coactar la entrada de migrantes, ante el Subcomité de Inmigración y Reclamaciones del Comité sobre la Judicatura de la Cámara de Representantes de EE.UU., el 18 de mayo de 1999, página web del Departamento de Transporte, testimony.ost.dot.gov/test/pasttest/99test/Tangeman1.htm (consultado el 9 de junio de 2008).

Coronel Yon Terry, EE.UU. (Ret) comentario personal a la autora, correos electrónicos en referencia al C-47 que se usó en enero de 1995 para entregar juguetes en Guantánamo, 15-16 de septiembre de 2008.

Capítulo 18 - Guantánamo

García-Pedrosa, José. «Diario de Guantánamo, 7-8 de noviembre de 1994», (diario dado a José Basulto), Archivos de HAR.

Laidlaw, Keith. «Welcome to the countries that cancelled Christmas». The Independent on Sunday, 18 de diciembre de 2005.

McDonough, Mike(VAC4047). «Tico Belle goes to Guantánamo – Mission To Gitmo», Valiant Air Command, febrero de 1995 (publicación por VAC el 16 de septiembre de 2008).

Murphy, M.E. «The History of Guantánamo Bay 1494-1964». En la página web de la Armada de EE.UU., http://www.cnic.navy.mil/Guantanamo (consultada el 13 de julio de 2009).

Schuss, Op. cit.

Carta de la Sección de Intereses de EE.UU. en La Habana al secretario de Estado en Washington, D.C.: «El gobierno cubano se queja de una violación de su espacio aéreo de un avión privado procedente de Guantánamo» (Desclasificado el 10 de abril de 2002, de archivos clasificados en conformidad con la FOIA), Archivos de HAR.

«WWII Survivor Still Working to Preserve the Legacy». Story of Tico Belle, correos electrónicos del coronel Terry Yon, de Valiant Air Command, Titusville, Florida, a la autora, 15-16 de septiembre de 2008.

Capítulo 19: Protesta en Miami

« Protesta en Blue Lagoon», *El Nuevo Herald*, 10 de octubre de 1994, final.

«Cadáver descompuesto», *El Nuevo Herald*. 5 de noviembre de 1994, final.

Navarro, Mireya. «U.S. Policy a Betrayal, Cuban Exiles Protest», The New York Times, 8 de mayo de 1995.

Rosenberg, Carol. «Troubled Cause: Exile Fliers Seek Relevance in Face of U.S. Policy Change, Fading Support». *The Miami Herald*, 21 de febrero de 1999, p.1A.

Menéndez, Ana. «Smugglers», *The Miami Herald*, 16 de marzo de 2008, final.

Menéndez, Ana, Martin Merzer y Jack Retjman. «U.S. Repatriation policy stirs stoppage», *The Miami Herald*, 17 de mayo de 1995, p. 1A.

Capítulo 20 – Cenizas

Rodriguez, Felix I. y John Weisman. Shadow Warrior: The CIA Hero of a Hundred Unknown Battles. New York: Simon and Schuster, 1989.

«Segundo Borges Ashes over Cuba». Vídeo personal de Félix I. Rodríguez, tomado el 7 de marzo de 1995, y visto por la autora el 25 de abril de 2007.

Capítulo 21 – El amor está en el ambiente

Martínez, Ana M., con Diana Montané. Estrecho de Traición. Miami: Ediciones Universal, 1999.

Roque, Juan Pablo. Desertor. Miami: Cuban-American National Foundation, 1995.

«The Twenty-five Most Intriguing People of the Year», artículo principal De *People Weekly*, 24 de diciembre de 1994-2 de enero de 1995.

Capítulo 22: No violencia

Benedí, Antonio. «No Castro nor his regime». Washington Times, junio de 2003.

Calzón, Frank. «Path to Freedom Paved with Cuban Diamonds». En la página web del Center for a Free Cuba, www.cubacenter.org (consultada el 9 de mayo de 2007).

«El preso político Francisco Chaviano liberado en La Habana». En la página web del Directorio Democrático Cubano.

De Vise, Daniel y Elaine De Valle. «Rafters Desperate Journeys Reshaped the Exile Experience», *The Miami Herald*, 22 de agosto de 2004, final.

Osorio, Sonia. «Ramón Saúl Sánchez: el Gandhi del exilio Cubano», en http://www.democracia.org/articles/Ramón-Saúl-Sánchez-el-Gandhi-del-exilio-cubano-Por-Sonia-Osorio-Agencia-EFE-1 (consultada el 15 de enero de 2016).

Página web del Proyecto del Túnel del Puerto de Miami, portofmiamitunnel.com (consultada el julio de 29, 2008).

Capítulo 23 – Trece minutos sobre La Habana

Ardila, Norma. «Cientos de miamenses saludan a la Democracia». *El Nuevo Herald*, 16 de julio de 1995, 4A.

«Opleración 'Martin Luther King Jr.'». Comunicado de prensa de Hermanos al Rescate. 18 de enero de 1996. Archivos de HAR.

Chardy, Alfonso. «Thirteen minutes over Havana». *The Miami Herald*, 15 de julio de 1995.

«Hermanos al Rescate auspicia un seminario en FIU», Diario Las Américas, 8 de junio de 1995, 1B.

Información sobre el puente de Key Biscayne. www.key-biscayne.com

Carta de la Administración Federal de Aviación a José Basulto, 1 de septiembre de 1995, Archivos de HAR.

Navarro, Mireya. «Pilots' group, firm foe of Castro, ignored risks». New York Times, 26 de febrero de 1996.

Reboso, Manuel. «Miami Ahora» (programa de televisión), julio de 1995. Archivos videográficos de HAR.

Capítulo 24 – Yo soy el cambio

Página web de la Universidad Internacional de la Florida. Comunicado de prensa del Grupo de Apoyo de Concilio Cubano, «Nominan a disidente afrocubano al Premio Nobel de la Paz», 1 de julio de 1996.

«Volantes sobre La Habana». Vídeo de HAR, 9 de enero de 1996, Archivos de HAR.

«Cuba's Historic Role in Human Rights», editorial. *The Miami Herald*, 10 de mayo de 2008, final.

«Evening news» en NBC 6, WTVJ, 16 de abril de 1996, Vídeo de los Archivos de HAR.

Nielsen, Kirk. «Bird of Paradox», artículo principal. Miami New Times, 26 de abril-2 de mayo de 2001 Vol. 16, No. 3.

San Francisco Martínez García, Julio. «Octavillas sobre La Habana», página web de Cubanet, 21 de enero de 2002.

Declaración Universal de los Derechos Humanos. Página web de las Naciones Unidas., www.un.org/Overview/rights.html
(consultada el 15 de enero de 2016).

Viglucci, Andrés. «From guns to leaflets over Cuba». *The Miami Herald*, 20 de enero de 1996, Section A.

Capítulo 25 - Encuéntrame en La Habana

Basulto, José. «The Plane that Foiled Castro's Plot». Wall Street Journal, 26 de marzo de 1996, A18.

Basulto, José. Dossier: «El derribo de las avionetas de Hermanos al Rescate el 24 de febrero de 1996: resumen de preguntas sin respuestas preparadas por Hermanos al Rescate», Archivos de HAR.

«Vuelos del 24 de febrero de 1996», comunicado de prensa de Hermanos al Rescate, 22 de febrero de 1996, Archivos de HAR.

«Operación Martin Luther King Jr» comunicado de prensa de Hermanos al Rescate, 19 de enero de 1996, Archivos de HAR.

Cerijo, Manuel. «Ana Belen Montes». Página web Guaracabuya, www.amigospais-guaracabuya.org/oagmc202.php
(consultada el 15 de enero de 2016).

Landau, Saúl. «Torn families and shot down planes: a Cuba story». Progreso Weekly, 3 de noviembre de 2005.

Capítulo 26 - Planes de vuelo

Carmichael, Scott. True Believer. Naval Institute Press: Annapolis, 2007.

Dorschner, John. «A Clear and Present Danger». Tropic Magazine, *The Miami Herald*, 16 de febrero de 1997, artículo principal.

Gertz, Bill. Castro's Mole in the Pentagon, adaptado y actualizado del Capítulo 8 de Enemies: How America's Foes Steal our Vital Secrets and How We Let it Happen. Crown Forum, 2006.

Martínez and Montané, Op. cit.

Nuccio, Richard A. «Letter to the Editor, The Reader's Forum». *The Miami Herald*, 3 de marzo de 1999, p. 22A.

«Cuba adviser warned attack on exiles possible», Reuters. Miami, 22 de febrero de 1999, página web de Cubanet,
www.cubanet.org/htdocs/CNews/y99/feb99/22e7.htm
(consultada el 15 de enero de 2016).

Russo, Carolyn. «A Day of Sorrow». Air and Space, 14-15 de noviembre de 1996.

Rosenberg, Op. cit.

«The Sky's the Limit» vídeo, 1995, Archivos de HAR.

Capítulo 27 – Derribo

Bufete de abogados de Angones et al, carta a Sofia Powell, Esq. «Afidávit de Sean Patrick Gearhart», 20 de mayo de 1996.

Baker, Christopher P., editor. Cuba. Moon Handbooks, 4ª. edición. N.p.: Avalon Travel Publishing Group: 2006.

Basulto, «Plane that Foiled».

Belz, Mindy. «Castro's License to Kill?» World, 3-10 de agosto de 1996, pp. 12-16.

Chardy, Alfonso y Michael E. Ruane. «U.S. jets were ready to challenge MiGs». The Herald, 1 de marzo de 1996, 13A.

Basulto, Dossier.

Dorschner, «Clear and Present».

International Standards, Rules of the Air. (Anexo 2 a la Convención sobre Aviación Civil Internacional) de la Organización Internacional de la Aviación Civil (ICAO, por su sigla en inglés), edición fechada el 14 noviembre de 1991, pp.22-23, 30-41.

ICAO, Informe.

Nagin, Carl. «Backfire». New Yorker. 16 de enero de 1998, pp. 30-35.

Paralelo 24 (una publicación de HAR). Número 12 (febrero/marzo de 1996) y Número 14 (junio /julio de 1996), Archivos de HAR.

Rosenberg, Op. cit.

«Weekly News Update on the Americas», Página web de la Universidad de Tulane. Número #317, 25 de febrero de 1996, preparado por la Red de Solidaridad de Nicaragua del Área Metropolitana de Nueva York. www.tulane.edu/~libweb/RESTRICTED/WEEKLY/1996_0225.txt (consultada el 15 de enero de 2016).

«Apelación del fallo del juez de inmigración en el caso de Bello-Puente, José Roberto; Regalado-Ulloa, Adel y Reyes Ramírez, Leonardo», Oficina Ejecutiva para la Junta de Revisión de las Apelaciones de Inmigración, del Departamento de Justicia de EE.UU. A72 560 015, A72 560 016, A74 933 281, Distrito de Miami, 132-134, sin fecha, Archivos de HAR.

«La Estación Automatizada del Servicio de Vuelos Internacionales de Miami prefijó la posición de vuelo para el período de tiempo desde las 1407 UTC [Hora Internacional Coordinada] a las 1434 UTC del 24/2/96», Departamento de Transporte de EE.UU. Transcripción firmada por

Michael C. Miller, Especialista del Control de Calidad, 15 de marzo de 1996

«Transcripción referente a un accidente aéreo, Opa-locka, Florida, 24 de febrero de 1996, N2506, N5485S, N2456S, para el período desde las 2204 UTC a las 2215 UTC» del Departamento de Transporte de EE.UU. Transcripción firmada por Steve Culbertson, administrador del T.A., abril de 8, 1996.

Capítulo 28 – Control del tránsito aéreo en La Habana

Attinnger, Joelle, Cathy Booth, and Reginald K.I. Brach. «Fidel's Defense». *Time*, 11 de marzo de 1996, Vol. 147, No. 11.

Núñez, Op. cit.

Dorschner, Op. cit

«US NTSB, Administrator, FAA, Complainant, v. José J. Basulto». Transcripción de procedimientos, Sumario No. SE 14512, 29 de julio de 1996. Archivos de HAR.

Nagin, Op. cit.

Capítulo 29 – Hermanos caídos

Basulto, José. Grabaciones en cabina de los eventos del 24 de febrero de 1996, Archivos Videográficos de HAR.

Informes de Fox News del 24-26 de febrero de 1996, Archivos de HAR.

Martínez and Montané, Op. cit

Schuss, Op. cit.

«Accidente aéreo de las N2506, N5485S, N2456S, Opa-locka, Florida, 24 de febrero de, 1996», Departamento de Transporte de EE.UU. Transcripción preparada por Steve Culberston, Administrador del Tránsito Aéreo, 8 de abril de 1996. Archivos de HAR.

«US NTSB v. Basulto».

Capítulo 30 - Sobrevivientes

«Los cubanos advirtieron que podían derribar los aviones». Entrevista de Catherine Callaway, del Noticiero de CNN, a Eugene Carroll, Contraalmirante (retirado) de la Armada de EE.UU., 25 de febrero de 1996.

Dorschner, Op. cit.

Fedarko, Kevin. «The Cold War is Back». *Time*, 11 de marzo de 1996.

Reportajes de Fox News, 24-26 de febrero de 1996. Canal 7. Archivos Videográficos de HAR.

Gugliotta, Guy y Thomas W. Lippman. «U.S. Data Forced Cuba to Retreat on Shooting; Basulto Bragged of Buzzing Havana Previously». Washington Post, 16 de marzo de 1996.

«Entrevista de Juan Pablo Roque». Transcripción de la entrevista a JPR en La Habana, el 27 de febrero de 1996, por la reportera (de CNN) Lucia Newman. Archivos de HAR.

«Informe de la investigación respecto al derribo de dos aeronaves civiles privadas con matrícula de EE.UU. por aviones de guerra cubanos el 24 de febrero de 1996», Organización Internacional de la Aviación Civil (ICAO). Presentada por el Secretario General. C-WP/10441 RESTRINGIDO, 6 de junio de 1996.

«Entrevista a Juan Pablo Roque por Fabiola López». Buró Internacional de CNN, retransmitida el 28 de febrero de 1996, grabada en La Habana el 27 de febrero de 1996, Archivos Videográficos de HAR.

Nombre reservado. Florida Keys Keynoter, carta al editor, 13 de marzo de 1996.

Martínez y Montané, Op. cit.

McCury, Mike. «Informe de prensa, Oficina del Secretario de Prensa de la Casa Blanca, Sala de Prensa», 26 de febrero de 1996, Archivos de HAR.

Royko, Mike. «What Clinton should say after next Cuba incident». Chicago Tribune, 1 de marzo de 1996.

Comentario de Roberto Robaina tomado de un informe noticioso en La Habana, 5 de marzo de 1996. Carpeta roja de la FOIA - Archivos de HAR.

Waller, Douglas. «Clinton's Cuban Road to Florida». Time, 28 de octubre de 1996, pp. 45-46.

Capítulo 31 - Tributos

«Madeline Albright» All Politics CNN Time., en www.cnn.com/ALLPOLITICS/1997/gen/resources/ players/albright (consultada el 15 de enero de 2016).

Dye, Joe. «11 cutters, 6 helicopters, 1 C-130 escort memorial flotilla, ensure safety». Coastline, abril de 1996, p.1.

CBS Evening News. WTVJ, reportaje de Art Rascon, 2 de marzo de 1996, 6:30 P.M., Archivos Videográficos de HAR.

CNN News. José Basulto hablando en la conmemoración, 1 de marzo de 1996, Archivos Videográficos de HAR.

«FAA Emergency Cease & Desist Order and Notice of Enforcement Policy» por David R. Hinson, Administrador. Departamento de Transporte, 29 de febrero de 1996, Archivos de HAR.

De Valle, Elaine. «From Above, Pilots Pay Homage to Fallen Fliers». *The Miami Herald*, 3 de marzo de 1996, p. 22A.

«Vídeo de la conmemoración». 2 de marzo de 1996, Archivos Videográficos de HAR.

Nagin, Op. cit.

Rodríguez, Aurora. «Calle Ocho: Let's get this party started» en www.miami.com/calle-ocho-lets-get-this-party-started-article (consultado el 15 de enero de 2016).

Scott, Gates L. «Shot Down». PilotMag, julio/agosto de 2008, primer número, pp. 31-36.

Capítulo 32 – Volaremos de nuevo

Aronoff, Jonathan, nota a José Basulto, 29 de junio de 1996, (nota de condolencia con una lata de café de Maxwell House llena de centavos), Archivos de HAR.

«Reanudación de vuelos», comunicado de prensa de Hermanos al Rescate, 26 de agosto de 1996, Archivos de HAR.

«Noticiero de las 6:P.M.» del Canal 23, del 20 de junio de 1996. Archivos Videográficos de HAR.

De Valle, Elaine. «Rafter Children Honor Basulto», *The Miami Herald*, 25 de mayo de 1996, edición final, p. 2B.

Fedarko, Op. cit.

Lantigua, John. «Castro: U.S. had vowed no more flyovers». *The Miami Herald*, 1 de mayo de 1996, p. 10A.

Keith S., «Emergency Order of Revocation», de la FAA a José Basulto, 16 de mayo 1996, Archivos de HAR.

Tarjeta de condolencia a José Basulto de los alumnos de primer y segundo grados de St. John's Academy, 15 de mayo de 1996, Archivos de HAR.

Capítulo 33 – Reacciones adversas

Actas de la reunión para investigar a los controladores del tránsito aéreo cubanos, Junta de Relaciones Laborales, Rancho Boyeros, Cuba, 1 de septiembre de 1966.

«Perdomo Family History». Página web de la familia Perdomo, perdomocigars.com/about.html (consultada el 15 de enero de, 2016).

Royko, Mike. «What Clinton should say after next Cuba incident». Chicago Tribune, 1 de marzo de 1996.

Capítulo 34 – Verdad y justicia

«Clinton Administration strikes deal on Brothers to the Rescue Judgment», America's Insider. 20 de octubre de 2000.

«Murder over international waters» cartel del FBI, 24 de febrero de 2005, www.shootdownvictims.org./justice.html
(consultado el 15 de enero de 2016).

« Law Clinic after Pilot Killed by Cuban Fighter Jets», Comunicado de prensa de la Universidad Internacional de la Florida (FIU), 25 de octubre de 2004.

López-Mason, Charisse. «The Armando Alejandre Foundation». Página web de donantes de la Universidad de Miami.

Orestes, Lorenzo. Wings of the Morning. Nueva York: St. Martin's Press, 1994.

Navarro, Mireya. «U.S. Judge Assesses Cuba $187 million in Deaths of 4 Pilots». The New York Times, 18 de diciembre de 1997, www.nytimes.com/1997/12/18/us/us-judge-assesses-cuba-187-million-in-deaths-of-4-pilots.html (consultado el 14 de julio de 2009).

«Foundations: CAMP 4 Justice Foundation», página web de las víctimas del derribo, www.shootdownvictims.org.

Taylor, Guy. «Daughter of executed pilot wins big suit against Cuba». The Washington Times, 20 de noviembre de 2004, www.latinamericanstudies.org/bay-of-pigs/suit.htm
(consultada el 14 de julio de 2009).

Thomas, Mike. «Testimonio». Vista de la Junta Nacional de Transporte y Seguridad de EE.UU., la FAA vs. José Basulto, Sumario SE-14512, 26, 1996, Archivos de HAR.

Wilson, Mike. «Daring Act of Love Focuses Public's Eye on Cuba». The Miami Herald, 2 de enero de,1993, p. 1A.

Capítulo 35 – Aniversarios

Alemán, Nelson, carta a José Basulto, 7 de agosto de 2006, Archivos de HAR.

«Cuban Exiles Mourn Fliers», (AP). Sarasota Herald-Tribune, 25 de febrero de 1997.

«Programa de los eventos conmemorativos del 24 de febrero de 1998, comunicado de prensa de Hermanos al Rescate, 23 de febrero de 1998, Archivos de HAR.

«Basulto desafía mandato judicial y honra a los caídos», Girón., febrero-marzo de 2001, p. 4.

Basulto, José, columna en varios periódicos «Respuesta de José Basulto al documental Shoot Down [Derribo]. Ideal, 2008, No. 353, p. 55.

Folleto de la misa de recordación del primer aniversario en la iglesia católica de Santa Ágata [St. Agatha] el 24 de febrero de 1997, Archivos de HAR.

Capítulo 36 – Encausamiento

Basulto, José, carta al presidente George W. Bush, en referencia al encausamiento criminal de Fidel Castro por el asesinato de los Hermanos al Rescate, 18 de mayo de 2001, Archivos de HAR.

«Encausamiento», comunicado de prensa de Hermanos al Rescate del 2 de febrero de 2001, Archivos de HAR.

Fowler, George J., carta a James S. Reynolds, Departamento de Justicia de EE.UU. referente al encausamiento de Fidel Castro por el asesinato de los Hermanos al Rescate, 14 de junio de 2001, Archivos de HAR.

«Criminal Indictment of Fidel Castro» correspondencia, Judicial Watch. 6 de octubre de 6, 2001, Archivos de HAR.

«Pursuing Criminal Indictment of Castro», Judicial Watch, comunicado de prensa, 15 de febrero de 2002, Archivos de HAR.

«So...charge Castro for murder». Editorial, *The Miami Herald*. 5 de julio de 2000, p. 10B.

Rosin, Hanna. «Little Havana's El milagro». The Washington Post, 22 de enero de 2000.

Servicio de Aduanas de EE.UU. «Transcripciones de las llamadas telefónicas iniciadas y recibidas por el Centro Nacional de Coordinación de Interdicción Aérea del Servicio de Aduanas de EE.UU., Riverside, California, el 24 de febrero de 1996», (hecho público en conformidad con la FOIA), Archivos de HAR.

«Weekly News Update on the Americas». Compiladas de El Diario 1/2w/96; Radio Habana Cuba 6/2/96; Inter Press Service 8/1/96; Número 317, del 25 de febrero de 1996, www.tulane.edu

Capítulo 37 – Espías, avispas y la Reina de Cuba

Basulto, José. «Testimonio», EE.UU. vs. G. Hernández et al. (Transcripción del proceso ante S.S. Joan A. Lenard), Lista 98-721-CR-Lenard, 12-16 de marzo de 2001, Archivos de HAR.

Departamento de Justicia de Estados Unidos. Buró Federal de Investigaciones. Documento H85075, Expediente no. 202ª MM-74253, traducido por Ismael Santiago, revisado por LS Susan A. Salomon, desclasificado y dado a conocer después del juicio de los espías, 24 de septiembre de 2000, Archivos de HAR.

Carmichael, Op. cit.

Epstein, Gail. «Cuban Spies Sentencing to Begin». *The Miami Herald*, 11 de diciembre de 2001, Local, p. 3B.

Gertz, Op. cit.

La Riva, Gloria. «Danny Glover at the successful premiere of 'The Trial' in Hollywood». 7 de diciembre de 2007 en www.freethefive.org.

Marshall, Randall C., de ACLU, carta a José Basulto, 8 de agosto de 2001, Archivos de HAR.

Miller, John J. «In Castro's Service: The undertold story of Cuba's spying, and terror». National Review, 5 de noviembre de 2001, pp. 45-47.

O'Grady. Mary Anastasia. «Twenty-two years in Castro's Gulag». Wall Street Journal, 16-17 de agosto de 2008, Opinión, p. A9.

«Texaco Lab Test Report» de la Texaco Corporation, por A.L. Stone en referencia al aceite contaminado de la Corporación Santex, febrero de 1994, Archivos de HAR.

Avispas y Topos: Informe Especial sobre el Espionaje Cubano en los Estados Unidos. Editorial Hispano Cubana: 2004.

Weaver, Jay y Alfonso Chardy. «High court rejects 'Cuban Five'». The Miami Herald, 16 de junio de 2009, 3B.

Capítulo 38 – Soltar amarras

O'Grady. Op. cit.

Capítulo 39 – Seagull One

Capítulo 40 – José Basulto

Testimonio de José Basulto.

INDICE

Números de páginas en *cursivas* indican fotografías

Lily Prellezo es una autora que vive en Miami con su marido Steve.

José Basulto es un soñador, patriota y padre de familia.

Made in the USA
Middletown, DE
13 August 2024

58742464R00272